U0511573

哲园探元

邓习议 著

上海三联书店

目　录

序

高宣扬

青年哲学家邓习议,在哲学研究方面,胸怀大志,视野宽广而深远,根据时代的需要,试图完成一个涵盖中西古今哲学各领域的宏伟研究计划,值得给予鼓励和支持。

哲学研究是不是一定必须遵循特定的模式?哲学研究方法是不是非要限定在某些特定的框架内?对于这些问题的思考和实践,实际上涉及哲学本身的性质,特别是关系到哲学与人类生命的直接关系,涉及哲学在人类生命活动中的真正意义。

早在远古时期,当哲学刚刚形成的时候,中西圣哲们都认为,哲学就是人类生命本身的一种自然的超越活动,是人类生命中的精神和心灵所生成的创造性活动。

人类生命以其"精于心、简于体"的特质,异于并优于其他生命体。这就使人类生命时时处处,把锻炼灵魂和提升生命的精神境界,当成人生追求的终极问题,在简单自然的生活状态中,探索并追求至真至善至美之境。

正因为这样,哲学势必探讨整个世界的各种重大问题,致使古代哲学囊括了天文学、宇宙论、认识论、数学、政治哲学、伦理学、形而上学、本体论、逻辑学、生物学、修辞学以及美学等领域。当然,哲学在探索世界的意义的时候,更注重研究与人类社会生活密切相关的重要问题,即

1

关于正义、公正以及善与恶的政治和道德伦理问题。正因为这样，斯多葛学派哲学家、古罗马杰出的思想家西塞罗特别肯定苏格拉底，认为他是"最先使哲学从天上降落到地面上，使之置于城邦之中，导入各个家庭，并迫使人们进一步深入研究生命和道德，探讨善与恶的问题（the first who brought philosophy down from the heavens，placed it in cities，introduced it into families，and obliged it to examine into life and morals，and good and evil）"①。

在中国哲学史上，同样存在类似的情况。作为中国哲学的最初理论源头，《易经》很早就从本体论角度探索宇宙整体中的生命自然化生演化规律，并以整体生命及其与各层次生命的关联互动过程，集中揭示宇宙自然如何以其内在的本体生成力量，进行宇宙生命整体和各个生命的自生自创自演的生命变通发展过程；认为在生命整体及其各层次生命的自然化生过程中，最原始的生命本体基质元素和根本动力，就是心物混为一体而又相互渗透并自行运动变化的"太极"。它是"精""炁""神"和"一阴一阳之谓道"之原始混合状态，时隐时现，如幻如实，相互对应又相互转化。不仅显现为"形而下谓之器"，作为实质性基本要素渗透其中，构成为各种各样的心物一体和身心合一的生命基本存在形态，表现为宇宙中五彩缤纷的大小物体的生命运动，而且，也隐化成"形而上谓之道"，神化为客观规律。作为潜在性和可能性的关系流动网络和主导性精神力量，联通贯穿于万物之中，以千变万化的存在和发展途径，寓于并通行于各种生命体及其相互关系网络系统，实现它们之间内外纵横上下的多维交互穿插运动和微妙转化。导致宇宙和自然的整体生命以及寓于其中的各生命体，一方面具有不同的个体生命特征，形成五花八门的无数生命单位和具体生存变易状态，展现出令人叹为观止的多质多形的有形生命世界；另一方面，它们之间，又互为条件，相互感

---

① Marcus Tullius Cicero，*Tusculan Disputations*，Ⅴ 10—11；Ⅴ Ⅳ.

应,相互穿插渗透,动中有静,静中有动。以阴阳、天地、日月、男女之间,"异性相吸"和"对应统一"的原则,创造出令人眼花缭乱的世界万物生命以及寓于其中的各种精神力量,并在经历漫长曲折的生命演变过程之后,衍生出集中体现生命最高神圣价值的"万物之灵",即作为"天地之心"而赋有心智能力的人类生命。

值得注意的是,在中国思想文化源远流长的优秀传统中,生命论题始终是关切的焦点,因而在中国历史上屡屡创建符合不同时代风格以及体现积极创新精神的多元化生命观,产生了充满活力的各种生命哲学,凝聚了中华民族强大的传统生命智慧,集中了无数民族英雄和革命先烈以血肉铸成的崇高价值观,运载着恒久推动中华民族思想文化不断更新的生命活力,历史地见证了中华民族对生命本身的持久珍爱情怀以及对生命认真负责的至诚品德,集中体现了贯穿于中国思想文化的"尊道贵德"的生命价值观的哲学意义,构成为中华民族宇宙观、自然观、伦理观、社会观、文化观和待人待物应迎时代发展需要的基本运筹观的基石。

总的来讲,由《易经》《道德经》《黄帝内经》《论语》及《孙子兵法》等中国传统优秀经典所奠定的以生命观为核心的中国生命哲学,显示了中国传统思想文化对生命的一贯关切。这些中国传统哲学经典的共同点,就是既从"天地人三才"的整体观点对待生命,又从各个不同生命体的特殊地位及其独特意义,探索并阐扬生命的意义和价值,以生命为主轴,坚持生命本身鲜活而又更新不已的自然特征,从宏观与微观相结合的灵活视野,观察和分析宇宙、自然、社会以及个人的生命本质,使人的生命本身与整个宇宙自然的"大生命"以及其中所有种类不同的大小生命,连同无机生命、有机生命和各种生命,连接成一个活生生的相互依存和互为条件的生命系统,同时,还特别主张使具有心智的"天地之心"和"万物之灵",真正发挥对自身生命的自觉反思能力,积极主动承担对个人、对社会、对自然以致对整个宇宙的生命责任。就在这样的整体生命视野下,各个不同类型的生命的个性及其独一无二的特殊价值,都同样受到尊重和珍视,确保生命整体及其各个生命系统内的每一个生命的固有价值,形成了生命整体与个体生命之间的无限循环的全方位和谐共生发展及其不停的全息连接,体现了生命本身所固有的完整意义,同时也彰显了真正具有创造性生命活力的哲学所应有的丰富内容。

我个人所亲身经历的半个多世纪哲学研究活动,也体验到哲学作为人类生命的一种特殊超越活动,总是与哲学家本人的生命特质及其特殊经验紧密相关,因而表现出多种多样的哲学理论形态,具有其自身的多样性、变动性、丰富性和复杂性。因此,哲学研究不可能只表现单一的理论形式,它也不能故步自封于狭小的论题领域,更不应该人为设立各种教条式框架。

在这方面,我特别推崇原籍奥地利的英国哲学家维特根斯坦。他的早期著作《逻辑哲学论》所表现的洞见之一,就是不把哲学当成一种教条,某种纯粹的理论体系。维特根斯坦为此强调:应该允许在问题和答案之间存在间隔,使问题的答案可以在日后发现新的概念。他本人的《逻辑哲学论》的复杂架构,就是建立在这样的基础上:逻辑分析的任务是去发现形式还未知的基本命题。而维特根施坦向后期过渡的标志,正是体现在他对于教条主义的彻底拒斥。所以,维特根施坦的哲学活动,始终是在寻求新的问题以及解决这些新问题的实际途径,使他把注意力从逻辑的领域向日常语言转移;从对定义和分析的强调向"家族相似"和"语言游戏"转移,从系统化的哲学写作,向格言式的写作风格转移,标志着他的哲学所内含的反教条主义的创新生命力。

维特根斯坦俏皮地说:哲学的基本目标应该是:"给捕蝇瓶中的苍蝇指明飞出去的途径"(*Der Fliege den Ausweg aus dem Fliegenglas zeigen*—to show the fly the way out of the fly bottle)①。在另一个地

---

① Wittgenstein, Ludwig(1953). *Philosophical Investigations*, London, Blackwell. §309.

方,维特根斯坦又说:"哲学是针对我们的理智谜团而使用语言进行的一场搏斗"(Philosophy is a battle against the bewitchment of our intelligence by means of language)①;这就是说,真正伟大的哲学家,是那些身负强大思想威力的语言巨匠,能使后人因之受益而真正学会哲学思维的思想家。

从维特根斯坦的哲学创造过程,说明哲学从来没有一个统一的标准,也没有固定不变的使命,更没有僵死的框架。归根结底,哲学创造所要求的,是深入潜入并时时表现哲学家本人的生命追求,直至其理性思维能力的深处以及生命情操的根底,致使哲学或者以关注自身独具之思为开端,或者直接开始于其所思之事,展现出多种多样的哲学理论形态。

在这种情况下,把哲学分为"中国哲学""外国哲学""马克思主义哲学",是非常勉强的;这没有道理,既不符合哲学本身的性质,也不符合当前时代的要求,同时也严重地阻碍了哲学本身的创新。

青年哲学家邓习议之可圈可点,就在于他以其独具之思,力排众议,突破僵死的框架,思其所思,敞开思想,追求开放自然,将哲学研究的笔锋,导向他所选择的领域,使他敢于思考和探索各种问题。

当然,要真正完成自己所定的目标,并非易事。对于习议来说,在现阶段,自己提出的问题,充其量也只是一个开头。所以,接下来的重要问题,就是对自己开辟的各个领域,进行脚踏实地的探索:一方面,还要继续开放思想,扩大视野,将自己的宏观视域进行反复的调整,因为实际的哲学宏观领域本身,也始终在发生变化;另一方面,在微观视域方面,要把思路进一步细化,在重要细节中下功夫,充实其内容,并时时贯通各个细节之间的关系,同时又回过头去,不断调整与宏观问题的关联,使微观研究活动,在自身细化的过程中,时刻调整好与宏观的关系,

---

① Wittgenstein, Ludwig(1953). *Philosophical Investigations*, London, Blackwell. § 109.

让整体的研究进程充满活力,展现生命的生生不息精神。这样才有希望在未来探索中取得预定的成果。

六十多年对哲学的探究,已使我自然地把哲学当成我生命的一部分,虽已耄耋之年,未有所成,却每每与哲学"共婵娟",念念不忘哲学的命运及前程。所以,我寄希望于青年哲学家,相信年轻一代不会辜负时代赋予的光荣使命,欣然接受习议之托,特此写序。

高宣扬

2023 年 10 月 1 日于上海交通大学

前　言

　　中国最古老的哲学在于《洪范》和《易经》，二者受重视的程度和研究的深度，前者可谓未及后者之什一。讲中国哲学而避谈《洪范》，犹如讲运动而绕开物质。在《洪范》哲学中，初畴五行乃是"体"，其他八畴皆为"用"。胡瑗"明体达用"之教育哲学所讲的"体"，就是"五行"。"五行"，是中国哲学的根。但凡偏离《洪范》之体用关系而言说诸如"十六字心传"、"皇极"者，皆难免臆测之谈，更遑中国哲学的直接起源有《尚书·洪范》和《周易》经传，其与宗教的渊源关系，突出表现在中国哲学与禅宗有着共同的主题，即对绝对、无限和普遍的追求。中国哲学的生发环境是农业社会，其哲学家大多具有内圣外王的精神品格及入世出世的双重性格。以西释中→以中释中→中印西会通，是20世纪初叶以来中国哲学的研究进路。正本方能清源，经典之所以为经典，在于其揭示了某种亘古不变的东西。胡瑗"苏湖教学法"的宗旨，就是"明体达用"。"明体达用"，其历久而弥新，堪为我国生态文明建设何以要走"产业生态化"、"生态产业化"之绿色发展道路的哲学基石。科学、哲学和宗教本质上是求因的学问。天文、人文隐含天道、人道的时变和化成。求因的终极之法，必然上升到哲学本体论。解开本体之谜的关键在于引入时间。应该以时间概念重释亚里士多德的"四因说"，透视古印度"唵"声奥义书如何教人听世界、观声音，毗湿奴为何被看作"原因海"，数论派为何提出世界有"神我"和"自性"两个本原，龙树如何论证"八

1

不"之中道,亲鸾如何阐明善恶之原因……在当代,因由哲学与复杂系统的相向融合,是探寻哲学理论创新和科研范式创新的可靠路径。

什么是灵魂?究竟有没有灵魂?灵魂的存在和活动方式是什么?从泰勒斯到亚里士多德,古希腊贤哲关于灵魂的论述深刻影响了西方人的精神世界。按他们所关注的侧重点及其认知水平的不同,可相应地将古希腊关于灵魂问题的探讨划分为自然灵魂、伦理灵魂和神学灵魂这样三个不同的历史时期。起初,灵魂被泰勒斯用来解释自然界的生成变化;到了阿那克萨戈拉或至少苏格拉底那里,灵魂则主要用于阐释人性的善恶,对自然的解释已退居次要地位;后来普罗提诺则直截了当地把灵魂当作具有神学意义的太一之派生物。自然→人→神,是古希腊灵魂概念之流变的基本路径。西方传统的实体主义哲学的特点是"主客二分",古典哲学中康德的"物自体"理论和现代哲学中拉康的"他者"理论堪为其典型形式。如果说康德是从客体上提出并论证了存在着我们不可认识的物自体,那么拉康则第一次从主体上彻底提出并论证了我们自身的不可能的存在之真。拉康的他者理论实质上是一种隐性实体主义。实体主义哲学的"主客二分"的思维定势,与西方独特的宗教情结脱不开干系。

资本与社会的问题,是古希腊哲学以来本体论意义上的一与多的问题的延续。在人类历史上,资本与社会的界限表现在少数人与多数人之间利益关系的紧张和对立,这是阶级社会一切悲剧冲突的根源;资本与社会的过渡表现为马克思以共产主义崇高理想,号召"全世界无产者,联合起来",解放全人类,这是对资本与社会各自局限的批判和扬弃。《共产党宣言》所阐发的"每个人自由而全面的发展",在狭义上是共产主义和社会主义的核心价值,在广义上是马克思主义为全人类勾勒的基本价值。"每个人自由而全面的发展",最为充分地体现了马克思主义的精髓和社会主义核心价值观的精髓,它应当是中国过去、现在和未来始终不渝的发展方向。价值哲学发展的一个总体趋势是,从以

"劳动量说"为典范的客体性价值,到以"关系说"为典范的主体性价值,再到以"集体主义"为核心价值的客体性价值和主体性价值相统一的价值哲学。当代价值哲学要取得进一步发展,在价值层次的纵向区分上,应创造性地吸收舍勒、马斯洛等人的研究成果;在价值领域的横向拓展方面,可借鉴广松涉的"四肢结构"理论。萨特《辩证理性批判》的一个基本观点是:马克思主义的缺陷是忽略了人。进而提出一种既有对历史总体的宏观概括,又有对历史总体中的具体个人、事件和对象的微观确认的"前进—逆溯方法",试图通过受动与授动的双重规定的人学辩证法填补马克思主义的"人学的空场"。由于萨特混淆了马克思对个人与历史所作的严格区分,其人学辩证法的底层仍潜存着一种马克思在《德意志意识形态》中已予以批判与扬弃的异化论的逻辑。广松涉将这两种不同批判维度看作从异化论的逻辑到物象化论的逻辑的转换。在《资本论的哲学》一书中,广松涉着力从正面的关系主义的视角,以四肢结构论凸显《资本论》"商品章"中的价值形式论;而《以物象化论为视角读资本论》一书中的三篇文章,则从反面的实体主义的维度,以物象化论揭示《资本论》中诸如价值、工资和资本等社会关系的物象化的颠倒。"异化"作为一个批判性概念,虽然在早期马克思《1844 年经济学哲学手稿》中占据十分重要的地位,但是仍带有唯心论的理论局限。后期马克思在《德意志意识形态》《资本论》等著作中基本放弃了异化概念,转而使用具有唯物史观意蕴的"物象化"概念。从"异化论"到"物象化论"的过渡,是马克思两大转变之一的"从唯心主义到唯物主义的转变"的重要标志。笔者认为,对"物象化"的"把关系看作物"这一机制的指认,是广松涉的马克思主义研究的首要成果,其集中体现了广松涉的"六经注我"式的研究风格,为自身"四肢结构论"的哲学建构奠定了更为扎实的学术根基。广松关系主义的提出,与他的作为哲学方法的"物象化论的逻辑"是紧密联系在一起的。广松哲学旨在通过以龙树为代表的东方哲学的主客统一的关系性思维方式,超越西方哲学的主客二分的实体性思维方式,实现"从实体主义到关系主义"、"从消费主义到生态主义"的两大转换。如何理解生态文明,这是生态文明的"认识"问题;如何建设生态文明,这是生态文明的"实践"问题。放眼于格外重视生态平衡与可持续发展的当代世界,关系主义应有实体主义所不具有的理论价值与现实意义。

文本学和构境论是张一兵于1980年代和2007年提出的一种哲学方法论,目标在于提高当代中国马克思主义哲学的研究水平。他的《物象化图景与事的世界观——广松涉哲学的构境论研究》一书(以及其他系列著作)贯通了这一研究方法,为国内读者全面进入广松涉的西方哲学、马克思主义哲学及其以四肢结构为内核的关系存在论哲学之构境,提供了一个翔实而清晰的路标。保罗·利科在《哲学主要趋势》书中设立"现代印度和日本思想中的逻辑和本体论"一节,介绍了印度和日本学界对排中律和矛盾律的研究。卡利达斯发现非排他性的"或者"逻辑连词,并质疑排中律在不能截然二分化的领域中的应用。这表明当代哲学正从19世纪的"非此即彼"走向20世纪的"亦此亦彼"。广松哲学是这一趋势的代表之一。在西方现代哲学各派日益把哲学逻辑化、语言化这种使哲学之路越走越窄的理论背景下,广松涉以"物象化论"为哲学方法,对以康德、马赫、胡塞尔和海德格尔为代表的西方实体主义的哲学传统进行了批判,由此实现从物的世界观到事的世界观、从实体主义到关系主义的哲学变革。从"脱亚入欧"说到"脱欧入亚"论,是我们考察近现代日本社会历史的一条重要线索,也是解读广松哲学的一条重要通路。"脱欧入亚"论是广松哲学最直接的社会历史背景。广松涉的关系主义本体论,它的主题在于为他所谓的"建立以日中(关系)为轴心的'东亚'新体制"提供哲学基础。"四肢结构"是广松涉《存在与意义》中的一个核心概念,是广松哲学的认识论和实践论的理论基石,对于我们深入理解与把握广松涉随处强调的认识世界和实践世界的关系基始性这一理论旨趣,起着至关重要的作用。围绕"四肢结构"这一主题,着力从哲学、语言学和逻辑学这三个层面,分别阐明了对胡塞尔"三项图式"的克服是其理论缘起,索绪尔结构主义语言学是其思想源泉,比"是"更深层的规定即"作为"是其逻辑起点。以马克思、卡西尔和马赫哲学为立足点,以对胡塞尔现象学的批判为突破口,广松涉提出了"现象的所与—意义的所识"—"能知的某人—能识的某人"的四肢结构论,由此实现了由物的世界观到事的世界观、由实体主义到关系主义的哲学变革,标志着具有独创性的广松哲学的正式形成,在格外注重生态平衡与可持续发展的今天,它显示出独特的理论价值与现实意义。日本哲学具有移植性与融合创造性的特点。在现当代,以关系思维为特色的西田哲学、广松哲学是最能体现对印度宗教哲学、中国哲学的继承与发展的两种样式。广松哲学包含西方哲学研究、马克思主义哲学研究和自己独创的哲学体系。广松涉马克思主义哲学研究的成果是对马克思主义的"接着讲",是一种"关系主义的马克思主义"。广松哲学的根本意趣可归结为致力于"三大转换"的实现,政治上寻求从"脱亚入欧"到"脱欧入亚"的转换,经济伦理上倡导从"消费主义"到"生态主义"的转换,哲学上推进从"实体主义"到"关系主义"的转换。"物象化论"是广松哲学的哲学方法,"四肢结构"是广松哲学的理论内核,其逻辑起点是"作为",扬弃的对象是以胡塞尔现象学为代表的西方哲学。如果存在一条对西方哲学的终极超越之路,那么这条道路或许应将"实体"本身作为"关系"的一个"结节"。

第一章　体用论

第一节 中国哲学的起源、精神和研究进路

面对同样的文本，不同的人眼有着迥然有异的表现。这无非是因个人的才、学、识使然。就识而言，所谓"曾见郭象注庄子，识者云：却是庄子注郭象"（《大慧普觉禅师语录》卷二十二）。譬如，中国哲学史的书写，当人们从黑格尔《哲学史讲演录》导言中的"哲学史本身就应该是哲学的"这一命题，引申出"哲学史就是哲学"和"哲学就是哲学史"这两个命题，这件事本身就表明了哲学与哲学史的内在联系。但是，仅停留于这种把握是不够的，还必须着眼于超越层面及历史渊源，向上了解哲学与神学的密契关系，向下体会哲学与科学的切身关系；必须辨识作为特定时空的产物，何谓中国哲学的"合法性"问题及其不同于外国哲学的特质；必须掌握中国哲学史自身的研究方法和进路。

一、中国哲学的起源

作为一套完整的价值观，科学、哲学、神学三者协同处理的是人的身、心、灵的相互关系。法国实证主义哲学家孔德把人类的进化分为神学、玄学和科学三个阶段。他所讲的"玄学"即我们所熟知的"形而上学"，亦即"哲学"。英国哲学家罗素则从"权威"和"理性"的视角，界定三者的联系与区别。他说："哲学，就我对这个词的理解来说，乃是某种介乎神学与科学之间的东西。它和神学一样，包含着人类对于那些迄今仍为确切的知识所不能肯定的事物的思考；但是它又像科学一样是诉之于人类的理性而不是诉之于权威的，不管是传统的权威还是启示的权威。一切确切的知识——我是这样主张的——都属于科学；一切

涉及超乎确切知识之外的教条都属于神学。但是介乎神学与科学之间还有一片受到双方攻击的无人之域；这片无人之域就是哲学"①。罗素的这段话虽然阐明了神学是诉之于权威，哲学和科学是诉之于理性，但是并没有进一步厘清哲学与科学的区别。这一缺陷，在谢无量那里聊得弥补。他指出："道一而已，庄周论道术裂而后有方术，道术无所不统，方术则各明其一方，道术即哲学也，方术即科学也。古之君子，尽力于道术，得其全者，是名曰儒。扬子云曰：'通天地人之谓儒，通天地而不通人之谓伎。'儒即哲学也，伎即科学也。故百工居肆，以成其事，君子学以致其道②"。根据这一解释，在中国古代，道术＝儒术＝哲学，方术＝技术＝科学。总体上，孔子之前，没有思想之分歧，六经（诗、书、礼、乐、易、春秋）是中国哲学的"源"，是二帝（尧舜）三王（禹、汤、文武）的圣王之统，王者的礼乐之教；孔子之后，乃有墨家对儒家挑战，六经是中国哲学的"流"，通过儒墨的争辩，儒家取得正统的地位。要追溯中国哲学的起源，停留于六经是远远不够的，还必须深入了解神学（神话、宗教）、科学与哲学的相互关系。

（一）神话、神学与宗教

"历史"有两种内涵，一是"构成人类往事的事件和行动"，二是"对此种往事的记述及其研究模式"。其中，后者为前者的载体，二者是体用关系。当人们说"一切历史都是当代史"③，"一切历史都是思想史"④，此话可谓与"在对文本进行解释时，理解者根据部分来理解其整体，又根据整体来理解部分"的"解释学循环"异曲同工。文本的历史，实为文字的历史。相对于"构成人类往事的事件和行动"的源自"大爆炸"⑤的135亿年的宇宙历史来说，源自公元前3100年苏美尔的楔形文

---

① 罗素：《西方哲学史》（上卷），何兆武、李约瑟译，商务印书馆1963年版，第11页。

② 《谢无量文集》（第2卷），中国人民大学出版社2011年版，第3页。

③ 贝奈戴托·克罗齐：《历史的理论和实际》，傅任敢译，商务印书馆1982年版，第2页。

④ 柯林武德：《历史的观念》，何兆武、张文杰译，商务印书馆1997年版，第302—303页。

⑤ 尤瓦尔·赫拉利：《人类简史：从动物到上帝》，林俊宏译，中信出版集团2018年版，第3页。

字和公元前 1400 年中国殷商后期的"甲骨文"的文字历史自不待言,甚至连 250 万年前出现的类似现代人类的动物及 7 万年前产生的"智人"这一物种本身的历史,几乎可以忽略不计。总之,这里,"记述"与"往事"之间有着巨大的时空断裂。如何把捉这种时空的连续性和中断性的关系,成为摆在任何一位历史学家面前的一道难题。

那么,原始人是如何处理"大爆炸"以来的漫长历史呢? 从现有的文献来看,无论是外国还是中国,几乎无一例外地使用诉诸于神秘主义神话的方法。马克思指出,"一切神话都是在想像中和通过想像以征服自然力,支配自然力,把自然力形象化;因此,随着自然力在实际上被支配,神话也就消失了。"①至于其运行机制,"神话大抵以一'神格'为中枢,又推衍为叙说,而于所叙说之神,之事,又从而信仰敬畏之,于是歌颂其威灵,致美于坛庙,久而愈进,文物遂繁"②。神话通常有创世、造人、灾难、救世、文化超人、英雄典型六大主题。在苏美尔(今伊拉克东南部),据约公元前 2000 年的泥版文献记载,宇宙的创造历经:原初瀛海→由原初瀛海所产生的将天空与大地连为一体的宇宙山→由大气之神恩利尔所连接的男性安(天空)和女性基(大地)→大气之神恩利尔从大地上分离天空和大地:天空由其父亲安统治,大地母亲基由恩利尔本身获得。③在印度,其最早的书写文字出现于公元前 3 世纪的西北印度(今巴基斯坦北部)。在此之前,四大吠陀(Veda)已以口头形式传承了约一千年,奥义书(Upanisad)等晚期吠陀文献以及佛教和耆那教的早期经典亦已流传于世。这反映了印度文化的一个特色,即重视口头语言④,而轻视书面文字,文字可以随着地区政治势力的兴亡以及宗教势

---

① 《马克思恩格斯全集》(第 12 卷),人民出版社 1962 年版,第 761 页。
② 鲁迅:《中国小说史略》,上海古籍出版社 2006 年版,第 6 页。
③ 参见萨缪尔·诺亚·克拉莫尔:《苏美尔神话》,叶舒宪、金立江译,陕西师范大学出版总社有限公司 2013 年版,第 49 页。
④ 这或与印度六派哲学之一的弥曼差派的"声常住论"有关。该论信奉吠陀祈祷(Brahman)是因其特殊价值而创兴的,祈祷有影响神的力量("祭祀万能"是婆罗门教的三大纲领之一),故构成吠陀祈祷的语言也是无限常住的,语言本身便是代表"生主"或"梵"的符号。

5

力的此消彼长而在短短几十年内改变或消失。传说太初之时精神性的冥蒙的梵，它没有生，没有死。当它决意使世界诞生，便从"无"中生"有"。至高精神首先创造出了水，在水中放入一粒种子，种子变成一个金色的卵。梵便以创造之神"梵天"之面貌现于金卵中。最后，梵天以思想之力量将金卵一分为二，上半部变成天，下半部变成地，并在天地之间充盈了大气，厘定了东南西北之方位，创造了时间及其划分。由是宇宙形成。接着依次诞生了智慧、意识和感觉，继而产生空、风、火、水、地五大元素及其声、触、色、味、香五种属性，以及创造者梵天、维持之神毗湿奴和毁灭之神湿婆等众神和人类。有趣的是，与庄子上述借女偶之口追溯"文字"、"语言"和"听闻"追溯历史相类似，婆罗门教是以梵天、毗湿奴和湿婆为"三位一体"的神中之神，作为其三大纲领之一的"吠陀天启"，同样负载着未形成文字之前，印度人如何解释自然、社会和思维之历史的问题。传说梵天将自己分成男女两半，结合生下毗罗吉，毗罗吉生下摩奴。摩奴是人类的先祖。梵天的 1 个白天，是 12000 天神年，是 4320000000 凡人年（称为一"劫"[①]）。一"劫"包含 1000 个大世纪，每个大世纪包括"圆满时"、"三分时"、"二分时"和"争斗时"四个时代，其可分别用象征正法的圣牛的四只脚、三只脚、二只脚和一只脚来表示[②]，总趋势是由最好向最坏衰变，它涵盖 14 个摩奴时代，迄今宇宙已出现过 7 个摩奴。据说梵天的寿限是 100 梵天年，相当于311040000000000 凡人年。梵天死后，宇宙将沉寂于黑暗 100 梵天年，直到新的梵天出现……[③]在西方，《圣经》中创世的时间则精确到"天"，其记载耶和华上帝在六天中创造了组成万物的各种要素，第七天便

---

① 杨怡爽：《印度神话》，陕西人民出版社 2015 年版，第 6 页。
② 后世，洛克的"自然状态"说，黑格尔的"未异化态—异化态—未异化态的回归"，罗尔斯的"原初状态"和"无知之幕"说，以及康有为的"据乱世—升平世—太平世"的理论根源，或当探赜于此。只不过，康说的时序是逆向的。
③ 在康德哲学中，宇宙、灵魂和上帝属于不可知的"物自体"；不过这种不同的时间序列也并非毫无科学依据，从天文数据来看，地球绕太阳公转一周约为 1 年，太阳围绕银河系公转一周约为 226000000 年。

安息。

不知是巧合还是东方神话之间具有传承性，在中国，是通过盘古开天的神话加以展现，谓盘古最初是在一个大鸡蛋中孕育了18000年，某天醒来一生气，用一把斧头用力把鸡蛋砸裂了，其中轻而清者就上升为天，重而浊者则下沉为地。如此又过了18000年，天就升得极高，地也变得极厚。就这样，盘古坚持这种擎天柱地的工作不知又经过了多少年。最后，他临死时呼出的气变成了风和云，声音变成了雷霆，左眼变成了太阳，右眼变成了月亮，手足和身躯变成了大地的四极和五方的名山，血液变成了江河，筋脉变成了道路，肌肉变成了田土，头发和髭须变成了星星，皮肤和汗毛变成了花草树木，牙齿、骨头、骨髓等变成了金属、石头、珍珠和玉石，汗水变成了雨露和甘霖。这里，时空的延展是通过两个一万八千年加若干年的方式进行的。庄子则更为干脆利落地确立了一位作为掌控"杀生"与"生生"的至高存在者，主张"杀生者不死，生生者不生。其为物，无不将也，无不迎也，无不毁也，无不成也"。至于何以见得，庄子借女偊之口道出了原委："闻诸副墨之子。副墨之子闻诸洛诵之孙。洛诵之孙闻之瞻明。瞻明闻之聂许。聂许闻之需役。需役闻之于讴。於讴闻之玄冥。玄冥闻之参寥。参寥闻之疑始"（《庄子·大宗师》）。即，其信源依次是：女偊→副墨（文字）的儿子→洛诵（语言）的孙子→瞻明（观察）→聂许（听闻）→需役（行动）→於讴（元气）→玄冥（幽隐）→参寥（空旷）→疑始（似始非始）。如果说生生者是能生，那么被生者是所生，那么《幽冥录》所谓"人死为鬼，鬼死为聻，聻死为希，希死为夷"，则是反向性地描述了生命朝疑始的回归。依《古语拾遗》所述，"上古之世，未有文字，贵贱老少，口口相传，前言往行，存而不忘"。由此可见，庄子同样也面临以"副墨"作为历史的起点，然后由此上溯的问题。谈到《尚书》之由来，孔颖达说："道本冲寂，非有名言。既形以道生，物由名举，则凡诸经史，因物立名。物有本形，形从事著，圣贤阐教，事显於言，言惬群心，书而示法，既书有法，因号曰书。后人见其久远,自于上世,尚者,上也。言此上代以来之书,故曰尚书。且言者意之声,书者言之记,是故存言以声意,立书以记言。故易曰:'书不尽言,言不尽意。'是言者意之筌蹄,书言相生者也。书者,舒也"(《尚书正义》卷一·尚书序)。这段话深刻诠释了从荒寂到语言再到文字的漫长历程,蕴含丰富的历史哲学、政治哲学之韵味。在汉语中,通天接地,通天地人,耳听之于天、口宣之于人,就是"圣"①。应该说,庄子对历史的追溯是符合人类认知的一般规律的,处于原点的"似始非始"(疑始),约略今天所讲的宇宙"大爆炸"。不惟如此,庄子还深入探讨了时间的相对性:"楚之南,有冥灵者,以五百岁为春,五百岁为秋;上古有大椿者,以八千岁为春,八千岁为秋;而彭祖乃今以久特闻。众人匹之,不亦悲乎。"(《庄子·逍遥游》)即,在庄子那里,时间呈现如下序列:杀生者生生者→椿树→冥灵树→彭祖→俗人→夏虫(《庄子·秋水》)。这可能是后人通常称庄子哲学为相对主义的重要原因之一。

创世之后,人与神如何进行沟通?这也是一个人们试图解决的重大问题。概言之,沟通的途径有两类。一是借助于人,比如巫觋的"忘我的癫狂状态"以及梵音、咒语、祷告和瑜伽等仪式仪轨。二是借助于物,例如教堂的穹顶、佛塔的塔尖、神社的鸟居以及飞禽走兽、奇花异草等具有特定意义的动植物。根据史怀哲的研究,"在原始神秘主义中,忘我的癫狂(Ekstase)是起着非常重要的作用的。魔法师、萨满巫师和医师都知道那种有时候是通过某种植物的汁液、有时候是通过自我的

---

① 这里,不能不提及三皇五帝的记载。据《韩非子·五蠹》记载,"上古之世,人民少而禽兽众,人民不胜禽兽虫蛇。有圣人作,构木为巢以避群害,而民悦之,使王天下,号之曰有巢氏。民食果蓏、蚌、蛤,腥臊恶臭,而伤害腹胃,民多疾病。有圣人作,钻燧取火,以化腥臊,而民悦之,使王天下,号之曰燧人氏。"即,上古出现了有巢氏、燧人氏和神农三皇(三圣。另一种说法,三皇中没有神农而有伏羲),依次帮助人们解决了住宿、饮食和治病的问题。按《国语·鲁语上》的说法,"黄帝能成命百物以明民共财;颛顼能修之;帝喾能序三辰以固民;尧能单均刑法以仪民;舜勤民事而野死。"即黄帝、颛顼、帝喾、尧、舜五帝的贡献分别在于将百物作为万民的公共财产、将黄帝的做法进一步完善、发明历法为万民确立生活秩序、统一刑法为万民规定仪则和为万民的事业到处奔走而献身荒野。

催眠让人达到忘我的癫狂状态的方法。今天的原始部落很多属于这些魔法圈子里的人还不断使用这些方法以达到癫狂的状态……在《奥义书》中给出了详细的指南,告诉人们如何去练习那种通往癫狂状态的将意念集中去超越感性之物(瑜伽)的方法。在这种专心致志集中意念当中,重要的是要不断重复一个神圣的声音'Om'"①。远古人类认为世间万物互相感应,星辰和兴衰荣辱互相感应,死人和活人互相感应,这种"感应思维"相当于列维—斯特劳斯所谓的"野性的思维"或有些人类学家所说的"巫术同一律"或"互渗律"。诸如民间所说的跳大神;谐音字的避讳,吉祥用语;义和团民口中念念有词,相信自己受了什么功,刀枪不入;很多人到庙里烧香、求签,求观音菩萨保佑生孩子,皆属于占星术、降灵术、祈雨、祈福、召魂之类。傅佩荣主张将这类"神秘主义"(Mysticism)译为"密契主义",该词源于希腊语动词"μνείν",本义是"闭上眼睛",表示人的灵魂与一个至高的精神实体(如超越界的神或佛)之间的合一经验所形成的境界,具有"不可言说、知悟性、顷现性和被动性"的特性。瑜伽(Yoga)一词则源于梵语动词"yug",意为给牛上轭,引申为"联结"、"一致"或"和谐"等含义。据《瑜伽焰口施食要集》记载:"瑜伽,竺国语,此翻相应,密部之总名也。约而言之,手结密印,口诵真言,意专观想,身与口协,口与意符,意与身会,三业相应,故曰瑜伽。"密契主义者对通过感官从现象世界获得真理、智慧感到失望,主张摆脱眼耳鼻舌身意(前六识)的束缚,摆脱理智(末那识,第七识)的约束,使自身不受现象界的干扰,从而返回自我,在灵魂的静观中达到真理、智慧(阿赖耶识,第八识)。在梵语中,"唵"(Om, ōng)、"啊"(ā)、"吽"(hòng)乃是三个根本咒音,分别含有"永恒常住,不生不灭,不垢不净,不增不减,遍满法界"、"无量无边,无际无尽,生生不息,开发光明"、"无边威德,无漏果圆,无上成就,迅速成就"之意。这三个咒音,后被扩展

---

① 史怀哲:《中国思想史》,常暄译,社会科学文献出版社2009年版,第17页。

为佛家六字真言"唵(ōng)嘛(mā)呢(nī)叭(bēi)咪(mēi)吽(hōng)"。

马克思恩格斯沿用摩尔根《古代社会》的分期法所说的蒙昧时期的中级阶段,即新分期法的旧石器时代的上古氏族公社时期,推断约在距今4—10万年前,开始有了朦胧的原始宗教观念。从逻辑上说,神学作为对上帝之存在、本体、本性及其与世界、人类之关系的探讨的理论体系,其外延当小于(从属于)宗教。麦奎利认为,神学由经验、启示、经典、传统、文化和理性六个要素构成。明白了这一点,我们就不难解答为什么犹太教、基督教、天主教既是"神学"也是"宗教";佛教、儒教①则是"宗教"而非"神学"。原因在于,前者属于"有神论",信仰所谓超越的"神"的存在;后者属于"无神论",拒斥所谓超越的"神"的存在。事实上,"神学"的概念,与西学东渐密切相关。"Theology"(神学)一词作为希腊文"theologie"的意译,在今天几近是诸如基督教之类"一神教"的代名词。"Religion"(宗教)一词源于拉丁文"religio",在动词"ligare"(结)的意义上,含有神与人结合之意;在动词之变形"legare"(整理)的意义上,表示严肃、仪礼之意。就此而言,在前者的意义上,严格说来佛教、儒教也就既不是"神学",也不是"宗教"。所以,我们当从后者之意来理解宗教。这是因为,在相传由印度劫初时代之仙人乔达摩(足目)创立于公元前6至3世纪的《正理经》中,其开宗明义地提出了"至善来自对量、所量、疑、动机、实例、宗义、论式、思择、决了、论议、论诤、坏义、似因、曲解、倒难、堕负这些谛的知识"②,是为著名的"十六句义"。其中,"宗义"(Siddhānta,音译"悉檀多")即是陈述正理派自身主张的论题、宗旨或结论,亦即"宗教"一词的本义。例如,在"声是无常"这一"宗义"中,"声"和"无常"作为宗体的材料是"宗依"(又称"别宗"),宗依的有机结合是"宗体"(又称"总宗")。宗依的特点是"共许极成",即立论

---

① 马克斯·韦伯:《中国的宗教:儒教与道教》,康乐、简惠美译,广西师范大学出版社2010年版,第六章。

② 《古印度六派哲学经典》,姚卫群编译,商务印书馆2003年版,第63页。

者和敌论者双方(两宗)对于宗依具有认识上的一致。如"声是无常"之"宗义","声"和"无常"这两个宗依(概念)均为正理派和弥曼差派所认可;否则将犯"能别不成"和"所别不成"的宗过,"宗义"便不能成立。与宗依(宗的部分)的"共许极成"的特点相反,宗体(总的整体)的特点是"违他顺自",即其论题、宗旨或结论为立论者所主张而为敌论者所反对。如"声是无常"之"宗义",即是"不顾论宗",它为正理派所主张而为弥曼差派的"声常住论"所反对;否则将犯"相符极成"[1]的过失。例如,形式逻辑所谓"凡人皆有死"的命题,在因明学看来,此为人人都承认的常识,故该论题违背了"违他顺自"的立宗的正格,犯有"相符极成"的过失。总之,宗之教旨,亦称"宗教";至少正理派当中原汁原味的"宗教",它无关乎神或上帝,故佛教自不待言,甚至儒家也可谓之"宗教"。就其与语言的关系而言,后人或以无言之教为"宗",如以心传心的禅宗(禅家),以有言之宗为"教",如依大小乘之经论等言教而立的天台宗、三论宗、法相宗、华严宗等(教家);或以华严宗所说成实宗、俱舍宗、禅宗、天台宗、华严宗、密宗、法相宗、律宗、三论宗、净土宗为"十宗";或以天台宗所说三藏教、通教、别教、圆教为"化法四教",顿教、渐教、秘密教、不定教为"化仪四教";或以三藏(经、律、论)中释迦牟尼所说契经、祇夜、记别、讽颂、自说、因缘、譬喻、本事、本生、方广、未曾有法、论议之十二分教为"一切经教"。由是观之,"宗教"一词,可谓涵盖整个佛教。大体上,"宗教"一词的本义是两汉之际随着佛教而传入中国的弥曼差派所谓的"宗义"(Siddhānta),后被借用过来对译西方"Religion"(宗教)一词,其外延涵盖整个"theology"(神学),夹杂对超自然事物之畏怖、不安等感情,以及感情对超自然之事物及感情之外在表现的仪礼,乃至团体性、组织性之信仰、教义和仪礼的体系。就此而言,有的学者认为"神话渊源于宗教"[2]。——此为"历史与逻辑相统一的方法"中的"逻辑在

---

[1] 沈剑英:《因明学研究》,东方出版中心1985年版,第35页。
[2] 袁珂:《中国神话传说》,北京联合出版公司2016年版,第5页。

先"。不过,有的学者则将印度梵书时代的哲学思想分为神话期、神学期和哲学期。[①]形成于公元前7世纪的婆罗门教(主张"婆罗门至上")大致对应于"神学期",产生于公元前6至5世纪的佛教(主张"众生平等")是作为与婆罗门教相对立的异教(沙门思潮)而出现。就此而言,则应该是"宗教渊源于神话"。——是为"历史与逻辑相统一的方法"中的"历史在先"。传说耶稣从12—30岁曾到印度学习佛学。在今天,"宗教是对超越人类认识的某种力量的信仰"(赫·斯宾塞),"宗教是人建立神圣世界的活动"(贝格尔),"宗教是人的终极关切"(蒂里希),以及"宗教是人们思想中对于统治着他们的自然力量和社会力量的一种歪曲和颠倒的反映"(马克思)等代表性观点,已经成为广为人知的关于宗教的定义。曾仕强认为,宗教就是用99句正确的话,来包装唯一一句不正确的话:信我者得永生。

原始人的宗教观念可分三种类型。一是"万物有灵论",认为包括自然现象、生物和无生物在内的大自然的一切,都像自己一样,是有生命、有意志的活物,此为原始人对自然界各种物事初步的拟人化,以为周遭自然界的物事,能够施加祸福于人,由此产生对水、火、太阳、月亮、石头、大树、牛、蛇等自然物加以崇拜的拜物教。例如,《山海经》中的火神祝融、水神河伯、海神禺貌、禺京,《楚辞》中的日神东君、云神云中君等。二是"图腾主义",相信人和动物、植物乃至无生物之间,存在着某种不可见的密切联系。例如,黄帝号有熊氏,可能黄帝属于熊的图腾;太原人祭蚩尤不用牛头,可能蚩尤的氏族图腾是牛;伏羲氏风姓,蛇身人首,可能伏羲的氏族图腾是蛇。三是"巫术",相信人和自然界之间有着一种看不见的联系和影响,个别的自然现象既可能影响人,人也可以用种种幻想的手段,控制自发而害人的自然现象。其施用的范围,由最初用于人对付自然,而扩展为人对付人。其常见手法是咒语,相信凭借

---

① 参见释传印:《印度学讲义》,宗教文化出版社2011年版,第93页。

语言的力量可以影响自然,制胜敌人。例如,姜太公画丁侯的图像而射之使他生病;旱魃被逐魃者之咒语一咒,立马逃跑,乃至天降大雨;黄帝和蚩尤的战争,蚩尤作大雾,请风伯雨师,纵大风雨,黄帝以夔牛皮为鼓,吹角为龙吟。从"巫术"着眼,学界通常将我国的原始宗教分为三个发展阶段。第一阶段是民神不杂,有女称"巫"、男称"觋"的专职事神人员具有超常的感觉能力,通过神明附身实现其巫术。第二阶段是民神杂糅,其时人人祭祀①,家家作巫(所谓"家为巫史"),任意通天,导致宗教信仰的权威性出现了危机。第三阶段是绝地天通,使天地不通,切断人与神之间的联系。如颛顼以"古者民神不杂",而今"九黎乱德","民神相杂"为借口,"命南正重司天以属神,命火正黎司地以属民,使复旧常,无相侵渎,是谓绝地天通"(《国语·楚语下》)。在殷人的宗教信仰中,帝是殷人的最高信仰,已经成为统一的神,具有最高的权威。

(二)宗教与哲学

从时间上讲,哲学起源于宗教。周国平所认为,关心哲学的第一步是关心灵魂。方东美指出:"哲学思考至少有三种途径:(一)宗教的途径,透过信仰启示而达哲学;(二)科学的途径,透过知识能力而达哲学;(三)人文的途径,透过生命创进而达哲学"②。人对于自身处境皆有认识的愿望,并且在人生饱经历练之后,会有情感的蕴发。将这两者联系起来,获得完整的概念与系统的说明,即是哲学的起因。当人类走出神话的天地,开始用理性来思索宇宙及人生的问题,就揭开了哲学史的序幕。

哲学的意义,在于激发人类寻求非宗教的信仰。哲学的用途,是无用之大用,其对人生的用处在于宇宙大我的觉醒。若以人的身高与天

---

① 现代人类学、考古学的研究成果表明,天地信仰和祖先信仰是人类最原始的两种信仰。据汉代哲学家王充考证,"凡祭祀之义有二:一曰报功,二曰修先。报功以勉力,修先以崇恩。力勉恩崇,功立化通,圣王之务也"(《论衡·祭意》)。总体上,"报功"(及祈祷)指向天地信仰,"修先"指向祖先信仰。中国有文庙、武庙、天齐庙、祖师庙为政府明令祭祀的。

② 方东美:《生生之美》,北京大学出版社 2009 年版,第 88 页。

花板之间的距离为喻,则此种高度正是"大用"、"宇宙大我"。当西方第
一个哲学家泰勒斯把世界万物的本原归结为"水",明眼人马上会发觉
其与上述印度、苏美尔创世神话中的"水"、"瀛海"不无相关。宗教与哲
学,两者方向相同而方法不同:方向都是探寻真理,探求最初的根源,寻
找最后的归宿,但宗教全依信仰,哲学则凭靠理性。在欧洲中世纪,哲
学是神学的婢女。从字面来看,"philosophy"一词的本义是"爱智慧",
其中"philo"意为"love"(爱),"sophy"意为"intelligence"(智慧)。关于
这一点,我们正好可以结合日本禅宗大师铃木大拙根据"曹洞五位"①而
总结的"爱智慧"等九对"偏正"范畴来理解:"正与偏,像中国哲学中的
阴与阳一样,构成了一种两极。正,其字义是'正''直''公''平',而偏,
其字义则是'偏''片面''差别''不平衡'"②。实际上,黑格尔哲学的核
心概念即是"绝对精神",费尔巴哈称这不过是形而上学地改了装的"上

图表 1 偏正表

正	偏
绝对(the absolute)	相对(the relative)
无限(the infinite)	有限(the finite)
一(the One)	多(the many)
神(God)	世界(the World)
暗(dark 未分[undifferentiation])	明(light 已分[differentiated])
平等(sameness)	差别(difference)
空(emptiness[śūnyatā])	名相(form and matter[nāmarūpa])
智慧(般若)(wisdom[prajñā])	爱(慈悲)(love[karunā])
理——普遍的(the universal)	事、个体(the particular)

---

① 洞山良价禅师为广接上中下之三根而开五位。其法借易之卦爻而来。先以阴阳之爻如图
相对。取离卦(☲)回互叠变之而为五位:君位(正中偏)、臣位(偏中正)、君视臣(正中来)、臣
向君(兼中至)、君臣合(兼中到)。其中,君(—)为正、体、空、真、理、黑,臣(--)为偏、用、色、
俗、事、白。参见《方立天文集》(第 4 卷),中国人民大学出版社 2012 年版,第 282 页。
② 铃木大拙、弗洛姆:《禅与心理分析》,孟祥森译,海南出版社 2012 年版,第 67 页。

帝"。就此而言,"偏正表"恰好从一个侧面反映了宗教与哲学的源与流的关系。

黑格尔在《宗教哲学》中有一段话可谓是对"偏正表"的极佳注释。他说:

> 宗教的对象,犹如哲学的对象,是其客观性中的永恒真理、上帝(神)及无(除上帝及对上帝的说明)。哲学并非世间的智慧,而是对非世间者的认识;并非对外在者、经验的定在和生活的认识,而是对永恒者以及与其自然相关联者之认识……学乃是同宗教并无二致的活动;精神从事哲理的思考,精神以同样的活力潜心于这一对象,并同样断然摒弃其特殊性,深入其客体,犹如宗教意识;宗教意识同样力图弃绝一起特殊性,并完全沉入这一内涵。就此而言,哲学与宗教相契合。事实上,哲学本身也是对上帝的侍奉,也就是宗教,因为它无非是在其对待上帝方面对主观臆说和评断之摒弃。①

并且,黑格尔在《小逻辑》中更是明确写道:"哲学的历史就是发现关于'绝对'的思想的历史。绝对就是哲学研究的对象。"②此处的"绝对",与"偏正表"中的"绝对"是完全一致的。就此而言,黑格尔哲学本身可谓是一种名副其实的宗教哲学。

至于偏正表更深的理论根源,当可追溯到公元8世纪吠檀多学派奠基人乔荼波陀在《圣教论》一书中对奥义书的"上梵"、"下梵"和"幻"的解读③。

---

① 黑格尔:《宗教哲学》(上),魏庆征译,中国社会科学出版社1999年版,第17页。
② 黑格尔:《小逻辑》,贺麟译,商务印书馆1980年版,第10页。
③ 参见《〈梨俱吠陀〉神曲选》,巫白慧译解,商务印书馆2010年版,第36页。

图表 2　上梵与下梵

由上可见,《梨俱吠陀》中的"上梵"对于偏正表的"正","下梵"对应偏正表的"偏"。

哲学为什么能够具有这一功能,黑格尔为我们说明了个中原由。第一,哲学的对象同于宗教的对象,所不同的在于形态上前者为概念,后者为表象,这也是当今大学哲学系·宗教学系一般同属一个系的原因;第二,哲学是对非世间者的认识,亦即对"偏正表"中的"正"侧的认识,因此处于"偏"侧的人不能拥有"智慧"①,只能去"爱"智慧,这一点可以从《圣经》中夏娃、亚当正是因偷吃智慧果而被上帝逐出伊甸园得到解释;第三,哲学对"正"侧的认识,摒弃了宗教的主观臆说和评断(信仰·启示·权威)。

铃木大拙还通过"禅修"五步骤阐述了偏正表的相互关系,这也与费希特哲学中的"自我"三部曲(否定之否定规律的雏形)不无神似。

中国哲学有两个起源:(一)《尚书·洪范》篇,其揭橥一种"皇极"(大中,亦即绝对正义)的永恒理想;(二)《周易》经传,其借由《易经》生生不已的变化,启发人类"穷则变,变则通,通则久"的处世智慧。这双重起源,使孔子可以承先启后,提出一套完美周全的人文主义,既可忠

---

① 佛教的"般若"一词则是梵语的音译,属于佛经翻译"五不翻"中的尊重不翻,意为"智慧"。这是真实的智慧、究竟的智慧、圆满的智慧,它是一切众生自性里面本来具足的,可惜我们迷失了自性,虽有而不能够起作用(现前)。所以佛是反复用许多善巧方便,希望能在他的言说下大彻大悟。

图表 3　禅宗与哲学

禅修五步骤	自我三部曲
1. 正中偏(在正中的偏[正])	1. 肯定(自我设定自身[正])
2. 偏中正(在偏中的正[反])	2. 否定(自我设定非我[反])
3. 正中来(从正中出来[正反交缠])	3. 否定之否定(自我设定自我和非我[合])
4. 兼中至(到达兼[到达合])	
5. 兼中到(安于兼[安于合])	

恕待人,又可上契天命。中国最早论述宗教文化与哲学思想演变的文献,见于《庄子·天下篇》:

古之所谓道术者,果恶乎在?曰:无乎不在。曰:神何由降?明何由出?曰:圣有所生,王有所成,皆原于一。不离于宗,谓之天人。不离于精,谓之神人。不离于真,谓之至人。以天为宗,以德为本,以道为门,兆于变化,谓之圣人。以仁为恩,以义为理,以礼为行,以乐为和,薰然慈仁,谓之君子……古之人其备乎!配神明,醇天地,育万物,和天下,泽及百姓,明于本数,系于末度,六通四辟,小大精粗,其运无乎不在。其明而在数度者,旧法世传之史,尚多有之。其在于《诗》《书》《礼》《乐》者,邹鲁之士,缙绅先生,多能明之。《诗》以道志,《书》以道事,《礼》以道行,《乐》以道和,《易》以道阴阳,《春秋》以道名分。其数散于天下,而设于中国者,百家之学,时或称而道之。天下大乱,贤圣不明,道德不一,天下多得一察焉以自好。……判天地之美,析万物之理,察古人之全。寡能备于天地之美,称神明之容。是故内圣外王之道,暗而不明,郁而不发,天下之人,各为其所欲焉,以自为方。悲夫!百家往而不反,必不合矣。后世之学者,不幸不见天地之纯,古人之大体,道术将为天下裂。

从中约略可看出这么几点。一是在神与人的关系问题上,区分了天人、神人、至人、圣人和君子，指明了个体修行的次第；二是明确了《易经》的阴阳之道即是今天所指的"哲学"，让"中国古代没有哲学"之说不攻自破；三是与古印度由象征正法的"圣牛之脚"所隐喻的四时代神似，庄子基本上对后世"不见天地之纯，古人之大体"的迷不知返的预象感到悲观和担忧。

黑格尔在《逻辑学》一书中论证了思维相对于存在的"三个在先"：逻辑在先，自然界在时间上在先，精神在先。其实，上列偏正表、上梵与下梵、禅宗与哲学这三个表格，亦反映了宗教相对于哲学的先在性。每个文明在初期都是有神论，唯独中华文明不畏惧神，因而有人说中国人没有信仰。实际上，勇于抗争，不怕输，不服输，是中国的民族精神，也是中国人的信仰。美国学者大卫·查普曼曾在一场讲座中解读中国神话故事，并以之与西方神话进行对比。

图表 4　中西神话比较

中国神话	西方神话
钻木取火	普罗米修斯窃火
大禹治水	诺亚方舟
精卫填海	……
后羿射日	……
愚公移山	……

西方有所谓"做人就会犯错"之说，而方东美则谓"要做人，就是要成就他的神性"(To be human is to be divine)[1]。固然，苏格拉底也有"一无所需最像神"之说，但总体上"东方的'大德'、大哲学家、大宗教领袖，都表现'我就是真理'，而西方的哲学家只表现'爱智慧'而已"[2]。譬如，熊十力就主张"重贞观"以明"智慧之学"，以达至"智情厚德（仁）"。

----

[1]　傅佩荣：《广大和谐的哲学境界——〈方东美全集〉校订版介绍》，载《方东美作品系列》，中华书局 2012 年。

[2]　方东美：《人生哲学讲义》，中华书局 2013 年版，第 102 页。

他说:"仁之为德,明睿之智、恻隐之情兼备者也。贞观以发智,体物以导情,二者之功不息,皆所以笃厚其仁也。贞观者,为道之学是智慧之学,首重贞观。心常提醒,不失清明,故云贞。"[1]"哲学者,智慧之学,而为群学之源,亦群学之归墟也。此等学问,纯为伟大精神之产物。学者从事哲学,必先开拓胸次,有上下与天地同流之实,则万理昭著,不劳穷索。否则狭隘之衷,惑障一团,理道终不来舍。故学问之事,首在激发精神,而后可与讲求方法"[2]。方东美则明确指出哲学智慧的源头在闻、思、修"三慧":

> 人生而有知,知审乎情,合乎理,谓之智……人生而有欲,欲称乎情切乎理,谓之慧……智与慧本非二事,情理一贯故。知与欲俱,欲随知转,智贯欲而称情合理,生大智度;欲随知而悦理怡情,起大慧解。生大智度,起大慧解,为哲学家所有事,大智度大慧解为哲学家所托命……知有是非,故智分真伪;欲有净染,故慧分圆缺。演事理而如如,趣于真智,挈性情而化化,依乎圆慧,是哲学家之理想生活。……"闻所成慧、思所成慧、修所成慧",乃哲学境界之层次,哲学工夫之梯阶。闻人于思,思修无间,哲学家兼具三慧,功德方觉圆满。闻所成慧浅,是第三流哲学家;思所成慧中,是第二流哲学家;修所成慧深,是第一流哲学家。……哲学智慧生于各个人之闻、思、修,自成系统,名自证慧。哲学智慧寄于全民族之文化精神,互相摄受,名共命慧。本篇诠释依共命慧,所论列者,据实标名哲学三慧:一曰希腊,二曰欧洲,三曰中国。[3]

简而言之,"审情合理"谓"智","称情切理"谓"慧"。"称情合理"生

---

[1] 熊十力:《体用论》,上海古籍出版社 2009 年版,第 129 页。
[2] 熊十力:《十力语要初续》,上海书店出版社 2007 年版,第 21 页。
[3] 方东美:《生生之德》,中华书局 2013 年版,第 110—111 页。

"大智度","悦理怡情"起"大慧解"。哲学家以"大智度"、"大慧解"为志事、为托命,以演事理于真智、挈性情于圆慧为理想生活。希腊、欧洲、中国分别代表"闻所成慧"、"思所成慧"、"修所成慧",此所谓"哲学三慧"。鉴于方东美后来补充了"印度"一说,提出了"希腊人、近代欧洲人、中国人、印度人"四者之"契理"、"尚能"、"妙性"、"解脱"四语分别状摹人类四大文化类型,"如实"、"方便"、"平等"、"功德"四词分别标榜人类四大共命慧类型,我们可依据泰戈尔《人生的亲证》所表达的,在希腊、欧洲、中国之"闻所成慧、思所成慧、修所成慧"之"哲学三阶"的基础上,追加印度之"证所成慧"为"第四阶",而总称"哲学四慧"①。人的一生,可由低而高分为"自然人、活动人、理性人、艺术人、道德人、宗教人、高贵人、神性人、不可思议的神明境界"九个层次,"做人"就是要"揽彼造化力,持为我神通"(李白)、"我性即天,天即我"(邵雍),追求实现"上下双回向"的人生理想。由此可见,就中国神话率先摆脱人依附于神的思维模式而由非理性降落到理性而言,哲学脱胎于宗教的时间,中国明显早于西方。熊十力指出,中国文化"开得早而未成熟",在秦朝以后一直没有进入成熟期。与其它古代民族相比,中国早在公元前 12 世纪,就有周公制礼作乐,展现高度的人文精神,发展出系统完备的思想,后来由儒家、道家、墨家等学派继承发展,演变为中国特有的文化景观。

（三）哲学与科学

在中国古代,道术＝儒术＝哲学,方术＝技术＝科学。爱因斯坦关于"如果把哲学理解为在最普遍和最广泛的形式中对知识的追求,那么,哲学显然就可以被认为是全部科学之母"的观点,或可有助于我们把握二者的关系。从词源来看,"科学"一词,原本是 12 世纪南宋陈亮用来指称"科举之学"②的缩略语。据《说文解字》解释,"科,会意字,'从

---

① 参见方东美:《人生哲学讲义》,中华书局 2013 年版,第 224—225 页。
② "自科学之兴,世之为士者往往困于一日之程文,甚于老死而或不遇"(陈亮:《送叔祖主筠州高要簿序》)。

禾从斗,斗者量也'",故"科学"一词有"测量之学问"的含义。在日本,随着明治元年(1868年)福泽谕吉的科学入门书《穷理图解》的出版,西周开始借用汉语"科学"一词作为"science"的译词。此后,井上毅在《学制意见案》(1871年)、福泽谕吉在《劝学篇》(1874年)、西周在《明六杂志》之"知见四"(1874年)中也都用到"科学"一词。不过,日语"科学"这一用语,并非特指自然科学,而是一般意指"个别科学",在"分科之学问"的意义上涵括各种不同类型的知识和学问。甲午战争之后,中国掀起了留学日本学习西方近代科学技术的高潮。在中国,一般认为康有为是最早使用"科学"一词的学者,其《日本书目志》列有《科学入门》、《科学之原理》等书目。辛亥革命时期,"科学"与"格致"二词并存。中华民国时期,通过中国科学社的传播活动,"科学"取代了"格致"一词。在今天,诸如心理学、哲学仍存在与自然科学(理科)、社会科学(文科)等概念划分模糊的问题。在今天,"科学就是整理事实,从中发现规律,做出结论"(达尔文),"运用范畴、定理、定律等思维形式反映现实世界各种现象的本质的规律的知识体系"(《辞海》),"科学首先不同于常识,科学通过分类,以寻求事物之中的条理。此外,科学通过揭示支配事物的规律,以求说明事物"(法国《百科全书》),"科学是如实反映客观事物固有规律的系统知识。"(《现代科学技术概论》),"科学是系统化了的自然知识;科学是生产力;科学是一种社会活动"(吴国盛)等表述,是关于科学的一般定义。

有人根据"科学是无国界,无颜色的",推论哲学的普遍性,认为"没有所谓中国哲学,也没有所谓西方哲学",科学与哲学都是追求普遍的真理。与此相反,也有人主张无所谓普遍的哲学,只有个别的哲学。牟宗三认为,这两种态度相当于康德的二律背反,两种观点都是错误的。他说:

> 我们一定要承认在科学真理以外必有其他性质不同的真理。这

种真理与科学性的真理不一样,而且也不能说只是民族情感,在此就可以讲中西哲学,而且有差异与不同。……普遍性是由观念、概念来了解,但观念是要表现的,要通过生命来表现的,这就是普遍性在特殊性的限制中体现或表现出来,这种真理是哲学的真理。而科学的真理则不管由什么人皆可以研究,研究科学的人虽然不同,但我们不能说科学的普遍真理通过特殊的生命来表现而有不同。①

怀特海指出,(思辨)哲学是"一种形成重要知识的方法"②,此乃强调哲学对科学的指导性。如果说科学与哲学都是真理性和价值性的统一,二者却又存在质的差异,那么不妨说科学是在真理性中体现价值性,凸显的是"物"之手段(实然);哲学是在价值性中体现真理性,张扬的是"人"之目的(应然)。

科学有两个来源,一是好奇心,二是为了支配自然以满足物质生活需要。前一个来源,与亚里士多德所谓哲学源于"惊讶"(及闲暇)的观点是一致的。科学知识的成立,必须依靠两个基本原则:一是外延性原则,其命题由外延的范围(量)所决定,不受主观的影响。二是原子性原则,在社会科学上则体现为个体性原则。如果说中国古代也有周易、老子之哲学,却为何没能产生自哥白尼以来的西方近代意义上的科学?梁漱溟解释说,古代中国文化是偏于"理性"的早熟型文化,儒家伦理文化正是随着"理性"的成熟而发展起来的。"周孔以来,宗教缺乏,理性早启,人生态度遂以大异于他方。在人生第一问题尚未解决之下,萌露了第二问题暨第二态度,由此精神移用到人事上,于物则忽略。即遇到物,亦失其所以对物者,科学之不得成就出于此。既不是中国人笨拙,亦不是文化进步迟慢,而是文化发展另走一路了。"③总之,"中国在人类

① 牟宗三:《中西哲学之会通十四讲》,吉林出版集团有限责任公司 2010 年版,第4—5页。
② 怀特海:《过程与实在》,李步楼译,商务印书馆 2012 年版,第9页。
③ 《梁漱溟全集》(第3卷),山东人民出版社 1990 年版,第270页。

文化任何一部门、任何一方面都是开化最早,乃至今尚有此未进步的现象,实以其所走之路不十分反科学,转而长保其不科学的形迹,其所走之路不十分反德谟克拉西,转而长保其不德谟克拉西的形迹"①。大体上,梁漱溟区分了中国以"理性"为主导的作为"文化与价值的科学"与西方以"理智"为主导的作为"知识的科学",它们是两种不同的文化发展路向。古代中国不是不能发展科学,而是认为没有必要发展科学;古代儒家文化没有走科学的路子,并不意味着儒家文化中存在着反科学的思想。

据怀特海的分析,一千多年来,西方人通过"希腊的悲剧"、"罗马的法律"和"中世纪的信仰"这三个要素,培养了一种不为人的意见和情绪所左右的客观、超然和实事求是的"科学心态"。第一,希腊悲剧的主角是无可抗拒的"命运",故悲剧的情节不以人的意愿为转移,它是无情的、必然的。这让人们了解到除了适应、欣赏和接受自然的客观规律以"尽人事,听天命"之外,任何哀叹、抱怨都于事无补。第二,罗马的法律之制定,不是根据所归纳的客观资料而制定,而是先设定基本原则,再制定细节。它的好处是可以完全地超然,"王子犯法,与庶民同罪"。它促使西方人在守法的过程中,避免主观的情绪反应,而致力于一清二楚地寻求准确的论点,将含糊不清的辩论,简化为"是或不是"的选择题,得出结论,并以之为自己坚持的原则。第三,中世纪的人们大多信仰天主教,相信自然界中,再细微之物,也有它的规律,一切都是上帝的安排,一如耶稣所言"如果神没有允许,你们一根头发也不会掉"。"每一种细微的事物都受着神视的监督并被置于一种秩序之中。研究自然的结果只能证实对理性的信念。"②而中国的戏剧的结局多半以人的情绪为转移而最终变成一种"安慰剧";法律往往因受人情的影响而使民众对公正缺乏信心;信仰亦因讲求符合现实世界的需要而信徒要什么就

---

① 《梁漱溟全集》(第2卷),山东人民出版社1990年版,第203页。
② 怀特海:《科学与近代世界》,何钦译,商务印书馆1959年版,第17—18页。

给什么。在科学的发展问题上,中国古代的农学、药学、天文学、数学、博物学等曾经世界领先,但都是未经系统整理和抽象概括的实用性知识,不是具有内在规律性的科学理论。造纸术、指南针、火药和印刷术也都不是科学发现,而是技术发明,不仅不曾发展成为化学、电磁学、地球物理、自动化等科学学科,而且连当时先进的技术亦渐为西方所超越。怀特海认为,上述三个要素西方后来居上并最终领先中国而发展出近代科学的根本原因。然而,一方面,正如海德格尔所指出的,西方的"技术"同样存在其弊端,在其"我认为技术的本质就在于我称为'座架'的这个东西中,这是一个常常被嘲笑而且或许也不确切的字眼。座架的作用就在于:人被座落在此,被一股力量安排着、要求着,这股力量是在技术的本质中显示出来的而又是人自己所不能控制的力量"[1],"今天各种科学已经接管了迄今为止哲学的任务……哲学消散在几种特殊科学中了:心理学,逻辑学,政治学"[2]的谈话中,其对西方科技的悲观可谓跃然纸上。

二、中国哲学的精神

李大钊从东西文明比较[3]的视域,来把握中国哲学的精神特质。他在《东西文明根本之异点》指出了东西文明的十五点差异,兹列表于此(图表5)。

就第4项的东方文明之"消极"(代表"天之道"一极的道家?)而言,西方文明岂有比代表"人之道"一极的儒家更"积极"入世? 相对于第15项以康德为代表的"人为自然立法"的西方文明之"人间征服自然",东方文明亦不乏以张载为代表的"为天地立心"。

梁漱溟的《东西方文化及其哲学》一书,更细致地东方细分为中国

---

① 《海德格尔选集》(下),孙周兴选编,上海三联书店1996年版,第1307页。

② 《海德格尔选集》(下),孙周兴选编,上海三联书店1996年版,第1308页。

③ 《李大钊文集》(上),人民出版社1987年版,第557—558页。

图表 5 东西文明比较

	东洋文明	西洋文明
1	主静	主动
2	自然	人为
3	安息	战争
4	消极	积极
5	依赖	独立
6	苟安	突进
7	因袭	创造
8	保守	进步
9	直觉	理智
10	空想	体验
11	艺术	科学
12	精神	物质
13	灵	肉
14	向天	立地
15	自然支配人间	人间征服自然

和印度,概括了中国文化、西方文化和印度文化的三种不同的人生路向,兹列表如下。

图表 6 中西印文化比较

中国文化	西方文化	印度文化
意欲自为调和、持中	征服自然、改造环境	意欲反身、向后要求

　　方东美认为,中国作为一个大陆国家和农业国家,其"知者乐水,仁者乐山"的地理环境,"重农轻商"①的经济环境,以及以家族制度为核心

———————————

① 中国传统社会把民众分为士、农、工、商四等。《吕氏春秋》"上农"章对农民与商人之优劣作过比较。

的社会制度①,决定了其具有不同于古希腊人之思想的特点。《易经》中"寒往则暑来","暑往则寒来"、"日中则昃,月盈则食"所表达的"反者道之动"的观念,正是这种环境和制度所造就的思想结晶。农民的眼界既制约着中国哲学的内容,也制约着中国哲学的方法论。希腊哲学家喜欢明确的东西,其概念源自演绎法而得的假定,因为"有"和有限的明确而认为其高于"无"和无限。中国哲学家重视不明确的东西,其概念源自直接领会某个事物的直觉,因为"无"和无限的不明确而认为其高于"有"和有限。在中国哲学家的连续审视中,此种直觉的概念,其主观和客观、主体和客体乃是浑然一体,二者尚未区分明确的界限。在中国哲学中,人与世界的关系是整体关联、动态平衡、自然合理的"共在"关系,是天人、体用、心物、知行的契合。因此,与西方哲学将超自然与自然、神与人、灵魂与肉体、心灵与身体、心与物、精神与物质、主体与客体、价值与事实、理性与情感等二元割裂的"实体主义的构成论"不同,中国哲学是"关系主义的生成论",其主流是自然生机主义的,肯定世界是自己产生出来的,没有凌驾在世界之上或之外的造物主或上帝。中国哲学家始终坚信,人类赖以生存的宇宙是一个无限的宇宙、普遍联系的宇宙和创进的宇宙,——这亦是对人的创造能力的信念。中国哲学家乐于用格言、警句、事例、比喻、暗示等形式表达思想。中国哲学的"天道"、"地道"、"人道"之秩序,不仅有其内在的逻辑、理性,而且含有道德(忠恕孝悌,礼义廉耻)的、美学(坐忘)的、生态学(生生)的意蕴。

　　中国传统哲学的主要精神,既是入世的,又是出世的,中国的圣人品格是"内圣外王"。在方东美看来,中国哲学具有融通性,儒家意在显扬圣者气象,道家陶醉于诗艺化境,佛家则以苦心慧心谋求人类精神之

---

① 传统中国把社会关系归结为君臣、父子、兄弟、夫妇、朋友五种。《尔雅》关于家庭关系的名称达一百多种。

灵明内照。合此三者而观之,则是"先知、诗人、圣贤"的综合人格,这正是人类的共同向往。"所谓先知,就是以现在为其发点,凝视未来,眼光在人类的未来前途、命运、结局,亦即 Vista of the future。所谓诗人,就是以高度的幻想才情将过去的经验投射到未来,而实际上是 revert to past,反映过去的经验,由之导引一套幻想,安排生命在时间之流里。所谓圣贤,就是站在当今的时空阶段,在现实中发挥生命精神,实践理想,落实于行动,再成就一个伟大人格。"①总之,通过"诗人、圣贤、先知"②,打通"过去、现在、未来"。

《易经》《道德经》和《黄帝内经》是中国上古的三部奇书。20 世纪初,西方物理学界,昂然屹立了近三百年的经典物理学大厦开始摇摇欲坠,法拉第、麦克斯伟、爱因斯坦、玻尔、海森堡等一批物理学家,用最先进最精密的科学实验,将牛顿的空间容器,连同那条绝对流动的时间链,一起打得粉碎,一个对西方来说极为新颖的思想,以叛逆者的姿态宣布了这样一个结论:我们的物质世界,不是牛顿所描绘的机械的世界,它是一个相互联系、相互作用、不可分割的整体,用天文学家弗雷格·霍伊尔的话来说,就是我们的日常经验甚至在最小的细节上,都是与宇宙的大尺度性质密切联系在一起。《易经》曰:"易有太极,是生两仪,两仪生四象,四象生八卦",其核心思想是变易。正所谓八卦成列,象在其中;因而重之,爻在其中;刚柔相推,变在其中;系辞命之,动在其中。

《道德经》所讲的"道"不仅是宇宙之道、自然之道,也是个体修道的方法;"德"则是修道者所应具备的世界观、方法论及为人处世的方法。

---

① 方东美:《原始儒家道家哲学》,中华书局 2012 年版,第 36—37 页。
② 而"作为一位哲学家,东美先生不愧体现了他自己的人格理想——集'诗人、先知与圣贤'三重复合的人格于一身"(韩路易:《方东美先生与中国哲学精神——"方东美哲学首届国际研讨会"开幕致辞》,载方东美:《中国哲学精神及其发展》上,孙智燊译,中华书局 2012 年)。

图表 7 八卦与天人关系

	乾	坤	震	巽	坎	离	艮	兑
宇宙观	天	地	雷	风	水	火	山	泽
家庭观	父	母	长男	长女	中男	中女	少男	少女
动物观	马	牛	龙	鸡	豕	雉	狗	羊
身体观	首	腹	足	股	耳	目	手	口
运动观	健	顺	动	入	坎陷	丽	止	说
权力观	君	众						

至于 2500 年前的《黄帝内经》,现代相对论、量子力学所得出的结论,竟也神奇地与中国这一最古老的哲学思想不谋而合。中医学所说的系统和整体观,就是依傍阴阳五行哲学体系而构筑起来,体现了以阴阳五行为特征的自然哲学和经验积累的强大生命力,以及投入极小而成效极大这两个世界学术史上的奇迹。中医的治疗不是杀灭病邪,而是驱赶并赶走它。《黄帝内经》以医学、天文学、气象学、地理学、心理学、生物学和乐理学等学科的材料,详尽地、全方位地考察了人与"天"的关系,提出了"仁"主生发,对应的五行是木,方向是东①,四季是春,五脏是肝;"义"主散,对应的五行是金,方向是西,四季是秋,五脏是肺;"礼"主约束,对应的五行是火,方位是南,四季是夏,五脏是心;"智"(志)主肾精,对应的五行是水,方位是北,四季是冬,五脏是肾;"信"主言,对应的五行是土,方位是中,四季是长夏(从立秋到秋分),五脏是脾胃。凡此种种,可谓全息的大生态医学理论。

蔡仁厚从中西文化比较②的视角,来把握中国哲学的精神特质,兹列表如下。

---

① 秦皇汉武时期,帝王之所以一定要封禅泰山,即是因为东方主仁及生发,作为国君,要在把握国家的生发之机的问题。

② 蔡仁厚:《中国哲学史》(上),台湾学生书局 2009 年版,第 8 页。

图表 8　中西文化比较

	中国文化	西方文化
1	以人为本	以物为本，以神为本
2	首先正视人	首先正视自然
3	以生命为中心	以知识为中心
4	重主体性，重实践	重客体性，重思辨
5	学与教合一	学与教分立

　　其中，西方文化之第 3 项以"知性"为主，取得了三大成就，即科学、民主和宗教，并分别以"心与物"、"权利与义务"和"人与神"为对立；第 4 项"重客体"的主客对立，使其缺乏心性之学及成德之教，其精神呈现一种单向度的"向外追求，向上攀缘"，结果导致"取单向而无回向，有追求而无反求"，无法独立地透显中国文化的"反求诸己，反身而诚"的德性主体。中国文化之第 3 项以"生命"为主，虽然德性流通贯注上下四方，创造出"天下一家"、"慧命相续"、"天人和谐"的价值世界，但是欠缺近代西方通过"科学、民主"所开创的事功。外王仅限于仁政王道，昧于"开物成务"、"利用厚生"所必需的知识条件和技术条件，政权之移转也欠缺法制化的轨道。中西方在这一问题上的差异，本质上是休谟所提事实和价值之关系问题上的取向不同。即，中国文化更注重生命之价值，内圣强而外王弱，犹如见人不见物；西方文化更侧重物理之事实，知性强而德性弱，恰似见物不见人。要言之，中西方文化亟需相互取长补短，实现事实问题与价值问题并重和双赢。

　　由于地理位置和历史因素，东西方的差异固然存在。同时，我们也应该看到，这种差异也具有相对性，以至其中任何一点，我们都可以找到相反的论据。譬如，在上列两个表格中，第 2 项之"自然"的特质，就为东西方所**共有**。就此而言，我们完全可以说，西方岂有比东方有关"道法自然"的思考更重视自然？反之亦然。当然，今天所理解的"自然"绝非老子所讲的"自然"，它已远远偏离了所讲"自然"的本义；"道德"亦被矮化为"人之道"、"人之德",缺失了"天之道"、"天之德"之本义。

张立文指出,"所谓哲学精神是指人对宇宙、社会、人生的道的价值、意义的理解、把握和诠释,以及对价值理想或终极关怀的体贴和追求。"①他认为,中国哲学有五大精神。1.忧患精神,亦即对国家和人民生命的形上关怀。2.乐道精神,以求道、得道为快乐。3.和合精神,是对生命世界、意义世界和可能世界的多维思考,以期内得于心,外度于义,外内和同,上顺天道,下中地理,中适人心,而达天、人、地和合的境界。4.人本精神,以人为中心,解释一切问题,肯定人之于自然、社会的地位、作用和价值。如《管子·霸言》所言,"夫霸王之所始也,以人为本。本理则国固。"5.笃行精神,主张听言观行,所谓"博学之,审问之,慎思之,明辨之,笃行之"(《中庸》),即是强调要由学达行,知行合一。

中国哲学向来以儒释道三家为代表。笔者认为,结合道家、儒家和《周易》各自的特点,可以将中国哲学的精神进一步提炼为:出世求道,入世求仁,阴阳通变。中国佛家哲学,则于此三者兼而有之。

三、中国哲学的合法性问题

从字面上看,"philosophy"(哲学)一词源自希腊文"φιλοσοφία",其含义是"爱智慧"②。中文"哲"字有"智慧"、"贤明"之意,古籍有"世有哲王"(《诗·大雅·下武》)、"知人则哲,能官人"(《书·皋陶谟》)、"爽邦由哲"(《书·大诰》)、"敷求哲人"(《书·伊训》)、"哲,智也"(《尔雅》)、"泰山坏乎!梁柱摧乎!哲人萎乎!"(《史记·孔子世家》)等说法和记

---

① 张立文:《中国哲学史新编》,中国人民大学出版社2012年版,第18页。

② 在西方,第一个哲学家泰勒斯首次提出了"什么是世界本原"这一本体论之发问,认为"水生万物,万物复归于水"。据蓬托斯的赫拉克利德的《论无生物》记载,毕达哥拉斯在同僭主勒翁交谈时第一次使用了"philosophia"(爱智慧)一词,并自称为"philosophos"(爱智者)。他认为,在生活中,一些奴性的人生来是名利的猎手,而爱智者生来寻求真理。至苏格拉底时期,苏格拉底发动了伦理学转向,他呼吁人们"认识你自己",要求人们将注意力从自然界转向人自身,希望人们关注心灵而追求德行。

载。从《庄子·天下篇》、司马谈《论六家要旨》、宗密《华严原人论》、朱熹《伊洛渊源录》，到黄宗羲主编的《宋元学案》、《明儒学案》等等，中国学术思想史的研究可谓源远流长，其中蕴含丰富的中国古代哲学思想。1874 年，日本学者西周受宋代周敦颐《通书·志学》篇中"圣希天，贤希圣，士希贤"之启发，将"philosophy"译为"希求贤哲之智之学"，简称"哲学"（てつがく），他在《百一新论》中写道："将论明天道人道、兼立教法的 philosophy 译名为哲学"。1895 年，黄遵宪在《日本国志》初刻本最早引入该词，以取代中国古代学术体系中的经学和子学。1901 年，蔡元培在《哲学总论》中称"哲学为综合之学"，其"以宇宙全体为目的，举其间万有万物之真理原则而考究之以为学"。1903 年，王国维在《哲学辨惑》中指出："夫哲学者，尤中国所谓理学云尔。……'哲学'之语实自日本始。日本称自然科学曰'理学'，故不译'费禄琐非亚'曰理学，而译曰'哲学'"。

　　1912 年，北京大学开设"哲学门"，亦称"中国哲学门"（1914 年开始招生，1919 年更名为哲学系）；其后，各个大学也相继开设哲学系。而"中国哲学"这一名称，从一开始就受到某种程度的质疑，时至今日，关于"中国哲学的合法性"的争论仍无休止。从根本上说，这完全是一个伪问题。盖无论中外古今，凡是探讨事物背后的超越性存在或价值的观念体系，都可以称之为"哲学"。如同"哲学"一词引自日本，关于"哲学的合法性"的争论，其源头亦可追溯到日本。1901 年，日本学者中江兆民提出了"我们日本从古代到现在，一直没有哲学"[①]的观点。在他看来，本居宣长和平田笃胤只是古文字学家，伊藤仁斋和获生徂徕只能算是经学家，加藤弘之和井上哲次郎不过是自己标榜为哲学家。无独有偶，1926 年，中国学者傅斯年也认为"中国本没有所谓哲学。多谢上帝，给我们民族这么一个健康的习惯"，盖"大凡用新名词称旧物事，物质的

[①]　中江兆民：《一年有半·续一年有半》，吴藻溪译，商务印书馆 1979 年版，第 15 页。

东西是可以的,因为相同;人文上的物事是每每不可以的,因为多是似同而异"①。这里,我们无意探讨此番观点是否源自中江兆民,但可以肯定的是,傅斯年显然是察觉到"物质的东西"将"人文上的物事"有着质的差异性,因此"物质的东西"或许不妨借用所谓西方科学的术语做新的表述,但是千万不要将"人文上的物事"削足适履地纳入所谓西方哲学的框架中作牵强比附,故而庆幸"中国没有哲学"。或许正是基于此种考虑,胡适在1919年出版《中国哲学史大纲》(上卷)的1927年撰写中古部分时,就不再取"哲学史"之名,而改称《中国中古思想史》②。受明治维新之"脱亚入欧"思潮的影响,中江兆民的上述观点本身,或许与黑格尔不无相关。黑格尔的《哲学史讲演录》一书有浓重的西方中心论色彩。在他看来,东方无哲学,只有"法律和伦理",孔子的《论语》只是一些道德箴言,其中没有思辨思维,甚至也没有严密的逻辑系统,"不过是采取实体的、自然的、家长政治的形式,而不是建筑在主观的自由上。既没有良心、也没有内心道德,只是一种〔僵化了的〕自然秩序,让最高尚的东西与最恶劣的东西并存着……我们在这里尚找不到哲学知识……真正的哲学是自西方开始"③。故而在美国,"中国哲学"不是在"宗教系",便是在"东亚系",很少摆在西方正统的"哲学系"。2001年9月11日,法国著名哲学家德里达访华,他在上海与王元化的对话中重提"中国没有哲学,只有思想"。德里达此言并非突发奇想,他在此前的《书写与差异》中译本的访谈中,就已表达了这一观点。④与黑格尔不同的是,德里达并不贬低中国哲学,而是主张哲学作为西方文明的传统,其源头是古希腊,而中国文化乃是逻各斯中心主义之外的一种文明。⑤

---

① 《傅斯年全集》(第4册),联经出版公司1980年版,第473页。
② 参见《胡适的北大哲学课》(全四册),新知世界出版社2014年版,"出版说明"。
③ 黑格尔:《哲学史讲演录》,贺麟、王太庆译,商务印书馆1959年版,97—98页。
④ 德里达:《书写与差异》,张宁译,生活·读书·新知三联书店2001年版,第10页。
⑤ 陆扬:《中国有哲学吗?——德里达在上海》,《文艺报》2001年12月4日。

列宁指出,"哲学史,简单地说,就是整个认识的历史,全部知识领域。希腊哲学已经涉及所有这些成分:各门科学的历史,儿童智力发展的历史,动物智力发展的历史,语言的历史,注意:＋心理学,＋感觉器官的生理学。这些就是认识论和辩证法应当从中形成的知识领域"①。这就是说,哲学的主题是十分广泛的,主要有世界(的起源)、存在、时间、空间、现象、本质、经验、理性、真理、同一性、矛盾性、普遍性、数学命题、逻辑、言语、知识、观念、人类一般、自由、因果性,以及正义、善、美、意识、精神、自我、他我、神、灵魂等。

近几十年来,国内学界关于哲学的定义,主要有"哲学就是关于世界观的学问,哲学观点就是人们对于世界上的一切事物、对于整个世界的最根本的观点"(艾思奇:《辩证唯物主义历史唯物主义》)、"这种系统化和理论化的世界观,就是哲学"(李达:《唯物辩证法大纲》)、"哲学是理论化、系统化的世界观","所谓世界观(亦称宇宙观),就是人们对于整个世界、整个宇宙,包括自然界、社会历史和人的思想统统在内的根本观点"、"哲学则是关于自然知识、社会知识以及思维(认识)知识的概括和总结"(肖前、李秀林、汪永祥:《辩证唯物主义原理》)、"中国哲学是指人对宇宙、社会、人生之道的体贴和名字体系"(张立文:《中国语境下的中国哲学形式》)、"中国哲学是中国人对宇宙现象与人的生存原则的一种领悟和把握,并且把这种领悟与把握的基本精神贯彻于实际践履之中所形成的一门学问"(詹石窗:《新编中国哲学史》)。关于这些定义,也有一些学者提出过质疑,例如黄裕生指出"哲学是一种世界观"的说法是存在问题的,"把哲学视为一种世界观不仅无法使哲学与其他学科区别开来,而且将使哲学丧失掉作为一门学科存在的理由"②,俞吾金认为"哲学是关于世界观的学问"的定义是未经反思的,"不但是靠不住

---

① 参见《列宁全集》(第55卷),人民出版社1990年版,第302页。

② 黄裕生:《什么是哲学与为什么要研究哲学史?》,《中国哲学史》2004年第3期。

的,甚至根本上就是错误的"①。

金岳霖在为冯友兰《中国哲学史》而撰写的审查报告中,提出了中国哲学史是"在中国的哲学史"而非"中国哲学的史"的问题。冯友兰亦作有"中国底②哲学"和"中国的哲学"的区分。金岳霖认为,只有一种思想与学问在"实质与形式"上与"普遍哲学"相同才称得上是哲学,否则就要给哲学史家带来困难,而"'中国哲学',这个名称就有这个困难问题……如果一个人写一本英国物理学史,他所写的实在是在英国的物理学史,而不是英国物理学的史;因为严格地说起来,没有英国物理学"③。由此可见,金岳霖预设的"普遍哲学"仍是以西方哲学为蓝本,——从目前的史料来看,这里的"中国"一词若替换为"西方"一词,亦同样讲得通,盖东西方各国或多或少均可从印度河流域找到其神话、宗教和哲学之痕迹④。另外,其以"物理学史"来类比"哲学史",也无从说明为何我们学数学、学物理学可以不必学数学史、物理学史,而学习哲学则必须学习哲学史。与王国维认为"我国无纯粹之哲学"⑤、特别是西方从黑格尔到胡塞尔、伽达默尔之流所谓"中国无哲学"之类的观点不同,牟宗三借用"依义不依语"、"依法不依人"的佛语,明确提出"中国有哲学",其基本依据是:一、哲学的标准不能以西方为标准。二、哲学就是对人性活动、理智和观念加以反省。三、中国哲学的特质是"主体性"、"内在道德性"。他说:

> 中国学术思想既鲜与西方相合,自不能以西方哲学为标准来
> 定取舍……什么是哲学?凡是对人性的活动所及,以理智及观念

---

① 俞吾金:《哲学是"关于世界观的学问"吗?》,《哲学研究》2013 年第 8 期。

② "底",此处指示代词,意为"此"、"这"。

③ 冯友兰:《中国哲学史》(下),华东师范大学出版社 2015 年版,第 334 页。

④ 徐达斯:《文明的基因》(上下),东方出版社 2015 年。

⑤ 《王国维文学美学论著集》,周锡山编校,北岳文艺出版社 1987 年版,第 35 页。

加以反省说明的,便是哲学……中国有数千年的文化史,当然有悠长的人性活动与创造,亦有理智及观念的反省说明,岂可说没有哲学? ……说中国没有"希腊传统"的哲学,没有某种内容形态的哲学,是可以的。说中国没有哲学,便是荒唐了……中国既然确有哲学,那么它的形态与特质怎样? 用句最具概括性的话来说,就是中国哲学特重"主体性"(Subjectivity)与"内在道德性"(Inner-morality)。①

在中西哲学的比较研究与中国哲学学科的构建方面,冯友兰曾提出"辨同异"、"别共殊"的问题,萧萐父还特别强调要注意同中之异、异中之同、殊中之共、共中之殊。在中国古代思想中,"名"有"达"(普遍)、"类"(特殊)、"私"(个别)之分。就"私名"(狭义的哲学)而言——狭义的"中国哲学"学科形成的过程,正是马克思主义哲学、中国哲学、西方哲学相互比较、交融互渗的过程——"哲学"是源于希腊、衍于西方的专有名词,不能冠中国思想以"哲学"之名。但是,就"类名"与"达名"(广义的哲学)而言,则完全可以冠中国思想以"哲学"之名,完全可以视"哲学"为对世界与人生之根本问题的总体思考,而西方哲学、中国哲学、印度哲学……分别代表一种不同的思考模式;反之,亦不妨以"思想"概念来取代广义的哲学概念,认西方思想、中国思想、印度思想……为采取哲学思路的特殊方式。正如不能根据中国古代之"案"、"几"之类,而断言中国没有西方之"desk"。因此,即便西周当年生造了"哲学"的"私名",但是若按牟先生所言而不以西方哲学为取舍标准的话,"哲学"一名在中国是完全成立的,"中国哲学"也就不存在所谓"合法性"问题。事实上,在中国古代的学术传统中,义理、考据、辞章三者的分立,经学传统与史学传统的对立,文人传统与道学传统的对立,本身就体现了某种类似于现代学科体系中"中国哲学"所研究的那个领域的存在,——

---

① 牟宗三:《中国哲学的特质》,上海古籍出版社 1997 年版,第 3—4 页。

方东美叩其大端,指出中国哲学有先秦儒家、道家、中国佛学和宋明理学四大思想资源与思想传统①。

　　陈来着眼于上述"以'思想'概念来取代广义的哲学概念"的设想,指出了冯友兰、金岳霖和牟宗三之外的实践上的第三个选择:理论上以西方哲学为标准,事实上以中国义理之学为范围。这一最新方案的前设当是哲学与义理的不无相通。根据《汉典》的解释,"义理"一词有"合于一定的伦理道德的行事准则、讲求儒家经义的学问、宋代以来作为理学的义理之学、文辞的思想内容、道理"之意。要言之,"义理"与"思想"相关。故而,张祥龙主张退出"哲学"但不等于放弃"哲学",因为这里的"哲学"已被置换为"思想"。并且,在海德格尔哲学中,东方的"思想"对于克服西方"哲学"以及作为后果之一的"技术"的弊病所蕴含的意义,这使得他向往"是不是有朝一日一种'思想'的一些古老传统将在俄国和中国醒来,帮助人能够对技术世界有一种自由的关系呢? 我们之中有谁竟可对此作出断言吗?"②哲学与思想原本就有着内在的关联,以至在如下的表述中,他干脆以"哲学思想"一词将二者并列:"因为在哲学思想中弥漫着最高限度可能的联系,所以所有伟大的思想家都思想着同一件事。这同一件事却有这样的根本性与丰富性,以至于任何个人都不能把它想光了,而是每一个人都只能把每一部分联系得更严密些"③,并且指出"思想的任务,能够在它的限度之内帮助人们与技术的本质建立一种充分的关系"④。

　　根据《说文解字》的解释,"思"为"心之田",意为"容也,从心。从囟",表达的是主观一侧;"想"为"心之相",意为"觊思也。从心",表达的是客观一侧。在日本当代著名哲学家广松涉的关系本体论中,主观

①　从一定意义上说,是方东美先生改变了西方人对中国哲学的偏见,引起了西方学界对中国哲学的重视。

②　《海德格尔选集》(下),孙周兴选编,上海三联书店1996年版,第1312页。

③　《海德格尔选集》(下),孙周兴选编,上海三联书店1996年版,第1309页。

④　《海德格尔选集》(下),孙周兴选编,上海三联书店1996年版,第1311—1312页。

一侧有着"能知的个人—能识的人类"的二重结构,客观一侧有着"现象的所与—意义①的所识"的二肢结构,主客两侧共同形成一种二重二肢的"四肢结构"。至于"哲学",《说文解字》乃是释"哲"为"智",意为"知也,从口"。在佛教的十二因缘的理论中,人之所以可能陷入六道轮回,第一因缘就是"无明",其理论渊源即来自吠陀经中"吠陀"(Veda)一词的"知识"、"明论"之意。佛教所谓的"无明",亦即"无知",不明白地、水、火、风四大皆"空"的道理。帕斯卡尔则从正面强调,人是一根能思想的苇草,正是思想成全人的伟大。而依照信息论的假说,从本质上说思想就是一种信息,是大脑中的某些特定分子摩擦碰撞,引起了某些信息子的规则排布,在三维空间中的表现就是产生电流,引起脑细胞的活动。这种解释一般带有某种程度的自然主义的谬误,比如它忽视了当中极为重要的社会历史因素。毕竟,"国家生命所系,实系于文化,而文化根本则在思想。从闻见得来的不是知识,由自己体究,能将各种知识融会贯通,成为一个体系,名为思想"。②不管怎么说,通过对思想与哲学的比较分析,可以看出思想作为人的思维活动的结果,其外延远大于哲学。基于此,有日本学者提出:

> Philosophy 这个词在日本被分别用来表示哲学和思想。哲学和思想,或者说哲学史和思想史二者是"分栖共存"的……如果把思想(史)从哲学(史)中排除的话,哲学(史)就会变得极其贫乏。哲学当然应该在"哲学"这一学术框架中讨论,但我认为,如果将涵盖哲学、支撑哲学的东西也考虑进去的话,这样不就能描绘出丰富的哲学史画像来了吗?我以前就是站在这样的角度来研究日本哲学的。③

---

① 傅佩荣认为,所谓"意义",就是理解的可能性(化隐为显)。
② 《马一浮全集》(第 1 卷),上海古籍出版社 2013 年版,第 41—42 页。
③ 藤田正胜:《日本文化关键词》,李濯凡译,新星出版社 2019 年版,第 161—162 页。

这也就不难理解,为何在日本学界一般不用"政治哲学"一词而通常使用"政治思想"一词。关于这一点,我们从丸山真男的《日本政治思想史研究》之书名,亦可见一斑。或许是缘于这一点,日本出版界有关日本思想史的图书要远远多于日本哲学史的图书。

四、中国哲学史的研究方法

任何研究都必须遵循一定的方法或进路,中国哲学史的研究也不例外。

(一)逻辑与历史的统一

《资本论》堪称运用逻辑与历史的统一之方法的典范。马克思指出,"叙述方法必须与研究方法不同。研究必须充分地占有材料,分析它的各种发展形式,探寻这些形式的内在联系。只有这项工作完成以后,现实的运动才能适当地叙述出来。这点一旦做到、材料的生命一旦观念地反映出来,呈现在我们面前的就好像是一个先验的结构了"①。此处,研究方法指历史的方法,叙述方法指逻辑的方法。材料只是记载历史的文献,并非历史本身,历史是不能用科学的方法归纳的。要把握历史,需借助逻辑。在《资本论》"商品"章中,作为历史,商品在前资本主义就已经存在;作为逻辑,商品只有在资本主义才真正成其为商品。是否为销售而生产,是历史的商品和逻辑的商品的区分标志。历史的商品不是真正意义上的商品,逻辑的商品是真正意义上的商品。恩格斯强调,要写政治经济学史,唯一可用的是逻辑的研究方法,"但是,实际上这种方式无非是历史的研究方式,不过摆脱了历史的形式以及起扰乱作用的偶然性而已。历史从哪里开始,思想进程也应当从哪里开始,而思想进程的进一步发展不过是历史过程在抽象的、理论上前后一贯的形式上的反映;这种反映是经过修正的,然而是按照现实的历史过

---

① 《马克思恩格斯全集》(第 23 卷),人民出版社 1972 年版,第 23 页。

程本身的规律修正的,这时,每一个要素可以在它完全成熟而具有典范形式的发展点上加以考察"①。

（二）解释学的方法

"解释学"一词,来源于希腊神话的信使神赫尔墨斯,他向诸神和凡人传达天神宙斯的旨意时,会根据具体情况附带自己的理解和阐释。虽然古希腊修辞学、中世纪圣经解释学以及法律解释学已蕴含局部的解释学意识,但把解释学提到方法论的高度并使之具有普遍适用性的是施莱尔马赫、狄尔泰、海德格尔和伽达默尔等为代表人物的当代哲学解释学。施莱尔马赫和狄尔泰是一般解释学的创立者。前者试图把解释学建成一门理解历史作品的方法论科学,后者力求把历史哲学融进解释学。海德格尔推动了解释学从方法论转向本体论。他认为理解不是单纯的认知,而是人的存在方式的揭示,解释的目的是要达到一种对世界的新理解。伽达默尔建立了系统的哲学解释学理论,提出解释学的任务是要说明一切理解现象的基本条件,而不是提供一种一般的解释方法。他强调理解的历史性,围绕"前见"的概念,提出了时间距离、效果历史、视界融合、解释学循环等一系列解释学基本理论,从积极的意义上把"前见"看作理解所必不可少的前提,是联结历史与现实的传统文化、传统心理的积淀;强调语言的本体论地位,认为世界在语言中呈现自己,我们所认识的世界也只能是语言的世界。哈贝马斯反对伽达默尔的"成见"理论及其对传统和权威的维护,认为解释学的关键是把人们从谬见中解放出来的意识形态批判;这促使伽达默尔从实践的方向改进他的学说。利科则力图纠正伽达默尔反方法论的偏向,使本体论与方法论结合,使解释学趋向多学科的综合。

研究中国哲学史,必须慎思明辨,善用历代学者的注解。谭嗣同谓"二千年来之政,秦政也,皆大盗也;二千年来之学,荀学也,皆乡愿也"。

---

① 《马克思恩格斯全集》(第13卷),人民出版社1962年版,第532—533页。

这源于自秦始皇以来,历代学者不敢奢想在帝王专制下以自由客观的心灵探求真理。为了克服这一缺陷,我们还可以借鉴王国维于1925年秋在清华学校研究院讲授《古史新证》时所提出的"二重证据法"。

> 研究中国古史,为最纠纷之问题。上古之事,传说与史实混而不分。史实之中,固不免有所缘饰,与传说无异。而传说之中,亦往往有史实为之素地。二者不易区别,此世界各国之所同也,在中国古代已注意此事……孟子于古事之可存疑者,则曰:"于传有之";于不足信者,曰:"好事者为之"……疑古之过,乃并尧舜禹之人物而亦疑之。其于怀疑之态度及批评之精神,不无可取,然惜于古史材料未尝为充分之处理也。吾辈生于今日,幸于纸上之材料外,更得地下之新材料。由此种材料,我辈固得据以补正纸上之材料,亦得证明古书之某部分全为实录,即百家不雅驯之言,亦不无表示一面之事实。此"二重证据法",惟在今日始得为之。虽古书之未得证明者,不能加以否定;而其已得证明者,不能不加以肯定,可断言也。

今日研究儒释道经典,需要以理性探讨真理,尊重一切"有根据的、合逻辑的、可理解的"观点,依循解释学的方法,辨明"究竟说什么、想要说什么、能够说什么、应该说什么",秉持开放的心灵,"以经解经","以经验印证经典"。

(三)哲学史家个人提出的哲学史研究法

梁启超的哲学史研究法。1.问题研究法。提炼哲学中的主要问题,包括每一问题的内容,各家的主张等。譬如儒家哲学的性善性恶论、知行分合论,道家哲学的玄道本体论、有无相生论,佛教哲学的六因论、本性自性论,等等。其长处是对于一个问题有一自始至终的系统而彻底的了解,短点是不能普遍周衍各个学者的全部学说。2.时代研究法。探究各代学说的形成、发展、变迁及其流别。发掘每一时代的代表、特色及其同源异流、同流交感的源流关系。其长处是对几千年的学术状况有一清晰的把握,短处是将各家关于若干重要问题的回应截为数段。3.宗派研究法。将时代稍为划分得清楚一点。譬如谈到儒家宗派,需要厘清西汉经学有今文古文之分,把握今文学派在西汉如何兴盛、东汉如何衰歇、清代又如何复兴的内容,古文学派在南北朝如何分别、后来如何争辩、清代以后如何消灭的内容,找出两派的渊源流别。其长处是明辨各派的起源和变迁,短处是昧于时代的背景和问题的真相,丧失前两种研究法的优点。

劳思光—傅佩荣的哲学史研究法。劳思光指出,"哲学史叙述已往的哲学思想的成绩,一方面要真实,一方面要深透,因此它必须具有史学的与哲学的两面的成分。"①他将哲学史研究的方法归结为四种。1.系统研究法。注重叙述原来思想的理论脉络,将所叙述的思想作系统的陈述。2.发生研究法。考察哲学家的思想如何逐渐地发展变化,依照观念的发生程序作一种叙述。这是一项十分繁重的工作,几乎不可能一个人完成。3.解析研究法。随着分析哲学的兴起,一些研究者开始运用"语法解析"及"语意学"等解析技术来处理各种学术问题。其弊病在于,"解析"的研究法,不能担任"综合"工作。4.基源问题研究法。"以逻辑意义的理论还原为始点,而以史学考证工作为助力,以统摄个别哲学活动于一定设准之下为归宿。"②其操作程序如下:第一步,整理哲学理论之前,先对其有一基本了解,知晓一个人或学派的思想理论必是对某一问题的回答。第二步,掌握基源问题之后,可以将相关理论重新作一展示,在此过程中,每一步的探索都是由基源问题所衍生。第三步,用我们的另一套设准(此即解释学所说的"前见"),对哲学思想的进程及趋向做出全面的判断和估价。依笔者之见,傅佩荣则是将劳

①②　劳思光:《中国哲学史》(第一卷),广西师范大学出版社2005年版,第4页。

思光上述四种方法浓缩为"澄清概念,设定判准,建构系统"十二字诀。

1."澄清概念",大致对应"解析研究法"。即,当提到诸如"善"的概念,必须厘清什么叫做"善",描述"善"的概念究竟是怎么用的,其答案当然要从孔子、孟子的资料里去找。儒家所谓的"善",是指我与他人之间适当关系的实现("孝"、"悌"、"忠"、"信"亦然)。2."设定判准",大致对应"基源问题研究法"的第三步。即,设定诸如执真、执善、执美、执假、执恶,执丑、执是、执非的判断标准。例如,经典中的哪一句、哪一段,支撑儒家主张"人性本善"抑或"人性向善"? 若是人性本善,那么何来天下大乱这种恶的结果? 若是人性向善,孟子所谓恶源自外部环境或源于感官受到遮蔽等也就得到解释。儒家的真正思想是什么? 所谓"孔孟之道",从孔子到孟子,这两点之间形成一条直线,以此为基准,方向相同者即是儒家。《易传》《大学》《中庸》乃是孔孟思想的"接着讲",其分别用于"打通天地之道与人之道"、"培养合乎儒家理想的统治者"、"由安顿人类推至参赞天地之化育"。主张"性恶"的荀子并非儒家,他最早将孟子的"性善"曲解为"性本善"。3."建构系统",大致对应"系统研究法"。即,哲学家无不构造一套自己的思想观念的体系。譬如,儒家的形而上的东西是"天"。它是孔子构造的一个超越于人与自然之外的第三个元素,是可以为孔子"知天命""畏天命""立天命"的东西,是两次差点被杀而"天之未丧斯文也"、"天生德于予"的东西。孟子的"天"亦然,它是自然界、人类及其使命的共同来源,是一个完整的思想观念系统。道教的形而上的东西是"道"。较儒家的"天"有过之而无不及,"道"是超越的(否则,它在逻辑上势必使自己置身于形而下的"器"之境地)。在老子那里,"道"先于天地而生,它化生作为"天地"、"万物"的有生有灭、有增有减的自然界。儒道二家的思想观念体系,都涉及一个"二加一"的结构。"二"(即"多"、"一切")即作为形而下的自然界和人类,"一"即作为形而上的"天"或"道",它是自然界和人类的"来源和归宿"。这个形而上的"一",它无法被证明,但必须被设定。

五、中国哲学史的研究进路

明季以来,西学东渐与东学西传的双向互动已历经四百多年。在这一过程中,中国哲学的研究大体上有"以西释中"、"以中释中"和"中印西会通"之进路。

（一）"以西释中"的研究进路

即,援西入东(所谓"汉话胡说"),"以夷治夏"。北朝时期(386—581),中土僧人以老庄等固有文化经典中的概念解释尚未普及的外来佛教文化的基本概念,是为"以老释佛"。受日本自1868年明治维新以来从"慕夏传统"到"脱亚入欧"的社会风潮的影响,二十世纪的中国哲学也开启了从"以老释佛"到"以西释中"的研究进路。1916年,谢无量《中国哲学史》由中华书局出版,该书以无所不包的"道术"为哲学,其内容庞杂,"六艺九流"、经学、史学、文学无不成为其研究对象,基本上是以传统儒家的史观来写哲学史;1919年,胡适《中国哲学史大纲》上卷由商务印书馆出版,该书将实用主义的方法引入中国哲学史的研究,以"截断众流"的勇气,抛开唐、虞、夏、商,直接从周宣王之后讲起,并自信为此领域的开山之人;1922年,梁漱溟《中西文化及其哲学》由商务印书馆出版,该书系地分析了中国、印度、西方三个文化系统的特点及其在世界文化发展史上的地位;1929年,钟泰《中国哲学史》上下卷由商务印书馆出版,该书将中国哲学的发展史分为上古(先秦)、中古(汉唐)、近古(宋明)和近世(清朝)四个时期;1931—1933年,冯友兰《中国哲学史》两卷本由神州国光社、商务印书馆出版,他将新实在论引入中国哲学史的研究,标志着真正意义的中国哲学学科的成立;1935年,李石岑《中国哲学十讲》由世界书局版出版,1936年,范寿康《中国哲学史通论》由开明书店出版,二者都推崇辩证法、唯物论。关于上述著作,评论较多的是谢著徒有"哲学"之"名"而无"哲学"之"实";胡、冯二著则由于二人都在海外受过西方哲学的系统训练，能够熟练地运用西方哲学的观点和方法来处理中国思想的材料，因此其著作既有"哲学"之"名"(形式)也有"哲学"之"实"(质料)。也有学者指出，"胡书根本缺乏'哲学'成分，只有'史'的成分；冯书虽有'哲学'成分，却又未能接触中国哲学的特殊问题；因此胡、冯二氏的工作，基本上是不成功的"①，盖胡书只是以常识口吻评论先秦诸子，未能整理诸子的哲学理论，未能接触任何哲学问题；冯书所有的哲学成分只是新实在论的观点和早期柏拉图的形而上学观念，具体表现为"普遍"和"特殊"的划分，以及"主体性"的否认。究其原因，在一定程度上与蔡元培在《中国哲学史大纲》序中所言治中国古代哲学史"不能不依傍西洋人的哲学史"有关；冯友兰则更直白地明言"今欲讲中国哲学史，其主要工作之一，即就中国历史上各种学问中，将其可以西洋所谓哲学名之者，选出而叙述之"②。有批评者指出，在冯友兰那里，中国的玄学、道学二义理之学，约略相当于西方的哲学，可称为中国的哲学；中国的玄学家、道学家、义理之学家，才可称为哲学家。在道家哲学中，只有"理学"(朱子学)是道学的正传，"心学"不是道学的正传。冯友兰则表示，自己取舍的标准主要是哲学与非哲学的关系，并非正统或非正统。一个世纪以来，"中国哲学"这门学科的发展历程，可谓是自觉实践胡、冯"依傍西方哲学讲中国哲学"的过程。李承贵运用西方传入或中国固有的学术范式对这一脉络进行了全面深入的梳理，他将康有为、严复、梁启超、谭嗣同、孙中山、王国维、章士钊、蒋维乔、熊十力、郭沫若、张东荪、梁漱溟、张君劢、钱穆、胡适、金岳霖、冯友兰、方东美、贺麟；李石岑、罗光、侯外庐、赵纪彬、杜国庠、郭湛波、张岱年、胡绳、蔡尚思、萧公权、任继愈、冯契、牟宗三、唐君毅、徐复观、谢幼伟、温公颐、虞愚、汪奠基、谭戒甫、劳思光、萧萐父、李锦全、汤一介、韦政通、刘述先、张岂之、方克立、楼宇烈、蒙培元、余敦康、张立文、刘文

① 劳思光：《中国哲学史》(第一卷)，广西师范大学出版社 2005 年版，第 305 页。
② 冯友兰：《中国哲学史》(上)，华东师范大学出版社 2015 年版，第 3 页。

英、沈善洪、张锡勤;赵馥洁、陈鼓应、何祚庥、董光璧、周桂钿、胡孚琛、崔清田、燕国材、朱义禄、李先焜、郭齐勇、陈来、李存山、杨国荣、刘笑敢、李申、李景林、潘德荣诸多学者的学术范式,归纳为唯物主义、科学主义、人文主义、逻辑主义、自我主义凡五类。若是比照冯友兰有关"哲学史非思想史"的观点,侯外庐、赵纪彬、杜国庠和韦政通当属中国思想史家;而在现代西方哲学中,五类范式则进一步被概括为科学主义和人本主义两大思潮。相对于北朝时期"以老释佛"的"传统的格义",刘笑敢称近代自觉以西方哲学概念和术语来研究、诠释中国哲学的方法为"反向格义",提出"不妨试用描述的方法来解释古代的哲学术语,从而避免以西方现成概念来对应中国哲学术语时方枘圆凿的困境"①。不过,这种"反向格义"也同样存在一些义理上的问题。其一,"格义"的前提是二者之间有观念上的某种一致性,以及意义间的可通约性。其二,一些描述性的语言通常包含某些约定俗成的规范性概念,反之,某些规范性概念往往包含一些描述性语言②,呈现一种头尾相缠的解释学意义上的"前见"。

(二)"以中释中"的研究进路

即,从中国哲学自身的传统中寻找方法。例如,张立文的《中国哲学逻辑结构论》运用朱熹的弟子陈淳《北溪字义》和戴震《孟子字义疏证》的解释学方法,从范畴分析、范畴结合而成的逻辑结构入手,来诠释中国传统哲学意蕴。这种"逻辑结构分析法"(以及"和合方法"),已成为中国哲学界常用的一种方法。汤一介提出建立中国经典解释学,恢复经典解释传统,在"我注六经"中使"六经注我",从而恢复经典的活力。一些学者主张用"汉学"的方法来从事中国哲学研究,走历史学与

---

① 刘笑敢:《"反向格义"与中国哲学研究的困境》,《南京大学学报(哲学・人文科学・社会科学)》2006 年第 2 期。

② 参见一之濑正树:《规范性、或然性与元模糊性》,沈佩翔译,《苏州科技大学学报(社会科学版)》2018 年第 5 期。

文献学的进路,同时注意将史学研究与哲学研究结合起来,以达到哲学史应有的深度。

(三)"中印西会通"的进路

即,进入"正、反、合"中的第三阶段,以求中印西三者会通。熊十力早年主张,"治哲学者于中国、印度、西洋三方面不可偏废"[①],其见地之深,惜至今少有人领会。他最初依傍佛教唯识学(有宗)而作《新唯识论》,中途不假唯识学框架而作《体用论》,最终回归《易经》而作《乾坤衍》。其学生牟宗三另辟蹊径,试着通过康德哲学这座蓄水池,架起中西哲学会通的桥梁,而著有《心体与性体》《才性与玄理》《佛性与般若》《现象与物自身》《中西哲学之汇通》。汤用彤反对西化派的大反传统、国粹派的抱残守缺,主张昌明国粹,融化新知,促进中国学术的现代转型。他既坚持在跨文化对话中本土文化的主体性地位,也积极对印度、西方的大量理论资源探本求源,平情立言,融贯中西。其《印度哲学史略》《汉魏两晋南北朝佛教史》以及《会通中印西》,至今是学人不可不读的经典之作。从鸠摩罗什到徐梵澄,无不印证"伟大之翻译家[②],实导更伟大创作之先河"(方东美)此言之贴切。近年来,国内学者吴学国的《奥义书思想研究》、王志成的《全球宗教哲学》及瑜伽哲学之译述、徐达斯的《文明的基因》、闻中的《梵学与道学——中印哲学精神之会通》和姚治华主编的《梵与道——印中哲学和宗教比较研究》,当属这方面的前沿成果。

就中西印各国的文化特色而言,希腊要在哲学,印度要在宗教与哲学,中国要在艺术与哲学。我们应当植根于自身的优良精神传统,虚心

---

① 王元化:《思辨录》,华东师范大学出版社 2017 年版,第 136 页。

② 鸠摩罗什尝言,翻译工作恰如嚼饭喂人。汉代至六朝隋唐时期的佛教译场规模宏大,许多中国学者精通梵文,其动辄大德数十、弟子千百共同经过"译主、笔受、度语、证梵、润文、正义、总勘"等七重步骤,始成一经、一卷、一段、一句、一字之传译。唐宋以后,重要经典业已译成,便视梵文为不重要,殊为可惜。今有北京大学不定期开设梵语巴利语本科专业。

省察自己的优劣,培养内在的智慧,发挥内在的创造精神。在 21 世纪的今天,单靠依傍、移植、临摹西方哲学,以此为中国哲学"梳妆打扮"甚至不惜"削足适履"的状况必将影响"中国哲学"学科的自立性或自主性。中国哲学之宝藏要维持永不枯竭,唯有适时返本开新,变革格局,才能永立潮头,造福世界。相对于中国哲学研究的前两种进路,"中印①西会通"何以可能?

第一,根据"道器之辩"及"取上得中"的古训。譬如"形而上者谓之道,形而下者谓之器"(《易经·系辞》),以及"取乎其上,得乎其中;取乎其中,得乎其下;取乎其下,则无所得矣"(孔子:《论语》)、"求其上,得其中;求其中,得其下;求其下,必败"(《孙子兵法》)、"取法于上,仅得为中,取法于中,故为其下"(唐太宗:《帝范》卷四)、"学其上,仅得其中;学其中,斯为下矣"(严羽:《沧浪诗话》)等。梁漱溟曾区分西中印思想的三种路向,一是"以意欲向前要求为其根本精神"的西方的路向,其以问题为对象,从人之外的自然求满足,——梁启超称之为"专注重人与物的关系";二是"以意欲调和折中为其根本精神"的中国的路向,不是向外解决问题,而是从人之内的社会求满足,——梁启超称之为"专注重人与人的关系";三是"以意欲反身向后要求为其根本精神"的印度的路向,从根本上取消问题,——梁启超称之为"专注重人与神的关系"。②从时间上说,中国哲学史研究的"以西释中"的传统进路,从胡适算起,已经过去整整一个世纪了。如果说出于中国近代以来物质层面的积贫积弱,

---

① 据考证,历史上有两个印度,一是"西亚印度",二是"南亚印度"。前者位于古称"天竺"的今日巴基斯坦"印度河"流域,其发源地在中国青藏高原的冈底斯山脉,拥有灿烂的古代文明;后者位于今日恒河大平原和德干高原两大板块,在古代文明方面几乎一无所有。迄今为止,世界现存最古老的宗教是公元前 2000 年流行于印度河流域的婆罗门教,其经典是统称为"四吠陀"神话的《梨俱吠陀》(公元前 1500—900 年)、《沙摩吠陀》、《夜柔吠陀》、《阿闼婆吠陀》(公元前 1000 年左右),以及说明祭祀之方法的梵书(公元前 900 年左右)和作为哲学思索之成果的奥义书(公元前 1000—500 年)。

② 参见梁漱溟:《东西文化及其哲学》,上海人民出版社 2014 年版,第 62 页;梁启超:《儒学六讲》,天津人民出版社 2018 年版,第 3 页。

迫切需要寻求走出这一困境的道路,而不得不将目光向西寻觅,个中自有其现实的合理性,那么随着 21 世纪初中国成为世界第二大经济体,理应在精神层面有一与之相应的面貌展现于世人面前。在这一点上,是有历史的经验教训可循的。近代日本的明治维新,就是按照福泽谕吉关于"人心的改变→政治制度的改变→器物与经济的改变",即"心灵→器物"的顺序而获得成功。同一时期中国的救亡图存,则是按照"洋务运动→戊戌变法→新民运动",即"器物→心灵"的顺序而导致失败。

第二,如果说北朝时期中土僧人曾"以老释佛",借用本土的概念来解释外来佛学的术语,为隋唐时期佛教的大繁荣作了理论铺垫;那么我们今天不妨进一步逆溯到佛教之前身的婆罗门教①来"以印释老"、"以老释印"乃至"中印互释",从横向及纵深上为我国未来哲学社会科学的大繁荣再续理论铺垫。

第三,从与中国的地域亲缘性来说,印度也有为西方所不及的明显优势。

> 读《奥义书》是我生之慰藉,也将是我死之慰藉!……它是人类智慧的巅峰。——阿瑟·叔本华
>
> 印度哲人之玄妙精微使大多数欧洲的大哲学家看起来都跟小学生一般。——T.S.艾略特
>
> 我相信,假如我们、我们西方人,对印度思想的发展历程,都能原原本本洞察透彻的话,我们对印度思想的真谛,以及其对全人类思想的意义,就只有理当正确领会的份儿了。——阿尔伯特·史怀哲
>
> 如果有人问我在什么样的天空下,人的心灵……对生命中最重大的问题做过最深刻的思考,而且已经对其中的一些问题找到了解答,是值得被那些甚至研究过柏拉图和康德的人注目的——

---

① 佛教产生之前称为"婆罗门教"(Brahmanism),佛教产生之后称为"印度教"(Hinduism)。

我就会指向印度。假如我再问自己，对我们这些几乎完全受希腊人、罗马人以及闪族之一的犹太人的思想所教养的人来说，什么文献最有匡正的效果，而最需要让它使我们内心生命更完美、更全面、更普遍，事实上也是更人性化的一种生命……我会再度指向印度。——麦克斯·缪勒[1]

总之，"在人类不同的历史时段，那些看似差异极大的国家——无论其国域位于东方，还是西方——总是会有一些先知般的人物不约而同地把朝圣的目光指向了印度"[2]。东西方各国多少都能从印度河流域找到其神话、宗教和哲学的痕迹。就中国而论，在宗教方面，让国人印象最深的当数玄奘天竺取经入唐之佛教；而神话传说中的"盘古开天"，以及哲学中的道家思想和唯物主义观点，若深入探究或亦与印度的奥义书思想和顺世论哲学不无联系。但是，就西方而言，自十九世纪以来，西方学术界通常将原本作为形容词的"高贵、正义、优秀、令人尊敬"以及作为名词的"主人、贵人、导师、朋友、维系者"的梵文"雅利安"（Aryan）一词之含义，曲解为白种"雅利安人入侵说"[3]。第四，韦伯提炼富兰克林所谓"个人有增加自己的资本的责任，而增加资本本身就是目的"[4]之话语为"资本主义精神"，这一"精神"，其源头实为被称作"印度教圣经"的《薄伽梵歌》中的"业瑜伽"（karmayoga）[5]。这种"业"（karma），在16世纪路德的圣经译文中被译为"天职"（Beruf, Calling），即上帝安排下的任务，亦即现代意义上的"职业"，是为韦伯所说的"新教伦理"，而路德的宗教改革，也因此被称为一场使神圣的宗教世俗化的运动。

---

[1]　闻中：《梵学与道学——中印哲学精神之会通》，上海人民出版社2018年版，第10页"序"。

[2]　徐达斯：《文明的基因》（上），东方出版社2015年版，序言第1页。

[3]　徐达斯：《文明的基因》（上），东方出版社2015年版，第7页。

[4]　马克斯·韦伯：《新教伦理与资本主义精神》，于晓、陈维刚等译，生活·读书·新知三联书店1987年版，第35—36页。

[5]　瑜伽（yoga），意为"一致"、"联结"或"和谐"。在《薄伽梵歌》中，黑天向阿周那阐明了业瑜伽、智瑜伽和信瑜伽是达到人生最高目的——解脱——的三条道路。

中西印**各国**哲学会通的目的，旨在博学知服，虚己服善，转识成智，养我精神。治学务必"根柢无易其固，而裁断必出于己"。"哲学有国民性，诸子之绪，当发其微。若一意袭外人肤表，以乱吾之真，将使民性尽毁，渐无独立研究与自由发展之真精神，率一世之青年，以追随外人时下浅薄之风会……吾国人今日所急需要者，思想独立，学术独立，精神独立，依自不依他，高视阔步，而游乎广天博地之间，空诸依傍，自诚自明，以此自树，将为世界文化开发新生命，岂唯自救而已哉？"①诚哉斯言！

第二节 《洪范》九畴的体用关系与明体达用

中国最古老的哲学在于《洪范》和《易经》。前者探讨的是世界的本体问题，后者描述的是世界的运动状态。在现有各种版本的中国哲学史著述中，《易经》通常是必讲的内容，而讲解《洪范》的著作则少之又少。正如马克思主义哲学所主张的，物质是运动的载体，运动是物质的存在方式。言中国哲学而不谈《洪范》，犹如讲运动而绕开物质，毕竟有失着落。本文拟从《洪范》之由来、九畴之内涵，阐明朱熹等后儒何以因昧于九畴之体用关系、能所关系，竟致其"十六字心传"、"皇极"等问题的探讨陷入学理上之无根，以及作为宋代理学开创者胡瑗"苏湖教学法"之载体的《周易口义》《洪范口义》，其"明体达用"的教学理念之于经典的回归。

一、《洪范》之由来

《尚书》成书于公元前 10 世纪的周代，最初称为《书》。它是专门记载帝王言论及活动的政事性书籍，可为法，可为戒。《尚书》在秦始皇焚书坑儒事件中几乎被毁，今天能够看到的只是残本。它能够流传至今，

---

① 熊十力：《十力语要初续》，上海书店出版社 2007 年版，第 19—20 页。

首先归于伏生(所传今文 28 篇)和孔安国(所传古文 25 篇)以及孔颖达(注疏)的功劳。其中,《今文二十八篇》在西汉时代立于学官,受到官方的支持和公开传授。《尚书·洪范》是今文《尚书》28 篇中最具代表性的政治哲学作品之一。春秋之世,人民困于暴君之虐政。为救危世,史官作书,以期天子、天下得享尧、舜、禹、汤、文、武之道、之治。"今谓《洪范》为尽性之书,箕子所传,盖舜、禹之道,王者修德行仁事义咸备于此。"①《中庸》言"天命之谓性,率性之谓道,修道之谓教。"《洪范》乃箕子向周武王陈述"彝伦攸叙"的"天地之大法",其中包含的五行理论和中医理论的起源问题,提出了水、火、木、金、土之"五行"及其性能作用,同时也提出了建立"皇极"、实行赏罚等治民方法,并将龟筮、政情等作为汉代"天人感应"思想的理论基础。传统认为《洪范》是西周作品。疑古派则认为战国前作品中很少有提到五行,因此它可能是后人伪作。若先说结论,疑古派的推论是难以成立的。

其一,在先秦典籍中,《左传·襄公二十七年》所载"天生五材,民并用之,废一不可",其中的"五材",相当于"五行"。《尚书·大禹谟》统称水、火、木、金、土、谷为"六府"。《尚书·洪范》土与谷合并,统称水、火、木、金、土为"五行"。齐国稷下学宫学者、阴阳家代表人物邹衍(前 324 年—前 250 年)的"五德终始说"和"大九州说",其中的"五德"、"九州",其理论基础即是"五行"、"九畴"。查检《辞源》,"九畴"之"畴",有"麻田"、"种类"、"报酬"、"古国名"之意,在字义、字音上均通"九州"之"州"。关于阴阳家的来历和社会地位,班固《汉书·艺文志》有载:"阴阳家之流,盖出于羲和之官,敬顺昊天,历象日月星辰,敬授民时,此其所长也";关于邹衍本人的学术成就,《史记·孟子荀卿列传》写道:

　　　　邹衍睹有国者益淫侈,不能尚德,……乃深观阴阳消息而作怪

---

① 《马一浮全集》(第 1 卷),上海古籍出版社 2013 年版,第 270 页。

迁之变,《终始》《大圣》之篇十余万言。其语闳大不经,必先验小物,推而大之,至于无垠。先序今以上至黄帝,学者所共术,大并世盛衰,因载其机祥度制,推而远之,至天地未生,窈冥不可考而原也。……称引天地剖判以来,五德转移,治各有宜,而符应若兹。以为儒者所谓中国者,于天下乃八十一分居其一分耳。中国名曰赤县神州。赤县神州内自有九州,禹之序九州是也,不得为州数。中国外如赤县神州者九,乃所谓九州也。……然要其归,必止乎仁义节俭,君臣上下六亲之施,始也滥耳。王公大人初见其术,惧然顾化,其后不能行之。……邹衍其言虽不轨,傥亦有牛鼎之意乎?自邹衍与齐之稷下先生,……各著书言治乱之事,……岂可胜道哉。……邹衍之术,迂大而宏辩……故齐人颂曰:"谈天衍"。

后人不察其大道,而学其小术。盖"邹衍以阴阳主运显于诸侯,而燕齐海上之方士传其术不能通,然则怪迂阿谀苟合之徒自此兴,不可胜数也"(《史记·封禅书》)。但归根结底,其错不在邹衍。

其二,《洪范》书中提到,箕子说九畴乃天帝赐结禹皇的,后来孔子又说"凤鸟不至,河不出图,吾已矣夫"(《论语·子罕》)。此说深刻地刺激了汉初学者,于是他们以当时流行的"阴阳五行说"解释、附会《洪范》,例如,董仲舒的《春秋繁露》;班固的《汉书·五行志》;刘歆更是说河图乃《易经》的八卦,洛书乃《洪范》九畴。《孙子》也提到了五行,郭店楚墓竹简证明《尚书》非汉代人伪作。李学勤提供了更为具体的证据,表明《洪范》确实是西周作品。[①]

按照《洪范》作者的说法,人君要治国平天下,永保天命,唯有遵循"洪范"九畴,即五行、五事、八政、五纪、皇极、三德、稽疑、庶征、五福六极,此为天神所指示的治国大道、安民大法。"洪范"之"洪",意为"大",

---

① 李学勤:《李学勤集——追溯·考据·古文明》,黑龙江教育出版社1989年版,第370页。

"范",意为"法",二字合为"大法"。"法",包含"道"与"规章制度"之义。关于"洪范"之政治哲学的两种解读,北宋以前儒者更重视五行畴,南宋以后理学家更重视皇极畴。殷周时期,缺乏哲学理论,但是有哲学思想,其载体就是今天看到的《尚书》和《易经》。二者与后世儒、道二家的思想,有着很深的渊源关系。周既灭殷,崇鬼奉神的习俗仍然存在,而作为宗教方面之职官史官和筮人,与后世哲学密不可分。前者负责撰定国家的诏命与策令,是为我国档案制度之起源,后世之儒家哲学即以此为出发点。后者负责以八卦占吉凶,后世之道家哲学即以此为出发点。哲学是寻根究底的学问。探究中国哲学的源头,必须遵循历史与逻辑相统一的方法,从《易经》《尚书》开始。这是因为,一方面,孔子晚年整理的先秦古籍即《诗》《书》《礼》《乐》《易》《春秋》六经,其形成时间远在孔子之前,历史地位亦如陆游《六经》所言:"六经圣所传,百代尊元龟",——此为历史在先;另一方面,后世儒释道三家的思想旨趣,无不直接或间接地赓续《尚书》《易经》的学脉,——此为逻辑在先。

说到《易经》《尚书》的成书经过,《易经·系辞·上》有言:"河出图,洛出书,圣人则之。"孔传:"天与禹,洛出书,神龟负文而出,列于背,有数至于九。禹遂因而第之,以成九类。"即,《易经》成于伏羲时有龙马从黄河出来,其身有八卦纹样,伏羲仿此创作了八卦;《尚书》成于(夏)鲧、禹父子治水之事迹,传说鲧以堵治水而得罪了上帝,禹以疏治水而获天帝赏赐治理天下的九类大法,当时有神龟出于洛水,其背有文字(即洛书),禹仿此而创作洪范九畴。

图表9　河图洛书

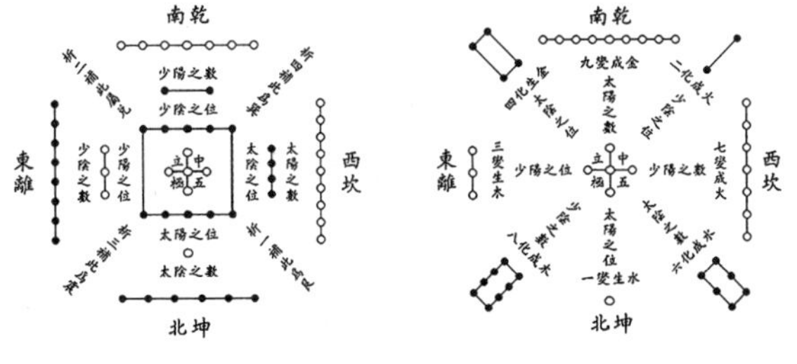

就此而言,有人认为《洪范》是一种政治哲学,所言既是帝王之学,也是春秋以前的政治理想。我们认为,此种说法明显过于狭隘。《洪范》假托源自天帝授予夏禹,只不过是中国哲学在由神话过渡到哲学的进程中,残留的神话影子而已。作为最古老的中国哲学,如果说《洪范》是通过五行而解决世界的本体问题,那么《易经》则是通过六十四卦而描述世界的运动状态。归根结底,二者表达的内容都具有纯哲学的意义。

二、《洪范》之九畴

《洪范》曰:“初一曰五行,次二曰敬用五事,次三曰农用八政,次四曰协用五纪,次五曰建用皇极,次六曰乂用三德,次七曰明用稽疑,次八曰念用庶征,次九曰向用五福,威用六极。”这六十五字,相传即是大禹所受的天启《洛书》。其间内在逻辑是:初畴“五行”为“体”,属于自然,是中国哲学史上最早的本体论思想;第2—9畴为“用”,皆属人事,其本于自然。统而观之,第5畴“建用皇极”乃九畴的中心。它以初畴为基础,经过第2—4畴之次第而趋向自身;经过第6—9畴之次第而发散自身。经典之所以为经典,在于其揭示了某种亘古不变的东西。在洪范哲学中,初畴五行就是那个超越的“体”;其他八畴皆为“用”。九畴,以皇极为中心,从民生之所需,到人生之好恶,构成一个宏大的体系:五行、五事讲物力、人力之调和,八政、五纪讲地利、人时之配合,三德、稽疑讲人事之一致,庶征、五福六极讲天人合一之理。兹列表如下。

1. 初一曰五行。五行,指水、火、木、金、土五大元素。是为中国哲学史上最早的本体论思想。所谓“初一曰五行”,其中“初一”,即是宇宙万物之本原、开端的意思。按照《洪范》的这一数法,农历“初一”的次日,从逻辑上讲,应该叫做“次二”,而非“初二”之类……此“一”,是本体论“一”与“多”意义上的“一”,颇有庄子所说“太一”、“天一”之寓意。

图表 10　《洪范》九畴

1	五行	水		火		木		金		土	
		润下		炎上		曲直		从革		稼穑	
		咸		苦		酸		辛		甘	
2	五事	貌		言		视		听		思	
		恭		从		明		聪		睿	
		肃		乂		哲		谋		圣	
3	八政	食	货	祀	司空	司徒	司寇	宾		师	
4	五纪	岁		月		日		星		历数	
5	皇极	大中之道									
6	三德	正直			刚克			柔克			
7	稽疑	雨	霁	蒙		驿	克		贞		悔
8	庶征	雨		旸		燠		寒		风	
9	五福	寿		富		康宁		攸好德		考终命	
	[六极]	凶、短、折		疾		疾		贫		恶	弱

　　五行的观念,朴素而直观地体现了古人关于世界的本原及其普遍联系的理解和想象。"水火者,百姓之所饮食也;金木者,百姓之所兴作也;土者,万物所资生也,是为人用"(《尚书大传》)。五行的"行"字,具有方位、空间的含义。关于五行学说的开始,可由文字和考古的二重证据法而得知。一是从商代甲骨文有"四方"之说,可以发现商代的观念崇尚中央,而有五方的观念。二是安阳殷墟"小屯村"有一个形似"倒金字塔"的古代帝王陵墓,就像一个"亚"字。这个"亚"就是四方,再加中间放置棺材之处就是五方。洪范第五畴之"皇极"即有正中之寓意,而《易经》亦有"九五之尊"之用意。三字经说:"曰水火,木金土。此五行,本乎数。"所谓"天一生水,地六成之于北;地二生火,天七成之于南;天三生木,地八成之于东;地四生金,天九成之于西;天五生土,地十成之,位乎中央"(《易经》郑玄注)。其中,天一生水,地二生火,天三生木,地

四生金,天五生土,乃五行之生数;地六成水,天七成火,地八成木,天九成金,地十成土,乃五行之成数。生数之由,当察之数起于阴阳。阴阳往来,在于日道。11月冬至(南极),阳来阴往。冬居水位,一阳生,为水数。5月夏至(北极),阴进阳退。夏居火位,一阴生,为火数。但是,阴为数偶,故以6月二阴生,为火数。冬至到夏至,为阳来。正月居木位,三阳生,为木数。夏至到冬至,为阴进。8月居金位,四阴生,为金数。3月居土位,五阳生,为土数;成数之由,当察之万物之本,有生于无,著生于微。"天六地五,数之常也。经之以天,纬之以地。经纬不爽,文之象也"(《国语》第三卷)。所谓"天六",指的是天有阴、阳、风、雨、晦、明之"六气",天以六气为经;"地五",就是金、木、水、火、土之"五行",地以五行为纬。《易经》言"孤阴不生,独阳不长",万物的生成,需要天地的配合,即需要六气五行之配合。五行之体,按最微、渐著、形实、体固、质大之排序,依次为水一、火二、木三、金四、土五。水、火、木、金,得土数而成,故水、火、木、金、土之成数,依次为水六、火七、木八、金九、土十。总之,一、二、三、四、五,分别为水、火、木、金、土之五行的生数;六、七、八、九、十,分别为水、火、木、金、土之五行的成数。人应重始贵微,"诚则形,形则著"(《中庸》)。五行之生数、成数之关系表明,水、火、木、金、土具有复式结构,盖"一与六共宗,二与七同道,三与八为朋,四与九为友,五与五相守"(扬雄《太玄》)。兹将五行数字阴阳属性列表如下。

图表 11　五行数字阴阳属性

	水		火		木		金		土	
	天	地	地	天	天	地	地	天	天	地
	阳	阴	阴	阳	阳	阴	阴	阳	阳	阴
	奇	偶	偶	奇	奇	偶	偶	奇	奇	偶
先天	1	6	2	7	3	8	4	9	5	10
后天	9	10	3	4	1	2	7	8	5	6

在中国哲学史上,伯阳父是最早提出"阴阳"范畴的哲学家。他把因阴阳失调而于周幽王二年发生的大地震,看作周之将亡的前兆。他说:"夫天地之气,不失其序;若过其序,民乱之也。阳伏而不能出,阴迫而不能烝,于是有地震。今三川实震,是阳失其所而镇阴也。阳失而在阴,川源必塞;源塞,国必亡。夫水土演而民用也。水土无所演,民乏财用,不亡何待?昔伊、洛竭而夏亡,河竭而商亡。今周德若二代之季矣,其川源又塞,塞必竭。夫国必依山川,山崩川竭,亡之征也"(《国语·周语上》)。

到春秋时代,阴阳范畴逐渐被引入各个领域,极大地提高了阴阳的抽象性,始以"阳"代表天、日、昼、暑、刚、强、攻、男、君、父等属性,"阴"代表地、月、夜、寒、柔、弱、守、女、臣、子等属性。例如,老子"万物负阴而抱阳,冲气以为和"的哲学命题。医和将阴阳观念引入医学,以阳为热而阴为寒,得出"阴淫寒疾,阳淫热疾,风淫末疾"之判断,首开以阴阳观念创建中医学之先河。计倪以阴阳观念发展生产和治理国家,主张"审金木水火,别阴阳之明,用此不患无功"。墨子以阴阳观念解释春夏秋冬的四时变化,明言"四时也,则曰阴阳"。范蠡以阴阳观念解释用兵之道,得出攻用阳道而守用阴道、刚用阳道而柔用阴道之结论。"阴阳"两字的连用,最早见于《尚书》和《诗经》。《诗经·大雅·公刘》有"既景乃冈,相其阴阳"之言,《尚书·周书·周官》有"论道经邦,燮理阴阳"之语。《易经·中孚》有"鸣鹤在阴,其子和之"之爻辞,未见阴阳连用。后来,在《左传》《国语》《老子》等典籍里,阴阳的使用频率逐渐提高。

1973 年 12 月,湖南长沙马王堆 3 号汉墓出土了《马王堆汉墓帛书(壹)》,其中《老子》甲本卷后古佚书"第一篇,有"仁义礼智圣"五行和"仁义礼智"四行之说,而"仁义礼智圣"又见于《孟子》,此为荀子在《非十二子》所谓"子思唱之,孟轲和之"的思孟五行,庞朴建议将这部帛书起名《五行篇》。子思(前 483 年—前 402 年)首先提出居于五行之中央的"诚",人始终处于一个"诚己/成己"、完成天命的过程中;孟子将"诚"

发展为"圣",并定型为"仁义礼智圣"之五行说,为西汉之后的人所沿用。思孟五行说,赋予作为世界本原的金木水火土五种物质元素以伦理道德的内容,便使过去具有朴素唯物主义色彩的五行说唯心主义化,此说对阴阳家邹衍影响很大。如果说《易传》解决医国的问题,《黄帝内经》解决医病的问题,那么思孟学派提出的德性论《五行》学说乃是解决医人的问题。思孟五行当中,"仁义礼智"归入人性,以人为对象,"圣"独以天道(当为《洪范》五行)为对象。关于《洪范》五行与思孟五行的关系,郑玄注曰:"木神则仁,金神则义,火神则礼,水神则信,土神则智。"后儒将智、信调换。《中庸》所述"仁、义、礼、智、圣"之五行,所据思想资料就是《尚书·洪范》。兹列表如下。

图表 12 《洪范》《中庸》与《五行》

《洪范》	《中庸》	《五行》
五曰思,思曰睿,睿作圣(土)	聪明睿知,足以有临也	圣
四曰听,听曰聪,聪作谋(金)	宽裕温柔,足以有容也	仁
二曰言,言曰从,从作乂(火)	发强刚毅,足以有执也	义
一曰貌,貌曰恭,恭作肃(水)	齐庄中正,足以有敬也	礼
三曰视,视曰明,明作哲(木)	文理密察,足以有别也	智

《洪范》所言肃、乂、哲、谋、圣,亦见于《诗经·小旻》:"国虽靡止,或圣或否。民虽靡膴,或哲或谋,或肃或艾",据《毛诗序》,本诗是大夫刺周幽王。《中庸》并非完全合符《洪范》,此尤其表现在"听"之一项,这是由于"仁"之范畴晚于《洪范》。另外,《洪范》五行之所以依水、火、木、金、土之次第,除了盘古开天神话中水之作为生命的本原之外,还与当时尚未按照相生或相克之次序数说五行有关。西周人数方向,可说东、南、西、北,或东、西和南、北。《洪范》数五行,以及《国语·郑语》:"以土与金、木、水、火杂",乃是交叉数法。春秋时,《左传·昭公二十九年》蔡墨言:"社稷五祀,是尊是奉,木正曰句芒,火正曰祝融,金正曰蓐收,水

正曰玄冥,土正曰后土",以木、火、金、水、土为序,与《五行》之仁、义、礼、智、圣相应。①

　　根据阴阳家邹衍的解释,五行之间存在一种"比相生,间相克"的依存和斗争关系。"比相生"为阳,"间相克"为阴,阴阳两股力量(二气)形成一种此消彼长、对立统一的动态平衡关系,映现出一幅宇宙万物之生生不息的流转图,展露了一种对立统一的辩证思维之萌芽。邹衍以天之五行,解释人之五德。其五行相胜说虽说是一种历史循环论,但也反映出上古人们开始尝试对人类历史的规律进行把握。他认为,天地有五行,从天地剖判以来,同自然界一样,人类社会的历史变化也是受土、木、金、火、水五大元素支配,是依照土、木、金、火、水之五德,即土克水、木克土、金克木、火克金、水克火的顺序周而复始地运行。对此,《淮南子·地形训》的五行休王体系作有更详细的描述:"木壮、水老、火生、金囚、土死,火壮、木老、土生、水囚、金死,土壮、火老、金生、木囚、水死,金壮、土老、水生、火囚、木死,水壮、金老、木生、土囚、火死。"②在邹衍看来,"五行相胜"支配了历史,历史上每一王朝的出现,都体现了一种必然性。"五德从所不胜,虞土、夏木、殷金、周火"(《淮南子·齐俗训》高

① 李学勤:《李学勤集——追溯·考据·古文明》,黑龙江教育出版社1989年版,第369页。
② 《五行大义》的表述与此略有不同,且更加细致,兹录如下。
　　休王之义,凡有三种。第一,辨五行休王;第二,论支干休王;第三,论八卦休王。
　　五行休王者,春则木王、火相、水休、金囚、土死,夏则火王、土相、木休、水囚、金死,六月则土王、金相、火休、木囚、水死,秋则金王、水相、土休、火囚、木死,冬则水王、木相、金休、土囚、火死。
　　支干休王者,春则甲乙寅卯王、丙丁巳午相、壬癸亥子休、庚辛申酉囚、戊己辰戌丑未死,夏则丙丁巳午王、戊己辰戌丑未相、甲乙寅卯休、壬癸亥子囚、庚辛申酉死,六月则戊己辰戌丑未王、庚辛申酉相、丙丁巳午休、甲乙寅卯囚、壬癸亥子死,秋则庚辛申酉王、壬癸亥子相、戊己辰戌丑未休、丙丁巳午囚、甲乙寅卯死,冬则壬癸亥子王、甲乙寅卯相、庚辛申酉休、戊己辰戌丑未囚、丙丁巳午死。
　　八卦休王者,立春艮王、震相、巽胎、离没、坤死、兑囚、乾废、坎休,春分震王、巽相、离胎、坤没、兑死、乾囚、坎废、艮休,立夏巽王、离相、坤胎、兑没、乾死、坎囚、艮废、震休,夏至离王、坤相、兑胎、乾没、坎死、艮囚、震废、巽休,立秋坤王、兑相、乾胎、坎没、艮死、震囚、巽废、离休,秋分兑王、乾相、坎胎、艮没、震死、巽囚、离废、坤休,立冬乾王、坎相、艮胎、震没、巽死、离囚、坤废、兑休,冬至坎王、艮相、震胎、巽没、离死、坤囚、兑废、乾休。

诱注)。"邹子有终始五德,从所不胜,木德继之,金德次之,火德次之,水德次之"(《文选·魏都赋》李善注引《七略》)。具体而言,"凡帝王之将兴也,天必先见祥乎下民。黄帝之时,天先见大螾大蝼。黄帝曰:'土气胜!'土气胜,故其色尚黄,其事则土。及禹之时,天先见草木秋冬不杀。禹曰:'木气胜!'木气胜,故其色尚青,其事则木。及汤之时,天先见金刃生于水。汤曰,'金气胜!'金气胜,故其色尚白,其事则金。及文王之时,天先见火,赤鸟衔丹书集于周社。文王曰;'火气胜!'火气胜,故其色尚赤,其事则火。代火者必将水,天且先见水气胜。水气胜,故其色尚黑,其事则水"(《吕氏春秋·应同》)。后来,秦灭周,统一天下,自认水德。

图表 13 五行之生克

→ 相生
→ 相克

"洪范中非常影响过汉儒的东西尤以五行为最"①,前列"洪范九畴表"五行栏中的"润下、炎上、曲直、从革、稼穑;咸、苦、酸、辛、甘"诸解,当属汉儒的附会。董仲舒那一套"天人感应"的思想,其源头即是《洪范》的五行学说。根据他们的解释,五行之"水",代表向下润湿和咸味,"火"代表向上燃烧和苦味,"木"代表弯伸曲直和酸味,"金"代表顺意变形和辣味,"土"代表种植百谷和甜味。

---

① 渡边秀方:《中国哲学史概论》(上),刘侃元译,山西人民出版社 2015 年版,第 19 页。

图表 14　中医五行归类表

人　体						五行	自然界					
五脏	五腑	五官	形体	其华	情志		五味	五色	五方	五季	五音	五化
肝	胆	目	筋	爪	怒	木	酸	青	东	春	角	生
心	小肠	舌	脉	面	喜	火	苦	赤	南	夏	徵	长
脾	胃	口	肉	唇	思	土	甘	黄	中	长夏	宫	化
肺	大肠	鼻	皮	毛	悲	金	辛	白	西	秋	商	收
肾	膀胱	耳	骨	发	恐	水	咸	黑	北	冬	羽	藏

　　马克思主义哲学认为,意识是自然界长期发展的产物,社会历史的产物。究其原理,我们可以从上表"情志"一栏,发现些许重要的线索。按照现代哲学的理解,"五行"之向下润湿、向上燃烧、弯伸曲直、顺意变形和种植百谷所指向的是客观,咸、苦、酸、辣、甜所指向的是主观,这折射了当时以主客观的统一为指归的思维与存在关系问题的思考。五行内部不仅反映出主客观的统一,而且体现着主客体的统一。这一点,尤其表现在中医之于阴阳五行的理解和运用方面。

　　2. 敬用五事。"事",与职、士相通。五事,指敬用与人君德行相配的貌之恭肃、言之从乂、视之明哲、听之聪谋、思之睿圣。盖温粹敛摄乃能严肃,理顺辞达乃能治理,烛幽洞微乃能昭晰,声入心通乃能善谋,智照内发乃能圣明。此五者为人君涵养德性之法,修己率民之道。以己之身而推之天下,尽人之性,尽物之性,使万事皆无失职。敬用五事,乃是建极之大本。

　　3. 农用八政。"农",清代的王念孙把它训为"努":"农犹努也,语之转耳。《洪范》云'农用八政',谓勉用八政也"(《广雅疏证》卷三上)。八政,指食、货、祀、司空、司徒、司寇、宾、师凡八种政务,分别承担的是管理民食、管理财货、管理祭祀、管理居民、管理教育、治理盗贼、管理朝觐和管理军事之职能。"五事"为"八政"之本,"八政"为"五事"之施。"政者,正也",为政以德,正德,正人先正己。"八政"折射了中国上古逐步形成了较为完整的贸易、宗教、户籍、教育、公安、外交和军事体系。

4. 协用五纪。五纪,指协用岁、月、日、星辰、历数这五种记时方法。协天时,敬人事,为唐虞以来,观象授时之要政。时间的本质,是运动的持续性。五纪的观念,反映了先民对时间的度量和把握。纪,"识也"(《广雅·释诂》)。岁,即三百六旬六日,以闰月定四时成岁。月,从朔日至晦日,大月三十日,小月二十九日。日,一天周而复始。《尚书·尧典》曰:"乃命羲和,钦若昊天,历象日月星辰,敬授民时……期三百有六旬有六日,以闰月定四时成岁。"朱熹解释说:"羲氏、和氏,主历象授时之官。若,顺也。昊,广大之意。历,所以纪数之书;象,所以观天之器……日,阳精,一日而绕地一周。月,阴精,一月而与日会。星,二十八宿众星为经,金木水火土五星为纬,皆是也。辰,以日月所会,分周天之度为十二次也。人时,谓耕获之候,凡民事早晚之所关也……期犹周也。岁有十二月,月有三十日,三百六十者一岁之常数也,故日与天会而多五日九百四十分日之二百三十五者为气盈,月与日会而少五日九百四十分日之五百九十二者为朔虚。合气盈、朔虚而闰生焉,故三岁一闰、五岁再闰、十有九岁七闰则气朔分齐"(丘濬:《大学衍义补》)。故《辞源》释星为水火木金土五星,辰为二十八宿。这里,需要注意的是,如果说1—10这十个数字描述的水、火、木、金、土因其复式结构而呈现较高的抽象性,那么如朱熹所指出的,阴阳还因其从经验层面借助日月之象而兼具意象性。在传统上,奇数为阳,偶数为阴。一、三、五、七、九为阳数,二、四、六、八、十为阴数。一为阳之始,九为阳之极。数字以奇数为大,这可能与古代占卜有关。占卜时,只有奇数才能决出胜负。至于阴阳之序与日月之序为何相逆,这可能与人们观念中的阴代表时间在先、日代表活在当下之思维不无关系。《孙膑兵法·月战》言:"天时、地利、人和,三者不得,虽胜有殃",此三者是做大事业的根本条件。犹如稼穑不得其时则无所获,为政失其时则不得其宜。由五纪可推及一切行事,必合乎时宜。

5. 建用皇极。皇极,九畴之核心,帝王治国的至善准则,政治建设的最高目标。从直观上看,《洪范》言"五曰建用皇极",而"五"之皇极位居"九"畴之正中,不仅蕴含"中土"之理据,而且衍化儒家之"执两用中"、道教之"中黄"、佛家之"中观"的观念。

图表 15　五行与方位

所谓"建用皇极",据孔颖达疏:"皇,大也,极,中也;施政教,治下民,当使大得其中,无有邪僻。"《晋书·武帝纪》:"地平天成,万邦以乂,应受上帝之命,协皇极之中。"荀悦《汉纪·高祖纪一》:"昔在上圣,唯建皇极,经纬天地。"王通《中说·魏相》:"夫子六经,皇极之能事毕矣。"陈梦雷《丁巳秋道山募建普度疏》:"昔先王建皇极以莅万方,化功侔于天地。"胡瑗《洪范口义》:"(皇极)包括九畴,总兼万事,未有不本于皇极而行也,故处于中焉。"郭沫若《十批判书·儒家八派的批判》:"'五'以皇极居中,而'五'之本身复具有中数。"上述引言皆凸显天子须以大中至正之德怀,为四海万民之楷模。皇极取数字"五",有"不偏不倚,立于正中"之意,正所谓"无偏无陂,遵王之义;无有作好,遵王之道;无有作恶,遵王之路。无偏无党,王道荡荡;无党无偏,王道平平;无反无侧,王道正直。会其有极,归其有极"(《洪范》)。此番思虑,亦见于《道德经》:"天地不仁,以万物为刍狗,圣人不仁,以百姓为刍狗。天地之间,其犹橐籥乎？虚而不屈，动而愈出。多言数穷，不如守中"，以及《论语·雍也》："中庸之为德也，其至矣乎"。其中"不仁"、"刍狗"、"守中"及"中庸"，即契合《洪范》所谓"予攸好德"之德。且不说《尚书》是否影响老子，至少孔子慨叹的"至矣"可见《尚书》之"皇极"的影子。皇极既立，天子诚以此施政于民，庶民诚以此辅成王道，君民同心协力，则何患政之不举，国之不治？

据《尚书·大禹谟》载，舜在禅让天下给禹之前，曾经发表过"人心惟危，道心惟微；惟精惟一，允执厥中"之政见。依传统解释，此十六字是"明道安民"之经验。朱熹解释说，其中"人心"和"道心"皆为伦理范畴，前者是"人欲"，后者为"天理"。"人心"危殆，则"道心"蒙尘。故须不偏不倚专精于"道心"。朱熹认为此乃尧、舜、禹三圣心心相传之秘诀。自朱熹以"十六字心传"作为道统论之依据后，它便成为宋明理学家们广泛讨论的主题。蔡沈《书经集传》则说："心者，人之知觉，主于中而应于外者也。指其发于形气者而言，则谓之人心。指其发于义理者而言，则谓之道心。人心易私而难公，故危；道心难明而易昧，故微"。明末刘蕺山毕生为此"十六字心传"魂牵梦绕，并以此贯通《大学》《中庸》，其阐述集中体现于《中兴金鉴录》。

> 虞廷授受十六字，为万世心学之源，固矣。今请得而诠之：曰人心，言人之心也；曰道心，言心之道也，心之所以为心也。非以人欲为人心，天理为道心也。可存可亡，故曰危；几希神妙，故曰微。非危者故安，微者欲著也。危者使平，危本安也；莫显乎微，微本著也。惟著也，惟精以言乎其明也，惟一以言乎其诚也，皆所谓惟微也。明亦可暗，诚亦可二三，所谓危也。然则以精为择之精，以一为守之一，亦非也。二者皆以本体言，非以工夫言也。至允执厥中，方以工夫言也。中者，道之体也，即精一之宅也。允执者，敬而已矣。敬以敬此明，是为尝惺惺；敬以敬此诚，是为

主一无适。微故精，精故一，故曰惟微、惟精、惟一。连数之而语脉贯合，至允执一句方更端也。若曰择之精、守之固矣，又何所事允执之功乎？惟允执二字专以工夫言，故尧授舜，单提之而不见其不足也。后之儒者，祗因误解《大学》既有格致之功，又有诚正之功，以合之《中庸》明善诚身之说，因以上援虞廷，分精分一，既分精分一，则不得不分人分道，种种支离，而圣学遂不传于后世矣。

在当代，毓鋆亦有"'人心惟危，道心惟微'（《尚书·大禹谟》），'莫见乎隐，莫显乎微'，要用什么对付这些'危、微'？用'诚'与'真'，诚其意，直人即真，直心即道场。《中庸》最重要的一个字即'诚'"①之说。

可惜四说皆未从本原上厘清《洪范》九畴的体用关系，而使"十六字心传"之探讨，难免不切实处。若先说结论，依据《洪范》体大思精之体系，"道心"之"体"在"五行"，"人心"之"用"在"皇极"，二者终究乃是体用关系。具体而言，朱熹未明"道心"为"体"，"人心"为"用"，而谓"人心"、"道心"皆为伦理范畴；蔡沈未明"义理"为"体"，"形气"为"用"，而谓"人心发于形气"、"道心发于义理"；刘蕺山未明"人心"是"用"，而非"（本）体"，而谓"二者皆以本体言"；毓鋆未明"危、微"不应被贬为对付的对象，而谓"对付这些'危、微'"。所谓"人心惟危，道心惟微；惟精惟一，允执厥中"（《中庸》），意即"人心思高，道心思幽；思精思一，诚用其中"。其中，"人心惟危"，即"人心思高"，绝非流俗所谓"人心险恶"。"惟"，意为"思考"；"危"，意为"高"。"高"为"显"，为"广"，为"大"，此舍"皇极"其谁？"思高"，要在"思精"，盖"中不精者心不治"（《管子·心术》）。"道心惟微"，即"道心思幽"。"微"，意

① 爱新觉罗·毓鋆：《毓老师说中庸》，上海三联书店 2015 年版，第 11—12 页。

为"幽深"。"幽"为"隐",为"深",为"远",此舍"五行"其谁？同理，《中庸》所谓"道也者,不可须臾离也,可离非道也。是故君子戒慎乎其所不睹,恐惧乎其所不闻。莫见乎隐,莫显乎微,故君子慎其独也。"其中,"莫"通"漠",意为"广大"。所谓"莫见乎隐,莫显乎微",意即"广现于隐,大显于微"。《易经·系辞上》:"探赜索隐,钩深致远",可为佐证。与此相应,"慎独",意为"慎一"。其中,"独",意即"十六字心传"之"惟精惟一"的"一"。朱熹《四书章句集注》:"见,音现。隐,暗处也。微,细事也。独者,人所不知而己所独知之地也";《辞源》:"慎独,在独处时能谨慎不苟",皆误释。"思幽",要在"思一",盖一为数之始,"水一则人心正。"(《管子·水地》)。"惟精惟一",即"思精思一"。盖"人君之大患也,莫大乎详于小事,而略于大道;察于近物,而暗于远数。自古及今,未有如此而不亡也"(《群书治要》卷四十六 中论)。"允执厥中"①,即"诚用其中"。"允",《辞源》又释"诚信",引申为"诚然","确实",如"命汝作纳言,夙夜出纳朕命,惟允"(《尚书·尧典》);"执",意为"用";"厥",意为"其",如"厥躬",即"其身"。所谓"喜怒哀乐之未发,谓之中;发而皆中节,谓之和"(《中庸》),意即喜乐为"过"、怒哀为"不及";中节、和,才"无过"、"无不及"。邵雍说:"至大之谓皇,至中之谓极,至正之谓经,至变之谓世。大中至正,应变无方之谓道"(《皇极经世系述》)。《说文解字》说,"夏,中国之人也"。鉴于此,毓鋆认为程朱理学、宋明理学并不是"孔学",而提出"夏学"一词,主张"'以夏学奥质,寻拯世真文',以体用而言,元为体,体元;一为用,就是用一"。②追根溯源,"至大之谓皇"、"至中之谓极","皇极",就是"大中"。"允执厥中",舍"五曰建用皇极"其谁？盖"皇极"位居《洪范》九畴之中央。"建极",即"极高明而道中庸"(《中庸》)之谓,犹言"中正高明而道法用中",《大学》所讲"絜矩之道"当指此。

---

① 类似语句亦见同书《尚书·皋陶谟》:"允迪厥德",即"真诚地实行其德"。

② 爱新觉罗·毓鋆:《毓老师说》,上海三联书店 2015 年版,第 134—135 页。

其中,"道",意为"方法";"庸",本义是"用",而非何晏《论语集解》所谓"庸,常也,中和可常行之道";"中庸",即是"用中"。同理,"大学",即是"学大",而非朱熹所谓"古之为教者,有小子之学,有大人之学"(《经筵讲义》)。盖"中国最了不起的智慧,就是法天,'唯天为大,唯尧则之'(《论语·泰伯》),要学尧则天,亦即学大,故要读《大学》。'大学'者,学大也,即学天。则天,如四时之序、日月之运,最后与天地参矣,故曰'大人者,与天地合其德'(《易·乾·文言》)。舜执两用中,'执其两端,用其中于民'。用中,'喜怒哀乐之未发,谓之中',故要读《中庸》,才懂得用中之道。学尧舜,就是'学大、用中',故人人皆得读《学庸》,才可以为尧舜。《学庸》即学大、用中,尧舜之道即学大、用中,故人人读《学庸》,人人皆可以为尧舜。"①要言之,"用中"、"学大"乃《中庸》《大学》之本义。在语法上,二者是倒装句,犹如江淮方言"我家去",即"我回家"。综上,我们可以得出一个基本判断:但凡偏离《洪范》之体用关系而言说"十六字心传"者,皆难免臆测之谈,更遑论正本清源。

根据一般的观点,《洪范》的本体论思想集中体现五行当中。马一浮指出,欲明《洪范》之义,须先明"皇极"之旨。他说:

> 程子曰:"《诗》《书》多言帝与天,其实皆以表君德耳。"古语或称天,或称帝,或言性命,或言道德,不甚别异,皆以诠表此理。本迹体用,隐显总别,义相不同,得其条贯,斯可无惑。如言天帝者,在理为至大之称,在人为尊胜之目,初非有二。盖天人一性也,物我一体也。尽己则尽物,知性则知天。天者,万物之总名。人者,天地之合德。天不可外,物无可私,因物付物,以人治人,皆如其性而止,非能有加也。程子曰:"圣人能使天下顺治,非能为物作则

---

① 爱新觉罗·毓鋆:《毓老师说中庸》,上海三联书店2015年版,第Ⅱ页。

也,惟止之各于其所而已。"何以致之? 则惟建极。故欲明《洪范》之义,须先明"皇极"之旨。何谓"皇极"? 皇者,大君之称。极则至德之号。大君之立,必有至德,故曰"皇建其有极"也。苏氏曰:"大而无际之谓皇,至而无余之谓极。"得之。①

"皇",在商周时期的金文中像一盏灯,本义是光亮,如"皇天"。引申为盛美、庄严,以及大、伟大。秦始皇统一中国后开始自称始皇帝,命人将"皇"字上部偏旁改为"自";才有汉代许慎《说文解字》的皇,大也。从自。自,始也。始皇者,三皇,大君也。自读若鼻,今俗以始生子为鼻子"之释义。

图表 16 "皇"字之演变

注:1、2《甲文编》906 页。3、4、5《金文编》21—23 页。6《战文编》15 页。7《说文》10 页。8《缘隶表》15 页。

何谓本体? 佛学有一种言说本体的方法叫"遮诠法",即用否定的方式表达肯定的内容。譬如前引"初非有二",亦即"初者为一","一"即是本体。在今天的语境中,"皇"字几乎失去了其"大"之本义,俨然成为特指人间最高统治者的专用名词。盖自秦始皇以来,"皇"、"皇极"几近被矮化为"大君"、"皇帝"代名词。一如马一浮所解释的,似乎"皇者",就是"大君"。"皇极",就是"自天德言之,则曰太极;自君道言之,即曰皇极;自圣功言之,则曰人极"。②显然,从"皇"到"大君",从"皇极"到"人极",乃是释义学上的一种窄化和蜕变,此种解释阻碍了我们从源头把

---

① 《马一浮全集》(第 1 卷),上海古籍出版社 2013 年版,第 271 页。
② 《马一浮全集》(第 1 卷),上海古籍出版社 2013 年版,第 273 页。

握"皇"或"皇极"的真实内涵。

马一浮还运用唯识学的方法,区分了太极是体,皇极是用;皇是能建,极是所建。

> 皇建其有极。此明建用之旨也。皇极之极与太极之极,俱是表此理之极。太极不可言建、皇极则言建者,太极唯是表理,皇极则兼表人位也。太极不可言用、皇极则言用者,太极唯是显体,皇极则即体以明用也。此极是人之所同具,不能建而用之,则隐而不显。能建而用之者,人也。唯其能建而用之,斯为人中之最胜,可以处于君位,故名之曰皇。极是所建,皇是能建。能、所不二。极是所证,皇是证者。人与理一,故称皇极。①

如前所述,在马克思主义哲学的视域中,"五行"之物质为"体";"太极"之运动为"用"。因此,皇极是"用"不假,但"体"是五行,而非太极。不是"太极不可言用、皇极则言用者",而是"五行不可言用、太极(皇极)则言用者"。至于皇极的能所关系,正如"玫瑰"之于"爱情","玫瑰"是"能建","爱情"是"所建"。从名词"皇极"前面的动词"建用",可以推知"皇极"只是"所建",尚缺"能建"。而"能建",正是"五行"。马一浮所言"能、所不二",诚然不虚。但就"皇极"而言,即便"极"可称之为"所建",然而"皇"却绝不能称之为"能建"。"能建",必须上溯至作为《洪范》初畴的"五行"。

6. 乂用三德。"乂",意为"治理";"乂用三德"之合,亦即"治理用三德"。要言之,治道方式,应秉持正直、用中的方法。具体而言,三德,指正直、刚克、柔克。所谓正直,意为中正和平、不刚不柔之中德;所谓刚克,意为刚胜于柔,是过刚之克服;所谓柔克,意为柔胜于刚,是过柔之

---

① 《马一浮全集》(第1卷),上海古籍出版社2013年版,第302页。

克服。《中庸》讲"执其两端,用其中于民","两端"即是过与不及。以此"执两用中"之方法比照三德,"正直"即是"中","刚克"、"柔克"分别是过与不及。①那么,究竟何谓"德"? 前面提到,《大学》的本义乃是"学大"。《大学》开篇言:"大学之道,在明明德,在亲民,在止于至善。"所谓"大学之道",就是学大之道,即明德、新民、至善。"德",是会意字,甲骨文为"㣨",左边是"彳"(斥),表示行动。右边是一只眼睛,其上有一条垂直线,表示目光直射。故《说文解字》言"德,升也。从彳,悳声",徐锴注曰"内得于心曰德,升闻曰德。《尚书》曰:'玄德升闻。'通论详矣。"要言之,"德"的本义,就是行为要正,目光要直。达此,"德"即"得"。金文为"㣔","目"下加"心",意为行正、目正、心正,而兼具今日德性之义。综上,"德"的本义,就是正直,其作用乃是登高望远,其目标乃是皇极。就"明明德"三字而言,即分别为"通晓"、"高明"、"正直"之意,合句即是"通晓高明正直"。从字源上看,"正"的含义是止于一。中国"正"的标准,即"仰不愧于天,俯不怍于地"。印度史诗《摩诃婆罗多》亦有"正法"的观念,其内核即是"同情心"。"直"为"从L从十,从目。L,隐也。十目所视,虽隐亦直"(《六书正讹》),"'直'其正也"(《易经·坤卦》)。相传皋陶提出"直而温"(《尚书·皋陶谟》),列为"九德"之一。老子谓"直而不肆,光而不耀"(《老子·五十八章》),强调凡事适可而止。孔子言"人之生也直,罔之生也幸而免"(《论语·雍也》),视"直"为内心所具有的道德意识。韩非认为"所谓直者,义必公正,心不偏党也"(《韩非子·解老》),释"直"为公正地执法。胡适推崇章学诚所谓"六经皆史"(《文史通义》)。马一浮则指出:"六经总为德教,而《尚书》道政事皆原本于德。尧、舜、禹、汤、文、武所以同人心而出治道者,修德尽性而已矣。离德教则政事无所施,故曰'为政以德'。此其义具于《洪范》。"②"经,织

---

① 类似表述,另见《尚书·胤征》:"威克厥爱,允济;爱克厥威,允罔功。"其中,"威克"、"爱克",即恩威适中,让人心悦诚服之意。

② 《马一浮全集》(第1卷),上海古籍出版社2013年版,第269页。

也"(《说文解字》),本义是织布机上的纵线;引申为"凡地形,东西为纬,南北为经,山为积德,川为积刑,高者为生,下者为死,丘陵为牡,溪谷为牝"(《淮南子·地形训》),以及直行、治理、常道,即常行的义理、法制、原则等。"德教"之"德",即是"正直"。若按"读史使人明智"而统观之,马、章二氏之观点,看似迥异,实则不无相通——"史以明德","为政以德"——而与《大学》所讲"大学之道,在明明德"趋于一致。

7. 明用稽疑。稽疑,指用卜筮决疑,考察吉凶。通常是用龟甲卜得的雨、霁、蒙、驿、克五种龟兆,以及用蓍草卦得的内贞、外悔二种卦象,以预知未来。殷商之际,崇信鬼神,每遇疑难之事,咸以卜筮决断吉凶。殷人多用龟甲,称"卜";周人多用蓍草,称"筮"。《礼记·曲礼上》:"为日,假尔泰龟有常,假尔泰筮有常。"郑玄《注》:"大事卜,小事筮。"原因可能是龟甲珍稀,而蓍草易得。《洪范》曰:"明用稽疑"。"'明用'者,圣人之心虽极其明,犹恐未能尽人之明也,不敢谓无疑焉。大疑,犹孔子言大过。圣人之心,虽纤芥不敢忽,故大之。大之者,慎之至也。谋及乃心,谋及卿士、庶民,犹恐其情有蔽。至于龟筮无情之物,而亦不敢遗。曰'庶几其无蔽'焉,则明之至矣。"[1]"凡古之卜日者,将以辅道稽疑,示有所先,而不敢自专也"(刘向《说苑·反质》),"谋及乃心、卿士、庶人,而命龟诹筮,则谓之稽疑"(王安石《洪范传》)。此稽疑之法传至日本,据《垂加文集》卷四记载:"倭开国之古……奉天神卜合之教、顺阴阳之理、正彝伦之始。"[2]上述引文表明,古"人不自任其私智,致其精诚,其神明,即寄于蓍龟而显。"[3]盖中国自古以农立国,靠天吃饭,气候之于民生影响甚大。并且,古人认为上天可主宰一切,宇宙人生皆受神的支配,卜筮恰有推演吉凶,预测未来发展趋势,起到安定人心之效用。《洪范》之稽疑考量,可谓简化版之《易经》,而初显博弈论的萌芽,即注重游

---

① 《马一浮全集》(第1卷),上海古籍出版社2013年版,第273页。
② 《先哲丛谈》,源了圆、前田勉编,東京:平凡社1994年版,第111页。
③ 《马一浮全集》(第1卷),上海古籍出版社2013年版,第313页。

戏中的个体的预测行为和实际行为,并研究它们的优化策略。兹将卜筮与吉凶关系列表如下。

图表 17　卜筮决吉凶

乃心		龟卜		蓍筮		卿士		庶民		吉凶	
赞同	反对	赞同	反对	赞同	反对	赞同	反对	赞同	反对	吉	凶
				○○或●●						从之	不从
○		○		○		○		○		○	
○		○		○			●		●	○	
	●	○		○		○			●	○	
	●	○		○			●	○		○	
○		○			●		●		●	国内	国外
	●	○○○					●		●	不做	做
○		●●●				○		○		不做	做

8. 念用庶征。庶征,指考察雨旸燠寒风五种天气是否适时,验证王道实现与否。孔传:"雨以润物,旸以乾物,暖以长物,寒以成物,风以动物,五者各以其时,所以为众验。"《朱子语类》卷第一百一十七:"以人事则有八政,以天时则有五纪。稽之于卜筮,验之以庶徵,无所不备。"如果说"稽疑"是以卜筮预知未来,那么"庶征"则是天子以天气把握现在。所谓"念用庶征",其"'念用'者,念亦敬而无失之意,雨旸燠寒风者,在天则五气之宣流,在人则五事之征验也。若曰'因灾异而后修省',则亦晚矣。"①雨旸燠寒风是自然之序,其过多或过少,草木将无法滋润繁茂。庶征的原理,是古人相信天人相应,认为五事之臧否,可以感召天气,而其征有休咎。正所谓"人主为天地之心,一念之善,喜见于天,而和气应之;一念之恶,谪见于天,而沴气应之,故欲观己之善恶,当观天之所以为应者以验之"(王安石《洪范传》),或可谓"念念不忘,必有回响"之佐

证。天子若肃、义、哲、谋、圣，则风调雨顺，四时亨通，王道正行；天子若狂、僭、豫、急、蒙，则气候失常，四时紊乱，王道未行。这时，天子应修德改过，以顺应天道。故《易经·乾卦》言："君子终日乾乾，夕惕若厉，无咎"。

9. 向用五福，威用六极。五福，指寿、富、康宁、攸好德、考终命；六极，指凶短折、疾、忧、贫、恶、弱。此为《洪范》的价值哲学。价值有阳阴两极，阳为五福，相当于"德"；阴为六极，相当于"刑"。"向用五福，威用六极"，其中"向用"意为"飨用"（注意任用），"威用"意为"畏用"（慎惧任用）。汉儒董仲舒所谓"任德而不任刑"正契合此意。"阳为德，阴为刑，刑主杀而德主生，是故阳常居大夏而以生育养长为事，阴常居大冬而积于空虚不用之处"（《汉书·董仲舒传》）。反之，倘若天子"任刑而不任德"，那就与桀纣无异，而背离天之好生之德。另外，"五福""六极"之分，也体现了中国传统奇数为阳、偶数为阴及奇数为大的思维模式。例如，"凶短折、疾、忧、贫、恶、弱"为六，是阴数；把"凶短折"拆为"凶、短、折"加上"疾、忧、贫、恶、弱"为八，仍是阴数。这是了解五福、六极之原理时，应注意的细节。此外，关于"恶"与"弱"，胡瑗《洪范口义》有一个非常独到的解释。他说："恶与弱，皆不好德者也。好德者由乎中道也，恶与弱皆过乎中道与不及中道也。"这与亚里士多德关于德性就是中道，是两种恶（如"鲁莽"与"怯懦"）即过度与不及的中项（"勇敢"），可谓异曲同工。

总之，《洪范》以皇极为中心，劝导天子应注重物力、人力的调和，明究"五行"，慎修"五事"；以"三德"施行"八政"，以民意和卜筮"稽疑"，以"五纪"、"庶征"考察行政得失，并将受自于天的"五福"、"六极"授之于民。作为从神权时期到君权时期过渡的政治哲学体系，《洪范》对后世的儒释道诸家影响深远。

三、胡瑗与明体达用

《洪范》一书直接影响了北宋理学先驱、思想家和教育家胡瑗。胡瑗"明体达用"的教育哲学,其理论原型就是洪范九畴。胡瑗(993—1059),字翼之,北宋泰州如皋人,后迁居如城严家湾。因世居陕西路安定堡,世称安定先生。幼年"家贫无以自给",七岁能文,十三岁通《五经》,曾游学泰山苦读十年,"食不甘味,宿不安枕",每得家书见有"平安"二字即投入山涧。与孙复、石介并称为"宋初三先生"。庆历二年(1042)至嘉祐元年(1056),历任太子中舍、光禄寺丞、天章阁侍讲等。嘉祐三年(1058),因病赴临安长子家颐养,次年病故,谥文昭,遗体葬于浙江乌程,衣冠冢在如皋胡家庄。明嘉靖九年(1530),从祀孔庙,尊为"先儒胡子"。胡瑗的著作多有佚失,今流传下来的主要有《洪范口义》《周易口义》和《皇祐新乐图记》。

泰山十年,胡瑗学成归来,先是在吴中教授经术,其时环太湖流域正在进行水利整治与经济开发,他根据实际需要,创造了以"经义"、"治事"分科为特色的"分斋教学法",尤其是当中的"治事斋",十分契合服务地方经济社会的迫切需要,受时任苏州知州的范仲淹及湖州知州滕宗谅的推荐,而由私学进入州学,先后主持苏州、湖州两地州学。

早在胡瑗来苏州讲学的十年前即天圣三年(1025),范仲淹已在《奏上时务书》提出"救文弊"的观点,批评当时"修辞者不求大才,明经者不问大旨。师道既废,文风益浇"的作风,强调"其源未澄,欲波之清,臣未之信也"。时隔两年又在《上执政书》提出"慎选举,敦教育"的设想,强调"深思治本,渐隆古道",期望假以数年而得"士风丕变"。三年之后复在《上时相议制举书》提出"宗经则道大,道大则才大,才大则功大"的思想,力主通过改革科举而"使天下贤俊,翕然修经济之业,以教化为心,趋圣人之门,成王佐之器"。五年之后,在苏州设立郡学,胡瑗始应聘前往。我们从中可以看到,范仲淹所倡导的"明经"、"大旨"、"敦教"、"治本"、"古道"等教学理念,为日后胡瑗以"明体达用"为理论核心的"苏湖教学法"指明了理论方向。在今天,"明体达用"已成为湖州师范学院的校训。胡瑗之重视回归经典,承认理的存在,于学生"时时召之,使论其所学,为定其理。或自出一义,使人人以对,为可否之。或即当时政事,俾之折衷"(《宋元学案·安定学案》),并最终奠定以明理为指归、以循理为路径这一宋代理学之根本,凡此无不与范仲淹的上述理论先导相关。

庆历三年(1043 年),因范仲淹推行改革的需要,苏湖教学法复升格为太学法。胡瑗"分斋教学法"的整体思路是,在同一学校中,"立'经义'、'治事'二斋:经义则选择其心性疏通、有器局、可任大事者,使之讲明《六经》。治事则一人各治一事,又兼摄一事,如治民以安其生,讲武以御其寇,堰水以利田,算历以明数是也"(《宋元学案·安定学案》)。胡瑗"教人有法,科条纤悉具备,以身先之。虽盛暑必公服坐堂上,严师弟子之礼"(《宋史·胡瑗传》)。在太学讲经时,"五经异论,弟子记之,目为《胡氏口义》"(《宋元学案·安定学案》)。从体用关系来说,经义斋研习经学,为"体";治事斋则学习实学,为"用"。分斋教学制度产生之后,在社会上产生了强烈的反响,四方之士,一时云集前往胡瑗所在的湖州受业。"分斋教学法",亦由此成为高等学校分系分科之开端。"庆历中,天子诏下苏、湖,取其法,着为令于太学"(《宋元学案·安定学案》)。其间正是范仲淹当政主持"庆历兴学"之时,"苏湖教法"被引入太学。苏湖教法之经义阐发,开启了宋明儒学。其一方面培养了一批做官的门人,另一方面使湖州学法升格为太学法,可谓实现了湖学"明体达用"之宗旨。

《周易口义》《洪范口义》是胡瑗的解经著作。《周易口义》由其弟子倪天隐编辑整理,该书与孙复《春秋尊王发微》一同确立了宋代儒者的基本致思方向。一是将义理易学和象数易学相结合,以儒家义理解读《周易》,提出《周易》的学术宗旨是"通天人之渊蕴,明人事之始终",开宋代疑经改经风气之先河。二是将天道和人道相联系,注重君子的内修,为宋代理学之先驱。全祖望评价道:"先生之学,实与孙明复开伊洛之先宋世学术之盛,安定、泰山为之先河,程、朱二先生皆以为然。安定沈潜,泰山高明;安定笃实,泰山刚健;各得其性禀之所近,要其力肩斯道之传则一也。安定似较泰山更醇"(《宋元学案·安定学案》)。文中"伊洛"、"安定"和"泰山",即分别为二程(程颢、程颐)、胡瑗和孙复。总体上,《周易口义》和《洪范口义》这两本书呈现一种体用关系,即前书是"体",是胡瑗政治哲学的基础理论,即作为形而上的"太极";后书是"用",是胡瑗基础理论的实际应用,即作为权力世界之理想依据的"皇极"。应该说,胡瑗的这种把握是存在一定问题的。马克思主义哲学认为,物质是运动的载体,运动是物质的存在方式。从马克思主义哲学的视角来看,《洪范口义》中的"五行"之物质才是"体";而《周易口义》中的"太极"之运动才是"用"。当然,这是从宏观上把握这两本书的体用关系。从微观上来看,《洪范口义》这本书内部也存在自身的体用关系,即初畴"五行"是"体",其他八畴是"用"。

胡瑗有强烈的时代问题意识,反对当时盛行的重视诗赋歌律的学风,重视阐发经学之义理和时务,提倡经世致用的实学,力主"明体达用"的教学理念,发宋代理学之先声。他尤其重视《洪范》之作为政治哲学的理论价值:"夫武王既胜殷杀受,乃立其子武庚为后,遂以箕子归武王,于是问以天道,箕子陈述天地人之常经,圣王治国之大法,无出于《洪范》,故作《洪范》之篇"(《洪范口义》卷上)。然而,"湖学由地方升入中央,使地方性经验成为国家的普遍理念与行动。但随着国家思想形态与教育内容因政治力量的介入而发生替代时,不仅湖学衰落,而且存于地方的思想多样性也消失。"[①]胡瑗注重倡明正学。这也是他极为重视《洪范》,并从中提炼出以《洪范口义》为载体的"明体达用"之教学理念的根本动机。可是,为什么湖学开头很成功,最终却无传? 对此,我们可以总结三点原因。

第一,湖学自身批判性与创造性的丧失。"分斋教学法"本身,就存

---

① 何俊:《权力世界中的思想盛衰悖论——以湖学为例》,《哲学与文化》2021 年第 1 期。

在类似柏拉图《理想国》所述哲学王的悖论,亦即理想与现实的矛盾。据《朱子语类》卷第一百二十九:

> 问:"安定平日所讲论,今有传否?"曰:"并无。薛士龙在湖州,尝以书问之。回书云,并无。如当初取湖州学法以为太学法,今此无传。今日法,乃蔡京之法。"
>
> 某问:"安定学甚盛,何故无传?"曰:"当时所讲止此,只些门人受去做官,死后便已。"

随着作为私学的湖学进入作为官学的太学而为天下示范时,其批判的锋芒便失去了对象,创造性也随之陷入了停滞状态,其思想因失去自主性而变为政治权力的有机部分,甚至转而阻碍那些原本与自身一样的私学的自由发展,最终使湖学湮没于历史的长河。

第二,湖学自身与进入权力世界的思想系统,如晚于庆历新政的王安石改革,或未进入权力世界的思想系统,如苏轼蜀学的思想纷争,甚至连胡瑗的弟子对《洪范》九畴的体用关系也存在理解上的偏差。关于这一点,我们可以从《宋元学案·安定学案》所载宋神宗与胡瑗的弟子刘彝的对话中发现一些线索,宋神宗问:"胡瑗与王安石孰优"?刘彝答:

> 臣师胡瑗以道德仁义教东南诸生时,王安石方在场屋中修进士业。臣闻圣人之道,有体、有用、有文。君臣父子,仁义礼乐,历世不可变者,其体也。《诗书》史传子集,垂法后世者,其文也。举而措之天下,能润泽斯民,归于皇极者,其用也。国家累朝取士,不以体用为本,而尚声律浮华之词,是以风俗偷薄。臣师当宝元、明道之间,尤病其失,遂以明体达用之学授诸生。夙夜勤瘁,二十余年,专切学校。始于苏、湖,终于太学,出其门者无虑数千余人。故今学者明夫圣人体用,以为政教之本,皆臣师之功,非安石比也。

　　胡瑗政治哲学的首义是遵循自然之理。为了改变时代流俗,胡瑗选择了从六经之一的《尚书》中的《洪范》入手,通过重新发掘经中的奥义,来解决现实问题。在他看来,鲧、禹父子治水之成败的根本原因,就在于是否遵循五行之道体。他说:"五行者,即谓水火木金土是也。夫有天地,然后有阴阳;有阴阳,然后有五行;有五行,然后有万物。是则五行者,天地之子,万物之母也……若居五福之世,则其数弗乖,其性不悖,其气不忿,其味不变,其臭不乱,其声不谬,其色不异,其虫不怪,皆顺其常。若居六极之世,则皆逆其常。天反时为灾,地反物为妖,人反德为乱,乱起则妖生,各以其类而推之亦可见也。"(《洪范口义》)。遗憾的是,如我们从刘彝的回答中所看到的,胡瑗"明体达用"的教学理念到了其弟子——更遑论王安石、苏轼等——那里却已逐渐失真:"明体达用"之"体",已从"五行"蜕变为"君臣父子,仁义礼乐"(相当于《洪范》原有的"五事"、"八政")之类的"用";而原先作为"用"中之"体"的"皇极"却沦落为"用"。实际上,这是又回到前述邹衍以"五德"讲"五行"的路数。原本,在胡瑗的阐释中,五事,不仅关乎人君的个人私德,而且更是关乎政治的兴亡。其中,"貌者万民所瞻仰,言则为命令万民之所听,视不明则及邪,听不聪则容奸,思不睿则失谋"(《洪范口义》)。八政,食、货、祀,事关民生与族群凝聚;司空、司徒、司冠,事关权力的横向分置,即"司空以均土地,司徒以行政教,司冠以正赏罚"(《洪范口义》);宾、师,事关权力的纵向贯通,宾为怀下,师为礼上。《洪范口义》对政治最基本的要求,就是明确了《洪范》初畴五行乃是人们抓实"边防"、"水利"等事务的"体";第2~9畴的五事、八政、五纪、皇极、三德、稽疑、庶征、五福六极皆为"用"。所谓《洪范》九畴当中"惟独'初一曰五行'中'用'字阙如,疑当作'初一曰顺用五行'"①,实属误解。如前所述,"洪范"的本义是"大法"。《洪范》九畴之体用关系的区分,其本身就是判别朱熹

<hr>

① 　陈来:《古代宗教与伦理:儒家思想的根源》,生活·读书·新知三联书店 2009 年版,第219 页。

等后儒哲学之缺失的"大法"。因此,我们切忌颠倒或忽视《洪范》九畴的本末或体用关系。

第三,后人对"皇极"一词中"皇"的挪用、误用,错将"皇极"与"皇帝"等同起来,使得前者被严重矮化、狭窄化。胡瑗说:"皇,大;极,中也。言圣人之治天下,建立万事,当用大中之道。所谓道者何哉?即无偏无党,无反无侧,无有作好,遵王之道,无有作恶,遵王之路是也。"话中原本并无以君臣父子、仁义礼乐为体之意。胡瑗之所以能够造就一批优秀官员,并由私学而州学,直至升格为太学法,乃是源于他对政治必须基于教师所象征的知识的确信。这种确信,绝非处于"用"这一极的君臣父子、仁义礼乐所能提供的;能提供这种确信的,必定是处于"体"这一极的五行。

胡瑗"苏湖教学法"的宗旨,就是"明体达用"。"明体达用"之"体",即《洪范》五行。作为中国哲学史上最早的本体论思想,五行是中国哲学之根。不明此体,何谈所用。胡瑗"明体达用"之教学理念,其历久而弥新,堪为我国当今生态文明建设何以要走"产业生态化"、"生态产业化"之绿色发展道路的哲学基石。其深层原理,如我们反复强调的,在《洪范》哲学中,"生态"指向初畴"五行",是"体";"产业"指向其他八畴,是"用"。

第三节 孟子义利观的困境和出路

义与利是孟子哲学中的一对重要范畴。何为"义"? 孟子对"义"的论述是与"仁"联系在一起的,它大致有两层含义。第一,亲亲为仁,敬长为义。他说:"亲亲,仁也;敬长,义也。"(《孟子·尽心上》)此处与《论语》"孝弟为仁之本"的意思相似,不同的是,孔子把"孝""弟"都归之于"仁",孟子则把"弟"(从兄,敬长)提取出来,让它归属于"义"。这样,

"仁"和"义"由此成为家庭伦常关系的范畴,"仁"维护父子尊卑关系,"义"维护兄弟长幼关系。"仁之实,事亲是也;义之实,从兄是也"(《孟子·离娄上》)就是这个意思。在此基础上,孟子把他的仁义道德观念推及整个社会,强调人的"心"和"性"与天原本是一体,"万物皆备于我矣。反身而诚,乐莫大焉。强恕而行,求仁莫近焉。"(《孟子·尽心上》)求仁,最好的方法,就是行"忠恕之道"。为此,他提出"仁者爱人,有礼者敬人。爱人者,人恒爱之;敬人者,人恒敬之。"由"亲亲"、"敬长"而爱一切人、敬一切人,试图使动荡不安、弱肉强食的封建社会形成"父子有亲,君臣有义,夫妇有别,长幼有序,朋友有信"(《孟子·滕文公上》)的"五伦"风尚。第二,恻隐之心为仁,羞恶之心为义。孟子利用人们偶尔看到孩子掉入井里时产生的痛惜心理说道,"无恻隐之心,非人也;无羞恶之心,非人也;无辞让之心,非人也;无是非之心,非人也。恻隐之心,仁之端也;羞恶之心,义之端也;辞让之心,礼之端也;是非之心,智之端也。"(《孟子·公孙丑上》)恻隐、羞恶、辞让和是非之心统称"四端",它们分别对应"仁"、"义"、"礼"、"智"这"四德"。孟子著名的"性善论"即源于其"恻隐之心"的"仁"。简而言之,"仁"是恻隐之心的体现,它支配人们的利他行为,"义"则是羞恶之心的体现,它支配人们不去做害人的事情;"礼"是实施"仁""义"的节文,"智"是对于"仁""义"的理解和自觉。

孟子所谓的"义",本质上也是一种"利",它注重统治者长治久安的大利,反对不利于封建统治的利。虽说如此,"仁"与"义"还是有些细微差别,具体表现在,一是"仁"强调动机,"义"强调效果。"仁内,义外。"(《孟子·告子上》)遵仁而行是"义",背仁而行是"不义"。"仁,人心也;义,人路也。"(《孟子·告子上》)二是"仁"强调人该做某行为,"仁者以其所爱及其所不爱,不仁者以其所不爱及其所爱。"(《孟子·尽心下》)"义"强调人不该做某行为,"无为其所不为,无欲其所不欲。"(《孟子·尽心上》)

以上,在"仁"与"义"的联系与差异的比较过程中,重点谈了孟子对"义"的看法。作为孔门弟子,孟子对利义的论述明显受到孔子关于"君子喻于义,小人喻于利"的影响。孔子固然反对"见利忘义",但不排斥"国民所利而利之"。例如,郑国子产整顿田亩,发展生产,使国内物产丰硕,百姓安居乐业,孔子对子产求利而不失义的做法就深表赞赏。那么,孟子又是如何看待"利"的呢?在孟子看来,"利"大体可分为生命之利、经济之利、精神之利三个方面。①一、经济之利。《孟子》开头有一段与梁惠王的对话:"王曰:'叟不远千里而来,亦将有以利吾国乎?'孟子对曰:'王何必曰利?亦仁义而已。'"(《孟子·梁惠王上》)人们常以此为据,说儒家重义轻利。但孟子在回答梁惠王"何以利吾国"时,还有"苟为后义而先利,不夺不餍"(《孟子·梁惠王上》)一句,意思是假如"先利后义"的话,卿大夫固然是不把国君的产业完全夺去就不会满足;反之,国君若想保证产业,必须"先义"而"后利"。这是因为,"未有仁而遗其亲者也,未有义而后其君者也。"(《孟子·梁惠王上》)为此,孟子甚至向梁惠王提出了一套具体的仁政方略:"今王发政施仁,使天下仕者皆欲立于王之朝,耕者皆欲耕于王之野,商贾皆欲藏于王之市,行旅皆欲出于王之途,天下之欲疾其君者皆欲赴诉于王,其若是,孰能御之?"(《孟子·梁惠王上》)这些都表明,孟子是主张"先义后利"的。同时,这也是孔子一贯的主张。孔子就曾教育他的弟子说:"事君,敬其事而后其食。"(《论语·卫灵公》)首先要求认真地为君主办事,然后才考虑俸禄的问题。孟子也强调,在主观动机上应该首先做到"由仁义行,非行仁义也。"(《孟子·离娄下》)即遵从仁义而行事,而不是把仁义作为手段。他告诫人们,"非其义也,非其道也,一介不以与人,一介不以取诸人。"(《孟子·万章上》)二、生命之利。在当时诸侯战乱频繁的年代,孟子尤其关注下层百姓的安身立命问题,他眼中的"小康"理想是:"五亩

---

① 高积顺:《孟子义利思想新诠》,《管子学刊》1997 年第 1 期。

之宅,树之以桑,五十者可以衣帛矣。鸡豚狗彘之畜,无失其时,七十者可以食肉矣。百亩之田,勿夺其时,八口之家可以无饥矣。"为此,他警醒封建统治者,应把仁义作为唯一的目的和动机,把仁义当作行为的最高准则,"行一不义,杀一不辜,而得天下,皆不为也。"(《孟子·公孙丑上》)即使恶再小而利再大,也不可通过作恶而获取。三、精神之利。人之大欲莫过生,人之大恶莫过死,但是作为精神之利的"仁义"却比生命更重要,当面临生命与不义的两难抉择的时候,孟子大义凛然,奉劝人们舍生取义:"生亦我所欲也,义亦我所欲也。二者不可兼得,舍生而取义者也。"(《孟子·告子上》)有趣的是,直到两条多年后,在西方,在康德的道德"绝对命令"中,孟子的这番思想再次被浓缩为:"这样行动:你意志的准则始终能够同时用作普遍立法的原则。"①

孟子的游说对象即"利"的实践主体主要是各国统治者和他的弟子如万章、公孙丑等人。他要求统治者自身重义轻利,但对自身之外的民利却必须给予足够重视。他说:"得天下有道,得其民,斯得天下矣;得其民有道,得其心,斯得民矣;得其心有道,所欲与之聚之,所恶勿施尔也。"(《孟子·离娄下》)保民利,得民心,是统治者赢取天下的根本保证。"君仁,莫不仁;君义,莫不义;君正,莫不正。一正君而国定矣。"(《孟子·离娄上》)他强调说,仁义是"大人之事","惟君子"才能,最高统治者应该做仁君行仁政。

要言之,在义利关系问题上,孟子要求统治者在主观修养上要唯义无利,在实施的顺序上要先义后利,在义与利无法兼顾时应该以利从义、以义统利。这种道德理想主义,曾被孟子的后学发挥到了极致,譬如宋代二程就提出所谓"存天理,灭人欲"(《遗书·十五》)之类的极端违反人性的惊天泣鬼之语。

另一方面,孟子鉴于"无恒产而有恒心者,惟士为能。若民,则无恒

---

① 康德:《实践理性批判》,商务印书馆 2003 年版,第 31 页。

产,因无恒心。苟无恒心,放辟邪侈,无不为矣。及陷于罪,然后从而刑之,是罔民也。……是故明君制民之产,必使仰足以事父母,俯足以畜妻子,乐岁终身饱,凶年免于死亡。然后驱而之善,故民从之也轻。"(《孟子·梁惠王上》)他坚信,如果民众有了恒产,"而民焉有不仁者乎?"(《孟子·尽心上》)因而在义利顺序上,孟子对民众的要求则与统治者相反,是先利后义,以义从利。

孟子的义利观由此出现了一个悖论:主观上,要求统治者与民众对义利取舍的顺序相反;客观上对于并非超然于自然与社会而存在的统治者来说却根本行不通。正如荀子所言:"义与利者,人之所两有矣,虽尧舜不能去民之欲利,然而能使其欲利不克其好义也。"(《荀子·大略》)事实上,统治者仅凭口头或心里的"仁义"不足以修身、齐家、平天下,以致他们在极大的程度上反而较民众更迫不及待地需要先利后义甚至见利弃义。然而,在占得实利之后,他们在口头上、尤其在意识形态上,对民众变本加厉地鼓吹孔孟的义利观,强使民众"先义后利",民众反倒成为孟子义利观的实践主体,由此违背了孟子的初衷。最终的结果是,原本"高洁"的孟子义利观,实实在在的是统治者进行愚民统治的工具。孟子由此陷入的一个理论与现实的双重困境:一方面,作为孟子义利观的实践主体的统治者在争权夺利的过程中无不背弃了义利观的初衷;另一方面,正所谓"衣食足而后知荣辱",民众原本就不具备接受统治者反抛过来的"先义后利"的主客观条件,而且与孟子"若民,则无恒产,因无恒心"的深刻体察也不相容。

孟子义利观的根本错误在于,他简单、抽象地把"义"和"利"对立起来,不了解"义寓于利"、"利寓于义"的道理,致使他在义利问题上,在统治者与民众之间使用了双重标准,对前者要求"先义后利",对后者允许"先利后义"。孟子所犯的错误,与他的英雄史观脱不开干系。孟子认为,人在才智上有先天的"先知先觉"和"后知后觉"之分,他借伊尹之口说:"天之生此民也,使先知觉后知,使先觉觉后觉也。"(《孟子·万章下》)英雄豪杰都是"先知先觉"者,草莽百姓则是天生的"后知后觉"。因此,对孟子而言,除了自己的学生,他所刻意面对的几乎都是各国君王,因而容易对君王产生幻想乃至神化,并将自己的政治理想和抱负寄予他们,在义利关系问题上,因为他们属于"先知先觉"者,也就很自然地祈望他们"先义后利"。同时,由于百姓被归于"后知后觉"之类,因而从逻辑允之以"先利后义"。可是现实的社会及其政治是惨酷的,君王们远不是孟子所想象的那样脱俗入圣,或者说,对于"先义后利",他们从不真听更不真做;相反,在"先利后义"方面,倒是较民众有过之而无不及。这样一来,由于孟子实际上并没有真正找到自己的义利观的实践主体,孟子义利观的无效或失败也就在情理之中。

我们看到,孟子对"义"的论述与"仁"联系在一起。据此,我们不难推出,孔孟的英雄话语下的"仁政"的实质是人治。人治思想的理论出发点是抽象的人性论,即它立足于"人性善"的美妙假设之上,它的理论缺陷是非常明显的。一、无所不能的权力理想的存在,使得统治者由于对"仁义"的理解和接受程度的不同,统治过程中无不掺杂着君王个人极大的主观随意性;二、这直接导致同一或不同君王、朝代之间,政策缺乏连贯性和统一性,使得职责的分派困难重重,责任的追究也显得模棱两可;三、"仁义"的载体是主观内心,作为"心法",它充其量是"不成文法",因此对于民众而言存在一个信息不对称问题,民众由于缺乏外在行为准则而无所适从。历史的经验事实表明,"仁政"最终必然导致专制主义。所谓"入则孝,出则弟。"(《论语·学而》)"仁之实,事亲是也;义之实,从兄是也。"(《孟子·离娄上》)儒家格外重"孝",诸儒无不温情脉脉地提倡的孝道,使人一出生就作为父母的从属物而存在,人之为人,除了具有群体的意义,没有独立的意义可言。"群体主义或者集体主义(collectivism),是专制的伦理基础。"①孝的本质规定是"顺"。人

---

① 李宪堂:《先秦儒家的专制主义——对话新儒家》,中国人民大学出版社 2003 年版,第 36 页。

从小被教导在家必须顺从父兄,涉足社会后应当顺从君王。在这一过程中,人的个性被泯灭殆尽,他被训导为社会大棋盘中的一颗棋子,在这一棋局中,君王占有绝对的意义。"君子者,天地之参也,万物之总和也,民之父母也。无君子,则天地不理,礼义无统。"(《荀子·王制》)君王成为调节人与自然的中枢,社会治乱的决定性力量。同时,由于孟子把"人之所异于禽兽者几希"(《孟子·离娄下》)亦即仁、义、礼、智之道德看成人们生活的最高层次,配称拥有这种道德理所当然亦非君王莫属,理所当然也就成为知识的最高裁决者,——民众的聪明才智都被引向陈腐不堪的所谓"心法修养",创造性因此被无情地扼杀。说到底,父兄也好,仁义也好,天理也罢,都不过是封建秩序的抽象化,无不强调同质性、整体性和总体性。这些特点正是专制主义的形而上学基础。"专制制度的唯一原则就是轻视人类,使人不成其为人。"①物极必反。由于儒家孝的要求,造成了民众对以父兄为象征符号的君王的忿恨的长期压抑,因此一旦当公共权力出现某种潜在危机的时候,其被抑制的愤怒随时都可能爆发,其结果必将使社会陷入严重的无秩序与混乱状态。

　　人治的出路在于法治。虽然孟子之后,以韩非子为代表的法家也提出过"法治"的思想;建国前梁漱溟先生面对中国两千多年的根深蒂固的封建专制传统,慨然长叹"如果是关上门要我伏在桌子上写条文,我也可以写几十条,但是没有用。"②然而,法治思想要行得通,关键还必须有思想信仰和社会力量在后面作为根据。进入21世纪的中国,在经济、政治和文化各个方面正发生着一系列的根本变革,"依法治国"业已写入宪法。我们相信,随着我国法制建设的不断完善,随着"有法可依,有法必依,执法必严,违法必究"的执法理念日趋深入人民群众的精神底层,中国两千多年的"人治"时代已一去不复返。我们还相信,"仓廪足而后知礼节",只有在当今物质文明和精神文明互为推动的社会大环

---

① 《马克思恩格斯全集》(第1卷),第411页。
② 梁漱溟:《乡村建设理论》,上海书店1992年版,第390页。

境下,才有可能充分展现孟子义利观的本真内涵。

第四节　因由哲学的形上之维

《易经》曰:"形而上者谓之道,形而下者谓之器"。古往今来,人们的求因工作,总体上可分为形上和形下两个维度。以下,我想侧重从形上的维度,尝试拓展因由哲学的认识论视野,在前人的登山路上凿出一级台阶,有心者拾级而上,或可为哲学理论创新乃至科研范式创新找到新的突破口。

一

"万事开头难"。更何况作为天文之端的"原因"和人文之始的"理由"①。《说文解字》谓"文"通"纹",即"两纹交互",意为"纹理",如"仲子生而有文在其手"②。人文的道理在天文,但凡太阳出没、月球盈亏、行星冲合、彗星隐现、流星闪逝、新星爆发和极光等地球大气层外的自然现象,皆可谓之"天文"。《易经》贲卦象辞有云:"观乎天文,以察时变;观乎人文,以化成天下。"观者,不离于人。天、地、人"三才",人居其间。"三才"各有其道,"天道"有阴阳,"地道"有柔刚,"人道"有仁义。若将"地道"归结于"天道",则与"天文"、"人文"之分相一致。《道德经》第七十七章实以"天之道,损有余而补不足;人之道则不然,损不足以奉有余"③的形式,将"天道"与"人道"相区分。

说到哲学的起源,我们通常会想起亚里士多德所言,哲学起源于

---

① 受东京大学名誉教授一之濑正树《原因与理由的迷宫》一书的启发,本文析取"原因"和"理由"中的后一个字合成"因由";相应地,把探寻因由的哲学称作"因由哲学"。
② 《左传》,郭丹、程小青、李彬源译注,中华书局 2012 年版,第 1 页。
③ 《老子道德经注校释》,魏王弼注、楼宇烈校释,中华书局 2008 年版,第 186 页。

"惊异"①。若说最大的"惊异",莫过于天地的开端,即世界缘何"原因"而生成? 此为泰勒斯、赫拉克利特诸贤"水"、"火"之宇宙论的肇始。据古印度《薄伽梵往世书》记载,诸元素之创造,包括五大(地水火风空)、五唯(色声香味触)、五知根(眼耳鼻舌身)和心根,皆为"原因海"毗湿奴所化生。古希腊也有"神原被认为是万物的原因,也被认为是世间第一原理"②之说。倘若进一步追问,哲学家们为什么"惊异"? 亚氏则开宗明义地指出:"求知是人类的本性"③,想来此为求知的终极原因,无法再追问下去。而就价值观而言,日本净土真宗初祖亲鸾则否认心好心坏是善恶的原因,认为善恶的原因在于宿业。在他看来,若说心的好坏是善恶的原因,乃是忽视了阿弥陀本愿的不可思议的力量(他力)。在我看来,这是以神意为万事万物托底。受此启发,尼采主张人的意志是善恶的唯一标准,善恶的区分取决于是愿意抑或违心地去做某事。亲鸾著名的"恶人正机"说,强调"连善人都往生净土,恶人更不在话下。"④其原理在于唯有信仰("信心正因")才是救世的关键:信仰他力的恶人较之信仰自力的善人,更容易往生净土。实际上,海德格尔晚年也曾喟叹"只有一个上帝能够救渡我们"。从根本上说,"求知"就是"求因",即心理学所谓"归因"(causal attribution),指"根据行为或事件的结果,通过知觉、思维、推断等内部信息加工活动而确认造成该结果之原因的认知过程"。⑤

　　可根据哲学基本问题——思维与存在的关系问题——而将"天文"或"天道"纳入"天"(存在)的范畴,将"人文"或"人道"纳入"人"("思维"主体)的范畴。据此,可为"原因"和"理由"找到其归宿。即,

———————

① 亚里士多德:《形而上学》,吴寿彭译,商务印书馆 2017 年版,第 5 页。
② 亚里士多德:《形而上学》,吴寿彭译,商务印书馆 2017 年版,第 6 页。
③ 亚里士多德:《形而上学》,吴寿彭译,商务印书馆 2017 年版,第 1 页。
④ 唯圆房:《叹异抄》,毛丹青译注,文津出版社 1994 年版,第 10 页。
⑤ 刘永芳:《归因理论及其应用》,上海教育出版社 2010 年版,第 1 页。

"天文"或"天道"是"原因"的家,例如"堵车的原因是大雪","堵车的理由是大雪";"人文"或"人道"是"理由"的家。例如,我们可以问某人"做坏事的理由",不能问其"做坏事的原因",也不能问某人因突然痉挛而"跌倒的理由"①。这种语言上的微妙差异,在于"原因"是标志时间推移的概念,它适用于自然事件,是外延的;而"理由"乃非时间概念,其适用于意义内容,是内涵的。英国作家萧伯纳说,"如果你有一个苹果,我有一个苹果,彼此交换,那么,每个人只有一个苹果;如果你有一个思想,我有一个思想,彼此交换,我们每个人就有了两个思想,甚至多于两个思想。"当中苹果和思想的不同,即对应于外延和内涵之区分。

讲求因的终极之法,必然上升到哲学本体论。印度哲学中的数论派,在世界的本原问题上,坚持二元论,认为世界有"神我"和"自性"两个本原,开唯心论和唯物论之先河。迦毗罗仙人对这两个本原分别提出了五个原因。第一,自性存在的五个原因:1.各种事物都是有限的,有限的事物必有一个根本因;2.世间万物有共通性,即不同的果都来自同一个因;3.世间万物始终保持进步和发展,必有一个共同的因;4.这个世界是果,有这个果,必有根本因;5.世界是统一的,万物都来自同一个因。第二,神我存在的五个原因:1.宇宙万物之所以井然有序,各得其所,一定存在某种使用世间万物的存在;2.物质是构成苦和乐的材料;3.必定存在某种事物庇佑着这个世界(例如毗湿奴);4.必定存在某种享受着这个世界的事物;5.有向上的希望是最终能够达到上述境界的体现。②或许,在中观派看来,这并非最彻底的求因之法,因为它尚未抵达该派所主张的"遮诠法"之究竟。且看如下两句:A."我理想的居住地是某地"。B."我理想的居住地不是某地"。作为否定句的 B 之外延显然

---

① 一之濑正树:《原因と理由の迷宫——「なぜならば」の哲学》,东京:劲草书房 2006 年版,第 2 页。

② 常磐大定:《印度文明史》,陈景升译,华文出版社 2019 年版,第 199 页。

比作为肯定句的 A 之外延要广,故能涵盖更多的可能,在此意义上,它堪称理想的藏身之所,此乃遮诠法的优越之处。在《瑜伽经》中,"般若"(prajñā)一词有"终极智慧"、"辨识智慧"之意,即,如实认知一切事物和万物本源的智慧。般若论立说,有为无为①—一切诸法当体性空,破除由于假名(概念)所执着的实在。作为三论宗经典之一,龙树的《中论》最具特色的地方,在于使用了最能体现佛教思维方式的"遮诠法"。其中,"遮"即否定,"诠"即说明。其基本思想是在否定中体悟事物的真理,认为对于事物的本来面目或最高实在,不能采用正面表述的方式来说明,而是应采用不断否定各种名相(概念)的方式来说明。在中国哲学中,亦不乏与"遮诠法"相关的经典表述。比如,《论语》的"吾日三省吾身:为人谋而不忠乎? 与朋友交而不信乎? 传不习乎?""己所不欲,勿施于人"等命题,王阳明的"无善无恶心之体,有善有恶意之动,知善知恶是良知,为善去恶是格物"之"四句教",即是从事物的否定方面,提出自己的正面主张。关于此种"否定"的特点和重要性,在黑格尔哲学中亦可见一斑。"中国人对黑格尔哲学、特别是其核心黑格尔辩证法的研究,长期以来忽视了两个最基本的要素,一个是体现为能动的自我否定的努斯精神,另一个是体现为反思方法的逻各斯精神。"②龙树发扬性空而无碍于缘起的中道妙理,把《般若》等经中散见的不生不灭等说归纳为一颂,在《中论》的篇首提出了"不生亦不灭,不常亦不断,不一亦不异,不来亦不出"③的"八不"之中道,以达"能说是因缘,善灭诸戏论"之理论目标。盖"生"、"灭"、"常"、"断"、"一"、"异"、"来"、"出"这八个概念,乃缘起诸法之假相,其与远离戏论的中道实相不相应。"不"是泯义、破义,并非对于"有"的"无",而是超越有无的"中道"。"中"是相对于

---

① 有为法和无为法的区分,可参阅唯识宗有关"五位百法"的阐述。

② 邓晓芒:《黑格尔辩证法讲演录》,商务印书馆 2020 年版,第 5—6 页。

③ 龙树:《中论》,韩廷杰释译,东方出版社 2019 年版,第 19 页。

"偏"①而言,可谓"不"中含"中","不"中蕴"中"。《"唵"声奥义书》云:唵"非内觉,非外觉,非内外俱觉,非知觉聚集,非智非非智;不可见,不可触,不可摄持,无有相,不可思,不可名,真元即自我识知之为独也……不二。"②一实之理,无彼此之别,故称"不二"。《中论颂》还用"诸法不自生,亦不从他生,不共不无因,是故知无生"③之偈句,证明诸法的无生不可得,诸法非"自因"、"他因"、"共因"、"无因"而生。作为理由,"任何法都不是从自己而生,如果是自己产生的,则有无义生、无穷生的过失;也不是从他法而生,否则,即有火焰生黑暗等一切生一切的太过;也不是从自他二者中产生,因为有前两种过失;也不是无因生,否则有结果恒时存在或恒时无有,以及因缘之勤作无有意义的过失。"④庄子认为神、道是自因,无始无终,"未始有物"⑤,"自本自根"⑥;我们是他因,有始有终。例如,梦为蝴蝶,此梦中之蝶,若由自生,则无梦,蝶可自生;若由他梦而生,则梦常生蝶;若蝶之自因和梦之他因,自他俱生,则自他各无生因,何由相合得生;若无自他而生,则如虚空,并无自他,可常生蝴蝶。如是而推,诸法便为不生、不可得。"无生"之观念,当源自古印度史书《摩诃婆罗多》。"你要知道原质和原人,这两者都没有起始;你要知道变化和性质,它们都产生于原质。效果、手段和行动者,原质被说成是原因;痛苦和快乐的感受者,原人被说成是原因。原人居于原质中,感受原质产生的性质,而对性质的执著,是善生和恶生的原因。至高原人居于身体中,是监督者和批准者,是支持者和感受者,至高自我和大自在者。谁能这样懂得原人、原质和性质,无论怎样活动,他也不再出生。"⑦故《中观论疏》释曰:"佛虽说八不,则束归一无生。"概言之,此为

---

①② 《五十奥义书》,徐梵澄译,中国社会科学出版社2007年版,第519页。

③ 龙树:《中论》,韩廷杰释译,东方出版社2019年版,第33页。

④ 全知麦彭仁波切:《中论释》,索达吉译,西藏藏文古籍出版社2019年版,第97页。

⑤ 《庄子集解内篇补正》,王先谦、刘武撰,中华书局1987年版,第17页。

⑥ 《庄子集解内篇补正》,王先谦、刘武撰,中华书局1987年版,第59页。

⑦ 毗耶娑:《薄伽梵歌》,黄宝生译,商务印书馆2010年版,第127—128页。

佛陀因时因地的方便说法,如果说"十二因缘"是针对未习修过者而言,是以小乘教法说因缘之相,那么"八不"说教则是针对已经习修过佛法者而言,是以大乘教法说因缘之相,即世间万物毕竟是空,不是实有。《阿含经》曰:"色如聚沫,受如浮泡,想如野马,行如芭蕉,识为幻法。"[①]《心经》云:"色即是空,空即是色。"此处"色"是物质的(生理的),"受"、"想"、"行"、"识"是精神的(心理的)。佛教认为,此"五蕴"皆空。《心经》还说:"诸法空相,不生不灭,不垢不净,不增不减",犹如"瓶内贮虚空,瓶破空不破,人生有如是,生命如空喻。"[②]此与《道德经》开篇"道可道,非常道;名可名,非常名"之说,可谓曲径通幽。大概,这也是为什么水是"空行母"而非"H_2O"的终极解释。从原理上说,由于受视觉驱动,人看世界是戴着有色眼镜,是主观地赋予万事万物各种内涵,将万事万物打上或好或坏的各种标签,而这些标签并非那些东西的本性。这使人的判断出现两大倾向:一是"贪",希望把好的东西占为己有;二是"嗔",希望远离不好的东西。"善良(正当)原则",即扬善抑恶、行善防恶,是伦理学五大"黄金律"之一。然而,究竟什么是"善"或"正义"? 佛老(以及《理想国》中的苏格拉底)认为,由于无法如实地看待世间万物,这就形成了"痴"。凡此种种,可谓"概率"和"模糊性"问题之心理根源。今天,我们无从知晓每个文字曾经历什么,毕竟个人甚至难以记得自己曾经历什么。在"涅槃"(nirvana)一词"不生"、"灭"、"灭度"、"寂灭"、"圆寂"、"安乐"、"解脱"、"无为"的义项中,"不生"即生死苦果不再续生;"无为"即不再造作因缘惑业(烦恼和恶业)。总之,中观论借助"涅槃"概念,全面否定了"自因"、"他因"、"共因"、"无因"之存在。由是观之,无论在哲学本体论的意义上,抑或在思维方式的意义上,中观论皆可谓是哲学史上最彻底的形而上学。

---

① 《增一阿含经》,梁蒋继校注,线装书局 2012 年版,第 466 页。

② 《五十奥义书》,徐梵澄译,中国社会科学出版社 2007 年版,第 601 页。

二

根据亚里士多德的观点,"一般本体论是研究原因的一般科学",是"研究'作为存在的存在'('that which is' *qua* 'thing that is')。"①广松涉曾提出"'作为'(拉丁语:qua。德语:als。日语:として)是比'是'更深层的逻辑规定"。②立足此种存在论,亚氏在《形而上学》一书中提出了著名的"四因说",即万物皆有其形式因、质料因、动力因和目的因。其中,"目的因"是终极的。既然"原因"是标志时间推移的概念,那么当把这种四分法,纳入到标志时间概念的过去、现在和未来的"三分法"③中,将是怎样?

1. 质料因和形式因指向"过去"。没有人怀疑,"现在"源自"过去"。"现在"之源,应该到质料因和形式因中去找。在现代哲学中,质料与形式的关系,被描述为内容与形式的关系。殊不知,在追根究底的意义上,质料是形式的载体,形式是质料的 DNA。从现时思维的主体的视角来看,它们存在于遥远的过去。

2. 动力因指向"现在"。赫拉克利特说,"人不能两次踏进同一条河流"。这句话表明,"现在"必定是"动"的。同时,万物之"动",唯有现在才能够观察到。若从"过去"的视角看,万物是沉寂的、死的,唯有现在才是喧闹的、活的。人们常说,"活在当下"。离开作为当下的"现在",质料和形式便无从呈现,更无"未来"可言。说到"一"的不确定性,如果不忌讳因概念的叠床架屋而导致思维的内卷化,那么我们完全可以追根究底地一直问下去,譬如一小步的能量,或一条河的流量,是从什么时候开始蓄积的? 至于"同一",必须指出 1=1,只有在纯数学、纯逻辑

---

① 大卫·福莱:《劳特利奇哲学史(第 2 卷)》,冯俊等译,中国人民大学出版社 2017 年版,第 67 页。

② 邓习议:《四肢结构论——关系主义何以可能》,中国社会科学出版社 2015 年版,第 137 页。

③ 在印度教中,梵天、毗湿奴和湿婆,分别是掌管世界之创造、维持和毁灭的三大神,明显具有时间观念上的过去、现在和未来之象征意义。

的意义上才成立。一旦落实在现实当中,比如,1 颗麦子粒＝1 颗麦粒,则绝无可能。盖"世界没有两片相同的树叶",每颗麦粒的结构、重量及养分,决无同一可言。

3. 目的因指向"未来"。在人类思想史上,"目的因"最引人争议,至今莫衷一是。目的论认为,任何变化都不完全是由物理力的作用引起的,它还取决于这种变化的某种终极目标。当亚里士多德说"目的因"是终极的,他所指向的显然是"未来",用布洛赫的话来说,就是"尚未(德语 noch nicht,英语 not yet)"或"希望"。布洛赫非常看重康德"我能认识什么? 我应当做什么? 我可以希望什么?"[1]中的第三个问题,认为康德奠定了"希望"的形而上学基础,真正把人建构成希望的主体。受其启发,布洛赫建立起自己的"希望哲学"。在他看来,传统形式逻辑的公式是 S is P(S 是 P),这是把世界当做一个既定的和完成的过程而加以描述的静态思维,乌托邦逻辑学的公式为 S is not yet P(S 尚不是 P),这是把世界理解为一种尚未完成的过程的动态思维。总之,目的终究是尚未实现的;当其一旦实现了,便不成其为"目的"。在泛神论者看来,万物皆有意志,皆有目的。至今,在一些村落,有人还把某棵大树,当作神灵来祭拜。这一行为本身,当然蕴含祭拜者的目的,那就是祈求神灵保佑自己及其家人乃至天下平安、太平。一块石头从高处坠下把人打死,抑或一道闪电把人劈死,这类现象的背后,究竟是否隐含目的? 对于这类问题,人们可谓见仁见智。斯宾诺莎主张神是"自由因(causa libera)"[2]、"内因(causa immanens)"[3]和"存在因(causa essendi)"[4],而反对自然目的论。比如,"完满东西是不完满的东西"这一命题,它的意

---

① 康德在晚年将之概括为一个根本问题:人是什么?
② 斯宾诺莎:《伦理学》,贺麟译,商务印书馆 1983 年版,第 18 页。
③ 斯宾诺莎:《伦理学》,贺麟译,商务印书馆 1983 年版,第 21 页。
④ 斯宾诺莎:《伦理学》,贺麟译,商务印书馆 1983 年版,第 24 页。

思是不完满的东西之所以是不完满的,并是基于一个使得它不完满的东西,而是基于它自身内包含着的一个完满的东西。①斯宾诺莎强调,"意志不能说是自由因,只能说是必然的"②,"凡是仅仅由自身本性的必然性而存在、其行为仅仅由它自身决定的东西叫做自由 libera。反之,凡一物的存在及其行为均按一定的方式为他物所决定,便叫做必然 necessaria 或受制 coata。"③"人们因为意识到自己有意志和欲望,便自以为是自由的,但同时却对于那些引起意志与欲望的原因,却又茫然不知"。"万物都预先为神所决定——并不是为神的自由意志或绝对任性 beneplactius 所决定,而是为神的绝对本性或无限力量所决定。"④作为中世纪哲学拥护者的谢林则从捍卫奥古斯丁神正论的立场,认为有限者总是具有这样一个趋势,或者说有限者总是倾向于这样来理解他的"自由":绝对地在自身内存在或"不—在上帝之内—存在"。这就是恶的起源……与"人的个体自由"联系最为密切的是"恶""罪""罪责""惩罚"等概念。在《哲学与宗教》更是直接以柏拉图的第二封信中的那句名言——"一切祸害的根源是什么?"——引申出有限事物的产生及其自由等问题。恶只能起源于有限者自己,是由于有限者错误地利用自己的自由——"基于自身而存在"的能力——破坏了原初的和谐与秩序。⑤他认为,"自然本身没有预定的目的,而一切目的因只不过是人心的幻象……这种目的论实把自然根本弄颠倒了。因为这种说法实倒因为果,倒果为因;把本性上在先的东西,当成在后的东西",正如"忽然有一块石头自高处坠下,恰好打在从下面走过的人的头上,竟把这人打死了。于是有人论证道:这块石头坠下的目的就在打死那人……我们也许回答道:这件事情发生是由于刮大风,而那人恰好在那时从那里走

①⑤　谢林:《论人类自由的本质及相关对象》,先刚译,北京大学出版社 2019 年版,第 13—14 页。

②　斯宾诺莎:《伦理学》,贺麟译,商务印书馆 1983 年版,第 29 页。

③　斯宾诺莎:《伦理学》,贺麟译,商务印书馆 1983 年版,第 2 页。

④　斯宾诺莎:《伦理学》,贺麟译,商务印书馆 1983 年版,第 35 页。

过……天意是无知的避难所。"①而根据胚胎学家康拉德·沃丁顿的解释,很多有机体存在两性分离的状况,从而允许了杂交育种和快速的自然选择,发育机制正是出于这种目的而导致了性别的分化。在我看来,关于泛神论或自然目的论,在甚至连自己为什么来到这个世界也未必能够解释清楚的情况下,目的论充其量只是人们价值观的投影。所谓价值追求或理想追求,从时间轴来看,必定是指向未来。有人甚至提出,这是人之所以区别于动物的根本所在。这类论点,同样不过是其价值观的投射,说到底仍是目的因的问题。

维恩把认为概率是一种事实,即一种事件伴随另一种事件发生的实际比例,称作"实在论";把认为概念是依附于命题存在的一种可信度,称作"概念论"。多数人将"实际频率相等"和"发生概率相等"混为一谈。②布鲁诺夫斯基指出,我们对世界的描述,是由我们的生物学基础——我们如何感知、想象、象征,等等——决定的。在马克思主义哲学体系中,大体上是把形式因、质料因纳入到"物质"的范畴及相应的"世界观",其解释世界从何而来,强调"客观实在性"是物质(质料及形式)的唯一特性;动力因纳入到"运动"的范畴(运动是物质存在的方式)及相应的"人生观",譬如人们熟悉的"生命不息,奋斗不止"的格言;目的因纳入到"价值"的范畴及相应的"价值观",在马克思关于五种社会形态的划分中,"共产主义"是人类社会未来发展的应有方向。

若从哲学基本问题的维度将"三分法"进一步简化为"二分法",则可归结为"存在"和"思维"③之分。大体上,"形式因"、"质料因"属于前者,"目的因"、"动力因"属于后者。当然,这种区分或容争议。不过,就

① 斯宾诺莎:《伦理学》,贺麟译,商务印书馆1983年版,第39—40页。
② 雅各布·布鲁诺夫斯基:《知识与想象之起源》,上海文化出版社2020年版,第78页。
③ 唯识学将"六根"(眼、耳、鼻、舌、身、意)和"六尘"(色、声、香、味、触、法)统称"十二处",加上"六识"(眼识、耳识、鼻识、舌识、身识、意识)而统称"十八界"。其中,根、尘、识的第一至第五界(即,耳、鼻、舌、身、意;色、声、香、味、触;眼识、耳识、鼻识、舌识、身识)为"色法"(即,存在);根、尘、识的第六界(即,意、法、意识)为"心法"(即,思维)。

可能性之大小而言,我们当下的意识改变过去的可能性很小,而改变未来的可能性极大。另外,从时间本身的特点来讲,康德曾从其"人为自然立法"的理论旨趣,断言时间属于内感觉。过去的事物——比如琥珀中的蜘蛛——无所谓时间,它是没有时间流动的存在,唯有现在(及未来)的事物,才契合流动的真正意义上的时间之特性,才能为当下主体的思维(意识)所把握。

所谓"大道至简",必以至微至密的分析为基础,最大限度地抵近事物之因由。是否可以再将"二分法"简化为"一分法"?答案是可能的。那就是我们常从印度哲学中看到的"梵我合一"及中国哲学中看到的"天人合一"的观念。

现在是时间之环上的一个点,点的后面是过去,点的前面是未来。万物酝酿于过去,此谓"由来有自","日光之下并无新事"[①];涌现于现在,此谓"独立自存","周虽旧邦,其命维新"[②];奔向于未来,此谓"周行不息","不废长江万古流"[③]。亚里士多德所说的质料因和形式因所表征的其实就是"过去"。寂护提出的"那瞬时性的事物就代表它自身的消灭"[④]的刹那存在公式表明,佛教所谓的实在并非自身消灭的经验对象。他区分了两种实在:经验的实在和终极的实在[⑤]。前者是经验的,相对的,即生即灭的,前一刹那不会有任何东西留存至后一刹那,它依附于点刹那;后者是先验的,绝对的,无始无终的,是终极而纯粹的点刹那。何谓"先验"? 我们从奥义书找到"潜意识"的线索。譬如,人,亦由

---

① 《圣经·旧约·传道书》,1:9。
② 《诗经》,刘毓庆、李蹊译注,中华书局 2011 年版,第 643 页。
③ 《杜诗详注》,仇占鳌注,中华书局 1979 年版,第 899 页。
④ 舍尔巴茨基:《佛教逻辑》,宋立道、舒晓炜译,商务印书馆 1997 年版,第 117 页。
⑤ 唯识论区分了"遍计所执性"(情有、理无)、"依他起性"(假有、实无)和"圆成实性"(真实、无相)这三种存在(即"三自性"),并从认识论上分别称之为"幻有"(即"摩耶",所谓"麻绳幻现蚖")、"假有"和"真有"(真如)。谓"幻有"(体相都无[非有])、"假有"(如幻假有[非空])为"俗谛";"真有"(真空妙有[非空])为"真谛"。中论的"八不",其主张也正是"非有"、"非空"之"中道"。

地、水、火、风、空这"五大元素"构成,其生成过程为"自我(Ātman,阿特曼)生虚空,由虚空生风,由风生火,由火生水,由水生土,由土生植物,由植物生食,由食生精液,由精液生人"(印度后来的宇宙论,则通过"五大元素"比例说——例如,水的构成是:1/2 水+1/8 土+1/8 火+1/8 风+1/8 空。其他土、火、风、空之构成,依此类推——将事物的互摄、相即关系进一步精致化);人的身体,可区分为"食身(肉体、粗身)、元气身(生命机能)、意身(感性意识)、识身(经验的理智)、喜乐身(潜意识或先验意识)"之"五身"①。由是相应地,存在两种因果性:"经验的因果"和"终极的因果"②。那么,何谓"终极的实在"(点刹那)或"终极的因果"?唯一合理的解释是,作为质料因和形式因的过去。盖物质不灭,因果不灭。数论主张"因中有果论",认为"任何结果只有原因的变异,在原因中已包含了结果;原因与结果在本质上是同一的,区别仅仅在于原因是隐性的存在,结果是显性的存在而已"。③正如树叶凋零,泥土还在;个体消亡,遗骸还在。物质,转换的只是形式,质料始终仍在这个宇宙,它是任何力量都消灭不了的。就此而言,所谓"不在性",何尝不是始终都是另一种"在性"。刹那,是运动的概念,而运动的持续,则是时间。运动,必有其载体。此"载体",可以是亚氏所谓的"质料",或哲学本体论意义上的"水"、"火"、"种子"④或"以太"什么的,抑或时间意义上的"瞬间"、"点刹那"或"永恒"什么的,它本身只是作为有死的人对于事物运动的一种识见而已。这些范畴或概念无论叫什么,实则无关紧要,重要的是

---

① 吴学国:《奥义书思想研究》(第 2 卷),人民出版社 2017 年版,第 744 页。

② 舍尔巴茨基:《佛教逻辑》,宋立道、舒晓炜译,商务印书馆 1997 年版,第 152 页。

③ 邱紫华:《〈薄伽梵歌〉和〈摩奴法论〉中的哲学思想》,《求是学刊》1997 年第 6 期。

④ 在唯识学的种子说中,根据事物是一类抑或多类种子所变现,分为共相种子(山河大地等器世间)和不共相种子(眼、耳等根);根据种子的性质,分为有漏种子(未来可产生杂染现象)和无漏种子(未来可导致清净诸法);根据种子产生的时间,分为先天具有(无始无终,"本有")和后天形成(始起,"熏习")。指生命个体当前思想、认识和行为积淀在阿赖耶识中的影响)。由熏习而成的种子称作"习气",分为名言习气(运用语言、概念熏习阿赖耶识而成)、我执习气(生命个体执着阿赖耶识或生命肉体为我)和有支习气(生命个体的善恶行为熏习阿赖耶识而成,它使个体生命在下一轮回中遭遇不同的苦乐)。

它"在"。印度哲学中的"万有唯一'灵',群生内中列,为一又为多,如现千江月"①(一切即一,一即一切)的说教,亚里士多德关于"第一实体"和"第二实体"②的区分,在原理上,与海德格尔所谓"存在者"(被造物)和"存在"(上帝)的区分是一致的。此种关系,犹如印度近代哲学家辨喜所言:每个人都有一个无限的圆,圆的中心是自己;神也有一个无限的圆,圆的中心是每个人。海子《九月》之"我把这远方的远归还草原"的诗句,堪称这一关系的生动解释。

三

在亚里士多德之前,印度佛教早有关于原因的讨论。传说释迦牟尼 29 岁时,有感于人世生、老、病、死的各种苦恼、灭族战争的威胁以及对当时的婆罗门教不满,舍弃王族生活,出家修道,在菩提树下证得苦、集、灭、道之"四谛",就本文探讨的主题而言,尤为体现在其就小乘声闻法说"十二因缘",即无明、行、识、名色、六处、触、受、爱③、取、有、生、老死之道理,以达觉悟。"Buddha"一词,音译"佛陀",意译"觉"、"觉者"。据袁宏《后汉纪》十永平十三年记载:"西域天竺有佛道焉。佛者,汉言觉也,将以觉悟群生也。"盖"觉"有"自觉"、"觉他"(使众生觉悟)和"觉行圆满"三义,凡夫缺此三项,声闻、缘觉者缺后两项,菩萨缺最后一项,唯佛三项俱全,故能"悟群生"。

如上所见,在"十二因缘"当中,首要原因是"无明"。那么,如何破除无明呢?印度佛教提供了五种破除无明的方法,即工巧明、医方明、声明、因明和内明,其大约分别相当于今天的科学、医学、文学、逻辑学和佛学。

---

① 《五十奥义书》,徐梵澄译,中国社会科学出版社 2007 年版,第 601 页。

② "第一实体",指个别或具体的事物。"第二实体",指一般或普遍的东西。例如,张三、李四是"第一实体","人"、"动物"则是"第二实体"。"第二实体"是"第一实体"的属和种。

③ 在孟子哲学中,"爱"有"亲亲——仁民——爱物"之"差等"。在西方文学中,叶芝《致安妮·格雷戈里》有"亲爱的,唯有上帝,只为你而爱你,而不顾你金色的头发"之诗句。马克思主义认为,没有抽象的爱,在阶级社会中,"爱"具有阶级性。

五明,涵盖了生活的方方面面。要言之,"因明"自不待言,极而广之,五明实乃"明因"之学问。因此之故,禅宗有"传灯"之说。灯,是一种象征,其所要破除,即是无明之暗。所谓"薪火相传",也是同样的道理。

前面,我们引入时间概念着重解释了亚里士多德的"四因说"。而在早期佛教《阿含经》之"十二因缘"中,认为若摆脱十二因缘的束缚,即出离生死而证得涅槃,其对因果的解释远较亚氏艰涩、复杂。概言之,作为过去的"无明"、"行"之能引因,产生作为现在的"识"、"名色"、"六入"之所引果;作为现在的"触"、"受"、"爱"、"取"、"有"[①]之未来因,产生作为未来的"生"、"老死"之未来果。其中,"无明"、"行"、"识"、"名色"、"六入"为"一重因果","触"、"受"、"爱"、"取"、"有"、"生"、"老死"复为"一重因果",这统称为"三世两重因果"说。广松涉的"四肢结构论"当受唯识学有关"能—所"和"十二因缘"学说之影响。在《存在与意义》两卷本中,广松系统地阐述了认识世界的四肢结构,即"现象的所知的二肢二重性(现象的所与—意义的所识)和能知的主体的二肢二重性(能知的某个—能识的某人)不是彼此独立的,而是以一种独特的方式相互关联,共同形成四肢性的连环结构"[②];以及实践世界的四肢结构,即"用在的财物态的二肢二重性(实在的所与—意义的价值)和能为的主体的二肢二重性(能为的某个—职务的某人)不是彼此独立的,而是以一种独特的方式相互关联,共同形成四肢性的连环结构"[③]。

三世之关系是,过去造因,现在得果,现在造因,将来得果。此种

---

① "十二因缘",又称"十二缘起支"。"有",指轮回的生命;"支"为原因(可参考中国古代之干支纪法)。所谓"有支"(bhavanga),即造成生命轮回于三世的原因。佛教认为,人们执着有我和外部世界,常与他人产生矛盾,造作种种身、口、意之不善业,并受所造业力的果报。佛学将这一作为造业受报之连续体的"我"称为"补特伽罗"(pudgala)。唯识宗指认,他是心识的种子,由阿赖耶识流转受生所形成。他与其说是由"我"任意支配的主体,不如说是遵循因果规律的一个客体。佛陀说三藏十二部经、八万四千法门,旨在揭示"人无我"和"法无我",脱离六道轮回。
② 『廣松涉著作集』(第15卷)、岩波書店、1997年、第181頁。
③ 『廣松涉著作集』(第16卷)、岩波書店、1997年、第181頁。

"功能相依的因果关系",反映了因的多重性、无穷性;其"相依缘起"之意义,则引出"此有故彼有"、"无真实之物生起,惟有相依"和"诸法不作"①三种因果律公式。《华严经金狮子章》以午门前的金狮子喻说金无自性,随工巧匠缘,遂有狮子相起,起即是缘,故名"缘起"。《十二门论》开篇曰:"众缘所生法,是即无自性;若无自性者,云何有是法。"自性,指离开其他任何事物而独立存在的东西,由因缘所产生的东西则是"无自性"。既然事物连自性都不成立,他性就更是无从谈起。世界万物处于普遍的因果联系中,都是"无自性",是空;空不是虚无,而是说事物起于某种因缘。要言之,空是有与无、不有与不无的统一。说它无、不有,是指事物"无自性";说它有、不无,是指一切事物皆依赖一定的因缘(条件)而存在。禅宗认为,空的认识,是佛陀所说的绝对真理,是"真谛";与之相对的观念,则是凡夫的"俗谛"。

"过去",能否涵摄此处的无明及前述亚里士多德的质料因和形式因? 蕅益大师在其《周易禅解》尝言:夫天下之物虽至赜,总不过阴阳所成。夫天下之事虽至动,总不出阴阳动静所为。从视觉上说,过去作为质料,若不借助现时的光线,其必定是漆黑的,而形式本身则是无形的,肉眼同样不可见。然而,正如老子所言,"天下万物生于有,有生于无"②,这一并非消极意义上的"无明"(阴)——实际上,"十二因缘"与其说是一种世界观,毋宁说是一种人生观、价值观——以及质料因和形式因,正是海德格尔积极意义上的"存在",它是万物的本原、因缘和原因,或者说万物乃是其结果。说到原因与结果的关系,容易想到年终总结的时候,人们常说的一句话是"成绩代表过去"。这样一来,结果便又指向过去。常有人追问"100 年之前之后,世界没我,地球照转。那我存在的意义是什么"。说到底,从个体有限的生命尺度来看,正如黑格尔所谓"实体即主体",我要说"先验即经验",原因和结果从来是互通的,乃

---

① 舍尔巴茨基:《佛教逻辑》,宋立道、舒晓炜译,商务印书馆 1997 年版,第 148 页。
② 《老子道德经注校释》,魏王弼注、楼宇烈校释,中华书局 2008 年版,第 110 页。

至可以说在时间之流中"原因即结果","结果即原因"。物理学所谓"存在又不存在的奇点"或哲学所谓"终极的原因"是没有的。亚里士多德所谓种大于属,与逻辑学书上的属大于种,视角虽有不同,道理却是一致。因果关系,犹如属种关系,下属复为下属之上属,结果复为结果之原因。"果中所有的东西无不先存于因中,而因中真实的东西无不转化到果中。"①就像钱穆有关生存和死亡的理解:朋友的死亡,不是他的死亡,而是我的死亡。因为朋友的意趣形象仍在我的心中,即是他并未死亡;而我在他心中的意趣形象却消失了,等于我已死了一分。此与海明威《丧钟为谁而鸣》扉页所引约翰·堂恩的"任何人的死亡使我有所缺损,因为我与人类难解难分;所以千万不必去打听丧钟为谁而鸣;丧钟为你而鸣"之诗句,可谓异曲同工。因果是消不了的,故"菩萨畏因,众生畏果"。关于生死、因果的这种格式塔式的转换,史铁生以文学的语言作了形象的描述:"太阳,它每时每刻都是夕阳也都是旭日。当它熄灭着走下山去收尽苍凉残照之际,正是它在另一面燃烧着爬上山巅布散烈烈朝晖之时。那一天,我也将沉静着走下山去,扶着我的拐杖。有一天,在某一处山洼里,势必会跑上来一个欢蹦的孩子,抱着他的玩具。当然,那不是我。但是,那不是我吗?宇宙以其不息的欲望将一个歌舞炼为永恒。这欲望有怎样一个人间的姓名,大可忽略不计。"②而赖内·马利亚·里尔克(Rainer Maria Rilke)则感言:"死是背向我们的,无光的生的侧面"(Der Tod ist die uns abgekehrte, von uns unbeschienene Seite des Lebens),所表达的意思与前者是完全一致的。

四

　　《俱舍论》叙有"六因"、"四缘"和"五果"③之理。(一)"六因"是:

---

① 　舍尔巴茨基:《佛教逻辑》,宋立道、舒晓祎译,商务印书馆1997年版,第658页。
② 　史铁生:《我与地坛》,人民出版社2011年版,第21—22页。
③ 　杨白衣:《俱舍要义》,东方出版社2020年版,第55—60页。

1.能作因。指当有为法生起时,不障碍他生起,或能助他生起者,有有力和无力之分。2.俱有因。指互为因果,有互为果和同一果之分。3.同类因。指过去与现在的一切有漏法,以同类相似的法为因。4.相应因。指当"认识"发生时,"心"及"心所"同时相应而起,相互依存,二者同时具足同所依、同所缘、同行相、同时、同事等五义,此由"地球村"之称谓或"大同世界"之理念亦可见一斑。5.遍行因。遍一切的杂染法,而能生起烦恼的原因,又名十一行惑。6.异熟因。指善恶的因,产生了非善非恶的无记果。六因之中,俱有因、相应因是"同时因"①,是空间的因,指诸法的相依、相托,约似四因说中的"质料因";同类因、遍行因、异熟因,是"异时因"②,是时间的因,指诸法的相续继起,约似四因说中的"形式因";能作因则二者兼而有之,约似四因说中的"动力因"及"目的因"。如何看待亚氏四因说中的"形式因"涉及"异时因"? 以下文字或可作为理解的线索。"古闻天地未判其名,混沌、乾坤未分,是名胚晖……是时一气盘中结,于是太易生水(未有气曰:太易),太初生火(有气未有体曰:太初),太始生木(有形未有质曰:太始),太素生金(有质未有体曰:太素),太极生土(形体已具曰:太极)。"在中国古代历法中,将甲、乙、丙、丁、戊、己、庚、辛、壬、癸称为"十天干";子、丑、寅、卯、辰、巳、午、未、申、酉、戌、亥称作"十二地支"。十干和十二支依次相配,组成"六十甲子"。在天、地、人之起始问题上,谓"天开于子,地开于丑,人生于寅。"③

(二)"四缘"为:1.因缘。产生结果的主要条件为"因",次要条件为"缘"。唯识学认为,眼睛要看清东西,须具备十个条件,即眼根、境(对象)、空间、明(光波)、眼识(见的种子)、作意(注意)、根本依(阿赖耶识)、染净依(末那识)、分别依(意识)和等无间缘。④"六因"之中,除了能

---

① 即"共时性"。

② 即"历时性"。

③ 徐子平:《渊海子平》,中医古籍出版社 2012 年版,第 1—2 页。

④ 道安:《空的哲理》,东方出版社 2015 年版,第 23 页。

作因,其他五因均为因缘。2.等无间缘。又称"次第缘",当前念的心、心所将消散时,会生起后念的心、心所的缘。此前念的心、心所,即是"等无间缘"。例如,以种子灭尽的缘,立即生出苗芽。3.所缘缘。指心所攀缘的境界,即认识的对象。心是能缘,外境是所缘。所缘,乃心法生起的缘,即"所缘缘"。4.增上缘。不妨碍或有助于他法的产生。就缘体之广大来说,一切法都是增上缘。史铁生一定深谙此理,他说:"我常以为是丑女造就了美人。我常以为是愚氓举出了智者。我常以为是懦夫衬照了英雄。我常以为是众生度化了佛祖"[①];就心用之广大而言,乃一切有为法之增上缘。所谓"心外无物"、唯意志主义抑或主观能动性,其所强调的实乃意识的反作用。(三)"五果"是:1.增上果。指依能作因的增上力所得的结果。2.士用果。指人使用工具所创造的事情和结果。3.等流果。又称"依果",指由同类因和遍行因所生的果。后起的果在性质上与前因相似谓"等",果依因而生谓"流"。4.异熟果。又称"报果",指由异熟因所招感的果报。异熟因与异熟果之关系,我想可从模态上区分六种可能,即好心办好事[②]、好心办坏事、好心办非好非坏事;坏心办坏事、坏心办好事[③]、坏心办非好非坏事。5.离系果。指通过修习佛法,离开一切烦恼的系缚,超脱生死轮回,归于涅槃。五果之中,"离系果"是无为果,其余四果是有为果。这一因果论体系所要阐明的中心问题是:作恶业而引起生死轮回,作善业而引向寂灭涅槃。

归根结底,无论是老子的"人道—天道"之两种道德说,冯友兰的"自然境界—功利境界—道德境界—天地境界"之人生四境界说,抑或柏拉图的"现象—理念"之两重世界说、克尔凯戈尔的"审美—伦理—宗教"之人生道路三阶段说,中西哲学,千言万语,其所要解释和解决的,

---

① 史铁生:《我与地坛》,人民出版社 2011 年版,第 16 页。
② 当为孟子、柏拉图及亚当·斯密之学说的出发点。
③ 当为荀子、奥古斯丁及马基雅维利之学说的出发点。

无非是现实与理想①的冲突和矛盾。

五

关系万千重。对人而言,关系的范围无外乎"人与自然"、"人与社会"和"人与自身"的关系。如何沟通三者的关系,此中的选项非常有限。除了直接诉诸于低下的生产力之改造,面对强大的自然力量,古人往往是迂回地借助梵音、符咒或香供、灯供之媒介来实现"三界"②的沟通,冲破天、地、人之间的壁垒和障碍。早在佛教创立之前,上古的婆罗门教和密教都认为,念诵咒语可以与天神的心灵直接感应而发生效力。密宗称持咒为"持明",认为以身、口、意三密结合,就能取得法性光明的圆满成就。《密教通关》一书说:"盖口诵明,手结印,意念本尊,三业相应,圆成各种事业也。"《礼记·大学》提出:"大学之道在明明德"。朱熹解释说:"明德者,人之所得乎天而虚灵不昧,以具众理而应万事者也。"③在现代西方哲学中,逻辑实证论者基于二分法把语言区分为科学语言和情感语言,认为形而上学、道德、宗教语言都属于情感语言。唐君毅则强调文学语言属于情感语言,形而上学、道德、宗教语言属于启发语言(heuristic language)。根据牟宗三的解释:"这个启发语言,就如大学中所说的'大学之道在明明德',也好像佛家讲无明,从无明变成'明',它是表示我们生命的 enlightment,使我们的生命明。"④"发明"和"启蒙",可谓是构成互文的两个词。

"世界观"一词,向来广为人知,据说即使文盲也有自己的世界观。至于究竟"观"的对象,根据印度教,其观法不外乎两种。一是观想心外的对象,此为"客观"。当中又分为:A."声观",即念诵"奥姆真心喜梵",

---

① 现实和理想之关系,实可从四因说中的"质料因"与"目的因"的关系来理解。
② 佛家所指的"三界",一般是指欲界、色界、无色界。道家所指的"三界",一般是指天、地、人。
③ 朱熹:《四书章句集注》,中华书局,1983年版,第3页。
④ 牟宗三:《中国哲学十九讲》,吉林出版集团有限责任公司2010年版,第26页。

并沉思其含义(不二梵)；B."相观"，即观想与梵相关的有形事物(如梵天、湿婆像)，并沉思其本质(至上梵)。二是观想心内的对象，此为"主观"，即通过对心内对象的观想，如依次观想心为莲花苞、虚空相、觉谛相，以期悟入梵，甚或直接证会梵。

《"唵"声奥义书》即是对ॐ(OM，唵)的观想，属于声观①。传说，在"梵天"创造中，梵文便体现着一种"音"与"义"的基始性关系。它的每个字母都代表了一种力量源泉，因此在修炼的时候总会冥想着梵文字母。作为宇宙元音，"OM"表示宇宙之初的"嗡嗡"振动。海德格尔说："语言是存在的家，正如云是天上的云一样。"②在日语中，称呼物所发声音为"音"，人所发声音为"声"。说"由'因由'句生成的'原因'就是'因由'句的'音'，由'因由'句生成的'理由'就是'声'"③，这与前述"'天文'、'天道'是'原因'的家……'人文'、'人道'是'理由'的家"是一致的。正如灵魂(spirit)一词的本义是"呼气"，其必定与"音"相纠缠。"唵! 此声，此宇宙万有也。……凡过去者，现在者，未来者，此一切皆唯是唵声。其余凡超此三时者，此亦皆唯是唵声。此一切皆是大梵，此自我即是大梵。"④"彼为万有之主，为遍知者，为内中之主宰，为万物之胎藏，为存在者之始、卒。"⑤"以声(唵)合瑜伽，无声思至上，无声以观照，是'有'非'无'想。"⑥"不灭之'唵'声，是'超上大梵'，声已销歇时，彼自不销逝。"⑦该书认为，对大梵"OM"的正确敬思，即是同时敬思"A、U、M"三音，其分别代表空、天、地三界或梵天、毗湿奴、湿婆三大主神。基于"OM"声由"A、U、M"三音合成，如果各自分离地敬思"A、U、M"

---

① ॐ，在字形上与"元"字神似，其被称作"宇宙元音"。
② 《海德格尔选集》，孙周兴选编，上海三联出版社 1996 年版，第 406 页。
③ 一之濑正树：《原因と理由の迷宫——「なぜならば」の哲学》，东京：劲草书房 2006 年版，第 11 页。
④ 《五十奥义书》，徐梵澄译，中国社会科学出版社 2007 年版，第 518 页。
⑤ 《五十奥义书》，徐梵澄译，中国社会科学出版社 2007 年版，第 519 页。
⑥ 《五十奥义书》，徐梵澄译，中国社会科学出版社 2007 年版，第 600 页。
⑦ 《五十奥义书》，徐梵澄译，中国社会科学出版社 2007 年版，第 601 页。

三音，则仅能得生死之果报，不能脱离轮回。若只敬思其中之一，死后投生人间善处；若同时敬思其中二者，则入月宫之后再返人间；若敬思全部三者，则通过天神道入于梵。盖大梵是超越过去、现在、未来三时，是包含并超越醒位、梦位、熟眠位之三位的全体，只有三声合用，才成其为大自在、存在全体（sarvatmatva）。"OM"是内在与超越、相对与绝对、有相与无相、有德与无德、现象与本体的统一。1."A"（阿）的发音是Ah，它是所有声音的开始，代表着宇宙的创造力及宇宙万物，它将宇宙与我们自己相连接，使人下腹部感受到声音的共鸣。此为"醒位"，代表创造神位于腹轮。2."U"（乌）的发音是Ooh，意为集中宇宙间的能量以及思绪的轻微感受于自身，它让我们察觉到内心知觉的强大，使人腹腔神经丛感受到震动。此为"梦位"，代表守护神位于心轮。3."M"（门）发音是Mmm的收口音，意为宇宙的能量与自己的思想、信仰的合一，它让人意识到自己的独一性，启发我们慢下来去感受与天地万物的联系，使人感受头顶的震动。此为"熟眠位"，代表大梵天位于顶轮。第四半音，为鼻音之收声，为梵文ॐ（OM）字上的圆点，称作"声点"。此为至上位（tunya，第四位），代表连结上述"A、U、M"三音的无音（amatra）。

《瑜伽经》强调，重复的念诵OM并深思其涵义，可扫除内心一切的障碍，到达三摩地①。OM被称作所有唱颂中最有力量、最能抚慰人心、最有益于身体和心灵的声音。此所谓"闻声入道"。盖作为绝妙的声波疗法，OM的共鸣腔，或在额头，或在喉咙，或在丹田，它的振动可直接按摩那附近的脉轮（Charkra），让人感受到"我存在、我感知、我愉悦"的内心平和。在现代西方哲学家中，尼采深受印度哲学的影响。在《悲剧的诞生》一书中，他论证了古希腊悲剧由"音乐的精神"演化而来，在黑暗而非理性的狄俄尼索斯（酒神）冲动中燃烧着悲剧的精髓。当这种冲动被日神阿波罗谨严的秩序规训，便诞生了埃斯库罗斯和索福克勒斯

---

① 三摩地，意为"正定"。

这般伟大的悲剧诗人。然而在欧里庇得斯的戏剧中,理性主义倾向日渐显明,苏格拉底主义占据主导地位,渐渐扼杀了古希腊悲剧的创造性冲动。在该书第 20—25 章,他试图把酒神精神与瓦格纳的音乐精神有机地联系起来。此后不久,尼采开始意识到瓦格纳一步步地屈服于他所最轻蔑的一切东西,卧倒在基督教的十字架前。在《瓦格纳事件》一文中,尼采径直把瓦格纳称作与"狄俄尼索斯"精神的艺术家正相反的"颓废"精神的艺术家。

起初,"OM"音衍生为"唵(ōng)、阿(ā)、吽(hōng)"三字咒,其意分别为"永恒常住,不生不灭,不垢不净,不增不减,遍满法界"、"无量无边,无际无尽,生生不息,开发光明"、"无边威德,无漏果圆,无上成就,迅速成就";继而,扩展为"唵(ōng)、嘛(mā)、呢(nī)、叭(bēi)、咪(mēi)、吽(hōng)"六字咒。至于梵音的声调,也是有讲究的。如在净土宗开创者慧远和善导主张称名念佛即"南无阿弥陀佛"就能往生西方极乐世界的基础上,印光大师创立的"六字四声念佛法",其要点在于六字四句"南无阿弥陀佛"中"阿"之四声的依次变化。

依《汉语大词典》的解释,咒语是"旧时僧、道、方士、神巫等施行法术时所念的口诀"。据《说文解字》记载:"祝者咒也。"道教有所谓"临兵斗者,皆阵列前行"九字咒,以及"急急如律令"之类。"咒"是否与"唵"声同源,目前未见确切的考证。传统上,认为道教的咒语起源于古代巫祝,盖黄帝时设有官职"祝由"(又名"咒由"),即用语言向神明发誓,告诉神明要求惩罚恶人。在电影《功夫》中,包租婆、琴魔就拥有以声音制人、杀人的超能力,后者复被前者以洪钟放大的狮吼功反杀。在西方,据说用拉丁文念咒语就有效,通常以冰、水、火、风、大地等为祈求对象,借助诸如"冰结封灭阵"、"水神怒吼"、"灭绝众生之雷"、"疾风招来"及"土之城邦"之类的咒语,召唤超自然的力量。

道家有所谓"嘘(xū)、呵(hē)、呼(hū)、呬(xì)、吹(chuī)、嘻(xī)"之"六字诀"养生功,据说时常诵之而有调理内脏之功效,可谓与"唵"

声奥义书理一分殊。其诀主张：1.肝属木，"嘘"气为泻，吸气为补；2.心属火，"呵"气为泻，吸气为补；3.脾属土，"呼"气为泻，吸气为补；4.肺属金，"呬"气为泻，吸气为补；5.肾属水，"吹"气为泻，吸气为补；6.三焦属气，"嘻"气为泻，吸气为补。练习时，做到口呼鼻吸，呼气时读字而不发出声音；呼气平稳而绵长直到无气可呼为止；然后闭口以鼻吸气……

据说，孔子当年编有《诗》《书》《礼》《乐》《易》《春秋》。惜乎，作为"六经"和"礼乐制度"之一的"乐经"今已失传。倘非如此，必定存有不亚于"唵"声奥义书之大论。除了《诗经》之音乐曲调亦已失传，从楚辞、汉赋到唐诗、宋词都是可以唱的，都有音乐曲调。有人认为，宋朝以前发明创造之所以层出不穷的原因之一，在于人们懂得音乐不仅有调理内脏的修身功效，而且还有发聋振聩的开智功能。

不过，也有与之不同的观点。其代表人物，当推作为"竹林七贤"之一的嵇康。他站在老庄哲学的立场所作《声无哀乐论》，对音乐的哀乐、教化和美学的存在给出了否定的回答，强调"心之与声，明为二物"，音乐是客观存在的音响，哀乐是精神触动之后而产生的感情，二者之间并无因果关系。在这一问题上，日本江户中期儒学家荻生徂徕实与嵇康殊途同归。荻生徂徕极端推崇中国的尧、舜、禹、汤、文、武、周公这七位圣人的"先王之道"。他强调先王的"制作"，主张"天人之分"，截断了朱子学那里"自然"与"道德"的连续性。荻生徂徕从直接反对伊藤仁斋、间接反对朱熹起步，其在日本哲学史的地位和影响，恰又有如朱熹之于新儒家。

当然，嵇康的意义，主要不在于该文所得的结论，而在于其以文学的形式提醒我们，任何关于源头的探讨，皆可能陷入"奥卡姆剃刀"的境地。而这，正是因由哲学之魅力所在。这是因为，从前述时间的原理来看，"剃刀"所指向的时段乃是"现在"，它始终无法切入诸如新冠肺炎之"0号病人"所指向的"过去"及"未来"。"0"，有似《道德经》第四十章所谓"天下万物生于有，有生于无"中的"无"，"无"并非"没有"。从历史来看，"0"（梵文：Sunya，音译"舜若"，意译"空"）最早出现于公元前 2500 年左右的印度古典《吠陀》中，表示"空"的位置，它反映了佛教空宗所强调的"一切皆空"之命题，是佛教认识万事万物的根本出发点（原点）。在时间的序列中，"无"（0）是"过去"（和"未来"）。"有"（>0）是"现在"。魏晋玄学中的"贵无"、"崇有"抑或"独化"之争，实可还原为"时间"之争。实际上，对于这场争论，海德格尔的《形而上学导论》开宗明义地以"究竟为什么在者在而无反倒不在"之反诘，遥相呼应地表达了他对此类问题的态度。"形象"和"抽象"之别，亦可还原为"时间"之别。事实上，西方之帕斯卡尔、施莱格尔、克尔凯戈尔、伏尔泰、海德格尔、萨特、加缪、马尔库塞，东方之庄子、嵇康、泰戈尔、纪伯伦，这些思想大师，都可谓之为"诗人哲学家"。

六

世界是一个复杂系统。通用汽车公司收到了一封投诉信，说只要开着这辆车去买香草味的雪糕，就无法再次启动。但如果是买其他口味的雪糕呢，就可以再次启动，这简直不合逻辑！于是公司派了一个工程师去调查原因。经过三天跟踪调查，原来是发动机有堵塞，散热出了问题。买香草味的雪糕时间比较短，自然散热还不够充分，所以汽车无法再次启动，而买其他口味则耗费时间比较长，散热充分。十八世纪以来，随着科学的发展，人类探索了越来越多的因果关系。越来越多人认为这个世界是毫无例外的符合因果律的，或者说因果律是必然存在，只不过说有部分的因果关系我们还没有探究出来而已。这种观点，有一个统一的名称叫"可知论"。可世界的真相是，有大量的事情不符合因果率，而具有不确定性、不可测、真随机的特点。比如说湍流，它是气体或液体的一种不规则的随机运动状态，它是真随机的状态，它是无法预测的。经典的三体问题，也是如此。所有的复杂系统都具有真随机性，因为复杂系统存在高度的分形①结构,而分形结构的变化是呈指数级上升的,其变化的可能性具有无穷多种,它意味着这类事情是不可测的。这个世界,除了有大量的事情符合因果律,还有大量的事情具有不确定性。我们与病魔做斗争,如果只用因果律的思维(治已病)去跟病魔做斗争,那会输的很惨。而中医对于不确定性提出了一个很好的方法论,那就是升一个维度,从整个系统去考虑解决方案。我们既需要尊重因果律,用科学的精神去研究,也要用中医的系统性思维(治未病)去应对不确定性。

马有多少颗牙齿?这个问题看似非常简单,但在 1432 年却引发了一场非常激烈的争吵。一群修士连续争吵了十三天,修士们大量引用各种典籍、编史,依然无法讨论出结果,最终由哲学家培根结束了这次争吵。他的方法也很简单,就是直接去数一数马的牙齿究竟有多少颗就行了。这就是著名的培根马故事。我们现实生活中依然充斥着各种反智的言论。其实很多反智的言论只要稍微的去归纳一下事实,很容易就会被打破。从培根开始,归纳法所代表的实验科学成为当时科研范式的 1.0 版本。但是,人们很快就发现了归纳法的漏洞。罗素讲了一个火鸡农场的故事,农场主每天十二点都会去给农场里面的火鸡喂食。于是火鸡里面的科学家就提出了一个原理,叫中午十二点喂食原理。但直到感恩节的那一天,十二点迎来的不是喂食,而是屠宰。这说明归纳法并不能很好地揭示事物的发展规律,于是在归纳法的基础上加上

---

① 1973 年,芒德勃罗(B. B. Mandelbrot)在法兰西学院讲课时,首次提出了分形(Fractal)的设想。此词源于拉丁文形容词 fractus,对应的拉丁文动词是 frangere("破碎"、"产生无规碎片")。此外与英文的 fraction("碎片"、"分数")及 fragment("碎片")具有相同的词根。分形具有不规则、支离破碎等意义,通常被定义为"一个粗糙或零碎的几何形状,可以分成数个部分,且每一部分都(至少近似地)是整体缩小后的形状",即具有自相似的性质。芒德布罗是想用此词来描述自然界中传统欧几里得几何学所不能描述的一大类复杂无规的几何对象。例如,弯弯曲曲的海岸线、起伏不平的山脉,粗糙不堪的断面,变幻无常的浮云,九曲回肠的河流,纵横交错的血管,令人眼花缭乱的满天繁星等。它们的特点都是,极不规则或极不光滑。关于分形概念的重要性,物理学家惠勒强调指出:谁不知道熵概念就不能被认为是科学上的文化人,将来谁不知道分形概念,也不能称为有知识。

逻辑推理,建立模型并加以实验验证。从伽利略、笛卡尔、牛顿等人开始,这种模型科学成为科研范式的2.0版本,现代物理学都是建立在这一基础上。随着电脑技术的发展,电脑越来越广泛地应用于科研实践中,形成了3.0的模拟科学,以及4.0版本的大数据科学。而目前科研普遍采取的流程是,先明确研究目标,再收集经验以及专业知识,再制定计划并实施并得出样本,对样本进行检测以及分析。从科研范式的1.0到4.0版本,可以说都是基于还原论的思想。还原论,是与整体论相对的思想。还原论的观点认为,事物的整体等于事物各个组成部分之和。事物由各个组成部分组成,只要研究清楚各个组成部分,那整体就研究清楚了。问题是,整体具备的一些属性,无法通过研究各个组成部分而研究清楚。比如说像素成像,无法通过研究每一个单独的像素而去明白整体。复杂系统具有非线性、涌现的行为。它们可能以不同方式响应相同的输入,这取决于它们的状态或上下文。复杂系统的特征并非来自其隔离状态的组成成分,而是由它们在系统中放置的相互作用、依赖性、或它们形成的关系而导致。复杂系统是基于整体论的思想而展开的一个研究领域,目前尚未形成统一的复杂系统的科研方式。钱学森先生认为,对于复杂系统的研究,应该从定性到定量,从宏观到微观。但是,这一思路仍处于一个很粗糙的阶段,并没有具体到流程。科学研究历经实验科学、模型科学、模拟科学、大数据科学之迭代,目前亟需科研范式的创新。可以预见,因由哲学与复杂系统的相向融合,是探寻哲学理论创新和科研范式创新的可靠路径。

第二章　实体论

第一节　古希腊灵魂概念的三种功能与含义

灵魂，在现代人那里已不成问题。它，或被斥之为巫术，或被斥之为迷信。总之，它是个子虚乌有、不成问题的问题。这样一来，现代人在心智上就优越于古代人吗？问题未必如此简单。古希腊人对灵魂的探究，其意义远在灵魂之上。归根结底，它是对自然、对自我的不竭的超越！与此对照的倒是，现代人自甘于在此种以超越为宿命的灵魂面前却步，沉心于物欲而无暇他顾。然而，人从来是心物互动的多面体，任何一方面的缺失，其发展都难免地导致畸形。

于是乎，灵魂问题重新成为问题。什么是灵魂？究竟有没有灵魂？本文以重现古希腊灵魂的真义为要务，力图通过对公元前 6 世纪至公元 6 世纪古希腊哲学史的系统考察，为现代人重构自己的精神家园提供一个重要的参照根系。

一、灵魂是世界万物运动变化的原因

古希腊灵魂学说多与哲学本体论思想相关联。泰勒斯是我们公认的"第一位哲学家"，唯其如此，在他身上也最能体现人类早期思维能力的稚嫩性。没有人会有疑义，作为奴隶主，他拥有较多的闲暇，时常背手独步，面对自然世界的生息万变而充满幼童般的天真、惊愕与好奇。在泰勒斯的时代，人们普遍地将宇宙看作一个巨大的生命体，泰勒斯则试图找寻这个生命体生成变化的本原。大约在他的鼎盛年公元前 585 年，他找到了水。他发现万物无不因水的滋养而具有生命，同时蕴含生命的种子本身也是潮湿的。于是，他宣布水是世界万物的本原。然而，基于幼童或者说哲学家寻根究底的本性，一开始就在泰勒斯身上得到了充分的展现，因为他紧接着又追问了另一个问题：水运动变化的原因又是什么？经过观察，他发现了自然界的磁石吸铁现象。囿于他所处的时代，泰勒斯当然不知道它是 S 和 N 两极相吸的结果。亚里士多德这样记载了当时的情形："按照某些人的看法，泰勒斯似乎确实说过，磁石能使铁移动故而磁石有灵魂。"①这样，灵魂便第一次与事物的运动联系在一起。就这样，泰勒斯把宇宙万物生成变化的原因，进一步归结于灵魂。概言之，水以灵魂为动力而派生万物。

据吴寿彭先生考证，古希腊"灵魂"一词兼有生命的含义。今天，我们仍喜欢谈论"生命力"，从泰勒斯眼光来看，"生命"就是他所谓的"水"，"力"就是他所谓的"磁石的灵魂"。在这里，"水"与"磁石的灵魂"得到了完美的嫁接。"灵魂"也由此首次被泰勒斯用来解释自然万物生成变化的原因。

其实，如果再要对灵魂追根溯源的话，那么，希腊的灵魂观念源自古埃及。这已是学界的共识。灵魂观念最初传到希腊的时候，被保存在当地奥菲斯教关于灵魂轮回的学说中。毕达哥拉斯（公元前 570 年—公元前 550 年）学派接受了这一学说。据说，毕达哥拉斯可能从宗教音乐中获得灵感，而把数看作是世界的本原。他断言，"灵魂是一种和谐；因为和谐是由对立面结合而成的，肉体就是对立面的合成物。"②这里已包含了灵魂是一个对立统一体的思想。他的逻辑推论是：音乐→数（的比例）→和谐→灵魂；反之亦然。当毕达哥拉斯确切地面对关于灵魂是否为事物运动的原因这一问题时，他则将它与他的"灵魂不朽说"一并运思。他说，"灵魂是一种永恒运动的自动的实体，由于这个原因，所以它是不朽的并类似于神。"③前一句，"灵魂是一种永恒运动的

---

① 苗力田：《古希腊哲学》，中国人民大学出版社 1989 年版，第 21 页。
② 《西方哲学原著选读》（上卷），商务印书馆 1981 年版，第 64 页。
③ 苗力田：《古希腊哲学》，中国人民大学出版社 1989 年版，第 61 页。

自动的实体"，与泰勒斯关于灵魂是宇宙万物生成变化的原因的思想基本一致。所不同的是，如果说泰勒斯的论述还比较感性和粗糙的话，毕氏语言则显然更加抽象和精致，灵魂被他上升到了实体的地位。

赫拉克利特（鼎盛年约公元前 504 年）认为万物的本原是火。个中缘由，或许是由于火较水抽象，较数具体。万物由火生成，又复归于火。火→气→水→土是下降之路，火←气←水←土是上升之路，生成与回归是同一条路。赫氏也把灵魂看作事物运动变化的原因。他认为"灵魂是火；火的成分，于诸元素是最轻的，也是最接近于非物质（不属于躯体的）性，火却自赋有动能，而且是其他事物所由运动的第一原因"。[①]他觉察到现实生活中，耀动的相同的火，总能燃烧静止的不同的物质。由此，他发出慨叹，"一个干燥的灵魂是最智慧的，也是最高贵的。"[②]在他看来，宇宙万物中还有什么比火更干燥吗？火作为灵魂，无疑是最高贵而智慧的，它是事物运动的原因。

水、火或数虽然都以灵魂作为事物运动变化的原因，但是在解释世界的多样性方面似乎仍有所欠缺。阿那克萨戈拉（公元前 500 年—公元前 428 年）尝试着克服这一缺陷。他指出，种子才是世界的本原。种子具有无限、永恒与混合等特性，它给人们理解世界的多样性提供了更大可能。不过阿氏认为，种子自身是没有运动能力的。因而他于种子之外设定了一个"努斯"（nous，也译灵魂或理智）作为世界万物生成变化的原因。他说，其他的东西都分有每一事物的一部分，只有努斯是无限的、自主的，它精粹而纯洁，不与任何事物相混合。努斯主宰一切有灵魂的东西，主宰着整个漩涡运动，具有比灵魂更为高级的能动性。

那么，努斯与灵魂是怎样的一种关系？英国哲学家罗素为我们提供了一条线索："努斯（nous）——和灵魂之区别大致有如普罗提诺哲学

① 亚里士多德：《灵魂论及其他》，吴寿彭译，商务印书馆 1999 年版，第 54 页。
② 苗力田：《古希腊哲学》，中国人民大学出版社 1989 年版，第 48 页。

中所述。努斯堕落就变成灵魂;灵魂有德时复变为努斯。"①这样,阿那克萨戈拉就第一次对灵魂作了等级之分。努斯是纯精神性的,它超越于灵魂之上。今天看来,"努斯"在西方哲学史上的意义,不管怎样强调也不为过。阿氏之前,灵魂向来作为物质之动力而被认知。现在,阿氏对这物质之动力的灵魂表示不满,尝试以精神性的"努斯"作为动中之动,开启了"努斯"掌控灵魂的历史。我们知道,当今支撑西方人精神世界的由来是基督教中的上帝。不难发现,"努斯"实际上是四百多年后的上帝的原型。在阿氏那里,努斯堕落就变成灵魂,灵魂有德时复变为努斯;在基督教中,上帝按照自己的形象用地上的泥土创造了人,并将灵魂赋予给人,故而上帝具有人性,人亦具有神性。要言之,努斯与灵魂,上帝与人并非相互隔绝。其实,这造人赋魂之事,如果搁到阿氏所处的时代的话,这都是"努斯"分内的事务。所不同的是,作为动中之动的"努斯"经过亚里士多德等后世哲学家的改造,它的威严逐渐显得有些老态与模糊。

说"努斯"精粹而纯洁,主宰一切有灵魂的东西,主宰着整个漩涡运动,而又不与任何事物相混合,这种说法多少有点牵强而让人费解,同时也蕴含着二元论的可能。德谟克利特(鼎盛年约公元前 435 年)作为阿那克萨戈拉的学生,兴许是为了修补老师学说中"种子"与"努斯"两张皮的瑕疵,他提出原子和虚空共同作为万物的本原,即原子在虚空中作旋涡运动而生成宇宙万物。具体到生命个体,其情形又表现为,原子散布全身并促使身体运动;灵魂也不过是由精细的球形原子所构成,因为"球体是最灵活的形状,心灵和火就是如此。"②言语中透露了德谟克利特从原则上赞同前辈视灵魂为事物运动变化的根本原因。

有关灵魂作为事物运动变化的原因的观点,柏拉图(公元前 427

---

① 罗素:《西方哲学史》(上),何兆武、李约瑟译,商务印书馆 1963 年版,第 404 页。
② 苗力田:《古希腊哲学》,中国人民大学出版社 1989 年版,第 167 页。

年—公元前 347 年)对此有过学理性的总结。他指出,灵魂的实质和定义是自我运动(《斐多篇》,245e),它是事物运动的源泉。这是因为,一个推动者和被推动者可以停止运动,但灵魂是运动的源泉,是推动其他事物而不被他物所推动的自我运动。如果灵魂不存在,整个宇宙将成静止(《斐多篇》,245a)。

用灵魂概念来说明事物运动的原因,大体上代表了处于人类幼年期的希腊人对自然的不懈探索。虽然他们暂且找到了事物运动的原因,不过问题远未就此了结。随着社会交往与社会矛盾的日趋扩大,灵魂被希腊哲人们赋予了另一种功能。

二、灵魂是事物之间及人对事物的一种认识能力

现今提到认识能力,通常首先想到的是人对事物的认识能力。至于事物之间是否存在一个认识能力的问题,人们一般不去理会。上文提到,古希腊人视宇宙为一个巨大的生命体。因此粗略地看,灵魂作为事物之间的一种认识能力,这一提法着实有点拟人化,不过这终究与早期希腊人的思维方式有关。

如我们所看到的,希腊先哲已经用他们灵魂学说近乎圆满地解决了物质何以运动的问题。然而,对恩培多克勒(公元前 495 年—公元前 435 年)来说,他面临的问题是,为什么头顶上只生头发不生牙齿,而牙床上却只生牙齿不生头发? 他对此提出了自己的见解。他认为世界是由火土气水这四种元素组成的,四根本身不生不灭,不具备组合或分离万物的能力,而需要借助爱和恨为动力:"爱"使具体事物产生,"恨"使具体事物毁灭。灵魂也是由火土气水这四种元素组成。灵魂为什么能感觉并认识所有现存的每一事物,使得"发只生发,齿只生齿"? 恩培多克勒表示,答案就在"同类相知"的法则,即"用气见神圣的气,用火看昏暗之火,用友爱对友爱,用争吵见可悲的争吵"。[1]有意思的是,阿那克萨

---

① 苗力田:《古希腊哲学》,中国人民大学出版社 1989 年版,第 130 页。

戈拉则认为人之所以形成对外界事物的认识，所依据的是一种"异类相知"的法则，我们之所以形成对外界事物的认识，在于能够由热知冷，由苦知甜。这与恩培多克勒的"同类相知"说可谓相反相成，相得益彰。在此，我们有理由说，自然界是对立统一的这一认知态势已经初现端倪。

灵魂作为自然万物之间的一种认识能力，其可能性已为恩培多克勒和阿那克萨戈拉说到了尽头，所剩的只是有待去充实和完善。以苏格拉底为标志，希腊诸贤逐步将目光由自然界转向人自身。

苏格拉底(公元前 585 年—公元前 399 年)是古希腊哲学史分期中的一道分水岭。从他开始，古希腊哲学才正式由自然哲学阶段过渡到了社会(伦理)哲学阶段。罗素在其《西方哲学史》中有这样的记载：苏格拉底"描叙了人在死以后灵魂的命运：善者升天，恶者入地狱，中间的则入炼狱"。[①]这句话很可能出于柏拉图的《菲多篇》，与上文阿那克萨戈拉关于"努斯堕落就变成灵魂；灵魂有德时复变为努斯"的思想极为相似。也难怪，他们在学源上原本是师爷关系。这里表明，苏格拉底继阿那克萨戈拉关于努斯与灵魂的二级区分之后，再次对灵魂作了三级划分。虽然可以追溯到阿那克萨戈拉，但我们还是严格地说从苏格拉底开始，灵魂主要用于阐释人性的善恶，对自然的解释已退居次要地位。苏格拉底的名言："认识你自己"，言语中可能就含有"去认识作为人的认识能力的灵魂"的意思。然则，归根结底，认识自己，认识灵魂，其意义何在？不用说，当然是着眼于求善，做一个善者，好来生升入天堂。故而苏格拉底谆谆告诫人们说："德性便是知识"，言外之意已不言自明。

将苏格拉底上述思想体系化的是其学生柏拉图。柏拉图强调，灵魂具有幻想、信念、推论和理智这四种不同的认识功能。它们分别对应

---

① 罗素：《西方哲学史》(上)，何兆武、李约瑟译，商务印书馆 1963 年版，第 188 页。

于各自的认识对象,即影像、具体事物、数学理念和伦理理念(善),前二者属于事物世界,后二者属于理念世界。这四种不同的灵魂的认知形式,成为后世心理学及逻辑学的基石。

如果参照柏拉图对灵魂的认知形式的划分,对苏格拉底"认识你自己"的语句具体化的话,那就是:要用你灵魂中的理智部分去认识善的理念(而不要被幻想等灵魂的低级的认识形式所蒙蔽)!显然,此处所谓的理智,与善的理念是重合的,基本上是循环定义。但这也无可避免,"认识你自己",无论走得多远多高,到头来还是为了因行善而上天堂的自己。

苏格拉底对地狱的设定,促逼着人们去求善,去趋向天堂。然而,求善途中,面对肉躯恒朽的现实,俗人终难免心存无功而返的疑虑。柏拉图为了解决这一问题,继承了毕达哥拉斯关于"灵魂不朽"的学说,并作了如下论证。首先,理念的神圣性是无可怀疑的。其次,灵魂的本性是理性,根据同类相知的法则,灵魂具有认识神圣事物的能力,因而灵魂本身也是神圣的。最后,因为任何神圣的东西都是不朽的,因而灵魂是不朽的(斐多篇,78b)。乍看起来,该推论严密而完美,但是由于它的三段式的大前提是独断的,因而是永远无法证明的。

亚里士多德(公元前384年—公元前322年)是柏拉图的学生。与柏拉图把灵魂定义为"自我运动"不同,他将灵魂定义为"潜在地具有生命的自然形体的形式"。[1]这说明师生之间从自然到生命个体的由外而内的着眼点的转变已日趋显在化。亚里士多德认为,灵魂在数量上是单一的,在形式上是可分的。按照灵魂的认识能力的不同,可以区分为低、中、高三个不同的等级。低等级的是植物灵魂,即营养灵魂。中级为动物灵魂,即感性灵魂。高级为人类灵魂,即理智灵魂。[2]其中较高级的认识能力顺延地包摄了较低级的认识能力。

---

[1]　苗力田:《古希腊哲学》,中国人民大学出版社1989年版,第480页。

[2]　苗力田:《古希腊哲学》,中国人民大学出版社1989年版,第485页。

亚里士多德反对万物有灵论。因此他对灵魂认识功能的分类,仅限于生物体。换句话说,非生物没有灵魂。在此,可进一步看清他与柏拉图之间观点的差异。

伊壁鸠鲁(公元前 342 年—公元前 270 年)是古希腊唯物主义的集大成者,马克思在其博士论文中曾给予他很高评价。在哲学上,伊壁鸠鲁坚持德谟克利特的观点而有重大改进。他认为灵魂是由精致的原子所组成的有形事物,它渗透在整个构架之中,并且灵魂是产生感觉的最重要的原因。灵魂与肉体相辅相成,恰如形影相随。"随着紧裹着整个灵魂的构架……解散,灵魂四散各处,不再有跟以前同样的力量和运动,因而也就不再有感觉能力。"①灵魂虽然由精致的原子组成,但是生命终究会因为灵魂的解体而失去认知事物的能力。

斯多亚学派指出,灵魂是一种能感知的本性,它可分为八个部分:五个感觉器官、言语官能、理智官能和激情。他们坚信,连石头里也有某种低级感知能力,他们称这种低级的感知能力为"普纽玛"。这种万物有灵式的观点,恰是亚里士多德所反对的。

三、灵魂是人与上帝之间的中介物或桥梁

公元 1 世纪,发生了人类社会历史上的一大重要事件,那就是基督教的诞生。自此,古希腊人对灵魂的看法发生了根本转向。之所以发生这一转向,其中有两个最根本的原因,一是《圣经》所记载的,上帝在六天之内创造了这个世界以及人本身。这意味着,灵魂作为事物的运动因的地位,必须让位于上帝。二是教父哲学家奥里根明确强调,"上帝全能、全知、全善"。所谓"全知"同样意味着灵魂作为事物之间及人对事物的认识因的地位,必须转让于上帝。

如此,无论从客观上或主观上,随着上帝的出现,已经不需要或不

---

① 苗力田:《古希腊哲学》,中国人民大学出版社 1989 年版,第 641 页。

允许再往灵魂深处去找寻事物的运动因与认识因。上帝的无上性，注定了灵魂的卑微和低下。这样，灵魂就由它先前所具有的运动和认识的功能，转而成为人与上帝之间的中介物或桥梁的功能。

基督教哲学的主要思想来源是新柏拉图主义。普罗提诺（公元205—公元270年）是新柏拉图主义创始人，他视灵魂为上帝与人之间相通的某种中介物。他把柏拉图的客观理念神秘化，在世界的生成变化问题上，提出并论证了太一、理智和灵魂三个本体。他所谓的本体与以往的实体稍有不同，指的是最高的、能动的原因。普罗提诺把世界的生成演化过程称作"流溢"。

按普罗提诺的"流溢"说，首先从太一流溢出理智，继而从理智流溢出灵魂，最后才由灵魂流溢出整个现象世界，"灵魂是一切生物的创造者"[①]。既然灵魂"流溢"出来的是整个现象世界，不难想见灵魂同时亦与污秽的事物相伴。普罗提诺警示道，作为人与上帝之间的中介物的灵魂流溢到肉体后，就受到肉体的污染而堕落了。不过不用灰心，普罗提诺并没忘记自己作为精神导师的职责，他为人们在这个领域指明了"德性修养"和"辩证法"的道路，这是两条灵魂经由理智而回归太一的道路。

流溢过程和回归过程，与赫拉克利特作为灵魂的火的下降之路和上升之路颇为相似。不同的是，赫拉克利特的灵魂之火与气水土是相互转化的关系，普罗提诺的太一与灵魂是派生与被派生的关系，灵魂是作为上帝与人之间相通的某种中介物或桥梁而出现的。

教父哲学是基督教在希腊化地区与希腊哲学相结合的产物。奥里根（公元185年—公元254年）用寓言讲经法来解读《圣经》。他把上帝耶和华理解为完满的"一"，它是精神性的，是万物永恒的始基。"一"作为整体，内在地包含着"圣父→圣子（逻各斯）→圣灵（耶稣基督）"三个

----

① 苗力田：《古希腊哲学》，中国人民大学出版社1989年版，第683页。

位格。上帝创造了一切灵魂的原型,圣灵则是所有灵魂的最高者。人的灵魂介于天使与恶魔之间,上帝为了管制灵魂而把它交给了肉体。虽然人的灵魂可能由于滥用自由意志而堕落为世界万物,但其本性乃向往全能、全知、全善的上帝。最终,甚至连恶魔的灵魂也能获得上帝的拯救。

奥里根的这种饱含神学色彩的理论似乎有点费解,我们不妨在此做一简单的分析。上帝先是把灵魂交给作为牢笼的肉体,虽然如此,灵魂仍可能滥用自由意志而堕落为世界万物。既是世界万物,这当然应该包含人在内。其结果就是,灵魂以自身为牢笼。既然灵魂"堕落"为人,既然连恶魔的灵魂也能获得拯救,无论如何,人当然就有可能以灵魂为中介而得到上帝的救赎。

扬布利柯(约公元 250 年—公元 325 年)的目标是为希腊多神崇拜作理论辩护。他在普罗提诺三大本体的基础上,形成了自己的世界生成序列:绝对的一→太一(善)→可知世界(有限、无定、有无的结合)→能知世界(理智、能力、造物主)→灵魂(诸神的、天使的;精灵的、灵魂的)→可感世界。这种世界观,乍一看是柏拉图与普罗提诺的综合体,但这无疑是与他的为希腊多神崇拜作辩护的目的相适应的。

他赞同波菲利把德性分为公德的和净化的(现世的道德生活就能够获得)及理论的和至福的(只有来世依靠神恩才能够获得)这样四个阶段来沉思理智,继而观照绝对的一的流溢。不过,他于德性的四个阶段之外,加上了巫术作为第五阶段。巫术是僧侣的德性,是人的灵魂与天使相通的明证。巫术能使灵魂迷狂地与绝对的一即上帝合为一体。从中可以看出,扬布利柯手上的天国的门票实际上较其他神学家抓得紧,他只把它交给少数的个人——僧侣。

伪狄奥尼修斯似乎是公元 5 世末 6 世纪初叙利亚的一个隐修士。他第一个区分了肯定神学否定神学。肯定神学是由上帝下降受造物的道路,否定神学是由受造物到上帝的道路。我们只能对上帝作出否定的规定,不能说上帝是什么,只能说上帝不是什么。上帝作为不可言说者,隐身在最浓重的黑暗之中。人如何才能与上帝相结合呢? 道路只能是上帝的爱。上帝作为施爱者,不能容忍被爱者即人的灵魂总是停留在自身之内,而是要把它吸引出来,使它与自己合一。与神合一或成为神,是灵魂的最高追求。灵魂只有凭借执著的爱、虔诚的祈祷和长期的苦修,才能在迷狂的状态中洞见真正的本质,与上帝神秘地合一。一方面上帝对人有爱,一方面灵魂有与上帝合一的最高追求,人借助于祈祷与苦修,就能够借助于灵魂这一中介或桥梁而与上帝融为一体。

纵观古希腊哲学史,哲学家对事物的把握,一般地是从自然到人再到神,这是一个由外而内的过程。本文对古希腊灵魂所具有的运动因、认识因和神人中介物这样三种含义或功能所做的叙述与分析,已尽可能不失原貌地折射了这一过程。相应地,从灵魂史的角度,将古希腊灵魂的三种功能或含义分别称为自然灵魂、伦理灵魂和神学灵魂这样三个阶段,我们认为也自有其合理之处。起初,灵魂被泰勒斯用来解释自然界的运动变化;中期,苏格拉底发动了认识论转向,灵魂主要用于阐释人对善的认识能力,对自然的解释已退居次要地位;后来,普罗提诺将灵魂下降为由至高无上的上帝(太一)所派生,灵魂遂成为上帝与人之间的中介物或过渡的桥梁。

在现代,反思灵魂问题,并非要将古代的灵魂观念重敛于自身。我们的目的在于澄清人们对于"灵魂"概念的迷惘与误识,张扬古希腊那种不断超越物我的积极向上的精神。

第二节　广松涉对胡塞尔现象学的批判及其克服

广松哲学是继有着日本独创的哲学之誉的"西田哲学"之后出现的哲学派别。广松涉(Hiromatsu Wataru, 1933—1994),东京大学名誉教授,当代日本著名哲学家。同为该校名誉教授的大森藏先生这样评价广松涉:"除去一部分狂热的广松崇拜者以外,广松涉的名字一般鲜为人知。但是,有许多人都同意这一点,广松是西田几多郎之后,恐怕还要超越西田的哲学家。"①这番话对于我们了解广松涉对于日本乃至世界哲学的推进作用具有很大的启发作用。以马克思、卡西尔和马赫哲学为立足点,以对胡塞尔现象学的批判为突破口,广松涉提出了"现象的所与—意义的所识"—"能知的某人—能识的某人"的四肢结构论,由此实现了由物的世界观到事的世界观、由实体主义到关系主义的哲学变革,标志着具有独创性的广松哲学的正式形成,在格外注重生态平衡与可持续发展的今天,它显示出独特的理论价值与现实意义。

《存在与意义》(两卷本)是广松涉"事的世界观"哲学的奠基之作。但广松哲学并非无源之水、无根之木。在第一卷"前言"中,广松涉谈到对他哲学的形成产生过影响的哲学家不仅有马克思与黑格尔,另有文德尔班、李凯尔特、柯亨、卡西尔、哈特曼、弗雷格、迈农、罗素、维特根斯坦、胡塞尔、海德格尔、萨特、梅洛.庞蒂,甚至还有古代柏拉图和龙树的影子②。这一连串哲学史上耀眼的名字或许有点让人不得要领,广松涉的学生野家启一先生将上述哲学人物概括为广松哲学的"三大源泉"。(1)现象学及新康德主义。(2)马赫哲学及现代物理学。(3)马克思主义哲学。这三点归纳无疑更有助于我们提纲挈领地把握广松哲学的源头。相应地,广松哲学的基本框架是:(1)作为认识论的四肢结构论及交互主体性论;(2)作为存在论的事的世界观或关系主义;(3)作为意识形态批判的物象化论。③它们构成广松哲学的三大支柱。

---

① 何鉴:《广松涉小传》,《博览群书》2002年第10期。
② 『廣松涉著作集』(第15卷)、岩波書店、1997年、第14頁。
③ 野家启一『「広松哲学」の成立過程』、http://www.nju.edu.cn/njuc/chi-jp/zryj/4.htm.
　　在日本,平井俊彦以及城登塚最早使用"物象化"一词翻译卢卡奇的《历史与阶级意识》中的"Versachlichung"。不过,在卢卡奇那里,Versachlichung(物象化或事象化)与Verdinglichung(物化)并未区分开来,而是被重叠使用(日山纪彦:《评张一兵对"广松物象化论"的批评——日本学者对〈回到马克思〉的回应》,《江苏社会科学》2017年第4期)。

在野家启一的三点归纳中，可以明显看出胡塞尔的现象学对广松哲学的重大影响。哲学的品性是批判。广松涉正是通过借鉴现代物理学及相对论的研究成果，以马克思、卡西尔和马赫哲学为立足点，以对胡塞尔现象学为代表的现代西方哲学的批判为突破口而形成具有独创性的广松哲学。

我们知道，认识论问题是笛卡尔开创的近代哲学的主题。笛卡尔的哲学方法是从"我思"出发的普遍怀疑的方法，但是在他那里，哲学最终的结果竟是怀疑论和二元论。胡塞尔试图超越这种怀疑论和二元论，他提出了"本质还原法"，并对自己提出了使哲学成为一门严格的科学的奋斗目标，要求哲学"面向事物本身"。

胡塞尔把"本质还原法"应用于他的意向性理论，"意向性"也因此成为现象学理论的基石和首要主题。何谓意向性？简单地说，"意向性是一般体验领域的一个本质特性"，它是"作为对某物的意识"[①]。它的基本结构是意识作用—意识内容（意义）—意识对象，从认识角度说就是，意识行为通过意识内容（"对象本身"、内核和晕圈）指向意识对象。[②]在广松涉看来，胡塞尔的"本质直观（本质还原）"实际上是一种"能与性直观"，这一直观的意向对象的"本质"不过是一种自在性的存在。换句话说，"本质"自身即是意识的意向对象，而成为从意识那里独立出来的某物。这意味着，意向行为所借助的意向内容作为抵达意向对象的手段或方法，实际上是被先行给定的东西。从学理上说，这是由于胡塞尔没能掌握康德主义的将事实问题与合法性问题予以区分的方法，以致"意识与所意识之间相互指向"[③]。他关于意向性的"意识作用—意识内容—意识对象"的三项图式，终究没能超越近代哲学"心—物"分离的套

---

① 胡塞尔：《纯粹现象学通论》，李幼蒸译，中国人民大学出版社 2004 年版，第 168—169 页。
② 刘放桐：《新编现代西方哲学》，人民出版社 2000 年版，第 312 页。
③ 刘永富：《胡塞尔现象学的"意向性"的三层可能的解释》，《世界哲学》2004 年第 2 期。

路,"客观的'对象'与主观的'意识内容—作用'之间被存在性地截断"①。广松涉用一个专门的术语概括哲学上的此类现象,叫做"物象化的谬误"②。所谓物象化,简单地说就是把关系看作"物"。就"意识作用—意识内容—意识对象"的三项图式而言,广松涉承认胡塞尔关于"意识是意向的","意识总是关于某物的意识"③的命题是正确的。问题是,以此作为意识的原基性构造来把握则不够充分。"意识,并非是将对象仅作为该物自身来意识,而是具有在每一次都已经将对象作为单一的更高的某物、作为单一的以外的某物来加以认知的构造"④。这"单一的更高(以外)的某物"指的是什么呢? 形象地说,广松涉的意思无非是我们身处的这个森罗万象的世界,不存在什么"裸露"之物,一切都被人们穿上了"意义(价值)"的外衣。他举例说,我们观察(心理学教材中常见)的"高脚杯与人面图",如果我们将注意力集中在图的黑色部分,看到的就是高脚杯;反之如果将注意力集中在图的白色部分,看到的则是两张面对面的脸。无论如何,我们决不会仅仅将它看作是一幅黑白图形而已。⑤广松涉认为,这种现象是无法从"意识作用—意识内容—意识对象"的三项图式中得到令人信服的说明。这是因为,世界上不存在抽象的独立自在的客体或主体。至此,我们就正式进入到广松涉的"四肢结构论"中的前两肢,即"现象的所与—意义的所识"。二肢的关系是函数式的手足相连的关系,没有不附着意义的现象,也没有不附着现象的意义。

胡塞尔晚年针对海德格尔等学生责怪他的哲学远离现实生活,没能够解释自我与他者的关系,而提出了"交互主体性"的概念。它显示

① 广松涉:《事的世界观的前哨》,赵仲明、李斌译,南京大学出版社 2003 年版,第 80 页。
② 广松涉:《事的世界观的前哨》,赵仲明、李斌译,南京大学出版社 2003 年版,第 78 页。
③ 倪梁康:《现象学及其效应——胡塞尔与当代德国哲学》,生活·读书·新知三联书店 1994 年版,第 47 页。
④ 广松涉:《事的世界观的前哨》,赵仲明、李斌译,南京大学出版社 2003 年版,第 81 页。
⑤ 『廣松涉著作集』(第 15 卷)、岩波书店、1997 年、第 5 页。

了现象学的主体由"单个"到"复数",由"唯我论"到"交互主体性"扩张的意图。将自由从人的肉体中剥离出来出于古希腊人认为存在自由独立的精神性的主体,它以包括自己的肉体在内的工具而对客体发生作用的发想。这种主客分离的思维方式是近代思想闭塞的根本原因。在广松涉看来,胡塞尔终究没能走出古希腊由来的近代固有的思维模式。他站在"伴随说"①立场上指出,精神与肉体之间实际的情形是,不能简单地说一方作用于另一方。任何将主体或客体"实体化"的企图实际上是一种"物象化的谬误"。此处,广松涉显然是受到马克思关于人的本质"在其现实性上,它是一切社会关系的总和"②的启发。如果说,就现象的客观方面来说可以分为"现象的所与—意义的所识"二重二肢,那么,就现象的主观方面而言同样可以分为"能知的某人—能识的某人"二重二肢。"能知的某人"是"作为自己的自己","能识的某人"是"作为他人的自己"。比如同样是观察彩虹,在日本人看来是七色,在英语文化圈里的人看来是六色,而到了非洲人那里就成了二色或三色。凡此表明,看的主观(主体)不仅仅是"我",而是"比我更多的我",这是在主体同型化过程中历史地形成的。

　　"现象的所与—意义的所识"—"能知的某人—能识的某人",恰似动物的前后四肢,它们是函数式的唇齿相依的关系,正如被肢解、切割下来的手或脚不再成其为手或脚一样。"将主观的二重性加以明确,并且通过这一做法奠定四肢性构造关联的基础,这正是广松哲学的独创"③。与欧洲传统的实体第一性的观点相反,广松涉主张关系第一性。四肢分别就是关系中的一个结节,它们共同体现为"事"。这样,广松涉就实现了由物的世界观到事的世界观、由实体主义的存在观到关系主

---

①　山本耕一『「存在と意味」第二巻をめぐって』、http://www.kazhik/soc/thoughts/yamamoto.html。

②　《马克思恩格斯选集》(第1卷),人民出版社1972年版,第18页。

③　野家啓一『「広松哲学」の成立過程』、http://www.nju.edu.cn/njuc/chi-jp/zryj/4.htm。

义的存在观的哲学变革,由此完成了对以胡塞尔现象学为代表的现代哲学的批判与克服,它标志着独创性的广松哲学的正式形成。

引领广松涉步入哲学殿堂的是马赫哲学,大学时代他就被同学戏称"马赫先生"。马赫的"感觉要素论"指出,"物自体"和"自我"是相互联系、共同决定的,正如"一个正立方体,近看大,远看就小了",如果硬要把二者中的某一方独立出来,不可避免地会产生"假哲学问题"[①]。"四肢结构论"旨在证明主—客、心—物的函数关系,它与古希腊的毕达哥拉斯关于数的哲学以及中国古代的周易哲学也颇有相通之处,而《存在与意义》(两卷本)的行文结构则又带有黑格尔三段式的痕迹。所有这些,无不映衬了广松哲学的芜杂、艰涩及其魅力。作为独创性的广松哲学的基石,"四肢结构论"是否克服、胜出了胡塞尔的现象学? 对此我们可以从不同角度来看。一方面,现象学与广松哲学有着各自不同的思维方式,前者使用的是分析法,后者使用的是综合法,"非此即彼"原本就不符合广松哲学的旨趣。如果把哲学比作一个患病的巨人,广松涉所做的至多是为巨人注入了一支可能减轻病痛的针剂。另一方面,在格外强调生态平衡与可持续发展的今天,广松哲学又显示出现象学所不具备的理论价值与现实意义,值得我们研究和借鉴。

第三节　实体主义批判

自由而独立的主体,用包括自己的肉体在内的工具,对客体施加作用,这是自古希腊以来的发想。广松涉将这种思维模式称之为"三项图式",进而揭示了这个图式所蕴含的难点。首先,由于自由的主体无论如何都是精神性的东西,而肉体则属于工具之类,于是在这个三项图式

---

① 马赫:《感觉的分析》,洪谦、唐钺、梁志学译,商务印书馆 1986 年版,第 5—7 页。

中,心就以对肉体的作用为前提。针对此种观点,广松认为,所谓心对肉体的作用,全然是一种神秘术。因为,如果心能够对肉体施加作用,由于肉体是物的一种,说心直接对物施加作用是说不通的。设若存在作为我的心或精神这样的东西,如果说我的心起作用而举起这只手,那么同样能够说是我的心直接推动这支圆珠笔。在《心身问题》一书中,广松所持的是"伴随说"的观点,即心的作用和肉体的作用是相伴相随的,不能简单地说谁作用于谁。而到了《存在与意义》第二卷中,广松则从原理上拒绝"伴随说",拒绝"心的主体"的起动性、引导性。

广松坚持,我们既不能把"心的主体"实体化,也不能把"工具"和"客体"实体化。就工具和客体的关系而言,把目标的对象即客体和机能的手段切断开来,把主体和机能的手段切断开来,将它们作为各自别样的东西来思考是毫无意义的。主体或客体的实体化,无论如何只是当事者的直接的意识(für es)中产生的,——这终究是一种"把关系看作'物'"的"物象化的误视"。

一、康德:"物自体"理论错误地把物与交互主体的关系、物与物的关系归之于物

人们在认识事物的时候,一般将其区分为被认识的一方和认识的一方。比如说,这里有一盏台灯。因此,说"这是台灯",这一认识是成立的。在这种情况下,被认识的一方是"台灯",认识的一方是意识。把被认识的一方即被认识的对象称为"客观",把认识的一方即意识称为"主观",这就是所谓"主观·客观"的认知图式或结构。基于这一主客二分的思维模式,笛卡尔把主观理解为纯粹的意识,把客观理解为与意识相对立的事物。由是自笛卡尔以来,无论唯心论还是唯物论,近代哲学一直以这种"精神"和"物质"的二元论的构图为共同的基础和前提。然而,一旦将主观作为意识,将客观作为事物来把握,由于客观事物是意识的另一极,也就成了不是意识的事物。倘若我们要认识的客观事

物,恰恰成了不被意识的事物,而成为康德所谓的不可认识的物自体,这显然是一个荒谬的结论。因而,任何把"主观"或"客观"中的任何一方独立出来的试图,不可避免地会产生各种哲学"假问题"。意识终究是关于事物的认识,而认识的内容是意识。在此例中,"这是台灯",即是关于事物的意识的内容。尽管康德消除了"物自体—意识内容—主观认识"的三项图式中的"物自体",对图式加以二项化,但只要没能超越三项图式的参照构架,在认识论上就难免不露出破绽。

康德认为,传统的逻辑学即形式逻辑,自亚里士多德以来,已巩固到了既不前进亦不后退的程度。形式逻辑的优点是能够发现形式上的错误,缺点是不能发现内容上的错误。而问题是,当人们把用于逻辑性判断的消极性基准的形式逻辑作为认识对象性内容的积极性工具时,就产生了纯粹理性的二律背反。"在这种情况下,就会有一种在其中不抽掉知识的全部内容的逻辑。"[1]这种能够消除纯粹理性的二律背反且不抽掉对象性内容的逻辑学不是别的,正是康德自己创立的"先验逻辑学"。

广松指出,对康德来说,其实他在这里仍肯定了形式逻辑的若干前提。一是形式逻辑作为真理的必要条件;二是矛盾律作为形式逻辑的基本规律的有效性。然而,肯定抑或否认矛盾律的有效性,本身已意味着他对世界的"存在形式"有自己独特的看法。亚里士多德把矛盾律定义为:"同一人,在同一时间,于同一事物,既信为是又信为不是。"[2]而为了保证它作为形式逻辑的基本原理的有效性,就必须去除"同时"这一限定条件。因为,若不去除"同时"这一限定条件,如康德所言,虽然"某物不可能同时存在而又不存在"。[3]但完全可以此时存在而彼时又不存在,完全可以前后相继地既是 B 又是非 B。由此在世界的"存在形式"这一问题上,就呈现两种不同的立场:一种是设想生成流转的现象背后

---

① 康德:《纯粹理性批判》,邓晓芒译,人民出版社 2004 年版,第 54 页。
② 亚里士多德:《形而上学》,吴寿彭译,商务印书馆 2017 年版,第 71 页。
③ 康德:《纯粹理性批判》,邓晓芒译,人民出版社 2004 年版,第 148 页。

有着不变不易的世界构成要素的观点,承认矛盾律的有效性;另一种是连本质或实体中的不变的同一性也包括在内的万物皆流的辩证法的观点,否认矛盾律的有效性。康德的基本立场是前者,其特殊性表现在,对传统的知性的形而上学世界和纯粹的概念世界的扬弃。形式逻辑只有在感性经验里才具有客观有效性,而像数学那样的纯粹概念则具有经验世界的先验构造。因此从逻辑的进程来说,世界的"存在形式"必须具有非辩证法的构成要素。

人们往往质朴地把物的价值性效用、感性的性质和功能性效力归之于物。在学识的反思看来,这是把物与交互主体的关系、物与物的关系错误地归之于物。但即便排除了"物"性的现象各种规定性,在一定时间内,物的基本性质还是存在的,那就是:(α)"被认定为能够产生空间大小以及惯性的、重力抵抗感觉的客体性质的某物。"(β)"被认定为能够产生空间的、质量的以及其他的测定值的客体性质的某物。"[1]这是经典物理学的物质概念得以成立的基础。实际上,广松在此已敏锐地觉察到"把关系看作'物'"所导致的理论困境:物质本身的存在,在认识论层面上是不可知的,它不过是在物理学层面上被假定具备广延和质量等性质的客体,即康德所谓的"物自体"。

康德为了解决英国经验论和大陆唯理论所陷入的纯粹理性的二律背反的困境而提出了他的"先验逻辑学"。康德用时间、空间的感性直观形式以及"先天综合判断"即因果性等十二个知性范畴去"为自然立法"。据此,对象通过感性直观形式才成为我们的对象,而感性直观形式从一开始就为知性范畴所限定。这就是康德的《纯粹理性批判》在认识领域发动的"哥白尼式革命"。

不久,康德即发现先验演绎论所隐含的本质性困难。所谓先验演绎,就是"对概念能够先天地和对象发生关系的方式所作的解释。"[2]

---

① 广松涉:《事的世界观的前哨》,赵仲明、李斌译,南京大学出版社 2003 年版,第 12 页。
② 康德:《纯粹理性批判》,邓晓芒译,人民出版社 2004 年版,第 80 页。

1772 年 3 月,他在给赫兹的信中写道:

> 我与别人一样,所忽视了的东西,是解开从前隐蔽着的形而上
> 学的全部秘密的关键性的东西。我尝试着进行自问,在我们的内
> 部被称作表象的东西,与对象相关的基础是什么?①

在有关表象与对象的关系中,康德分析了三种可能的情况。(Ⅰ)以对
象为基础的触发表象的方式,表象作为原因的结果而服从于对象。这显
然不适合先验演绎论所研究的纯粹表象或概念。(Ⅱ)表象产生出对象,一
如作为对象的神为人的想象所产生,这对人有限的知性来说不构成问题。
(Ⅲ)将逻辑性处理的对象从感性直观中汲取模型性知性。但逻辑性运用
的知性概念,并不适用于实在性运用的知性概念的问题。

就这样,康德否决了主客双方中的一方掌握主动性的(Ⅰ)和(Ⅱ)
的情形,也否决了主客双方合作的情形(Ⅲ),剩下的唯一途径只能假定
主观与客观之间"预定和谐说",康德宣布这同样是极不合理的东西而
予以放弃。于是,表象与对象的一致就演变为,(a)对象使表象成为可
能,或者(b)表象使对象成为可能。然而,此处二选其一的(a)或(b),正
好相当于上面被否决的(Ⅰ)或(Ⅱ)这两种情形。康德由此陷入深深的
矛盾之中,它要求康德改变关于对象及表象的特征规定,它涉及"先天
综合判断"到底如何才有可能的问题。对这一问题的解答,源自他以
aXb 公式为基础的对分析判断和综合判断的区分。康德认为,公式
aXb 显示了判断的基本构造。a 和 b 分别是主词和宾词,X 是 ab 所属
的基体。判断并非单纯的表象之间的关系,基体 X 和 ab 同是对所属事
物的认识,谓词 b 同是对主词 a 的客体 X 的表象,主词 a 同是 X 的限定
修饰语。在此意义上,a 和 b 都是宾词,X 才是真正的主词。

---

① 广松涉:《事的世界观的前哨》,赵仲明、李斌译,南京大学出版社 2003 年版,第 22 页。

"在分析判断中,谓词 b 趋向**概念** a。然而,在综合判断中谓语则趋向于概念 a 的**客体** X。大概是因为谓语 b 没有包含在概念 a 之中。""将赋予两宾词(a 和 b)与 X 以关系,由此,在赋予 a 和 b 以关系时,判断是综合性的。"①

这就是分析判断与综合判断的区别。在康德看来,综合判断的意义就在于与自我平行存在的某物,是先验性主语中 ab 共属的结合。因此,他认识到 X 不能仅仅停留在先验性对象上,先验性主语 X 只有被感性化一条途径,它必须以某种形式进入判断的心理的、事实的过程中。康德这种认识上的转变具有决定性的意义,在此之前,他曾努力赋予不含任何感性因素的知性概念以合法性,关注的是表象与对象的对应性如何得以保证。而眼下他发现,客体 X 若不被感性化就不能获得综合性的认识,关心的是"知性如何才能逃离自身,将自己的概念变换成外在的东西,即赋予与对象的关系"。②这样,康德的先验演绎论的课题就上升为"现象的自然本身如何可能"这一先验哲学的最高问题。

那么,康德最终是如何解决先验演绎论这一课题? 康德的"解决方式"是:作为现象的对象,只有在具有感性直观能力的形式的在者的关系中,才成为对我们而言的对象,只不过感性直观能力的形式从一开始就被范畴所限定。也就是说,只要是经验的对象,就必定以被范畴先天性地规定的形式呈现出来。在此意义上,范畴与对象先天地具有一定的**关系**。广松认为,康德这一"解决方式"的依据是,认识论上同型的主体,先天地与具备同型的直观形式和知性形式(时间和空间及范畴这样的共通的"有色镜")的客体(物自体)相对应,物自体因具有客观的性质而使主体具有共识,从而使主客体之间实现了普适性与客观有效性的交互统一。不过广松同时指出,康德所谓的先天性形式,决不是一开始就每个人具有的同型的东西,而是在交互主体性的交往中历史性、社会

---

① 广松涉:《事的世界观的前哨》,赵仲明、李斌译,南京大学出版社 2003 年版,第 32 页。

② 广松涉:《事的世界观的前哨》,赵仲明、李斌译,南京大学出版社 2003 年版,第 34 页。

性地形成的意义形象,它决不是时空及十二范畴所能涵盖的东西。

广松坦言,自己研究康德哲学的目的,"是试图对以主观通过意识内容来看物自体这样的方式本身,进而对主观—客观图式本身进行扬弃。"①他认为,在康德的"形式—质料"理论中,包含着某种积极的契机。在康德看来,由先天形式整理成序的质料,普遍地具有表象的多样性。此处,形式不是形而上学的实体,而是先验的主观形式。作为"形式—质料"之体现的"现象体",成为"对我们而言的对象"。黑格尔说,事物的一切都是判断。实际上,"对我们而言的对象",是以虚无的先验性对象 X 为主词,以范畴形式 a 和 b 为宾词,被媒介性地假定的"根源性判断"。用广松的话来说,"对象在该时已经被假定为单一的更高的某物,单一的在此之外的某物。"②过去,人们的思维方式通常是,先有"红花"这样的"物"的存在,才有"花是红的"这样的判断事实。康德的上述公式 aXb 表明,判断并非单纯的表象之间的关系。现在,站在学知的反思的见地,广松得出结论:"花是红的"之"事"较之"红花"之"物"更为本原。甚至经典物理学的物质概念本身,其命题(α)(β)对"物"的假定,恰恰是相对于"物"而言,对"事"的基始性的揭示。

二、马赫:"要素一元论"缺漏了要素"以外的某种东西"

引领广松步入哲学殿堂的是马赫哲学。大学时代,广松被同学戏称"马赫先生"。读研究生期间,他还与人合作翻译了马赫的《感觉的分析》,因此对马赫哲学,广松颇有研究且深受其影响。广松认为,在对待康德哲学的态度上,马赫堪称否认物自体、摒弃三项图式的现象主义的典型,马赫哲学为我们提供了超越近代哲学的极好的方法。马赫的空间观、时间观和质量观等理论,使他成为爱因斯坦相对论的直接先驱。而他在心理学方面关于身心平行以及感觉要素论的构想,则使他成为

---

① 广松涉:《事的世界观的前哨》,赵仲明、李斌译,南京大学出版社 2003 年版,第 47 页。
② 广松涉:《事的世界观的前哨》,赵仲明、李斌译,南京大学出版社 2003 年版,第 48 页。

格式塔心理学的鼻祖。马赫所处的时代,是一个实证主义盛行的时代。与英国经验论类似,实证主义在逻辑必然性上趋向于现象主义。在马赫看来,我在周围物体的活动着的空间中,认识到各种物体包围着自己。反之,周围物体在我眼前显现的方式,亦依存于环境世界中的其他物体。所谓物体,不过是在多种多样的感觉要素的作用下产生的具有相对稳定性的一定的现象复合体。红、圆、甜等等,这些都是主观感觉,不是苹果本身的性质,不能作为自体而存在。康德把"自我"与"物自体"割裂开来,在逻辑上是站不住脚的。"物自体"形成的机制是,当人们用某个名字命名恒常性的某物,某物的构成要素即便一一被剥离开来,也往往不至于产生引人注目的变化。质言之,某物看似仍以自体而存在。由是,物自体的思想得以滋生。应该说,马赫对"物自体"的分析,的确揭示了西方哲学自柏拉图以来的一贯思路。马赫哲学的旨趣,即在于对婴儿用自己主客未分的天真的眼睛观察世界的体认。站在"要素一元论"的本体论立场,马赫以一个物体近看就大远看就小的浅显道理,否定经典物理学中作为实体的物体以及绝对的时间和空间的存在。以"质量"、"力"或"作用"并非物体内部的实际内容,而只是宇宙总体的相互作用使之凝缩性地归属于物体,否定经典物理学所信奉的外界刺激与感觉相对应的因果概念。旧有的因果概念之所以不足以说明事物复杂的关联性,是因为现象世界包含不能以客观的因果关系处理的不可简化的意义。例如,科学无法解释当一个小孩的手被蜡烛的火苗烫伤之后,蜡烛的火苗不仅不再吸引小孩,而且实际上蜡烛的火苗已经变得让这个小孩恶心。这表明,蜡烛的火苗在小孩的心目中,代表了一种始而喜、终则厌的意义,不能单纯地用因为蜡烛的火苗烫伤了小孩,所以小孩对蜡烛的火苗的产生恶心来解释。这就是说,所谓客观因果性,终究脱不开主体之于客体的某种心理或意义上的瓜葛。如何表达这种主客体之间的相互关系呢? 马赫从数学中具有协同关系的函数概念受到启发,以现象世界诸表象的相互依存关系来取代旧的因果概念,而明晰地提出了自己的函数式的"要素一元论"的观点。什么是要素? 马赫一再表示,要素就是感觉,说世界是要素的复合,亦即说世界是感觉的复合。马赫把物体的颜色、声音等物理要素称为 ABC ...;把身体及其神经组织等生理要素称为 KLM ...,把意志、记忆等心理要素称为 αβγ ...。他认为,人们通常把作为自我复合体 αβγ ... KLM ...置于与组成物质世界的复合体 ABC ...的对立的地位。但有时 αβγ ...特指自我,KLM ...和 ABC ...则被看作物质世界。但是,无论哪一种要素,无不或多或少、或隐或现地与其他要素相互依存。马赫说:

"我必须指明,即使对我来说,世界也不仅仅是感觉的总和。我所明确说到的,倒是**要素**的**函数关系**。"①

然而马赫"要素一元论"对实在论仍给予了足够的体认或让步,他承认复合体 ABC ...也是在他人眼前呈现的原本的东西,红、圆、甜等物理要素是在他人眼前呈现的苹果的原基性要素。

广松认为,马赫的哲学是充满矛盾的。因为,如果他人所见苹果为 α′β′γ′ ...,那么我所见苹果则应为 αβγ ...,而并非 ABC ...。将要素 ABC ...看作我与他人共有的对象,实际上假定了物体 ABC ...是交互主体地被认知的意义形象,而并非单纯的感觉要素。这里,广松就苹果之例的批评似乎偏离了马赫原本的思路。问题的提法应该是,"如果他人所见苹果为 A′B′C′ ...,我所见苹果则应为 ABC ...,而并非 αβγ ...",这样才符合马赫关于物理要素 ABC ...的认识逻辑。不过,较之更为重要的,广松准确地揭示了马赫把认识主观的本源的同型性视为自明的前提,却是击中了马赫的肋骨。最终,广松强调了这样一个问题:美人并非是单纯的骨、肉和皮之类要素的复合体,而是复合体以外的某种东西。

"现象世界,其自身已经作为单一感性素材**以外**的某种东西而存

---

① 马赫:《感觉的分析》,洪谦、唐钺、梁志学译,商务印书馆 1986 年版,第 296 页。

在,苹果作为单一的感性要素的复合体**以外**的某种东西显现,这一事实来源于现象世界并以被赋予的本源性意义的形态显示出来。"①

围绕广松与马赫之间见解的歧异,从思维方式上,我们认为广松的话语更恰当地说出了马赫之所欲言。其实,广松关于"以外的某种东西"的思想,海德格尔对此有过类似表述:"把某某东西作为某某东西加以解释,这在本质上是通过先行具有、先行视见与先行掌握来起作用的。解释从来不是对先行给定的东西所作的无前提的把握。"②

一切诠释学条件中最首要的条件总是前理解,正是这种前理解规定了什么可以作为统一的意义被实现,并从而规定了对完全性的先把握的应用。在语言学中,大量存在此类语用预设的例子。例如,"老张是东北人,请给他来一碗猪肉炖粉条",这句话的语用前提是授话人和受话人都知道东北人爱吃猪肉炖粉条这一事实。再如日语中的"どうぞ,召し上がってください(请吃吧)",这句自谦语的前提则是受话人是一位比授话人年长或地位比授话人高或关系不甚熟悉的人,如果不存在这些条件中的任何一个,这句话便缺乏前提。凡此表明,面对前人逝者如斯的有限生命的某种精神或物质遗产,作为后人的我们必定在其基础上或正或负地赋予某种意义……若非如此,任何生命即便降生,而欲立足也难。伽达默尔也曾就此谈道:

"真正的历史对象根本就不是对象,而是自己和他者的统一体,或一种关系,在这种关系中同时存在着历史的实在以及历史理解的实在。一种名副其实的解释学必须在理解本身中显示历史的实在性。因此我就把所需要的这样一种东西称之为'效果历史'。"③

此外,卢卡奇也认为:

"历史的本质是现实表现为生成……现在——照黑格尔的话来

---

① 广松涉:《事的世界观的前哨》,赵仲明、李斌译,南京大学出版社 2003 年版,第 72 页。
② 海德格尔:《存在与时间》,陈嘉映译,生活·读书·新知三联书店 1999 年版,第 150 页。
③ 伽达默尔:《真理与方法》,洪汉鼎译,上海译文出版社 1999 年版,第 305 页。

说——生成表现为存在的真理,过程表现为事物的真理。这就意味着,**历史发展的倾向构成比经验事实更高的事实**。"①

我们认为,广松所谓的"以外的某种东西",其实就相当于海德格尔的"前理解",伽达默尔的"效果历史",或卢卡奇的"历史发展的倾向"。而马赫哲学的致命弱点就在于,虽然马赫欲极力摆脱实体主义的桎梏,但最终还是陷入了实体主义式的"单纯的""要素一元论"的泥潭——这也许就是物极必反的结果。广松所要批判的,就是马赫哲学中纯粹的"某种东西"(要素一元论);所要提起的,是被马赫错漏的"**以外的**某种东西"(关系存在论)。这样,马赫哲学与广松哲学的区别就在于,对于现象世界,马赫是首先提纯出所谓要素,之后让要素处于函数式的关系中;广松却一开始就把现象世界置于函数式的关系中。

三、胡塞尔:"意向内容(意义)"作为"意向行为"抵达"意向对象"的中介,是被先行给定的东西

在广松看来,虽然对马赫的现象主义以及实证主义所展开的批判是胡塞尔现象学形成的契机之一,虽然胡塞尔就消弭事实学与本质学的区别所展开的分析令人瞩目,但由于胡塞尔并不了解康德学派所使用的将事实问题与合法性问题区分开来的方法,致使其"意识对象—意识内容—意识作用"的三项图式追究没能洗脱近代哲学中"心—物"、"主—客"分离的残渣。在胡塞尔那里,被称为现象学基本方法之一的"本质直观"是一种"能与性直观",作为直观的意向对象的"本质","被认为是自在性的存在——它是意识的意向对象,是从意识中'独立出来'的自在的某物。"②本质直观的方法的基本原则是"面向事物本身"。显然,此处所指的"事物"并非物理事物,而是"纯粹现象",即"本质"。因此,"本质直观"又名"本质还原"。无论胡塞尔的"本质",还是舍勒的

---

① 张一兵、胡大平:《西方马克思主义的历史逻辑》,南京大学出版社 2003 年版,第 47—48 页。
② 广松涉:《事的世界观的前哨》,赵仲明、李斌译,南京大学出版社 2003 年版,第 77 页。

"价值"、海德格尔的"存在"及萨特的"现象的存在",都是作为现象学的意识的意向对象来认识。广松认为,这是一种"物象化的误视"。

在胡塞尔的三项图式中,客观的"意识对象"与主观的"意识内容—意识作用"之间被存在性地截断,归根结底是关于"意识的命题";其所谓的"意识的意向性",则是试图恢复主观意识与客观对象之直接关系的构图。广松承认胡塞尔关于意识必定是关于某物的认识的命题的正确性,但由此以意识的意向性赋予"意识作用"与"意识对象"以直接关联却缺乏合法性。广松坚持:"意识,并非是将对象仅作为该物自身(als solches)来意识,而具有在每一次都已经将对象作为单一的更高的某物(etwas Mehr)、作为单一的在此以外的某物(etwas Anderes)来加以认知"①的二肢二重结构。我们日常所用的符号,固然是关于声音及色彩等等意识对象的意识;但是,符号却具有对象所不具备的单一的在此以上的、在此之外的意义形象。总之,我们身处的这个森罗万象的世界,不存在什么"裸露"之物,一切都被人们穿上了"意义(价值)"的外衣。例如,我们在观察心理学教材中常见的"高脚杯与人面图"的时候,如果将注意力集中在图的黑色部分,看到的就是高脚杯;反之如果将注意力集中在图的白色部分,看到的则是两张面对面的脸。无论如何,我们决不会仅仅将它看作是一幅黑白图形而已。当我在眺望远山的松树或庭院的月季花,我并非将之作为单一的某种颜色或形状来意识,而是把它作为单一的在此以外的某物来意识。而在"狮子是动物"的判断命题中,主语狮子原本具有谓语动物所不具备的单一的在此以外的意义形象而呈现出二肢二重结构。广松将这种单一的更高的某物、单一的在此以外的某物称为"意义的所识"。如果把这种"意义的所识"与其对象生硬地"截取"开来,它即典型地呈现出唯心主义的本体性质——胡塞尔的直观中的本质正是这种从其对象那里"截取"开来的"意义"。广松

①　广松涉:《事的世界观的前哨》,赵仲明、李斌译,南京大学出版社 2003 年版,第 81 页。

用"现象的所与"这一专门的术语来指称对象,它与"意义的所识"一道对称地构成广松此处所谓的二肢二重结构。概言之,广松反对胡塞尔将作为"意义的所识"的本质与"现象的所与"的对象割裂开来。由于胡塞尔错漏了意向性意识的二肢二重结构,具体地说是忽视了二肢二重结构中的第一肢第一重结构即对象,而把面向现实对象的经验性直观与面向本质的本质性直观加以存在性的截断,意向作用被认为是两种直观作用的统一的出发点,结果乃陷于近代哲学的假定的"主观—客观"图式之中而不能自拔。

那么,何谓胡塞尔所指的"意向性"? 简单地说,意向性是一般体验领域的一个本质特性,它是作为对某物的意识,其基本结构即"意识作用—意识内容(意义)—意识对象"的"三项图式"。从认知的角度说,是意识行为通过意识内容(包括对象本身、内核和晕圈)指向意识对象。广松认为,胡塞尔的"本质直观(本质还原)"实际上是一种"能与性直观",这一直观的意向对象的"本质"不过是一种自在性的存在。换句话说,"本质"自身即是意识的意向对象,而成为从意识那里独立出来的某物。这意味着,"意向内容(意义)"作为"意向行为"抵达"意向对象"的中介(手段或方法),实际上是被先行给定的东西。从学理上说,这是由于胡塞尔没能掌握康德主义的将事实问题与合法性问题予以区分的方法,以致意识与所意识之间相互指向。

在西方近代心理学史上,惠太海默是格式塔心理学的最初倡导者。格式塔(gestalt)意为"形式"、"图形"或"完形"。格式塔理论的基本公式是:"整体不决定于其个别的元素,而局部过程却决定于整体的内在特性。"这是惠太海默所做的一个著名的实验:用示速器先在黑色的背景上放映一条直线,时隔 60σ 再在直线的另一边放映另一条直线,两条直线就能够产生似动现象。两条直线原本是静止不动的,但在一定条件下,为什么能够观察到似动现象? 他对此解释说:"似动现象决不是某些元素的总和,而是一个动的整体","在一切心理现象中,整体是不可分析为元素的,整体不是元素的总合,它先于元素,并决定部分。"①

犹如被肢解、切割下来的手或脚不再成其为手或脚一样。这种只有在系统整体中才具有的特殊规定性和功能,即通常所谓的"系统质"。应该说,惠太海默的观点不过是"整体大于它的各部分总和"这一系统论的古老命题在心理学领域的新诠释。似动现象表明,经验现象的每一成分都牵连到其他成分;每一成分之所以具有其特性,是因为它与其他部分具有**关系**。在广松看来,对象与本质之间的关系也可以用格式塔的分节的二肢二重性结构来映释。在胡塞尔那里,如果说反思性地将"对象"与"表象"加以存在性截断,导致其"三项图式"中"意识对象"与"意识内容"的存在性差别,那么,在本体论意义上将对象或本质实体化,则成其为形而上学的关于实在的认识。然而,广义的意义并非仅仅是认知性意识的对象性,它还包括诸如海德格尔所说的上手性。广松指出:

"传统的谬论的关键就在于,将对象意识的二契机从相关性的功能的统一上截断、使两契机进行自为化这样的机制。"②

虽然后期现象学试图克服本质的物象化,但由于胡塞尔关于意向性的命题以三项图式为前提,相对于意识内容,胡塞尔难以摆脱超越意向对象和意向作用之极限的构图。这样一来,他所欲探究的主观际的存在机制的道路被阻塞。胡塞尔不了解,面对同样的现象世界的分节形态,"我"与"他人"所体验到的是不同的事态。对我而言的一根绳子,他人可能认作是一条蛇。这就是说,"意义的所识"复具有"作为自己的自己"和"作为他人的自己"的二肢二重结构。根据正式或非正式场合的不同,广松将"作为他人的自己"称为"能识的某人"或简称"人",将"作为自己的自己"称为"能知的某人"或简称"某人"。现象世界的能知性主观始终作为超出单一自我的某物而存在,"我"的立场与"他人"的

---

① 高觉敷:《西方近代心理学史》,人民教育出版社 1982 年版,第 323—324 页。
② 广松涉:《事的世界观的前哨》,赵仲明、李斌译,南京大学出版社 2003 年版,第 88 页。

立场始终处于"自我分裂的自我统一"的形态中。原本作为具有本体性质的"狗"的符号,不是源自对作为诸个体的狗实施了本质直观,相反倒是以语言交往为媒介,才得以社会性历史性地确立。总之,"现象的所与"作为"意义的所识","能识的某人"作为"能知的某人",这四个契机处于函数式的不可分割的关系中,它们共同形成一个联动的功能结构。这是广松对胡塞尔现象学予以批判的要旨所在。

四、海德格尔:存在哲学的出发点是存在与在者的二元分立

不惟如此。即便试图超越近代"世界图景时代"的海德格尔也难以摆脱"物象化的误视"之窘境。"存在"问题,是自古希腊延续至今的问题。在《存在与时间》中,"存在"(Sein)被视为规定"在者"(Seiendes)之为在者的那个当事之物——后期海德格尔称为"神"(Der Gott)。

广松指出,海德格尔的"物象化的误视"具有其本体论基础。在海德格尔看来,本体论只有作为现象学才是可能的,"现象学是说:αποφαινεσθαι τα φαινομενα:让人从显现的东西本身那里如它从其本身所显示的那样来看它",即"面向事情本身"①。然而,说到显现,即已意味着它先前是隐蔽的。因此必须经由一定的方法论的通道,该东西才能由隐蔽而至显现。这个通道,就是"此在(Dasein)"(也译"亲在")。作为人类主体性的"此在"的本来的存在方式是,始终"在世之中存在"并与世界内的"在者"打交道——它为用具而"操劳",为他人而"操心"。这里,操心(Sorge)理论显然是从胡塞尔的意向性理论基础上建立的。海德格尔就此论证到,打交道,唯有在适应用具之际才显现其天性。用锤子来锤东西这件事,并非通晓锤子的结构知识本身,而是此在使自己从属于当下的锤子而面向具有组建作用的"为了作"。用锤之动作揭示了锤子特有的称手性,作为用具的锤子的这种存在方式即事物的"上手

---

① 海德格尔:《存在与时间》,陈嘉映译,生活·读书·新知三联书店 1999 年版,第 34 页。

状态(用在态)"(zuhandensein)。"当下上手状态是存在者的如其'自在'的存在论的范畴上的规定。"①随同用具来照面的不仅有上手的在者,也有以人的存在方式来照面的在者。由是海德格尔把"用具"和"他人"统称"在者"。海德格尔将这种对此在的本体论的构造的循序解释称为解释学,而其对此在的实存论的分析也就是基础本体论。换句话说,对此在的分析,在方法上是现象学,在内容上是本体论。

存在与在者的二元分立是海德格尔立论的出发点。海德格尔认为,存在的本体论意义就是在上手状态中揭示已经存在的东西。广松批评说,海德格尔此处显然没能正确把握上手事物的被中介性的本体结构。视"存在"在被揭示之前就已经存在的东西,视上手状态的"存在"在因缘性寻视中以被揭示的方式显示自身,终究使"存在"陷入了拜物教的误视之中。例如,货币的上手状态,决不是基于某个人在因缘性寻视中先于某个人自身而不乏主观色彩的"让它存在"的"现成存在的东西"。即便某个人欲使手中的纸片作为货币而流通,但货币并不因此在该上手状态中而存在。我们此刻所听到的时钟的"嘀哒嘀哒"的声音,也不是首先有客观的"声音"和主观的"听"的存在,然后主客二项结合在一起而形成的。实际上,所有事物都是一个动态的功能性的关联状态之中。"上手状态,并非是在因缘的使用中现成的存在被揭示,只有在因缘使用当时的现实性关联性中才开始存在,这是问题的关键。"②海德格尔有关上手状态的论述,把"能知"自在化,把"存在"作为神一般的某物来论述,这,终究难逾胡塞尔意向性理论中将主客二项自在化的路数,无一不是"把关系看作'物'"的"物象化的误视"。

联系广松哲学"脱欧入亚论"③的社会历史背景,我认为,广松涉是

① 海德格尔:《存在与时间》,陈嘉映译,生活・读书・新知三联书店1999年版,第71页。
② 广松涉:《事的世界观的前哨》,赵仲明、李斌译,南京大学出版社2003年版,第114页。
③ 邓习议:《从"脱亚入欧"到"脱欧入亚"——广松哲学的社会背景》,《内蒙古农业大学学报》(社会科学版)2005年第2期。

在西方现代哲学各派日益把哲学逻辑化、语言化这种使哲学之路越走越窄的理论背景下,以马克思、卡西尔和马赫哲学为立足点,以"物象化论"为哲学方法,以对胡塞尔现象学为代表的西方实体主义的哲学传统的批判为突破口,由此实现从物的世界观到事的世界观、从实体主义到关系主义的哲学变革,从而为其所谓的"建立以中日(关系)为轴心的'东亚'新体制"提供理论基础。撇开广松哲学蕴涵的意识形态话语,放眼于格外重视生态平衡与可持续发展的当代世界,毋庸讳言,关系主义应有实体主义所不具有的理论价值与现实意义,值得我们认真研究与借鉴。

第四节　拉康他者理论的隐性实体主义

作为法国结构主义精神分析学家,拉康是对弗洛伊德的潜意识理论和索绪尔的结构主义语言学加以批判的改造,而形成自己的精神分析学的。针对传统自我学的自足主体论,拉康勇于说不,认为主体是经过他者的介入而形成的主体,主体是能指为另一个能指表征的东西。拉康哲学的主旨是:"无意识的话语具有一种语言的结构","无意识是他者的话语"[1]。因此,"他者"也就是拉康哲学的一个核心概念。

拉康的他者理论源自黑格尔的主奴辩证法。借助"他者"这一概念,拉康对弗洛伊德的"自我"以及自施蒂纳、克尔凯郭尔以来的新人本主义的个人主体进行彻底的否定,最终将"自我"归结为"他者",它包括小他者和大他者这样两个层次或阶段。在拉康的存在论中,小他者对应于想象域,其生命活动的力量是意象;大他者对应于象征域,其生命活动的力量是能指;而想象域与象征域的结合便是现实域,这是不可能

---

[1]　刘放桐:《新编现代西方哲学》,人民出版社 2000 年版,第 421 页。

的存在之真。

拉康从弗洛伊德引用的一则希腊神话故事——河神和仙女的儿子那喀索斯英俊潇洒,相貌堂堂,女神厄科向他求爱,遭到他拒绝后,幻化成回声女神。诸神对那喀索斯感到不满,决定对他进行惩罚。诸神对那喀索斯施术,使之变成只爱恋自己在水中的倒影,以致他最后憔悴而死,变成水仙花神。(即所谓的"自恋情结"或"那喀索斯情结")——受到启发,而提出了自己的主体理论:婴儿从非主体(non-subject)转变为人类主体,必须经过两次分裂过程:一、从非主体到小他者;二、从小他者到大他者。

一、小他者:虚幻的镜像

小他者(镜像理论)对应于拉康存在论的想象域。在这里,主体出现了其成长过程的第一次分裂,这种分裂发生于主体进入镜像之际。

拉康把婴儿生命的前六个月称作"**前镜像阶段**"(小他者Ⅰ)。在拉康看来,刚出生的婴儿是一个"未分化的""非主体的"无物无我、混沌一团的自然存在。这一时期,婴儿对于自我与他人的认识是片面、零碎和幻想性的,没有任何整体感或统一感,其自我是通过对镜子中的作为他者的自我镜像和作为他者的母亲形象的认知而体认出自身身份。自我是在另外一个完整的对象的认同过程中形成的,这个对象是一种想象的投射,是通过发现某个可以认同的客体来支撑一种虚构的统一的自我感。

"一个尚处于**婴儿阶段**的孩子,举步踉跄,仰倚母怀,却兴奋地将镜子中的影像归属于自己,这在我们看来是在一种典型的情境中表现了象征性模式。"①拉康的意思是说,处于婴儿阶段的孩子,将镜子中的自己的影像认同为"自我"。婴儿第一次遇到了对象的欠缺:这就等于说

---

① 《拉康选集》,褚孝泉译,上海三联书店 2001 年版,第 90 页。

是自身(oneself)的欠缺,在心理上尚未对自身(oneself)和他者(the other)作出区分,他在与欠缺(lack)和缺失(loss)的关系中被构建。在笔者看来,婴儿阶段的孩子与外界的关系,实际上处于一种物我不分的状态。换句话说,他(她)不仅把自己的手指头及自己身体的任何部分归属于自己,甚至将拨浪鼓之类玩具也归属于自己,更不用说饥饿时紧抱不放的奶瓶了。这种情景下的婴儿,不仅不是没有"自我",相反,较之于成年人,可以说其自我意识有过之而无不及!否则,我们如何解释婴儿稍有不适或不满,就张口哇哇大哭?西方哲学好走极端的传统,典型地表现在最早的哲学家泰勒斯把一切归结于水。而到了拉康这里,为了突显"他者",则不惜把人的一切供奉给他者。可是正如我们的祖先所言,"皮之不存,毛将焉附?"当我点击电脑程序中的放大镜将某一图片的某处扩大到适量的倍数时,就可以得到该处的清晰面貌;但是,当我将某处加以无限地放大时,该处不仅不如放大前那样清晰,反而益发模糊。在我看来,拉康的做法与此类似。当他将"他者"予以无限地放大时,由于失去了与"自我"的有机联系,最终我们所得的"他者"印象反而模糊不清。无论如何,人生怎能随处只见"他者"而不见"自我"?

　　第六至十八个月为婴儿成长中的**"镜像阶段"**(小他者Ⅱ)。此时的婴儿第一次发现自己在镜子中的肢体原来是一个完整的统一体。这种基于统一形象的矫形作用使婴儿产生了自身机体完满性的幻觉,而成为其想象认同的理想统一体。这就是说,自我是在这种与镜中的理想形象的认同中而产生的。与"前镜像阶段"一样,这时的自我仍然是婴儿主体与自身镜像相认同的"自恋情结"的产物,婴儿与其映像之间的关系仍是一种想象的关系,镜中之我当然是婴儿自己,可是当婴儿试着触摸镜像时却发现它并不存在,由此引发自我与镜中之我的"自我异化",这就是镜像阶段的同化和异化关系中的主体存在的辩证法。在拉康看来,自我不是人际交往的基础,而是交往的产物,传统形而上学的

"我思"哲学所认定的存在着自我自主域的观念不过是一个自欺欺人的幻觉。换句话说,自我是为自己最亲近的人所制造并被我认同的"自我",是以作为"最亲近的人"的他者的欲望为欲望。

拉康的镜像之说不可谓不新奇,但充其量这只是一种片面的比喻,他想要阐明的只是自我在现实生活中的社会化过程问题。实际上,婴儿的社会化远非拉康所表述的那么简单。无论是"前镜像阶段"还是"镜像阶段",它所涉及的只是婴儿五感中的视觉或触觉方面,而严重忽略了其他味觉、嗅觉和听觉等内容。在我看来,对于婴儿阶段的自我形成过程来说,后面三个方面尤为重要:味觉品尝的是父母给予的鲜美的食品,嗅觉辨识的是母亲芳香的乳汁或亲人及陌生人的气息,听觉则聆听父母说话的语气及周围环境的氛围以便决定此时是否应该撒娇啼闹……所有这些感知都是婴儿成长过程中不可或缺的,不能简单地归之于视觉或触觉。皮亚杰也认为,认识既不是起因于主体(自我),也不是因于客体(他者),而是主体与客体之间的相互作用,这种作用发生在主体和客体之间的中途,因而既包含着主体又包含着客体。拉康简单地由希腊神话中的"自恋情结"引申出其镜像理论,试图一劳永逸地把自我归结为他者,这只是拉康一厢情愿地想使婴儿的自我形成过程得到说明的一个片面的**想象的比喻**而已。

二、大他者:虚无的能指链

大他者(语言理论)对应于拉康存在论的象征域。在这里,主体出现了其成长过程的第二次分裂,这种分裂发生于主体进入语言之际。

拉康把弗洛伊德精神分析学与索绪尔结构主义语言学结合起来,用语言符号学来解释精神分析学的经典命题,通过能指与所指关系对弗洛伊德的无意识进行了新的阐释。对弗洛伊德来说,无意识先于语言,语言的作用在于把无意识挖掘与表述出来,如歌德所言,艺术家就是能把别人说不出来的潜在的感觉用恰当的语言说出来的人。而在拉康看来,不是无意识先于语言,而是语言先于无意识,无意识是语言的产物。无意识具有类似于语言的结构,无意识是他者的话语。语言的作用就在于对自我所欲望的他者的欲望加以组织。人与动物不同,人会说话,所以他不仅能思考周围世界,而且能把自己当作一个对象来思考,而动物则不然。而一旦他思考,他便旋即与自己分裂,由一个空洞的转换词"我"来代替自己。在此意义上,关于主体问题的正确提法就不是笛卡尔的"我思故我在",而是**"我思故我不在"**。拉康的这一"语言革命",与康德在认识论领域掀起的不是"自然为人立法"而是"人为自然立法"的"哥白尼式革命"非常相似。

在索绪尔那里,能指构成语言的声音与形象(如"玫瑰"的字形与声音),所指构成语言的观念意义(如玫瑰所指的意义"爱")。拉康把索绪尔的表达式 s/S(所指/能指)颠倒为 S/s。在拉康看来,能指与符号正好相反:能指在所指之上,"在……之上"对应于分开这两个区域的斜杠。这道斜杠在拉康的理论中标志着那种处于人类自我异化之中心的能指和所指的分裂。符号指涉不在场的客体,能指指涉语言链环,即其他的能指。当一个所指找到了,它随即又消失在后续更多的能指当中。这就是拉康所谓的"**能指链**"。拉康通过其关于主体的定义,阐明了能指逻辑与主体理论之间一种相互涵摄的关系:"1.能指是为另一个能指表征一个主体的东西;2.主体是能指表征的东西,而且只是为另一个能指表征的东西。"①

在拉康看来,能指表征的不是索绪尔所说的所指,而是主体。因此,拉康的主体理论可以说是一种主体隐喻论。主体的形成过程就是主体从一个能指链接(分裂)到另一个能指的无限循环过程。拉康的主体辩证法的要旨是,主体乃是通过一次次的分裂过程而被构建的。我们知道,笛卡尔哲学中作为主体的"我思",是其开创的近代哲学的出发

---

① 严泽胜:《拉康与分裂的主体》,《国外文学》2002 年第 3 期。

点。"我思"是意识的中心,是予以悬置与怀疑一切之后剩余的不容再怀疑的自足的实体,是知识可靠性的坚实基础。然而这一切,在拉康的主体分裂(能指链)学说面前,笛卡尔的自我说已面临着一种巨大的冲击,潜伏着一种动摇与坍塌的危险。

从存在论的高度,拉康指出语言的本质是象征关系,"词语是死亡,是对事物的谋杀"①。这种观点与黑格尔所说的"抽象的概念是事物的死亡"非常接近,但又不尽一致。关键在于,拉康此处是在脱离所指的情况下,对索绪尔的能指概念加以片面发挥。对于拉康的这一惊人之语,如果我们把它与上述拉康在小他者的论述联系起来,也就不难理解了。所不同的是,如果说拉康通过小他者而否定弗洛伊德的自我,那么,现在拉康则要进一步借助大他者而否定施蒂纳、克尔凯郭尔以来的主体。在后者看来,近代哲学的鼻祖笛卡尔说"我思故我在",真理俨然已一语道破。可在拉康看来,事实却是"在我思之玩物之处我不在,我在我不思之处"②。拉康的这两句话,从反面道出这样一种语言现象:任何词语的意义,都内在地需要其他词语来赋予。这种现象,也就是哲学上所讲的解释学循环。如果我们将这句话还原到索绪尔的能指和所指的语言关系中,"我思之玩物"就相当于"能指",即语言的声音形象;"我"相当于"所指",即语言的观念意义(概念)。这里,拉康的用意是明显的:如果说作为小他者的镜像及自己最亲近的人是对自我的否定,那么,作为大他者的语言则是对整个人类主体的否定。这样一来,叔本华、尼采等唯意志主义者无疑承受着灭顶之灾,因为他们无一不浸染于语言之中并深受其苦与害。其实,我们不得不承认这是人类固有的局限性:人不仅要存在于与自然、与人的关系之中,而且不得不存在于与语言的关系之中。糟糕的是,作为生性就左右不是、酷爱挑剔的哲学家拉康,对此却勇于彻底地说"不"!但是我怀疑"我在我不思之处"这句

---

① 张一兵:《不可能的存在之真——拉康哲学映像》,商务印书馆 2006 年版,第 217 页。
② 张一兵:《不可能的存在之真——拉康哲学映像》,商务印书馆 2006 年版,第 194 页。

话本身不就是"我思之玩物"？现实是残酷的,婴儿总是与洗澡水同在。一心只想要婴儿,以为"能指的存在总是在他处"①,这正是拉康深陷西方实体主义泥潭而不能自拔的根本原因。

囿于能指与存在的二元分裂,拉康还提出了"一个自以为是国王的国王与一个称自己是国王的疯子同样是疯子"②这样一个著名的论断。其实,正如马克思所指出的,国王之所以是国王,"是因为其他人作为臣民同他发生关系",在这种特定的社会关系中,国王就是国王,绝不会是疯子。而疯子,由于不存在与臣民所构成的反思关系,却自称为国王,因而成其为疯子。这里,拉康出于立论的需要,故意模糊国王与疯子的界限。就此而言,我认为需要提防成为疯子的,恰恰是拉康自己。关于这一点,我们由拉康临终所说的"我将成为一个大写的他者"③亦可见一斑,可以毫不夸张地说,拉康此时已完全陷入一种疯癫状态,即自以为其理论随着自己的去世,将成为一种统钳人心的能指链。然而,我们且不谈拉康他者理论的成立尚有待时间的检验,仅就拉康以精神分析学家的身份来扮演预言家的角色而言,如众所周知的那样,预言本身即无可避免地具有其可证伪性。

拉康关于"**大写的他者**"的观点应该是针对教育而言。教育,作为人生存于这个世界的必备技能的传授,说到底就是欲望的传承。因此,无论从客观上还是主观上,拉康在此所制造的"他者"与"自我"的矛盾都是不能成立的。"他者"的确立,必须以"自我"作为支撑。孤岛上的鲁滨逊,其生存固然要以随船携带的"他者"制造的工具为依托。而这些工具,没有作为"自我"的鲁滨逊来充分挖掘其作用,终究是一堆破铜烂铁。虽然拉康所要拒绝的是人们古往今来的"以他者的欲望为欲望","为他者而活"、"成为实现他者欲望的工具"这种狭义不值得过的

---

① 张一兵:《不可能的存在之真——拉康哲学映像》,商务印书馆 2006 年版,第 229 页。
② 张一兵:《不可能的存在之真——拉康哲学映像》,商务印书馆 2006 年版,第 60 页。
③ 张一兵:《不可能的存在之真——拉康哲学映像》,商务印书馆 2006 年版,第 298 页。

生活,而并非排斥人类衣食住行这种广义的人类物质文化的继承,但作为结构主义的精神分析学家,如果拉康承认"整体大于它的各部分总和"这一系统论的基本观点,那么很明显,狭义的"以他者的欲望为欲望"归根结底还是为了广义的人类衣食住行,亦即人类物质文化的创造。因此,如果我们还承认人类社会存在什么社会规律,我认为这就是马克思所揭示的物质生产规律。这样,当弗洛伊德让人们"掀开(显意识的)帘子看看"去试着发现帘子后面的"无意识",拉康答曰"看了,帘子后面什么也没有"[1],"无意识是大写的他者的话语"[2]时,实际上拉康满眼都是他视之为洪水猛兽的"他者";而由此否定帘子后面存在自我而对自我作怅然若失状,明显由一个极端走入了另一个极端。从学理层面上说,这与西方实体主义传统紧密相关。

三、他者理论:隐性实体主义

想象域与象征域的统一就是现实域,**"人所生活的世界是由'现实、象征和想象'所扭结而成的"**[3](RSI)。通过自我在想象域与象征域经历的两次裂变,拉康解构了近代哲学中的统一的自足的自我。拉康坚持,建立在这种虚构自我的认知基础上的人类知识是虚妄的偏执狂式的自我投射。因此,人类的认识世界不存在所谓的真理。这样,拉康便在认识和真理之间划上了一道不可逾越的鸿沟。在拉康看来,主体在本质上是主体的自我(moi)和话语的"我"(je)、想象和象征冲突之场所。意识是通过想象和象征的共同作用而形成的一种幻象,因此真实的主体是无意识的主体,它超越于 je 和 moi 之外。

实体主义是西方传统哲学的主要思维模式。这种思维方式的特点就是以世界的二重化为前提,以追求世界万物的不变本质为宗旨。由

---

① 张一兵:《不可能的存在之真——拉康哲学映像》,商务印书馆 2006 年版,第 45 页。
② 张一兵:《不可能的存在之真——拉康哲学映像》,商务印书馆 2006 年版,第 283 页。
③ 高宣扬:《当代法国哲学导论》(上卷),同济大学出版社 2004 年版,第 407 页。

此出发,它把经验世界与本体世界、现象与本质对立起来,变动不居的经验世界看作虚假的世界,把绝对不变的本体世界看作真实的世界。自古希腊以来,在以亚里士多德为代表的传统的"物"的世界观看来,世界首先存在固定不变的作为其他东西的主体、基础、原因、本质并先于其他东西而独立自存实体,各实体各具性质且相互关联,实体是第一性的,由实体结成的关系是第二性的。比如说,这里有一盏台灯。因此,说"这是台灯",这一认识是成立的。在这种情况下,被认识的一方是"台灯",认识的一方是意识。把被认识的一方即被认识的对象称为"客观",把认识的一方即意识称为"主观",这就是所谓"主观·客观"的认知图式或结构。自笛卡尔以来,无论唯心论还是唯物论,近代哲学一直以这种"精神"和"物质"的二元构图为共同基础和前提。然而,一旦将主观作为意识,将客观作为事物来把握,由于客观事物是意识的另一极,也就成了不是意识的事物。倘若我们要认识的客观事物,恰恰成了不被意识的事物,而成为康德所谓的不可认识的物自体,这显然是一个荒谬的结论。因此,任何把"主观"或"客观"中的任何一方独立出来的试图,不可避免地会产生各种哲学"假问题"。意识终究是关于事物的认识,而认识的内容是意识。此处"这是台灯",即是关于事物的意识的内容。尽管康德消除了"物自体—意识内容—主观认识"的三项图式中的"物自体",对图式加以二项化,但只要没能超越三项图式的参照构架,在认识论上就难免不露出破绽。这种哲学认知态势即通常所说的实体主义。日本哲学家广松涉亦称之为"物象化",这是"对人与人之间的主体际关系被错误地理解为'物的性质'……以及人与人之间的主体际社会关系被错误地理解为'物与物之间的关系'这类现象……的称呼"。①关于这种"实体化"或"物象化"现象,马克思曾经指出:"以私人交换为基础的劳动的特征是:劳动的社会性质以歪曲的形式'表现'为物

---

① 广松涉:《物象化论的构图》,彭曦、庄倩译,南京大学出版社 2000 年版,第 65 页。

的'属性';社会关系表现为物(产品,使用价值,商品)互相之间的关系。我们这位拜物教徒把这个假象看成是真实的东西,并且事实上相信物的交换价值是由它们作为物的属性决定的,完全是物的自然属性。"①恩格斯也曾高度评价霍夫曼的化学分子理论,认为它证明了"从前被描写成可分性的极限的原子,现在只不过是一种关系"。②而在马克思看来,哲学上所谓的"主体和客体"、"物质和精神",实际上是一种反思关系。在《资本论》中,处于相对价值形式一极的麻布与处于等价物一极的上衣所形成的价值关系,也是一种反思关系。"这种反思的规定是十分奇特的。例如,这个人所以是国王,只因为其他人作为臣民同他发生关系。反过来,他们之所以认为自己是臣民,是因为他是国王。"倘若我们如其所是地承认这种反思关系,那么,以此反观拉康哲学中的"他者",我认为,拉康这种只见"他者"不见"自我"的视点,是有其固有的西方实体主义思维定势的根源。

拉康通过小、大他者分别阐述了其存在论的想象域和象征域,分别否定了弗洛伊德的自我和施蒂纳、克尔凯郭尔以来的新人本主义的个人主体。此外,拉康哲学还有一个非常重要的第三个视域:作为第一域的想象域和第二域的象征域的统一的第三域——现实域。一如德尔图良坚称"唯其荒谬,我才相信"那样,到了拉康那里,则变成"唯其是不可能的存在之真,它才成其为**真实域**"。总之,现实中唯一真实的东西是**不可能的存在之真**。这样,拉康就以大写的真实来否定海德格尔那种非石化的本真性存在,"拉康证伪的对象从一开始就不仅仅是实体性的个人主义,不是个人感性经验生活的实在过程,拉康否定的对象正是马克思、海德格尔、广松涉以后已经非常深刻的关系存在论","拉康的逻辑是否定性的关系本体论"③。

---

① 《马克思恩格斯全集》(第26卷第3册),人民出版社1974年版,第139页。
② 《马克思恩格斯全集》(第31卷),人民出版社1972年版,第309页。
③ 张一兵:《不可能的存在之真——拉康哲学映像》,商务印书馆2006年版,第17—18页。

西方传统的实体主义哲学的特点是"主客二分",古典哲学中康德的"物自体"理论和现代哲学中拉康的"他者"理论堪为其典型形式。如果说康德是从客体上提出并论证了存在着我们不可认识的物自体,那么拉康则第一次从主体上彻底提出并论证了我们自身的不可能的存在之真。从本体论来说,拉康哲学与近代物理学的"测不准原理"不无关系,它揭示了主体在本体论上的"不完备性"。然而,只要康德、拉康是脱离历史及其反思关系这种学术讨论的基本平台来抽象地讨论客观世界所谓的"不可认识的物自体",主观世界所谓的"不可能的存在之真",他们的哲学除了留给我们某些警醒,其余或许更多的是沮丧。归根结底,拉康否定性的关系本体论与西方根深蒂固的主客二分的思维定势是脱不开干系的,他的他者理论实质上是一种隐性实体主义。拉康的这种根深蒂固的主客二分的思维定势,在很大程度上与西方独特的宗教情结(上帝与凡人,天堂与地狱)脱不开干系。关于这种宗教情结的根深蒂固性,如广松涉在其《黑格尔与关系主义的潜流》一文中所指出的,"我们由于居住在佛教文化圈,可以简单地把'关系的第一性'或'关系主义'挂在嘴上,而在基督教文化圈,想通过因为否认实体所以照样地否认神,无论如何可没有那么简单。"①在这一点上,我们相信《资本论》与现代相对论等社会科学和自然科学所揭示的反思关系的观点,儒家关于人我合一的思想,以及广松涉的关系存在论的视角,将有助于走出西方传统的实体主义哲学的隘路。

第五节　唯心主义的三种形态

在马克思主义哲学原理教科书中,关于唯物主义和唯心主义各自

---

① 『廣松涉著作集』(第 7 卷)、岩波書店、1997 年、第 131 頁。

的形态,通常会首先引述恩格斯在《路德维希·费尔巴哈和德国古典哲学的终结》一书中提出的著名命题:"全部哲学,特别是近代哲学的重大的基本问题,是思维和存在的关系问题"①,然后阐述哲学基本问题的两个方面,一是思维和存在何者是第一性的,由此划分唯物主义和唯心主义,二是思维与存在是否具有同一性,由此划分可知论和不可知论。就哲学基本问题的第一方面的深入分析而言,常见的表述是:"唯物主义经历了三个基本发展阶段,表现为三种基本历史形态:古代朴素唯物主义、近代形而上学唯物主义和现代辩证(历史)唯物主义"②,而"唯心主义有许多流派,但归结起来不外两种基本形态:主观唯心主义和客观唯心主义"③。细心的读者可能会发现,此处关于唯物主义和唯心主义各自形态的划分标准有着明显的差异,前者主要是根据历史发展脉络来划界,后者则是按主观精神和"客观"精神的不同取向来区分。这种源自二重标准的划分,多少给人一种突兀之感。毕竟"唯心主义和唯物主义,不论表现为何种形式,也不论经历了哪些形态,它们之间从未间断的对立和斗争,始终是围绕着精神和物质何者为第一性的问题而展开的"。④因此,唯心主义理应同样具有与唯物主义相对应的三种形态。但是,在以往马克思主义哲学原理研究中,这个问题从未有人提及。从避免二重标准的划分的角度着眼,与唯物主义的三种形态相对应,将唯心主义划分为古代朴素唯心主义、近代形而上学唯心主义和现代辩证唯心主义这样三种形态,应该更切合马克思主义方法论关于历史性与逻辑性相统一的原则。

一、古代朴素唯心主义:灵肉二重天

哲学脱胎于神话和宗教,随之产生了一般意义上的希腊哲学、印度

---

① 《马克思恩格斯文集》(第4卷),人民出版社2009年版,第277页。
② 李秀林:《辩证唯物主义和历史唯物主义》,中国人民大学出版社2004年版,第8页。
③ 李秀林:《辩证唯物主义和历史唯物主义》,中国人民大学出版社2004年版,第9页。
④ 肖前、李秀林、汪永祥:《辩证唯物主义原理》,人民出版社1981年版,第13页。

哲学和中国哲学。在蒙昧时代,人们不知道精神是肉体的产物、大脑是思维的器官,往往误以为肉体是灵魂寄寓场所,人死之后,灵魂可以离开肉体而独立存在,由此形成灵魂不死的观点;同时还由于人们认识自然和改造自然的能力极为薄弱,使得他们总是把无法解释或无法控制的自然力量人格化,由此产生泛神论的观点。灵魂不死和泛神论的观念,可以说是哲学唯心主义的滥觞。

让我们首先把目光聚焦在哲学的故乡古希腊的毕达哥拉斯学派。在宗教上,毕达哥拉斯继承了他的老师费雷居德关于"人的灵魂不死"的灵魂轮回说,强调一切生物都有不朽的灵魂,为了使死后重获灵魂,人必须通过音乐(具有和谐的音调)和哲学(思索事物之间的和谐关系)来净化自己的灵魂,摆脱生死轮回。关于这种思想与宗教的确切联系,如康福德指出的,"毕达哥拉斯主义是奥尔弗斯教内部的一种改良运动,而奥尔弗斯教又是狄奥尼索斯崇拜中的改良运动。"①就前一种改良而言,其具体做法是往奥尔菲斯教义中注入哲理性内容和某些伦理道德精神。据他考证,"理论"(theory)一词,原本是奥尔弗斯教派的一个字,意思是"热情的动人的沉思",它没有世俗的功利性,纯粹是"无所为而为之"。在哲学上,则曾前往米利都等地,拜访了第一位哲学家泰勒斯以及阿那克西曼德等人,并成为他们的学生。最终,正如与占星学相结合而诞生了天文学,与炼丹术相结合而生产化学,毕达哥拉斯将数学与宗教和哲学相联系而创立了一种以数的和谐关系为研究对象的"数的哲学"。

毕达哥拉斯学派相信,上帝通过数来统治宇宙,通过数学可使灵魂得到升华,与上帝融为一体。例如,他们认为"1"是万物之母,"2"是对立和否定的原则,"3"是形体和形式,"4"是正义,"5"是奇数和偶数,"6"是灵魂,"7"是机会,"8"是和谐,"9"是理性,"10"是圆满。毕达哥拉斯

———————————

① 罗素:《西方哲学史》(上卷),何兆武、李约瑟译,商务印书馆1963年版,第58页。

通过对音乐的深入研究,发现音调完全是由数的比例而定,因此他推想数是宇宙万物的本原,"是一切事物的本质,整个有规定的宇宙的组织,就是数以及数的关系的和谐系统"①,研究数学的目的在于探索自然的奥秘。在他看来,数不仅有量的多寡,而且具有几何形状,"1"对应于点,"2"对应于线,"3"对应于面。世界的生成过程就是按照点、线、面、体的顺序,分别产生出水、火、气、水这四种元素。回过头看,说"1"是"万物之母",最直接的原因可能是缘于"1"是自然数的开始,同时可能还含有以"一"代表某个未知之谜的意思。未知之谜,不仅是至今困扰现代人的挥之不去的雾霭,对于人类蒙昧时期的希腊人来说更是如此。今天我们知道,"性质之差异只能靠归纳法而知,但数量之变化却可由演绎法而知"。②因此,用"1"解释这个世界的生成变化,是再合适不过的简便做法。这种观念,在中国哲学中也不乏类似"道生一,一生二,二生三,三生万物"的表述,而《道德经》之被分为八十一章,则明显寓含道教的九九归一的思想。接着再看数字"2",毕达哥拉斯试图把泰勒斯的水之有限和阿那克西曼德之无限调和起来,认为 2 是"对立和否定的原则",当中的简单道理,我们借助中国古代寓言"自相矛盾"的"矛"与"盾"也略知一二。根据事物数量上的这种矛盾关系,他列举了有限与无限、奇与偶、一与多、左与右、阳与阴、静与动、曲与直、明与暗、善与恶、正方与长方这十对范畴,来解释和还原世界上一切事物,这可以说是后来柏拉图哲学中二元论色调的先声。还有数字"6",说它是灵魂,如果就字形上看,"6"确实就像升腾的灵魂……;倒过来,说"9"是理性,言外之意也无非是寄寓于人的头脑当中的灵魂。这类思想不仅直接引发柏拉图提出了著名的"灵魂回忆说",而且还启迪了他的理念论和共相论的理论。既然"1"是万物之母,也就意味着"1"与万物有着天壤之别。在柏拉图那里,所谓"天",无非是"理念世界",所谓"壤",不过是

---

① 黑格尔:《哲学史讲演录》(第 1 卷),贺麟、王太庆译,商务印书馆 1959 年版,第 218 页。
② 张东荪:《张东荪讲西洋哲学》,东方出版社 2007 年版,第 14 页。

"现象世界"。"理念世界"是可理喻的东西,它是完美的、永恒的;"现象世界"则是与可感知的东西,是有缺陷的、暂时的。

"理念"和"现象"这两个世界划分,除了直接源自毕达哥拉斯的二元论之前奏,可能还与古希腊人的这样一种朴素的意识有关,即无论人们多么细心地使用圆规,都无法画出一个完备而规则的圆。几何学讨论的严格意义上的圆形,只能是与可感对象相对立的理想对象。所以他们得出结论说,思想比感官更高贵,理性对象较感性对象更真实。作为其结论的延伸,他们信守"禁吃豆子"的规矩,想必圆形的豆子是思想、理性对象的感性表征,以至毕达哥拉斯被他的敌人追杀时,他宁死也不肯退避到附近的豌豆田。这种对数学和哲学的朴素意识,成为今天我们所看到的柏拉图哲学的极为重要的一环。"自从他那时以来,而且一部分是由于他的缘故,数学对于哲学的影响一直都是既深刻而又不幸的"①,它把人们传统观念中认为真实存在的一切都打到了,把一切感性的实体还原为理性的实体,认为后者才是唯一真实的存在。按照凡是把诸如"感觉"、"经验"、"心"等主观精神夸大为唯一的实在就叫主观唯心主义和凡是把类似"道"、"理"、"理念"、"绝对精神"等客观精神夸大为唯一的实在就叫客观唯心主义的理解②,毕达哥拉斯哲学当属客观唯心主义。然而,数的概念一开始就与人类的分辨和选择的朴素心理不无关系,与人定量和定性的概念思维不无关系,其中蕴含一种朴素唯心主义的萌芽,此后壮大为"柏拉图主义"的参天大树。在《国家篇》中,柏拉图讲述了一则寓言,说一个犯人被锁在洞穴中,洞口有类似木偶戏的表演,其阴影借着洞口火光映照到洞壁上,此刻的犯人只能看到这些阴影。等到他被释放时,才看到洞口的火光及洞外的太阳,才知道以前看到的阴影,只不过是真正的事物(太阳)的摹仿。毕达哥拉斯的朴素唯心主义观念,主要通过巴门尼德、恩培多克勒、柏拉图、亚里士多

---

① 罗素:《西方哲学史》(上卷),何兆武、李约瑟译,商务印书馆1963年版,第55页。
② 肖前、李秀林、汪永祥:《辩证唯物主义原理》,人民出版社1981年版,第12页。

德以及第欧根尼·拉尔修等人的著作而流传下来。其中,借助灵魂回忆说及上述毕达哥拉斯式的寓言,柏拉图再次论证了灵魂之于肉体、理念世界之于现实世界更真实、更完美。这一基调,一直影响着后世的神学和哲学思想。

二、近代机械唯心主义:心物二元论

由毕达哥拉斯开创的朴素唯心主义经过柏拉图、普罗提诺以及中世纪奥古斯丁、托马斯·阿奎那的深入阐发,至近代哲学的开创者、法国哲学家笛卡尔那里,已经衍变为一种形而上学唯心主义。之所以会有那种转变,一方面,得益于近代自然科学探索自然奥秘的求知精神,以及重视观察和实验的求实精神。而对于经验观察的表述手段,人们已难以满足于抽象的哲学与神学思辨,而是试着回到毕氏的数学原点,用可靠的数学语言将自然乃至社会的客观规律精确地描述出来;另一方面,自古以来的灵与肉、理念与现象的二重世界划分,到了近代,"世界被想象为一架大机器,自然物被想象为有形而没有灵魂的零件,没有本质的高下之分,它们按相同规律运动,没有天界和地界之分"[1],转而以一种机械论图式来解释世界。

笛卡尔是近代西方哲学的开创者以及数学家和科学家,他沿袭了毕达哥拉斯学派的数学风习,其哲学具有鲜明的形而上学唯心主义色彩。我们知道,形而上学是相对于辩证法的一种世界观或方法论,其观察事物的视角具有孤立、静止、片面的特点,否认事物的联系、发展和变化。即便有变化,也只是数量的增减和场所的变更,且其原因不在事物内部而在于事物外部。在方法论上,笛卡尔沿着古希腊怀疑论鼻祖皮浪开辟的道路前行,首先宣称在对观念进行正向分析之前,"决不接受我没有确定为真的东西"[2],提出了"普遍怀疑"的方法,强调一切都是可

---

[1]　赵敦华:《西方哲学简史》,北京大学出版社 2011 年版,第 196 页。
[2]　《西方哲学原著选读》(上卷),商务印书馆 1982 年版,第 364 页。

怀疑的,唯有进行这些怀疑的怀疑者乃是确切无疑的。通过把"被疑物"和"疑者"机械地"区分"开来,笛卡尔得出第一个"确切"的命题:"我思(疑)故我在"。"自我"观念,成为诉诸"普遍怀疑"方法之后得到的一个"真理的标准"。然后在这个标准下进行反向综合,先前被怀疑的观念才被验证为真观念。所有的观念,可分为三类:天赋的、外来的和虚构的。三类观念又可合而为二:我思自造和外因造成。其中,我思自造的观念是不真实的;外因造成的观念,若由上帝造成则真,若由可感事物造成则假。最后一种说法,其实无非是柏拉图主义在笛卡尔哲学中的回光返照。

作为一位深受基督教传统熏染的哲学家,笛卡尔主张上帝是上帝的本体。其关于上帝存在的因果证明和本体论证明,已初步呈现其哲学的形而上学性质。(1)关于因果证明,笛卡尔主要根据缘于直觉的因果原则,认为一件事物不能来自虚无,原因的实在性不能少于结果。上帝是人类的天赋观念,这一圆满的观念之所以产生,其原因只能源自上帝,而不可能由人或其他不圆满的存在而产生,因此上帝存在。自16世纪兴起的自然科学,开始摆脱神学的束缚,试着对自然界进行分门别类的研究和整理,其中以牛顿力学以及为之服务的数学取得了巨大成就。笛卡尔正是根据这一古典力学的成就,建立起一个机械论的宇宙演化模型。不过,笛卡尔终究未能摆脱神学的束缚,因为很明显他仍以上帝作为一切自然现象的最终解释和根据。由于笛卡尔将原因和结果的关系凝固化,看不到二者之间的联系、转化和发展,把因果关系简单化,将之机械地还原为一种数量关系,直观地认定因多果少,而不可能相反。实际上,在自然界中,以一粒种子为因而结出无数果实的例子比比皆是,在人类历史上,以一己思想而影响一大批人的事实也数不胜数。(2)关于本体论证明,笛卡尔通过着重分析上帝的概念,而推论出该概念所指的对象为最圆满的事物。反过来说,最圆满的事物若不存在,则我们将想象出别的较之更圆满的存在。所以上帝是存在的。毋庸讳言,这类本体论证明只不过是中世纪经院哲学家安瑟尔谟关于"上帝是最完满的(大前提),最完满的必然包括存在(小前提),上帝是存在的(结论)"的机械重复。那么,这个世界究竟是否存在最圆满的东西?这个问题,显然与自毕达哥拉斯和柏拉图以来哲学与宗教领域中一直存在的彼岸世界和此岸世界的二重化有关。从彻底的无神论视角来说,我们说世界根本就不存在所谓绝对圆满的东西。可是在笛卡尔那里,或许囿于其虔诚的宗教信仰,使得他宁愿不惜重复中世纪的陈词滥调,也不愿承认世界万物都是完满与缺陷的对立统一,而最终把圆满与缺陷机械地割裂开来。

笛卡尔哲学的形而上学性质,集中反映在他的心物二元论的观点中。换句话说,他关于本体论的思考,并没有止步于上帝是世界万物的本体的一元论框架。在上帝的绝对本质之下,笛卡尔紧接着设立了两个相对本质:心灵和物质。物质的特征是"广延",心灵的特征是"思维"。物质和心灵是两个彼此独立的实体,广延不能思维,思维没有广延。那么,这两个彼此独立的实体是如何相互联系、相互作用的呢?最终他假设,位于大脑部位的"松果腺"(远古动物的第三只眼、人的第六感)是身体和心灵的交接点。显然,这种解释违背了心灵没有广延的二元论立场。这一悖论的解决,成为以辩证唯心主义为其显著特色的德国古典哲学将要应对的首要问题。

三、现代辩证唯心主义:思维与存在的对立统一

康德哲学是18世纪初法国兴起的启蒙运动在德国的继续。为了给正处于分门别类地整理资料的自然科学开辟继续前进的道路,康德对休谟"温和怀疑论"在内的以往所有哲学发动了一场"哥白尼式的革命"。这场革命的发动,缘于康德从数学和物理学的研究中受到的启发。在康德看来,数学和物理学领域的革命有一个共同的特点,那就是把从客观到主观的思想路线,扭转为从主观到客观的思想路线。拿几

何学来说,几何图形就是按照先天的设想被构造出来,后天的具体事物的形状则是被这些先天的几何图形所规定。物理学亦然,很多具有重大意义的实验,都是通过事先的理性设计而产生。那么在哲学上,康德是如何展开这场革命的? 具体而言,(1)通过"纯粹理性批判"的先验演绎,回答"我们能知道什么?"认为我们只能知道自然科学让我们所把握到的东西。首先,由先验感性论,提出空间(外感觉)和时间(内感觉)是感性直观的先验形式,来解说我们所面对的感性世界。其次,以先验知性论,列举了量、质、关系和样式各自涵盖的三个概念凡十二范畴,来解释自然科学所处理的知性世界;在此意义上,强调"人为自然立法",而不是相反。最后,借助先验理性论,指出灵魂、宇宙和上帝这三个理性概念(物自体),是上述时间、空间和十二范畴所无法把握的,以此为宗教信仰保留地盘。这无外是柏拉图曾尝试的"现象世界"和"理念世界"之划分的翻版。这里,严格地说,感性和知性的先验论中所谓的先验,并非与经验分离,而是在经验内决定经验的先决条件。而理性先验论中所谓的先验,却是超验的,即超验的物自体,既不是知识的对象,也不是先验哲学的研究对象。(2)通过"实践理性批判"的先验演绎,回答"我们应该怎样做?",强调"不论做什么,总应该做到使你的意志所遵循的准则永远同时能够成为一条普遍的立法原理"。①(3)通过"判断力批判"的先验演绎,回答"我们可以抱有什么希望?"提出三条道德公设,即意志自由、灵魂不朽和上帝存在。概而言之,三大批判可以说是康德对近代心物二元论的机械唯心论乃至古代灵肉二重天的朴素唯心论所作的重新审视与辩证统一。当然,这种统一是严重不彻底的。其最明显的表现是,在康德那里仍然存在两个世界的分立,即现象(感性、知性)和物自体(理性)的二元分立,强调现象是可以认识的,包括灵魂、宇宙和上帝在内的物自体是不可认识的。在这个意义上,康德并没有很好

---

① 康德:《实践理性批判》,韩水法译,商务印书馆 2000 年版,第 30 页。

解决思维与存在对立统一的问题。

费希特不满意康德关于物自体存在问题的论述,因为这种现象与物自体的二元分立的体系,将导致一种怀疑主义。他认为,一个严密的哲学体系应该从一个不证自明的第一原理出发,按照其内在的必然性,以严密的逻辑推理出来的系统。那么,费希特有何解决方案呢? 他的做法是以绝对自我取代物自体。在他看来,这个绝对自我是所有自我意识中的先验要素,它既是一切经验实在性的根据,也是所有认识的先验源泉。他吸收了康德关于自我意识是知识最高原则的观点,从逻辑规律引申出关于自我意识的三条原则。(1)由同一律 A＝A,引申出正题"自我设定自身",自我是自身的绝对同一,它说明自我的性质是纯粹的意识活动;(2)由矛盾律 A≠～A 引申出反题"自我设定非我",自我既是主体,也是自我为自身设定的对象,它说明意识活动过程中展现的对象和内容;(3)从排中律 A 或～A,引申出合题"自我与非我的统一",自我即是非我,非我即是自我,它说明意识活动朝向的目标。如果说康德提出的"人为自然立法"的主观唯心主义,由于还保留一个未知的"物自体",因而不够彻底,那么费希特则通过其自我意识的原则向彻底的主观唯心主义迈进了一大步。这种过于彻底的主观性让作为费希特哲学的拥护者的谢林有点不满。在他看来,费希特的哲学主要关注的是自我或人的问题,而对于自然、客观世界则不够重视,自然作为一种非我,只是由"绝对自我"来设定的一种材料。实际上,无论是作为主观事物的人,还是作为客观事物的自然,都是在原始对立的推动下,从作为费希特的自我与斯宾诺莎的实体的神秘统一的"绝对同一性"这个神秘的本原中发展出来。(1)从"绝对同一性"发展出自我意识的过程,是从客观到主观的无意识的创造过程,这是历史的伊利亚特(出征),它构成谢林的自然哲学的内容。(2)从自我意识返回到"绝对同一性"的过程,是从主观到客观的有意识的创造过程,这是历史的奥德赛(回家),它构成谢林的先验哲学的内容。

　　总之,在思维与存在的对立统一的问题上,康德有着二元分立的缺陷,费希特有注重前者忽视后者的局限,谢林则带有将两者置于他的"同一哲学"中作神秘统一的不足。也许这至少作为因素之一,黑格尔才贬低谢林,把他描述为德国唯心主义发展过程中的一个小注脚,批评"谢林的同一性原则缺乏形式、缺乏证明;他只是初步提出这个原则罢了"。①其实,黑格尔早年也对神秘主义具有浓厚兴趣,使他保留着"分立性是不实在"的信念。他坚持认为,不管是原子或灵魂,世界并非一些彼此完全自立的坚固单元的集成体。问题是,黑格尔又将如何证明他称之为"绝对精神"的复杂万状的全体是如何相互联系的? 对此,黑格尔有自己的看法:任何谓词,如果将它看作是限定"实在"全体的,它必将是自相矛盾的。比如,在巴门尼德的学说中,认为唯一实在的"太一"是球状的。但是,假如它没有边界,就不可能是球状的,至少它外部存有虚空之类的东西,它才可能有边界。因此,要避免自相矛盾,就不能假定整个宇宙是球状。从马克思主义哲学的研究对象即自然、社会和思维这三大领域来说,黑格尔哲学体系中的《自然哲学》、《精神哲学》和《逻辑学》可以说大致与此相对应。但是,就其自身序列而言,《逻辑学》却是位于《自然哲学》和《精神哲学》之前。那么具体而言,黑格尔是如何解决思维与存在的对立统一的问题呢? 作为基本方向,黑格尔发挥了费希特关于绝对自我的发展三阶段的理论,明确提出辩证法是由正题、反题与合题组成的。同时,与费希特将绝对自我看作其知识论和认识论的起点相类似,黑格尔把绝对精神看作世界的本原。在《逻辑学》中,从开端的"纯有",一直到末尾的"绝对精神",所展现的无非是思维着自身的纯思想,即人类思维沉淀的一套纯主观的逻辑概念。而《自然哲学》中的自然,也不过是绝对精神的自我异化。在笔者看来,这两部著作所讨论的问题,从生成性和创造性来说,其重要性远不及《精神哲

---

① 黑格尔:《哲学史讲演录》(第4卷),贺麟、王太庆译,商务印书馆1978年版,第403页。

学》。这是因为,前者很大程度上只是康德、费希特及谢林遗产的消化与吸收,而后者关于家庭、市民社会和国家的探讨,却深远地影响到包括马克思在内的众多思想家。黑格尔哲学的任务和目的,就是要运用联系、发展和全面的辩证法的观点,通过绝对精神在自然、社会和精神(思维)现象的不同发展阶段及其表现形式,来展现绝对精神的发展过程及其规律性,为自古以来关于思维与存在的关系问题的讨论,提供一个"圆满"的辩证唯心主义的解决方案。

毋庸赘言,由于黑格尔辩证法在根本上是头脚倒置的,这一问题的正确解决,只是在马克思主义的辩证唯物主义中才真正得以实现。

第三章　价值论

第一节　资本与社会的界限及过渡

理想与现实，犹如人的两条腿；理想与现实的问题是人们无法回避的重大问题。在西方，学堂和教堂是传播作为共同体一员应该如何处理、解决这一问题的学问的主要场所，前者处理的是生前的谋生问题，后者解决的是死后的不朽问题。即便在现代科学越来越发达，西方宗教信仰相对弱化之后，西方社会仍存在一些可能包括但不限于此的"民主、自由、法治、人权"等所谓的基本价值，支撑其精神世界。反观中国，虽然也有自汉代以来就土生土长的道教及印传佛教，但是从它所担负的对应于教堂的应有功能来说，无论在广度与深度上都无法与西方同日而语。这就带来一个问题：我们该如何回应时下网络上所谓"中华民族是一个没有信仰的民族"、"中国没有自己的基本价值"等指责或歪曲，建立我们乃至整个人类的理想信念和价值信仰的世界？

一、问题的由来

早在人类哲学的童年古希腊哲学之前，一与多、体与用、静与动、明与无明、不变与变的关系，一直是古印度《奥义书》试着调谐的主题。在此之后，第一个哲学家泰勒斯将水、阿那克西美尼将气、赫拉克利特将火看作变化的一，巴门尼德将是者看作不变的一；毕达哥拉斯把数理解为不变的多，恩培多克勒把种子、德谟克利特把原子理解变化的多。概言之，一与多、不变与变着实是古希腊哲学家关注的重心。在这些灿若星辰的名哲当中，如果说巴门尼德第一次提出了思维与存在的同一问

题,譬如桌子的概念与桌子本身具有同一性;那么其学生芝诺则第一次
提出并论证了思维与存在的对立问题,譬如存在与杂多、静止与运动具
有对立性。在芝诺那里,他是通过有限与无限的对立来论证存在的独
一无二,借助二分法、阿基里斯与乌龟、飞矢不动和运动场这四个悖论
而论证存在的静止不动。具有反讽意味的是,在今天的马克思主义哲
学原理教科书中,芝诺这位"辩证法的创始者"①关于飞矢不动等悖论的
探讨,恰恰是作为形而上学思维方式的经典教案而使用。实际上,从巴
门尼德开始,就已经呈现存在与非存在、理性与感性相对立的趋势,仿
佛这是两种彼此完全分离的东西,而人的概念能力是决定客观实在与
非客观实在的最高标准,现实则是从概念中派生出来似的。正是这种
割裂引发了后来柏拉图经由阿那克萨戈拉的"努斯"概念提出了理念世
界与现象世界的二元区分,并对古罗马的诺斯替教及中世纪的基督教
产生了深远的影响。这一问题,在康德的四组"二律背反"中得到了集
中表现。虽然康德在认识论上力图克服唯理论和经验论各自的片面
性,确认先天综合判断既具有感觉经验的内容,也具有普遍必然性的知
识,但是在现象与物自体的关系问题上,特别强调当人们试图运用知性
探讨"宇宙、灵魂、上帝"这类"物自体"的问题时,就会遭遇"时空是有限
的还是无限的,世界是单一的还是复合的,世界出于自因还是出于他
因,世界存在必然还是一切都为偶然"这样的"二律背反"问题。②

　　一与多的关系讨论的是本体论的问题,不变与变的关系讨论的是
辩证法的问题,这两大问题分别形成了哲学史上唯物主义和唯心主义、
辩证法和形而上学这"两个对子"。"对子就是矛盾,解决矛盾的途径是
辩证法。"③任何悖论,都是一种思维矛盾,任何矛盾,也必定会在现实中
得到解决,但同时又将产生新的矛盾。形而上学重在非此即彼,你死我

---

①　黑格尔:《哲学史讲演录》(第1卷),贺麟、王太庆译;商务印书馆1959年版,第272页。
②　康德:《纯粹理性批判》,邓晓芒译,人民出版社2004年版,第361—386页。
③　赵敦华:《西方哲学简史》,北京大学出版社2001年版,第6页。

活；辩证法重在亦此亦彼，互生共赢，既看到思维的矛盾，更看到通过人的实践而现实地解决这一矛盾的途径。可是，由芝诺开启的这种"二分法"的辩证法何以恰恰不仅未能解决矛盾，反而使矛盾得到凸显并放大，且最终走向作为其反面的形而上学？从根本上说，虽然芝诺敏锐地发现了辩证法的对立问题，但其解决问题的方式却是孤立、静止的思维方式。这表现在无论是早期的芝诺还是后来的康德，他们都忽视了真正说来由赫拉克利特开创的辩证法传统，都是以"非此即彼"的知性思维即实体思维来思考问题，而不是用"亦此亦彼"的辩证思维即关系思维来考察问题。质言之，知性思维缺乏辩证思维中起连接两者的桥梁作用的中介和过渡。这个问题，直到康德哲学的继承者费希特的哲学中，才以"自我设定自我——自我设定非我——自我设定自我和非我"的唯心辩证法的方式，提供了初步的解决方案，其中的第三个环节即"自我和非我"，乃是贯通存在与非存在、有限与无限的中介、过渡，从而实现对前两个环节的既克服又保留，即扬弃。这一辩证法的中介、过渡，不仅具有其本体论基础，而且在中西方有着惊人的相似。依据阿那克西曼德的理解，"无限者"是成与毁的中介，它是"万物所由以产生的东西，万物消灭后复归于它，这是命运规定了的，因为万物按照时间的秩序，为它们彼此间的不正义而互相补偿"。①在这当中，无限者乃是贯穿类似火、土、水、风等元素中的必然性，虽然其中每种元素都试图扩大领域，但这种必然性却始终校正这些元素，以使它们之间达到某种平衡，正如有火就有灰烬，而灰烬就是土。根据老子的观点，"天之道损有余而补不足，人之道损不足以奉有余"（《老子》第七十七章），天道于此起着损与补、不足与有余的校正、平衡作用。这一思想，在施耐庵的小说中，通过宋江所打出的"替天行道"②的旗号得到鲜明体现。

---

① 罗素：《西方哲学史》（上），何兆武、李约瑟，商务印书馆1963年版，第52页。
② 施耐庵：《水浒传》，上海人民出版社2010年版，第375页。

二、资本与社会的界限

资本与社会的问题,是古希腊哲学以来本体论意义上的一与多的问题的延续。在人类历史上,资本与社会的界限表现在少数人与多数人之间利益关系的紧张和对立,这是阶级社会一切悲剧冲突的根源。为了便于说明问题,让我们先从一与多的关系所折射的家庭与城邦、贵族制与民主制的冲突入手。在古希腊悲剧作家索福克勒斯的《安提戈涅》的戏剧中,一与多的矛盾,通过家庭与城邦的冲突得到了淋漓尽致的表达。安提戈涅的兄长波吕涅克斯和厄忒俄克勒斯为争夺王位而同归于尽,最终由舅父克瑞翁继承王位,并宣布借助外国力量以争夺王位的波吕涅克斯为叛徒,令其暴尸野外,不许任何人将其埋葬。波吕涅克斯的妹妹安提戈涅以遵守"不能让亲人暴尸荒外"的"天条"为由义无反顾地埋葬了哥哥,以尽亲人应尽的义务。恼怒的克瑞翁以维护城邦利益的名义,下令将安提戈涅处死。故事最后的悲剧结局是,安提戈涅于牢中自缢,其未婚夫即克瑞翁的儿子海蒙殉情自杀,克瑞翁的妻子愤而自尽,留下克瑞翁独自叹气。在这部伟大的悲剧中,如果说天条是一,那么家庭就是多,家庭必须服从天条;如果说城邦是一,那么民众是多,民众必须服从城邦。在这里,安提戈涅面临一个遵循的天条还是遵从城邦的二难抉择,结果如我们所看到的,在这个"一"的等级序列中,安提戈涅选择了以自己的死亡换取对最高的"一"即"天条"的遵循。[①]

在《安提戈涅》之后,个人与城邦的尖锐冲突,没有任何一种记载能够超过柏拉图的《申辩篇》带给人们的那种心灵震撼。苏格拉底的一位朋友凯勒丰曾到德尔菲神庙求问神谕是否有比苏格拉底更聪明的人,传达神谕的女祭司皮提娅答曰没有。苏格拉底坚持"未经省察的生活

---

① 这解释了为什么好人不等于好公民的原因。换句话说,安提戈涅无疑是好人,但绝对不是一个好公民。

是没有价值的"①,为了证明神谕是错误的,他整日穿梭街头,试图寻找一位比他更聪明的人,为此他得罪了不少政客、诗人和手艺人。由此苏格拉底干脆自比为一只提升城邦质量的牛虻,整日飞旋在雅典的上空刺激城邦这匹巨大而高贵的骏马,以免其由于懒散而失去生命活力,最终落得"腐蚀青年人的心灵"和"不相信国家认可的诸神"②这样两个罪名。在狱中,苏格拉底三次拒绝了学生替他安排好的逃走机会,而宁愿选择饮鸩而死,理由依次为"蔑视城邦对他的死刑判决"、"自己对死亡的无比关心"和"为后人示范一种对城邦法律的理性而高贵的服从"③。从中外哲学史的发展脉络来看,哲学脱胎于宗教,而导致苏格拉底之死的罪名之一是"不相信国家认可的诸神",这两者之间有何相干? 明眼的读者由上述一与多的矛盾可以看出,从苏格拉底开始,人们开始运用理性取代《安提戈涅》中的诸神的法律(天条)。在这里,如果说作为哲学家的苏格拉底是一,那么城邦民主制就是多,苏格拉底以一己之身,对抗整个城邦的民众。苏格拉底的困境在于一方面"要追寻真理与最佳政制",另一方面"要忠诚于那些不完美社会的法律与规则"④。从其学生柏拉图开始,为了避免苏格拉底的命运,避免城邦对哲学的危害,哲人们启用了两种不同的教诲,一种是显白教诲(exoteric teaching),一种是隐微教诲(esoteric teaching)。⑤

如上所述,当一与多的关系一旦涉及社会历史领域,人们似乎始终面临一种康德式的"自由与民主"的二律背反。"自由"是"一"还是"多",抑或"民主"是"多"还是"一"? 我们很难简单地将"自由"和"民

① 柏拉图:《柏拉图全集》(第1卷),王晓朝译,人民出版社2002年版,第27页。
② 柏拉图:《柏拉图全集》(第1卷),王晓朝译,人民出版社2002年版,第10页。
③ 斯蒂芬·B.史密什:《耶鲁大学公开课:政治哲学》,贺晴川译,北京联合出版公司2015年版,第39页。
④ 斯蒂芬·B.史密什:《耶鲁大学公开课:政治哲学》,贺晴川译,北京联合出版公司2015年版,第41页。
⑤ 刘小枫:《真理为何要秘传:〈灵知派经书〉与隐微的教诲》,《跨文化对话》2001年第6期。

主"与"一"和"多"分别用直线连起来,而只能说它们无不既是"一"又是"多",既是"多"又是"一"。如果一种政制可容纳多数人,那么"自由"是"多","民主"是"一"。这时,等级与平等之争往往成为政治冲突的中心。如果少数人能汇聚多数人的财富,那么"自由"是"一","民主"是"多"。这时,个人与集体之争通常成为经济分配的要津。资产阶级所谓的"自由民主",实则内嵌这一双重内涵。在《论美国的民主》一书中,托克维尔曾着眼于一与多的矛盾,分析民主制较之于贵族制的优点与缺陷。在他看来,"民主的法制一般趋向于照顾大多数人的利益,因为它来自公民之中的多数……贵族的法制与此相反,它趋向于使少数人垄断财富和权力……民主立法的目的比贵族立法的目的更有利于人类……民主政府尽管还有许多缺点,但它仍然是最能使社会繁荣的政府。"①而贵族制虽然在治国和立法方面优于民主制,但是"英国的立法常为富人的福利而牺牲穷人的福利,使大多数权力为少数几个人所专有。结果,今天的英国集极富与极贫于一身,其穷人的悲惨处境与其国力和荣誉形成鲜明的对照"。②这种现象,早在法国大革命之前,就一直是启蒙思想家们抨击的对象。卢梭断言,"不管我们如何对不平等进行定义,以下这些显然是违背自然法则的:孩子命令老人,傻瓜领导智者,一小撮人富得冒油,而大众则因缺乏生活必需品忍饥挨饿。"③到了当代,罗尔斯的《正义论》试图解决这个古老的一与多的关系问题。(1)作为整体的一,主要涉及社会、民主和公平的问题。罗尔斯从广义平等主义提出个人自然禀赋是社会"共同资产",以此为分配正义和福利国家辩护,强调当且仅当一个社会致力于矫正社会不平等,并使那些最少获益者受益,这个社会才是正义的。④(2)作为个体的多,主要涉及个人、自

---

① 托克维尔:《论美国的民主》(上卷),董良果译,商务印书馆 1989 年版,第 290—291 页。
② 托克维尔:《论美国的民主》(上卷),董良果译,商务印书馆 1989 年版,第 294 页。
③ 卢梭:《论人类不平等的起源和基础》,黄小彦译,译林出版社 2013 年版,第 79 页。
④ 为了平衡一与多之间几乎不可调和的矛盾,卢梭由此提出了作为"个别意志的总和"的"公意"概念。

由和权利的问题。罗尔斯强调，"每个人都拥有一种基于正义的不可侵犯性，这种不可侵犯性即使以社会整体利益之名也不能逾越。因此，正义否认为了一些人分享更大利益而剥夺另一些人的自由是正当的。"①这一观点直接源自卢梭，后者坚持只有在允许我们保全各自的自由时，这种社会秩序才称得上是理性或正义的。上述两层意思，我们可以借助昔时杨朱所谓"损一毫利天下，不与也；悉天下奉一身，不取也"②的言传而知其要领。资产阶级民主的极致是个人主义。在美国，一般是通过基于乡镇自治、结社③而被"正确理解的利益"，以及言论和出版自由，来克服这种弊端。或许源于这一点，齐泽克甚至以某种夸张的方式提出只有全力投身资本主义才能反对资本主义。齐泽克的观点或许与老子"物极必反"的思维相吻合。但是从历史上看，乡镇或城镇化最初只是资本便于生产集中的产物。这从英国圈地运动时期迫于"羊吃人"的血腥暴力而失去土地的农民沦落为早期无产者继而大批涌入伦敦等大城市的工厂谋生的史实亦可见一斑。它至今仍是一些团体或个人牟利的通道，其造成的居民生活成本、运输成本、出行成本的持续走高，从长远来看是不可持续的。中国未来可持续发展的源头活水在于"把农业和工业结合起来，促使城乡对立逐步消灭"。④当代新农村建设，应当重视维护国家"食物主权"⑤，其理想模式应是工业服务于农业，农业服务于保障每个人的基本生存条件。

至此，我们还明显可以看到一与多的关系隐隐折射出私有制与公有制的冲突。作为一种历史现象，资本有着古老的历史。早在古希腊罗马就有大资本家及长途贸易商，中国春秋战国也有大资本家，如孔子的得意门生子贡就善于经商之道，被民间奉为财神。古代有资本家，但

---

① 罗尔斯：《正义论》，何怀宏等译，中国社会科学出版社 1988 年版，第 1—2 页。
② 《列子》，中州古籍出版社 2010 年版，第 188 页。
③ 托克维尔：《论美国的民主》（上卷），董良果译，商务印书馆 1989 年版，第 72—84 页。
④ 《马克思恩格斯文集》（第 2 卷），人民出版社 2009 年版，第 53 页。
⑤ 严海蓉：《大豆产业危局与保卫食物主权》，《经济导刊》2014 年第 12 期。

并不意味着古代就是资本主义。因为在 18 世纪前,资本家并非欧洲社会的主角,封建贵族才是社会的决定性力量。1789 年爆发的法国大革命是欧洲封建社会与资本主义社会的分水岭,它是现代资本主义国家的源头。从词源上看,"资本"(capital)意为对动物及人的买卖及占有;马克思恩格斯在《共产党宣言》第一次使用"资本家"(Kapitalist)一词;英国小说家威廉·梅克匹斯·萨克雷第一次使用"资本主义"(capitalism)一词表示大量资本的所有权;作为一种生产制度,韦伯斯特词典将"资本主义"定义为"一个由个人①或公司拥有资本财产的经济系统,经由个人的决定进行投资而非经由国家的控制,以及价格、生产、销售产品主要都由自由市场所决定。"根据马克思的五种社会形态学说,迄今为止世界上存在两种制度,即私有制和公有制,前者包括奴隶社会、封建社会和资本主义社会,后者包括原始社会和共产主义社会。立足这一"私"与"公"的异质性维度,所谓资本与社会的界限,从物的方面来说,可以根据财富是流向一还是流向多的流向来识别;从人的方面来说,可以从财富为作为一的资本家所占有还是为作为多的工人所占有来理解。当财富流向一、为一所享有,那么它所形成的是以私有制为特征的资本主义;当财富流向多、为多所享有,那么它所形成的是以公有制为特征的共产主义。就资本主义社会而言,在原始积累时期的资本大鳄们,他们内心充满对成功、权力、金钱和名声的欲望。如《资本论》所揭示的,其财富积累的实质是"使相对过剩人口或产业后备军同积累的规模和能力始终保持平衡的规律把工人钉在资本上……这一规律制约着同资本积累相适应的贫困积累。因此,在一极是财富的积累,同时在另一极,即在把自己的产品作为资本来生产的阶级方面,是贫困、劳动折磨、受奴役、无知、粗野和道德堕落的积累"。②文中的"一极"和"另

---

① "个人"是 17 世纪由霍布斯创造的一个新词,以此取代前人的"成员"一词,其包括家庭、种姓、行会、宗教组织或城邦。此后,卢梭将现代文明所造就的"新人"称为"布尔乔亚"。
② 《马克思恩格斯全集》(第 23 卷),人民出版社 1972 年版,第 708 页。

一极",亦即"一"与"多"的两个相反流向。

资本的两种不同的流向或占有,在不同的人眼里有着截然不同的面貌。在巴尔扎克的小说《欧也妮·葛朗台》中,葛朗台是一个法国大革命后起家的资产阶级暴发户和守财奴的形象,他贪婪、狡黠、吝啬,唯一崇拜的上帝是金钱,而妻子、女儿还不如他的一枚零币。用诗人雪莱的话来说,"在他们的奴颜婢膝的心坎里/黄金是一位活佛/睥睨一切/一切的一切都可以出售。"①文学创作中诸如此类的拜物教批判,在哲学领域更是受到思想大师们的深切关注。在《论货币的本质》的开篇,赫斯即引用了雪莱上述《麦布女王》中的诗句②。受赫斯关于货币异化思想的影响,马克思在《1844 年经济学哲学手稿》及《德意志意识形态》这两部著作中,也先后引用英国莎士比亚"雅典的泰门"中诸如"金子/只要一点儿/就可以使黑变成白/丑变成美/错变成对/卑贱变成高贵/懦夫变成勇士"③的诗句,可谓与赫斯所引用的雪莱诗句有着异曲同工之妙。在《资本论》中,马克思立足翔实的数据资料,对资本主义制度下的商品、货币和资本这三大拜物教进行了严厉的批判,他指出"如果按照奥日埃的说法,货币'来到世间,在一边脸上带着天生的血斑',那末,资本来到世间,从头到脚,每个毛孔都滴着血和肮脏的东西"。④针对资本的这一嗜血本性,马克思继续援用早期的异化劳动批判逻辑,证明"在资本主义体系内部,一切提高社会劳动生产力的方法都是靠牺牲工人个人来实现的;一切发展生产的手段都变成统治和剥削生产者的手段,都使工人畸形发展,成为局部的人,把工人贬低为机器的附属品"。⑤一如卓别林扮演的电影《摩登时代》中的机器式工人。总之,根据马克思的资本批判逻辑,资本家从事生产经营的唯一动力是追逐剩余价值,对

---

① 雪莱:《麦布女王》,邵洵美译,上海译文出版社 1983 年版,第 55 页。
② 莫泽斯·赫斯:《赫斯精粹》,邓习议编译,南京大学出版社 2010 年版,第 134—136 页。
③ 《马克思恩格斯全集》(第 3 卷),人民出版社 1960 年版,第 254—255 页。
④ 《马克思恩格斯全集》(第 23 卷),人民出版社 1972 年版,第 829 页。
⑤ 《马克思恩格斯全集》(第 23 卷),人民出版社 1972 年版,第 707—708 页。

剩余价值的过度追逐导致相对于工人有限的购买力而言的生产过剩，而引发资本主义周期性的经济危机，它造成生产力及其社会财富的巨大破坏和浪费，加深并激化了资本主义的基本矛盾和阶级矛盾，最终资本主义必将为共产主义所取代。

与此相反，财富大亨们可不这么看。以洛克菲勒为例，作为一名虔诚的基督徒，他严格遵循浸信会的教条，通过包括一些负面手段在内的诸多方式以实现其尽力赚钱、存钱和捐钱的人生目的。他自诩为"慈悲天使"，据说其从年少时得到第一分薪水起，就将其十分之一捐给教会。在市场组织上，他认为"竞争是一种罪恶"，由此创建了一种托拉斯结构，即一种名义上并非由一人直接控制所有公司，但股权仍集中在少数人手上的操作方法。在商业道德上，他宣称美丽的美国玫瑰若要灿烂盛开，必须牺牲掉周围的新芽。质言之，自己以负面方式进行的垄断是美德，作为新芽而被牺牲掉的工人利益是美国这朵玫瑰得以绽放的必要条件。若此言不虚，所谓慈善捐助之类，岂不是洛克菲勒们角逐资本舞台的一块遮羞布？作为社会学家、政治经济学家的马克斯·韦伯固然拒斥这般露骨的资本辩护。在他看来，经历宗教改革之后而形成的新教，如富兰克林所指出的，其具有的"认为个人有增加自己的资本的责任，而增加资本本身就是目的"[①]的资本主义精神，促进了西方近代资本主义的发展。这一精神的特质是合理地安排生产经营和计算收支，在生活方式上与新教的入世禁欲主义相一致。就此而言，韦伯的合理性思想与洛克菲勒用宗教为资本辩护基本一致而与马克思的资本批判逻辑截然不同，其将新教伦理美化为一种"为社会创造财富的进取精神"。

固然，批判不会停留，辩护亦不会就此止息。在今天，无论实行私有制还是实行公有制，世界各国衡量一与多的矛盾所折射的经济关系

---

① 马克斯·韦伯：《新教伦理与资本主义精神》，彭强、黄晓京译，陕西师范大学出版社2002年版，第23页。

的一个标准尺度是基尼系数，它是衡量收入分配公平程度的指标。一方面，"20％的世界人口消耗了 80％的地球资源……接近 10 亿人面临饥荒"①；另一方面，作为满足人类基本需要的粮食，近年来 50％被用来制作生物燃料，联合国粮农组织专家齐格勒就此警告说，这种做法是一种"反人类罪"。从根本说，这都是一与多的界限之一斑，是消费至上及资本崇拜的必然结果。

三、资本与社会的过渡

安提戈涅的悲剧使后人认识到，无论诸神的法律（自然法）还是城邦的法律（成文法），"双方都只是使一种伦理力量得到实现，并且只能以一种伦理力量为其内容。这就是它们的片面性。因此，永恒正义的意义就展现为：双方都包含了不正义，因为它们都是片面的，但双方同样也包含了正义。"②黑格尔的意思是说，在剧中，以克瑞翁为代表的"一"与以安提戈涅为代表的"多"，二者之间的出现一种绝对的断裂，各自的相对性尚未得到真正的发现，二者之间尚未架起一道过渡的桥梁。关于这一桥梁的必要性，我们可以借助先人经常使用的一个象形文字来理解。在汉字中，"巫"的字义即为沟通天地鬼神的"女科学家"，其中上下两横分别代表天、地，左右两人分别代表死去的人（鬼神）、活着的人。那么，究竟如何克服上述城邦与家庭的断裂，真正架起沟通二者的桥梁，实现二者的过渡？在索福克勒斯之前，古希腊人并非没有这方面的思考与实践。在梭伦改革中，梭伦便是恪守中道，努力在贵族与平民之间保持一种均衡与和谐，让自己的立法趋于"无贵无贱，一视同仁"。就贵族（一）与平民（多）的关系而言，他坚持"自由不可太多，强迫也不应过分"，为此他下令取消所有的公私债务，以防止贵族为富不仁，使负债的农民沦为奴隶。古希腊人认为，事物的和谐或均衡即是"正义"，它

---

① 本刊编辑部：《生灵的哀歌》，《商道》2012 年第 6 期。
② 黑格尔：《宗教哲学讲演录》，魏庆征译，社会科学文献出版社 1999 年版，第 548 页。

是物理世界所遵循的终极原则，并由此引申出一种"万物皆有定分"的道德品质。在欧里庇得斯的戏剧《腓尼基的少女》中，伊俄卡斯达要求儿子必须节制或适度，尊重平等，因为"人类的自然法就是平等。平等注定是人的本分，按神的分配去平衡重量和数量"。①

在柏拉图的对话中，《申辩篇》所讨论的是城邦对哲学的危害，《理想国》则与之相反，它所讨论的是私人领域对城邦的危害，强调废除私有财产和家庭，主张利用谎言和神话，并对诗歌和神学加以严格审查。在柏拉图眼里，理想的国家是一个工匠、武士和哲学王组成的等级序列。基于这一点，波普尔的《开放社会及其敌人》称后者为极权主义的先声。显然，波普尔若将之与前者《申辩篇》结合起来看，恐怕未必会得出如此结论。换言之，柏拉图的本意是通过两场对话，是从两个极端的方向探索哲学与城邦之张力的疏导，进而试着发现一与多的矛盾的"解药"。当然，这种解药，柏拉图没有给我们现成地提供出来，而理由极可能源于前述"显性"与"隐微"的教诲。

柏拉图的理想国模式，在18世纪资产阶级法学家孟德斯鸠那里，业已演变为立法、行政和司法的"三权分立"。在这一成文法的政制建制原则中，贵族实则充当君主与民众之间的中介，以在专制与自由之间谋求一种动态的平衡，其自然法依据是"造化既造成不同程度的强弱，也常使弱者不亚于强者。"与孟德斯鸠同样，作为贵族后裔，在对待民主与自由的态度上，托克维尔在其《旧制度与大革命》一书中，亦时常流露出捍卫其所属阶级极为推崇的自由的决心："我敢说，在(没有自由的民主社会)中是绝对见不到伟大的公民，尤其是伟大的人民的，而且我敢肯定，只要平等与专制结合在一起，心灵与精神的普遍水准便将永远不断地下降。"②如前所述，自由与民主的关系，归根结底不过是一与多的矛盾的一种折射。在托克维尔看来，所谓"伟大的公民"，实际上无非是

① 乔治·萨拜因：《政治学说史》(上卷)，邓正来译，上海人民出版社2008年版，第56页。
② 托克维尔：《旧制度与大革命》，冯棠译，商务印书馆1992年版，第36页。

以托克维尔自己所属阶级为代表贵族,其重要性在于提升"心灵与精神的普遍水准",避免其"永远不断地下降",以此在"平等"与"自由"之间时刻保持一种张力,这是托克维尔从法国大革命中所汲取的"启示"。这种平衡自由与民主的苦心,在晚清曾国藩"养活一团春意思,撑起两根穷骨头"的格言中,亦时有流露。与托克维尔相反,出身低级藩士家庭的福泽谕吉则更重视民主的合理性,并在《劝学篇》中开宗明义地提出"天不生人上之人,也不生人下之人"①的诉求。而作为政治家的丘吉尔,平衡类似托克维尔与福泽谕吉的不同主张,就成为摆在他面前的无从回避的任务。他说:"我们应该在两种政治的不一致性之间作出区分……如果一个政治家紧跟不断变化的事件,急于让船稳定前行,他就可能一会儿坚定地支持一种立场,一会儿又坚定地倒向另一种立场……事实上,它可以说是最真实的一致性。"②这里,所谓"两种政治的不一致性",显然即是托克维尔所说意义上的自由与民主、贵族与人民的利益冲突与对立,而丘吉尔所要做的就是竭尽全力紧随不断变化形势,适时或左或右地在二者之间保持一定的平衡,让托克维尔与福泽谕吉们能够在同一条船上平稳前行。然而,根据马克思的阶级分析的方法,无论是古代的梭伦、柏拉图,还是近代的孟德斯鸠、托克维尔,他们都是从统治阶级的立场来探讨资本与社会的过渡的可能性,其财富流向始终是围绕"一"兜圈圈,就像主人将财物从一个房间挪到另一个房间那样,而绝不可能使其流向外面的"多"。

这种状况,随着19世纪中叶马克思主义的产生而被打破,由这一理论所指导的共产主义运动改变了资本主义的财富流向,从此社会财富开始由过去流向作为"一"的资本家转而流向作为"多"的工人。其时,在欧洲民族主义的兴起波浪中,犹太人被作为"异类"而受到很多国

---

① 福泽谕吉:《劝学篇》,群力译,吉林出版集团有限责任公司2011年版,第3页。
② 斯蒂芬·B.史密什:《耶鲁大学公开课:政治哲学》,贺晴川译,北京联合出版公司2015年版,第295—296页。

家的排挤,为了谋求犹太人解放,当时的犹太知识分子提出了两种方案。一是共产主义的途径,"以卡尔·马克思为首的犹太人出身的左翼知识分子,认为犹太人应该和本国工人阶级团结起来,一同反抗资产阶级的政治压迫,在世界范围内建设社会主义,最终实现共产主义"①,由此解放包括犹太民族在内的整个世界无产阶级。这样,马克思便将自己与以往为少数人代言的资产阶级思想家区别开来,无产阶级第一次有了替自己说话的理论体系。在《论犹太人问题》一文中,马克思批判鲍威尔把犹太人的解放归结为宗教问题,强调政治解放只是资产阶级的民主解放,人类解放才是无产阶级的社会解放;而《共产党宣言》则通过凸显剥削阶级与被剥削阶级之间的对立以唤醒无产阶级的阶级意识,明确指出"至今一切社会的历史都是阶级斗争的历史"②。从词源上看,"社会主义"(socialism)一词的拉丁文词根 sociare 意指"联合"或"共享"。无需艰深的理论分析,人们很容易看出,为多数人谋利益,抑或为少数人谋利益,乃是区分马克思主义与非马克思主义、社会主义与资本主义的分水岭;在实践上,列宁领导的俄国"十月革命"第一次使马克思主义由理论变为现实。二是犹太复国主义的途径,由匈牙利犹太作家西奥多·赫茨尔在其《犹太国》一书首次提出,他宣称"犹太人问题是一个民族问题,应该建立犹太人自治的国家。"③作为马克思恩格斯早期思想的先行者和同路人的莫泽斯·赫斯,后来之所以与前者分道扬镳,个中缘由在于其"前半生致力于社会主义,后半生致力于犹太复国主义。"④从这两种方案的结果来看,前者在俄国"十月革命"中得到实现,那就是列宁称之为共产主义第一阶段的社会主义;后者在 1948 年 5 月 14 日由巴勒斯坦的犹太人宣布成立了"以色列国",并于当天获得美国承认。

---

① ③ 孙力舟:《中东乱局来龙去脉》,《青年参考》2009-01-06。
② 《马克思恩格斯文集》(第 2 卷),人民出版社 2009 年版,第 31 页。
④ 莫泽斯·赫斯:《赫斯精粹》,邓习议编译,南京大学出版社 2010 年版,第 276 页。

马克思终生致力于扬弃资本与社会的对立,以致我们完全可以这样说,从对资本主义的彻底批判而言,迄今为止没有任何一部著作能够超越《资本论》。正是在这一意义上,萨特曾高度评价马克思主义是我们的时代"不可超越的哲学"①。1991 年底,随着第一个社会主义国家苏联的解体,这是否意味着扬弃资本与社会的对立的共产主义道路的终结? 答案当然是否定的。早在《德意志意识形态》中,马克思就明确指出:"共产主义对我们说来不是应当确立的状况,不是现实应当与之相适应的理想。我们所称为共产主义的是那种消灭现存状况的现实的运动。"②这个运动的前提条件是:"许许多多人仅仅依靠自己劳动为生,有大量劳动力与资本隔绝或者甚至连有限地满足自己的需要的可能性都被剥夺……所以无产阶级只有在世界历史意义上才能存在,就像它的事业——共产主义一般只有作为'世界历史性的'存在才有可能实现一样。而各个个人的世界历史性的存在就意味着他们的存在是与世界历史直接联系的。"③所谓"世界历史性的存在",我们既可联系古谚"一花独放不是春,百花齐放春满园"来理解,也可依据地藏菩萨所言"地狱未空,誓不成佛"去领悟。质言之,共产主义绝不仅仅是列宁或毛泽东等某一代人的事业,而是人类世世代代的一项持续不断地扬弃资本与社会的分裂的运动,只要存在"劳动力与资本隔绝"的现存状况,那么无产阶级便无从实现自身的解放,"无产阶级只有解放全人类,才能最后解放自己。"④这是世界历史赋予无产阶级的神圣使命,用恩格斯的话来说,"这是人类从必然王国进入自由王国的飞跃。完成这一解放世界的事业,是现代无产阶级的历史使命。"⑤正因为如此,在《共产党宣言》的

① 萨特:《辩证理性批判》,林骧华等译,安徽文艺出版社 1998 年版,第 28 页。
②③ 《马克思恩格斯全集》(第 3 卷),人民出版社 1960 年版,第 58 页。
④ 马克斯·韦伯:《新教伦理与资本主义精神》,彭强、黄晓京译,陕西师范大学出版社 2002 年版,第 408 页。
⑤ 《马克思恩格斯全集》(第 20 卷),人民出版社 1971 年版,第 308 页。

最后,马克思号召"全世界无产者,联合起来!"①从根本上说,乃是源于无产阶级在"取得政治统治,上升为民族的主导阶级,确立为民族"之前,"工人没有祖国"②的深刻洞见。这里,马克思实际上为人类指明了一个努力的方向:"每个人的自由发展是一切人的自由发展的条件。"③关于这句话的含义,我们可以借助恩格斯的那段广为熟知的话来理解:"在共产主义社会里,任何人都没有特定的活动范围,每个人都可以在任何部门内发展,社会调节着整个生产,因而使我有可能随我自己的心愿今天干这事,明天干那事,上午打猎,下午捕鱼,傍晚从事畜牧,晚饭后从事批判,但并不因此就使我成为一个猎人、渔夫、牧人或批判者"④,这是实现包括无产阶级在内的全人类的解放的唯一道路。

人们常说,"方向比努力重要,目标比勤奋重要。"作为例证,下述事实也许足以说明这一问题。1926 年,英国皇家学院院士肯·莱文发现西撒哈拉沙漠一个名为比塞尔的小村庄,它紧靠绿洲,从村庄走出沙漠只要三天时间,可是从来没有一个人走出过沙漠。肯·莱文发现这并非他们不愿离开那块贫瘠的土地,而是因为他们不认识北斗星。在此之前,由于没法准确地判断方向,他们只是以弧线形状绕圈行走,结果当然走不出去。于是,肯·莱文告诉村里一位名为阿古特尔的青年,只要你白天休息,夜晚朝着北方那颗星走,就能走出沙漠。阿古特尔照着去做,三天之后果然走出了大漠,他因此而成为比塞尔的开拓者。与自然领域的道路相似,毛泽东在谈到中国民主革命道路时也指出,"若问一个共产主义者为什么要首先为了实现资产阶级民主主义的社会制度而斗争,然后再去实现社会主义的社会制度,那答复是:走历史必由之路。"⑤毋庸置疑,其关注的仍

---

① 《马克思恩格斯文集》(第 2 卷),人民出版社 2009 年版,第 66 页。
② 《马克思恩格斯文集》(第 2 卷),人民出版社 2009 年版,第 50 页。
③ 《马克思恩格斯文集》(第 2 卷),人民出版社 2009 年版,第 53 页。
④ 《马克思恩格斯全集》(第 3 卷),人民出版社 1960 年版,第 37 页。广松涉:《文献学语境中的〈德意志意识形态〉》,彭曦译,南京大学出版社 2005 年版,第 34 页。
⑤ 《毛泽东选集》(第 2 卷),人民出版社 1991 年版,第 559 页。

是中国革命的方向问题。今天,在某种意义上,我们正处于晚年马克思所说的"卡夫丁峡谷"时期,即由60多年前的半殖民地半封建社会这一前资本主义过渡到以公有制为基础的社会主义初级阶段。如何跨越这一峡谷,不言而喻,方向和目标很重要。至于个人,彭真在1962年7月为首都高校应届毕业生所作的《自觉地走历史必由之路》的讲话则强调,"每个人的聪明、才智不尽相同,但没有天渊之别。可是,以人一生的成就和对人民的贡献来讲,却有天渊之别。这是什么原因?首先是一个奋斗的方向、道路问题。……全心全意为人民服务,为社会主义、共产主义贡献一切,是一种结果。全心全意为自己服务,用尽一切力量为自己谋私利,损人利己,去剥削人,又是一种结果。"①这番谆谆教诲,即便在半个世纪之后的今天,对于当代青年把握人生的正确方向,树立正确的世界观、价值观和人生观,同样有着无可限量的启迪作用,它将永远激励人们像雷锋那样:把有限的生命投入到无限的为人民服务之中去!换言之,就是把有限的生命投入到扬弃资本与社会的对立中去,成就"每个人的自由发展……"

总之,资本与社会的过渡表现为马克思以共产主义崇高理想,号召"全世界无产者,联合起来",解放全人类,这是对资本与社会各自局限的批判和扬弃。资本向社会的过渡的可能性,其哲学基础是辩证唯物主义和历史唯物主义关于肯定(无阶级社会)——否定(阶级社会)——否定之否定(无阶级社会)的原理;资本向社会的过渡的现实性,在前苏联,其标志是1936年新宪法的颁布,在中国,其标志是1956年底"三大改造"的完成。自此,两大社会主义国家无论在理论上还是在现实上都极大地改变了资本的流向,破天荒地实现了财富由"一"趋向"多"的转变。而1991年底苏联的解体,从根本上说,是偏离了"每个人的自由发展"这一正确的方向和目标,以致不明白自己该干什么,不该干什么,使

①　《彭真文选》,人民出版社1991年版,第331—332页。

社会主义事业受到前所未有的严重挫折。有鉴于此,邓小平在 1992 年春的南方谈话中,明确提出"社会主义的本质,是解放生产力,发展生产力,消灭剥削,消除两极分化,最终达到共同富裕。"①其所关注的,不外是"一"与"多"以及"每个人的自由发展"问题。至于过去一直被视为资本主义之"专利"的"市场",他则适时地进行了澄清,强调"计划多一点还是市场多一点,不是社会主义与资本主义的本质区别。计划经济不等于社会主义,资本主义也有计划;市场经济不等于资本主义,社会主义也有市场。计划和市场都是经济手段"。②通过南方谈话,邓小平为未来社会主义国家继续努力促进资本向社会的过渡作了理论铺垫,回答了资本向社会的过渡何以可能的问题。

四、回应开头提出的理论问题

让我们回到一开头提出的问题:中国究竟有没有信仰或基本价值?即便从上述文脉来看,我们亦可以得出肯定的回答。只不过,中国的信仰或基本价值,与西方有着质的差异:西方人信仰的是"彼岸"的"神";中国人更为信仰的是"此岸"的"人"。在春秋时期,中国便有"立言、立功、立德"的信仰;在宋代,更有"为天地立心,为生民立命,为往圣继绝学,为万世开太平"的基本价值。进入现当代,中国的信仰和基本价值,更是提升到《共产党宣言》关于"每个人的自由发展"③的崇高理想。早在九十多年前,中国共产党就以此作为自己的奋斗目标,并有无数的革命先烈为此付出了鲜血与生命。并且,党的十八大倡导的社会主义核心价值观"富强、民主、文明、和谐、自由、平等、公正、法治、爱国、敬业、诚信、友善"这"24 字"中的"自由",与"每个人的自由发展"中的"自由"也是一脉相承的。时下网络上所谓"中国没有自己的信仰或基本价

---

① ② 《邓小平文选》(第 3 卷),人民出版社 2002 年版,第 373 页。

③ 《马克思恩格斯文集》(第 2 卷),人民出版社 2009 年版,第 53 页。

值"，这要么是出于对中国传统文化的无知，要么就是一种别有用心的歪曲。当代中国人信仰的"人"，即未来共产主义社会的"全面发展的人"，中国人的崇高理想，是实现未来共产主义社会的"每个人的自由发展"。《共产党宣言》所阐发的"每个人的自由发展"，从狭义上说，这是共产主义和社会主义的核心价值，从广义上说，这是马克思主义为全人类勾勒的基本价值。

"每个人的自由发展"，从矛盾的普遍性来说，自由、发展，不管是在西方自由主义者眼里，抑或发展中国家的普罗大众心里，都能够作为追求的对象；从矛盾的特殊性来说，在是否为"每个人"这一问题上，在马克思主义之前，绝大多数思想家的主张，无不强调统治阶级的少数人利益，而不是"每个人"的利益；从马克思主义开始，其理论旨在坚决主张包括犹太民族在内的整个世界无产阶级的多数人利益，实现共产主义，而不是"少数人"的利益。在此意义上，马克思指出，人类以往历史都是阶级斗争的历史。在"每个人的自由发展"的奋斗目标中，斗争的焦点从来不在于"自由"、"发展"，而仅在于是否"每个人"！而马克思主义对于"自由主义"的批判，也只是针对在阶级社会中，以为存在"超历史"、"超社会"、"超阶级"的"人"及其"自由"这种错误思想的批判，绝不是对未来共产主义"每个人的自由发展"这一意义上的"自由"的批判。就此而言，马克思主义与"自由"并不冲突，恰恰相反，"每个人的自由发展"是马克思主义孜孜以求的核心价值；但其与"自由主义"政治理念的本质差异在于，前者的前提为"每个人"（集体主义，或"每个人主义"），后者的前提是"个人"（个人主义）。无论是马克思倡导的"全世界无产者，联合起来"①的共产党宣言，还是毛泽东关于"为人民服务"②的道德要求、邓小平的"是否有利于提高人民的生活水平"③的判断姓"资"姓"社"

① 《马克思恩格斯文集》（第 2 卷），人民出版社 2009 年版，第 66 页。
② 《毛泽东选集》（第 3 卷），人民出版社 1991 年版，第 1004 页。
③ 《邓小平文选》（第 3 卷），人民出版社 2002 年版，第 372 页。

的标准、江泽民关于"中国共产党要始终代表中国最广大人民的根本利益"的"三个代表"重要思想、胡锦涛关于"坚持以人为本"的科学发展观,抑或习近平发起的"为民、务实、清廉"的党的群众路线教育实践活动,其中一脉相承的主题,就是要实现"每个人的自由发展"。这里,"人民"、"群众"、"人"、"民"的概念,从外延上说,是历史活动中的"多数人";从内涵上说,是推动历史发展的根本力量。

"实事求是"与"每个人的自由发展"的关系,是真理(矢)与价值(的)的关系,是二者的统一。"实事求是"一词的使用,最早可追溯到宋代司马光记载的"河间王德,修学好古,实事求是。"①1941年5月,毛泽东在《改造我们的学习》一文中针对当时少数干部的"主观主义的态度",批评其"无实事求是之意,有哗众取宠之心",强调必须以"马克思列宁主义的态度""有的放矢",之所以"要找这根'矢',就是为了要射中国革命和东方革命这个'的'","这种态度,就是实事求是的态度"②。这里所说的"中国革命和东方革命",即是共产主义革命的一部分,它所要实现的目标,是"每个人的自由发展"。总之,"实事求是"的内在逻辑,就是要以马列主义的态度(即"实事求是")去实现"每个人的自由发展"。尼采说:"一个时代,如果它苦于只是普及教育,却没有文化,即没有贯穿其中的统一风格,那么,它就根本不会懂得拿哲学来做什么正确的事情。"③若要问什么是贯穿我们这个时代的统一风格和崇高道德,那就是致力于实现马克思提出的"每个人的自由发展"。从古到今,"德才兼备"的"德",就是对生命意义的关切,而"才",即科学教育。"然即身无长物,行事古板,只须忠心耿耿,便可成为深得信赖的家臣,其价值甚于仅用智慧与技艺效忠者。"④今天我们所谓的"德",亦不外是"全心全

---

① 司马光:《资治通鉴》,中华书局1956年版,第586页。
② 《毛泽东选集》(第3卷),人民出版社1991年版,第799—801页。
③ 尼采:《希腊悲剧时代的哲学》,周国平译,译林出版社2011年版,第52页。
④ 山本常朝:《叶隐闻书》,赵秀娟译,吉林出版集团有限责任公司2014年版,第2页。

意为人民服务"的共产主义道德。

"24字"的"社会主义核心价值观"与"每个人的自由发展"的关系，是手段(表)与目的(里)的关系，也是二者的统一。亚里士多德说："政治共同体的确立应以高尚的行为为目标，而不是单单为了共同的生活。"①自苏联解体之后，在有些人看来，今天继续谈共产主义共同体或许不合时宜。但是，正如古人"取法乎上，得乎其中"的箴言所表达的，无论个人抑或社会，做任何事情都应"朝最好努力，做最坏打算"。只要人们秉持一颗"反躬自问，推己及人"②的善意之心来看待马克思提出的"每个人的自由发展"的奋斗目标，那么它就确实是值得有着各种不同生活方式的人们共同追求的方向，社会主义就应该从制度上切实保障每个人朝这一价值追求的无限接近。作为"24字"的社会主义核心价值观，用马克思的话来说，本质上就是"每个人的自由发展"，它最为充分地体现了马克思主义的精髓和社会主义核心价值观的精髓。

"不畏浮云遮望眼"③，"风物长宜放眼量"④。每一个体的有限生命，相对于亘古的自然宇宙和悠久的人类历史，诚如电光一闪；而共产主义信仰(理想)的提出，即便上溯到柏拉图的《理想国》，也不过仅有两千余年的历史，更何况科学社会主义的历史迄今不过短短一百多年的时间。生活的真谛，不在于我们能为自己索取多少，而在于我们能为社会贡献多少。"天若有情天亦老，人间正道是沧桑。"⑤早在1956年，毛泽东发出了"中国应当对于人类有较大的贡献"的号召；2013年3月，习近平总书记继而寄望全国"不断为人类作出新的更大的贡献"，并于2014年11—12月在福建、江苏考察调研时提出"全面建成小康社会、全面深化改革、全面依法治国、全面从严治党"的"四个全面"战略布局，以

---

① 《亚里士多德全集》(第9卷)，颜一、秦典华译，中国人民大学出版社1994年版，第92页。
② 鲍鹏山：《孔孟如何解决"前道德问题"》，《中华读书报》2015-02-25。
③ 高克勤：《王安石诗文选评》，上海古籍出版社2002年版，第48页。
④ 中共中央文献研究室编：《毛泽东诗词集》，中央文献出版社1996年版，第79页。
⑤ 中共中央文献研究室编：《毛泽东诗词集》，中央文献出版社1996年版，第74页。

及 2017 年 10 月 18 日在十九大报告中提出推动构建"人类命运共同体"。消弭资本与社会的界限,推进资本向社会的过渡,实现"每个人的自由发展"和"人类命运共同体",是共产主义及作为其第一阶段的社会主义所要解决的根本问题。路漫漫其修远兮,吾道一以贯之。无论过去、现在和未来,中国都应当旗帜鲜明、始终不渝地以"每个人的自由发展"为自己的核心价值和发展方向。

第二节　价值的哲学上升之路

"价值哲学"(theory of value 或 axiology),也称"价值论",从它由法国哲学家拉皮埃(Paul Lapie)在其《意志的逻辑》中最初提出,至今已有一百多年的历史。从字面上看,它是由希腊语的 axios(价值)和 logos(理论)这两个词构成的复合词。何谓"价值论"? 根据《中国大百科全书》哲学卷的说法,"关于价值的性质、构成、标准和评价的哲学学说。"这应该是关于价值的广义说法。那么,狭义的价值定义是什么? 在《中国大百科全书》经济卷是这样界定的,即"凝结在商品中的无差别的人类劳动或抽象的人类劳动。构成商品的因素之一。"从价值哲学的发展脉络来看,它正经历着一个从客体性(物性)价值、主体性价值到客体性(物性)价值与主体性价值的统一的上升过程。

一、狭义价值:客体性(物性)价值

如按照逻辑在先的原则,就物理价值而言,"价值"最原始的含义为"有序化能量"。但这并不妨碍它起初是一个经济学概念。人们关于价值的讨论,较早地出现于经济领域,其中最为著名的,譬如古希腊色诺芬的《经济论》,即专门论述奴隶主如何管理家庭农庄,如何使具有使用价值的财富得以增加;亚当·斯密的《国富论》反对重农主义,认为劳动分工的提升生产效率的重要手段,通过自由市场这双"看不见的手"的指引,将会引导市场生产出正确的产品数量和种类;李嘉图的《政治经济学及赋税原理》提出决定价值的劳动是社会必要劳动,限制国家的活动范围、减轻税收负担是增长经济的最好办法。

《现代汉语词典》关于"价值"的定义也是从马克思主义经济学的"价值量说"着眼,强调它是凝聚在商品中的无差别的人类劳动,是"体现在商品里的社会必要劳动",价值由劳动者所付出的劳动量所决定。在《资本论》的"商品章"中,马克思描述了在资本主义社会中,社会财富表现为"庞大的商品堆积",商品具有使用价值和交换价值两种属性。商品是由劳动创造的,商品体现了劳动的二重性,具体劳动创造使用价值,抽象劳动体现交换价值。其中,交换价值经历了四种价值形式。(1)简单的价值形式,表现为简单的物物交换,例如"20 码麻布值 1 件上衣"。据考证,大约公元前 5000 年,世界各文明发祥地区都已就地取材开始了纺织生产。如北非尼罗河流域居民利用亚麻纺织,中国黄河、长江流域居民利用葛、麻纺织,南亚印度河流域和南美印加居民均已利用棉花纺织,小亚细亚地区已有羊毛纺织。根据马克思的五种社会形态说,原始社会是人类历史发展的第一个阶段,它始于人类的出现,终于国家的产生。第一批国家出现于公元前 4000 年至公元前 3000 年期间,在美索不达米亚、古埃及与印度河谷出现,至今,国家已经历了"以希腊城邦为代表的城邦制国家—罗马帝国—现代民族国家"的发展。总之,至少在原始社会末期,随着氏族、部落中剩余产品的陆续出现,就已经开始形成一些零星的商品交换,并且国家的产生也正是建立剩余产品的积累的基础上。我们知道,《资本论》所要揭示的是资本主义生产方式的运动规律,但是马克思并没有明确指出"商品"是否为资本主义特有的现象,而只是在书的开头强调其有着"庞大的商品堆积"[①]。事

---

① 《马克思恩格斯文集》(第 5 卷),人民出版社 2009 年版,第 47 页。

实上,十月革命后的苏联以及我国建国后至十一届三中全会的相当长
一段时间,是把商品经济排斥在社会主义计划经济之外的。关于这个
问题,直到邓小平在 1992 年发表的南方谈话中,才形成明确的结论:
"计划经济不等于社会主义,资本主义也有计划;市场经济不等于资本
主义,社会主义也有。计划和市场都是经济手段。"①其实根据已有史
实,商品产生于原始社会末期,因此简单的价值形式至少在原始社会末
期就已经出现。(2)扩大的价值形式,表现为一物可以与多物相交换,
例如"20 码麻布值 1 件上衣,或值 10 磅茶叶,或值 40 磅咖啡……"。尽
管马克思同样没有指出其确定的出现时期,但我想它至少可以追溯到
奴隶社会时期。(3)一般价值形式,特点是扩大的价值形式的颠倒,即
相对价值形式和等价形式相互换位,变成"1 件上衣,或 10 磅茶叶,或
40 磅咖啡……值 20 码麻布",处在等价形式上的商品麻布,开始以它商
品体的自然形态即一定量的使用价值来发挥"价值镜"的作用,这时作
为等价形式的麻布具有一种神秘的性质,似乎天然具有与其他商品直
接交换的属性。根据麻布作为等价形式的相对稳固性,我推断其出现
的历史阶段当属封建社会时期。(4)货币形式,与资本主义追求金钱的
本性相适应,这一阶段的价值形式最终完成了由蛹到蝶的蜕变,变成
"20 码麻布,或 1 件上衣,或 10 磅茶叶,或 40 磅咖啡……值 2 盎司黄
金",金属货币取代了先前麻布所具有的等价形式的地位,但随后它便被
国家强制推行的纸币所代替,成为充当流通手段的价值符号,货币从此毫
无逊色地位居资本主义社会中"商品、货币、资本"这三大"拜物教"之中。

从价值形式的形成过程可以发现,无论是人类早期的简单价值形
式,还是进入现代之后的货币形式,价值的载体无非是麻布、黄金或纸
币之类的"物"。对于这一现象,当时作为马克思同路人的赫斯在其《论
货币的本质》中,特别援引英国诗人雪莱的诗句作了形象描述:"商业把

① 《邓小平文选》(第 3 卷),人民出版社 2002 年版,第 373 页。

自私自利的标记,铸刻在一种发光的矿石上面,授予它奴役一切的权柄,将其命名为货币。在这个偶像前聚集着,庸俗的大人物、虚荣的富豪、落魄的显贵,以及农民、贵族、教士和王侯等乌合之众。"①在《1844年经济学哲学手稿》和《德意志意识形态》中,马克思所引用的英国莎士比亚的"雅典的泰门"中的著名诗句,亦可谓与雪莱的诗句有异曲同工之妙:"金子,只要一点儿,就可以使黑变成白,丑变成美,错变成对,卑贱变成高贵,懦夫变成勇士,老朽的变成朝气勃勃!"②并围绕作为货币之源泉的"异化劳动"这一核心概念,对资本主义社会日益呈现的异化现象作了深入细致的分析,指出它使"工人同自己的劳动产品相异化","工人同自己的生产活动相异化","人同自己的类本质相异化","人同人相异化"。③总之,工人自身的价值为外部诸如商品、货币和资本之类的强大物质力量所取代、所主控。资本主义社会中的任何一个人,都找不到其任何价值的影子。工人只是一个生产剩余价值的工号,资本家也只一个是榨取剩余价值的符号。整个资本主义社会中的人的价值,无不可以还原为"物"。"这些物现在只是表示,在它们的生产上耗费了人类劳动力,积累了人类劳动。这些物,作为它们共有的这个社会实体的结晶,就是价值——商品价值。"④众所周知,这是《资本论》中所讨论的"劳动量说"的价值理论。

如马克思所揭示的,商品的价值表现具有让人匪夷所思的狭隘性和片面性:劳动产品必须有使用价值,才会有价值;没有社会使用价值的东西,就没有价值。这一视角,或许是李凯尔特所强调的"用事物是否具有意义这一原则作为区分文化现象和自然现象的标准"⑤的价值原则的直接根源。但事实上,当下价值为零甚至为负的事物是普遍存在

---

① 莫泽斯·赫斯:《赫斯精粹》,邓习议编译,南京大学出版社 2010 年版,第 134 页。

② 《马克思恩格斯全集》(第 42 卷),人民出版社 1960 年版,第 151 页。

③ 《马克思恩格斯文集》(第 1 卷),人民出版社 2009 年版,第 161—163 页。

④ 《马克思恩格斯文集》(第 5 卷),人民出版社 2009 年版,第 51 页。

⑤ 金炳华:《哲学大辞典》,上海辞书出版社 2001 年版,第 622 页。

的,而说不定明天其价值却不可估量。回过头看,今天的南极、北极乃至遥远星球等没有直接使用价值的外部世界对于人类生态环境越是凸显重要,我们就愈发了解这种价值理解有多荒谬,有多急功近利! 价值呈现的这种狭隘"物性",让包括赫斯、马克思在内的无数杰出思想家对其进行了批判与思考。然而,诚如萨特评价马克思时所说的:"哲学在还不能超越无非是其体现的历史契机的时候",该哲学是"不可超越"的,因此他将马克思主义哲学视为在我们的时代不可超越的哲学。对于资本主义狭义价值的理解,在某种程度上,我们也可以比照萨特的话来看待它。换句话说,当共产主义尚未达到它所需具备的物质条件和精神条件之前,资本主义私人劳动的存在就有其一定的合理性。同时,既然价值是商品经济特有的历史范畴及暂时的历史现象,那么价值就绝不会局限于物性价值及主体性价值而止步不前,而必定要上升为更具前瞻性、包容性的价值哲学。

二、广义价值:主体性价值

狭义价值的概念后来由经济学泛化到哲学、伦理学、社会学和美学等学科。关于价值的本质,真可谓"仁者见仁,智者见智",其观点大致有"本性说"、"情感说"、"抽象说"、"奥妙说"、"关系说"、"需要说"、"效用说"、"态度说"、"劳动量说"等九种。马克思主义哲学认为,"价值是现实的人同满足其某种需要的客体的属性之间的一种关系","衡量社会现象的根本价值尺度是是否有利于当时人们的物质文明和精神文明的进步"[1]。

关于价值的特点,它应该除了具有客观性、历史性的特点之外,最主要的特征在于它的主体性。从一定程度上说,价值总是相对于人而言才有意义,如果世界上不再存在人,那么整个世界可以说毫无价值。

---

[1] 金炳华:《哲学大辞典》,上海辞书出版社 2001 年版,第 621 页。

虽然或许对于其他动植物而言,这个世界仍然有着某种"价值",但那充其量是些与人无关的空洞的"'物价'万花筒",难以不成其为我们这里所讨论的价值。从原始社会到中世纪末期,价值的主体性总体上被宗教神学所遮蔽,在这整个历史过程中,价值的物性在很大程度上是通过祭祀、忏悔等宗教形式发散出来,而人自身对物性价值的分享,相对于宗教神学的盛大饕餮则相当匮乏。如何把人与神在物性价值配置上的这种既有关系扭转过来,自进入中世纪末期之后,一些最先唤醒自身主体意识的思想家首先要思考的问题。关于这一点,我们不能不提到当时欧洲先后展开的两场著名的资产阶级思想运动。一是14世纪中期至16世纪末的文艺复兴运动,批判的焦点为中世纪基督教神学的宗教价值观。但丁以其《神曲》含蓄地批评和揭露了中世纪宗教统治的腐败和愚蠢,彼特拉克提出以"人的思想"代替"神的思想",薄伽丘更是主张"幸福在人间"! 凡此种种,无不反映了人文主义的反封建、反禁欲、反教会的斗争,及其提倡人性,反对神性的时代精神。二是18世纪初至1789年的启蒙运动,作为文艺复兴运动的继续和发展,出现了诸如孟德斯鸠反对君主专制的"三权分立"学说,伏尔泰关于"人生而自由"、"法律面前,人人平等"的思想,以及卢梭的"主权在民"的主张,所有这些,其目的就是通过自由、平等、博爱的口号,引导世界尊重理性和人权,走出充满着传统教义、非理性、盲目信念以及封建专制! 这些启蒙思想,直接催生了1789年的法国大革命,为当时大批的工人、手工业者、城市贫民提供了激动人心的理论养分。人的主体性,在欧洲资产阶级思想家们的著作及其引起的激进革命行动中得到了彻底的表现。

任何革命都是破与立的统一。如果说法国大革命更侧重于以巴士底狱为象征的物质(物性)摧毁,那么此后的德国古典哲学则更偏重于主体性价值的精神重建。作为启蒙运动在德国的延续,康德为自己设立了为当时仍处在分门别类地整理资料的自然科学开辟前进道路的目标,他从数学和物理学领域的革命中所表现的"把从客观到主观的思想路线,扭转为从主观到客观的思想路线"的共同特点受到的启发,对包括休谟"温和怀疑论"在内的以往所有哲学发动了一场"哥白尼式的革命",实现了"人为自然立法"这一由神本价值到人本价值的命题转换。费希特指出,康德关于现象与自在之物的论述,将导致一种二元分立的怀疑主义。作为解决方案,他吸收康德关于自我意识是知识最高原则的观点,从逻辑规律引申出自我意识的"自我设定自身"、"自我设定非我"及"自我设定自我与非我"的三条原则,以绝对自我取代自在之物。而在谢林看来,费希特的哲学主要关注的是自我或人的问题,而对于自然、客观世界则不够重视。谢林强调,从"绝对同一性"发展出自我意识的过程,是从客观到主观的无意识的创造过程,这是历史的伊利亚特(出征,是为自然哲学);从自我意识返回到"绝对同一性"的过程,是从主观到客观的有意识的创造过程,这是历史的奥德赛(回家,是为先验哲学)。黑格尔则坚持认为,不管是作为物性价值的原子还是作为主体性价值的灵魂,世界并非一些彼此完全自立的坚固单元的集成体,并发挥了费希特关于绝对自我的发展三阶段的理论,明确提出辩证法是由正题、反题与合题组成的。

物性价值与主体性价值的最大差异,在于后者强烈的主体意识,这种资本主义萌芽时期的价值自觉,在启蒙运动之前的任何一个社会形态都不曾有过。稍后,新康德主义弗赖堡学派的创始人文德尔班更是明确强调哲学问题就是价值问题。与康德把世界分为"现象"和"自在之物"的做法类似,文德尔班把世界分为"事实世界"(实然)和"价值世界"(应然),与此相应,知识则可分为"事实知识"(是)和"价值知识"(应当)。前者的命题都属普通的逻辑判断,所涉及的只是表象世界中的经验事实;后者的命题不属于普通的逻辑判断,所涉及的是主体对于对象的评价和态度。作为康德关于"人为自然立法"观点的余绪,他认为事实命题从属于价值命题,任何知识都要以价值为标准。他从康德作为最高道德原则的"绝对命令"出发,强调人不仅有个人意识和"特殊价值",而且具有先验的"普遍意识"和"普遍价值",这种普遍价值是人们评估价值的绝对标准。在他看来,价值是客体与主体之间的一种联系和关系,不是只有人类与客观世界的联系和关系才有价值,而是任何有联系的事物之间都可能存在价值,诸如愿望、目的、效用以及真理、德行、审美等等,都同价值或应当是什么有关。总之,社会历史科学不外是关于价值世界的科学。其后继者李凯尔特也认为,没有价值就没有任何历史科学,价值凌驾于一切存在之上。从文德尔班关于价值"关系说"、"哲学问题就是价值问题"的理论,我们可以明显体会到他试图突破物性价值的狭隘性和片面性的努力,其思想标志着价值哲学的正式创立。或许是受到文德尔班的观点的影响,韦伯亦强调,作因果分析时要撇开价值关系对社会现象作客观的科学考察(价值中立),在把握意义时则要借助价值关系作主观的理解(价值参照)的观点。

我们看到,德国古典哲学所讨论的问题,如果换一个价值的视角,其核心内容基本上可以还原为关于物性价值与主体性价值如何统一的问题。但不可忽略的是,讨论这些问题的思想大师们自身附着的意识形态框架。只要他们的思维尚未摆脱与以往思想家相同的只有少数社会成员才能够享有的物性价值观的羁绊,那么价值向哲学的上升之路就依旧任重道远。

三、价值哲学:客体性价值与主体性价值的统一

迄今为止,大体上有九种较为经典的价值学说,即"劳动量说"、"本性说"、"需要说"、"效用说"、"关系说"、"情感说"、"抽象说"、"奥妙说"和"态度说"。从内涵上看,价值哲学的领域仍过于狭窄。俗话说,"取乎其上,得乎其中"。从逻辑上说,客体性价值和主体性价值要上升为价值哲学,首先必须具有哲学的胸怀和度量。价值哲学之所以值得研究,最根本的原因在于如何在时间、空间的阻隔中实现我们所赖以生存的这个世界的利益最大化。从这个高度来说,以往历史所体现的价值

有着巨大的局限性，其内耗实在太大了。关于这一点，我相信只要看看、想想自古以来人类制造了多少武器、堆砌了多少围墙、锻造了多少坚固的铁锁以及破坏、毁灭了多少生态，心里就应该多少有所体会。以下，我想从价值哲学的核心、层次和领域等三个方面，谈几点自己的看法。

（1）如何理解社会主义核心价值？从逻辑关系来说，根据邓小平关于中国特色社会主义的理论，我国现阶段社会与共产主义的关系是，共产主义→社会主义（共产主义第一阶段）→社会主义初级阶段。社会主义作为共产主义的第一阶段，其核心价值应以共产主义核心价值为核心。在讨论这一点之前，第一，应了解一下道德观与价值观的区别与联系。道德观是指人们对自身、他人和世界所处关系的总体看法，属于伦理学的范畴。价值观是指人们对周围客观事物的意义的总体评价。一般说来，价值观对于人的道德行为起着主导作用。其次，应明确共产主义的核心价值是什么？在《共产党宣言》中，马克思恩格斯给我们描绘了未来共产主义的前景："代替那存在着各种阶级以及阶级对立的资产阶级旧社会的，将是一个以各个人自由发展为一切人自由发展的条件的联合体。"①从中，我们可以很容易梳理出共产主义的核心价值是什么？那就是"**每个人自由而全面的发展**"，此乃"一切人自由发展的条件"。而社会主义作为共产主义的第一阶段，在价值观层面，"每个人自由而全面的发展"就理所当然是社会主义核心价值的应有之意。总之，共产主义的核心价值是"每个人的自由发展"，社会主义的核心价值也理应是"每个人的自由发展"。第二，从道德观层面来看，根据百度百科的解释，"集体主义是共产主义道德的核心，……它同资产阶级个人主义是根本对立的"。关于集体主义的必要性和合理性，按照马克思的理解，"既然正确理解的利益是整个道德的基础，那就必须使个别人的私人利益符合于全人类的利益。"②关于集体主义的具体实践，我们可以从

---

① 《马克思恩格斯全集》（第 4 卷），人民出版社 1957 年版，第 491 页。
② 《马克思恩格斯全集》（第 2 卷），人民出版社 1957 年版，第 167 页。

"中华人民共和国的社会主义经济制度的基础是生产资料的社会主义公有制,即全民所有制和劳动群众集体所有制"的宪法规定来理解。实际上,社会主义荣辱观中的"以服务人民为荣,以背离人民为耻;⋯⋯以团结互助为荣,以损人利己为耻"所强调的也正是集体主义。总之,共产主义的核心道德是集体主义,社会主义的核心道德也理应是集体主义。第三,从价值观与道德观的关系看,"每个人的自由发展"是目的,"集体主义"是手段,价值观与道德观是目的与手段的关系。关于这一点,1934 年 7 月,斯大林在同英国作家威尔斯的谈话中曾作了说明,"集体主义、社会主义并不否认个人利益,而是把个人利益和集体利益结合起来⋯⋯"。"个人和集体之间、个人利益和集体利益之间没有而且也不应当有不可调和的对立。⋯⋯集体主义、社会主义并不否认个人利益,而是把个人利益和集体利益结合起来。⋯⋯社会主义社会是保护个人利益唯一可靠的保证。"①其中含义很清楚,集体主义与个人利益并不冲突,社会主义是保护个人利益的可靠保证。那么,如何保证呢,我想不外是必须通过平等、公平和正义的制度保障来实现。

要言之,"每个人的自由发展"是客体性价值与主体性价值相统一的纽带。社会主义核心价值应以"每个人的自由发展"为本质特征的共产主义核心价值为中心,社会主义核心价值与以"集体主义"为内在要求的社会主义核心道德的关系,既是目标与手段的关系,也是衡量一定社会物质文明和精神文明发展水准的一竿标尺。②

(2) 如何区分价值的层次? 从宏观上看,可以从马克思主义哲学中

---

① 《斯大林选集》(下卷),人民出版社 1979 年版,第 354 页。
② 关于共产主义价值观、道德观与社会主义价值观、道德观的区别与联系,从二者的区别来看,众所周知,后者是前者的第一阶段;就二者的联系而言,可从古人所谓"取法乎上,得乎其中"来说明。譬如,"取乎其上,得乎其中;取乎其中,得乎其下;取乎其下,则无所得矣"(孔子),"求其上,得其中;求其中,得其下;求其下,必败"(《孙子兵法》),"取法于上,仅得为中,取法于中,故为其下"(唐太宗《帝范》卷四),"学其上,仅得其中;学其中,斯为下矣"(严羽《沧浪诗话》)等。因此,无论从理论上还是从逻辑上,社会主义的核心价值和核心道德都应该取法作为人类社会最高阶段的共产主义的核心价值和核心道德。

关于客体性和主体性的二分法,来理解价值哲学所探讨内容的层次所在。但从微观层面来说,舍勒关于价值的四个层次,即感觉价值、生命力价值、精神价值和宗教价值,应该有助于我们理解不同价值层次之于人们的不同意义。再有,如众所周知的,马斯洛的五种需求理论,即生理需要、安全需要、归属与爱的需要、自尊需要和自我实现需要,则从个人的视角,提出人们在不同生活发展阶段的不同需求。如果将舍勒和马斯洛的价值理论与马克思主义哲学作一个大致对应,可形成如下对照表。

图表 18 价值的层次

马克思主义哲学	舍　勒	马斯洛
每个人的自由发展 (共产主义社会)		自我实现需要
	宗教价值	自尊需要
	精神价值	情感与归属的需要
被拘性的谋生 (阶级社会)	生命力价值	安全需要
	感觉价值	生理需要

古希腊赫拉克利特曾经断言,"上坡路和下坡路是同一条路",[①]这句话可以说非常现象地道出了世间万物的真相和实质!其实,价值与哲学的关系又何尝不是如此。如果说价值是坡下那一节,那么哲学必定是属于坡上那一段……由此可知,哲学的高度实际上反映了价值的坚实、厚重与否。反过来说,底层价值的厚实与否亦明显决定着哲学所能达到的最高层次!正如一句广告词所说的,"心有多大,舞台就有多大!"价值哲学在今天及将来要有所作为,除了不断纵向拓展价值的内涵,不断向着"每个人的自由发展"的价值尺度和哲学高度看齐,我想别无他径。

(3)如何拓展价值的领域?在这方面,"四肢结构论"或许能够为我

---

① 《西方哲学原著选读》(上卷),商务印书馆 1981 年版,第 24 页。

们提供一定的启发。在《存在与意义》第一卷中,他论证了认识世界具有"现象的所与—意义的所识"—"能知的个人—能识的人类"的四肢结构。在前一个引号的二肢项中,意味着任何现象,它总是会折射一定的意义,反过来说,一定的意义又必定会通过一定的现象表现出来;在后一个引号的二重项中,则表示任何能知的个人,他总是具有作为人类一员的社会性,反过来说,作为总体的人类,又无时无刻不塑造着每一个人。前后引号中的二肢二重融合在一起,就形成认识世界的"四肢结构"。这里对于价值哲学的启示意义在于,它促使我们看到其中基于"现象的所与"而形成的"意义的所识",以及源自"能知的个人"而沉淀的"能识的人类",所具有的理念、理想的存在性格(即价值)。① 而在《存在与意义》第二卷中,他探讨了实践世界具有"实在的所与—意义的价值"—"能为的个人—职位的人类"的四肢结构。在前一个引号的二肢项中,意味着任何实在,它总是会折射一定的价值,反过来说,一定的价值也必定会通过一定的实在表现出来;在后一个引号的二重项中,则表示任何能为的个人,他总是具有作为职位一族的社会性,反过来说,人类的各种职位,亦无时无刻不影响着每一个人。前后引号中的二肢二重融合在一起,即形成实践世界的"四肢结构"。此处对于价值哲学的启示意义在于,它促使我们看到其中基于"实在的所与"而形成的"意义的价值",以及源自"能为的个人"而形成的"职位的人类",同样有着理念、理想的存在性格(即价值)。② 根据"四肢结构论",我想它能够很好地解决物性价值和主体性价值各自的狭隘性、片面性,能够极大地横向拓展价值哲学的研究视域!

总之,当代价值哲学要取得进一步发展,在价值层次的纵向区分上,应从马克思主义关于"每个人的自由发展"的共产主义核心价值的高度,创造性地吸收舍勒、马斯洛等人的研究成果,而在价值领域的横

---

① 广松涉:《存在与意义》(第1卷),彭曦、何鉴译,南京大学出版社2009年版,第161页。
② 广松涉:《存在与意义》(第2卷),彭曦、何鉴译,南京大学出版社2009年版,第168页。

向拓展方面,则当以"古为今用,洋为中用"的开阔视野积极借鉴广松涉的"四肢结构论"。

第三节 从异化论到物象化论

马克思关于异化问题的论述可分为早期和后期两个不同时期。早期,马克思主要运用费尔巴哈的人本主义的异化逻辑,分析资本主义的异化现象。在《黑格尔法哲学批判》中,马克思运用异化概念批判了黑格尔关于国家和法的理念,阐述了"政治异化"问题。马克思认为,现代资产阶级国家的每个居民都具有两重身份,即市民社会中不平等的私人身份和政治与法律权利平等的公民身份。市民社会中随处可见的剥削者和被剥削者等等的不平等,使得"共同体"中作为公民的平等徒具形式,因而是虚假而不真实的。人由于失去了作为类存在物的本质而被异化。

随着批判的深入,马克思将矛头由政治转向了经济,在《1844 年经济学哲学手稿》(以下简称"《手稿》")中阐述了"经济异化"问题,其核心是"劳动异化",它指的是一定历史条件下现实的具体的生产劳动,特别是资本主义社会中无产阶级的雇佣劳动。马克思认为,经济解放是政治解放的前提;而自由自觉的活动(劳动)是人的类本质,因而社会主义革命和共产主义的实现就是"劳动异化的积极扬弃"。他分析了"劳动异化"的四个方面:(1)劳动产品的异化。(2)劳动本身的异化。(3)人的类本质的异化。(4)人与人之间关系的异化。在劳动异化的分析中,"马克思首先设定了理想化的作为人类主体本质的劳动。"[①]这里,马克思通过异化概念所表达的是,人失去了本质,人不能在自己生产的对象

---

① 张一兵:《马克思历史辩证法的主体向度》,南京大学出版社 2002 年版,第 67 页。

或客体里看到自己的存在以及自己的本质活动,人不能够像人一样"生活"的状态。这表明当时马克思仍然在一定程度上受到费尔巴哈的思辨结构的人本主义异化历史观的制约。在马克思看来,异化是伴随资本主义分工或私有财产而产生的特定历史现象。因此,马克思还把任何时代不可或缺的人体现自己生命的活动或劳动——这种黑格尔称之为"异化"的活动——改称为"对象化"(Vergegenstandlichung)。

后期,随着对费尔巴哈的批判的深入展开,马克思开始怀疑用异化的逻辑来说明历史的科学性,排拒"心—物"、"主—客"这种简单的二元对立性以及主体的东西生成转化为客体的存在的思维模式。

在日本哲学家广松涉看来,《德意志意识形态》(以下简称"《形态》")中的异化理论,已然不是"异化论",而是"物象化论"。促使马克思发生从异化论到物象化论的转变的一个契机,是施蒂纳的社会唯名论。施蒂纳在其《唯一者及其所有物》中主张,应明确区分由叙述的本质规定的"他是什么(谓语)"与指称存在的个体的"他(主语)是谁"。施蒂纳指出,当费尔巴哈说"神学的秘密是人学"、"神被异化成了人"的时候,此处所谓的"人",与"神"一样,只是并不存在的观念的东西而已。施蒂纳认为,实际存在的只有存在的个体,实际存在的诸个体才是历史的主体,而社会唯实论所谓作为类本质的人是不存在的。这种观点让马克思注意到将作为"类本质存在"的"人"视为自我运动的"实体—主体"构图的难点。恩格斯在1844年11月给马克思的信中亦对此评价说:"当施蒂纳摒弃了费尔巴哈的'人',摒弃了起码是《基督教的本质》里的'人'时,他是对的。"[1]次年春天,马克思在其《关于费尔巴哈的提纲》中即明确强调:"费尔巴哈把宗教的本质归结于人的本质。但是人的本质并不是单个人所固有的抽象物,实际上,它是一切社会关系的总和。"[2]

---

[1]　《马克思恩格斯全集》(第27卷),人民出版社1972年版,第12页。

[2]　《马克思恩格斯全集》(第3卷),人民出版社1960年版,第5页。

因而在《形态》一书中,马克思恩格斯摒弃了黑格尔之流视人类史为自我异化和自我复归的方法本身,并揭示这种方法所固有的根本缺陷,"他们总是用后来阶段的普通人来代替过去阶段的人并赋予过去的个人以后来的意识。由于这种本末倒置的做法,即由于公然舍弃实际条件,于是就可以把整个历史变成意识发展的过程了。"①这种"异化论的逻辑"是三段式的,即(a)未被异化的本真态时代,(b)被异化的非本真态时代,(c)扬弃被异化的非本真态实现不被异化的本真态时代。用神学图式来说,就是"乐园(神)—失乐园(人)—复乐园(神)"。广松就此反驳说,即便把现状规定为异化态(b),它也并不具有朝更高层次(c)复归的必然性,因为我们不能说"被打坏的茶碗属于非本真形态,因此,被打坏的茶碗具有自我复归到没被打坏的状态的内在必然性。"②况且作为理想的本真态的(a),本来就是后人把自我愿望作为"客观的"价值标准而替前人设定的。然而,价值标准的意识形态性,使这种价值标准的普遍效力性受到怀疑。

在《形态》中,"异化"概念的出现次数较《手稿》明显减少,含义也大不相同,基本上只是借以说明问题。关于生产劳动,马克思恩格斯谈的都是现实的物质生产活动,不再用"异化劳动"概念,而多以"物质生产"概念来表述生产劳动,并以物质生产为立足点,论证了唯物史观的一系列重要原理。

但另一方面马克思恩格斯还发现,虽然不能将作为"类本质存在"的"人"视为自我异化、自我复归的大循环中的"实体—主体",但是即便把"实体—主体"从本质的人改变为存在的个人,也同样避免不了难点。因为"社会不是由诸个人所构成的","社会是诸个人相互联系的诸关联、诸关系的总和"。仅仅是存在的个人,不足以成为那个大循环中的"实体—主体"。因此,我们需特别注意,在马克思恩格斯的历史唯物主

---

① 《马克思恩格斯全集》(第3卷),人民出版社1960年版,第77页。

② 广松涉:《物象化论的构图》,彭曦、庄倩译,南京大学出版社2002年版,第55页。

义中,不论是社会唯名论的"个人"还是社会唯实论的"社会",都不是自在的实体,而是扬弃了二者的对立,将它们视为两个不同层面的关系的"项",两个关系"项"共同作为一个关系的整体。因此,"应当避免重新把'社会'当作抽象的东西同个人对立起来。个人是社会存在物。"①

广松坚持说,"马克思主义哲学世界观的特质存在于关系主义(relationisme)之中"②,并将"物象化"规定为:"我们把作为概念规定以前的暂定的表象,以及人与人之间的关系以物的关系、性质、形态而表现出来的事态,暂且称之为物象化现象。"③换言之,"物象化"就是"把关系看作'物'"。例如,把货币所具有的"购买力"视为"物的性质",把"需要和供给的关系"视为"物与物之间的关系"等等。(一)关于人与人的关系问题。如果说"异化论"所研究的是人本身,"物象化论"则要进一步研究人与人之间的关系。在德语中,"Verhaltnis"(关系)一词,系由"Verhalten"(举止、行为)派生而来,再将"Verhaltnis"译为"关系行为",进而译作"关系形成的行为"。在 1845 年的《提纲》中,马克思提出了著名的"人的本质并不是单个人所固有的抽象物,实际上,它是社会关系的总和"的关于人的本质定义。1847 年 12 月,马克思关于"雇佣劳动与资本"的讲演中的"生产关系总合起来就构成所谓社会关系,构成为所谓社会,……资本也是一种社会生产关系。这是资产阶级的生产关系"④的论述,则可以看作是对《提纲》所做的补充。总之,资本主义经济现象中的商品、货币、资本、价值等,不过是物象掩盖下的人与人之间的社会关系(生产关系)。(二)关于人与自然的关系问题。在《形态》中,马克思恩格斯指出:"我们仅仅知道一门唯一的科学,即历史科学。历史可以从两方面来考察,可以把它划分自然史和人类史。但这两方面

---

① 《马克思恩格斯全集》(第 42 卷),人民出版社 1979 年版,第 22 页。
② 卞崇道:《现代日本哲学与文化》,吉林人民出版社 1996 年版,第 78 页。
③ 野家启一『「広松哲学」の成立過程』,http://www.nju.edu.cn/njuc/chi-jp/zryj/4.htm.
④ 《马克思恩格斯全集》(第 6 卷),人民出版社 1961 年版,第 480 页。

是密切相联的；只要有人存在，自然史和人类史就彼此相互制约。"①根据这一论述，广松认为，苏联传统教科书援引列宁将历史唯物主义定义为辩证唯物主义在社会和历史领域的运用，而把唯物辩证法分成"自然辩证法"和"历史唯物主义"这样两个半球，容易产生对马克思主义哲学的误解。（三）关于物质与意识的关系问题。"人并非一开始就具有'纯粹的'意识。'精神'从一开始就很倒霉，注定要受物质的'纠缠'，物质在这里表现为震动着的空气层、声音，简言之，即语言。……我对我的环境的关系是我的意识。"②这里，马克思恩格斯互文式地把环境（物质）与意识交织在一起，而不是从内在的实体或机能等来考察意识，而是从根本上将它们理解为一种关系。

虽然从物象化范畴的立场来看，近代范畴关于世界的物的规定不过是源于真实事态的物象化的误视，不过是把原本为第二性的东西当作第一性的本质。但如果从近代范畴的立场来看，这是一个没法得到体认的主张。从学知的反思的见地（für uns）所体悟的真实态的关系规定和从当事者的直接的意识（für es）所看到的物象之相，哪一方范畴所主张的才是真理？值得注意的是，围绕同一事态的两套范畴各自形成的理论上的对立，要对它们各自的真伪性作出决断，从原理上说是不可能的。究竟选取哪一方的范畴，这不是一个纯理论的问题，而是实践的问题，正如马克思在《关于费尔巴哈的提纲》第二条所指出的："人的思维是否具有客观的真理性，这并不是一个理论的问题，而是一个实践的问题。人应该在实践中证明自己思维的真理性，即自己思维的现实性和力量，亦即自己思维的此岸性。关于离开实践的思维是否现实的争论，是一个纯粹经院哲学的问题。"③广松涉把《1844年经济学哲学手稿》与《德意志意识形态》这两种不同批判维度，看作从异化论的逻辑到

---

① 《马克思恩格斯全集》（第3卷），人民出版社1960年版，第20页。
② 《马克思恩格斯全集》（第3卷），人民出版社1960年版，第34页。
③ 《马克思恩格斯全集》（第3卷），人民出版社1960年版，第7页。

物象化论的逻辑的转换。

第四节 人学辩证法与异化论逻辑

方法问题的提出可以追溯到"**第一个萨特**"(作为法国存在主义哲学家)所写的《存在与虚无》。虽然通常看来《存在与虚无》禀承了现象学传统,但萨特显然还是拒斥胡塞尔的自我学立场,认为我与他人的关系不是认识与认识的关系,而是"存在与存在的关系"①。另一方面,关于我与他人的关系也不能像海德格尔那样单是指出"共在"就完事,而应该进一步指出是如何共在?萨特找到的出路是"注视"。通过"注视",我与他者"相遇"了。在他人的注视中,我成为了对象,而他人反倒成为了主体,我由此丧失了自我的主体性。这样一来,我的自由,我的种种选择的可能性就受到了他者的包围与限制,从而给我的自由造成一种威胁。于是我与他者的不再是简单的"共在"它还是一种随时可能引发的"冲突"。在此意义上,萨特在其 1944 年推出的独幕剧《禁闭》中,提出了"他人即地狱"(L'enfer c'est les autres)的著名论断。

后来,"**第二个萨特**"(作为存在主义的马克思主义哲学家)转向马克思主义的研究。萨特对待马克思主义的基本态度是,当马克思主义所反映的历史时期还没有被超越之前,它是不可超越的。如果说历史唯物主义提供了对历史的唯一合理解释,存在主义则是提供了接近现实的唯一具体道路。他不满意理论与实践严重脱节,理论沦为政策的论证性工具,实践成为理论正确性例证这一斯大林时期的教条式的马克思主义。他的《辩证理性批判》即模仿康德《纯粹理性批判》的书名,自称旨在为"'任何一种未来的人类学的绪论'奠定基础,其直接目的是

---

① 萨特:《存在与虚无》,陈宣良等译,生活·读书·新知三联书店 1987 年版,第 325 页。

'创立一种生成的和历史的人学'"，"此书以存在主义填补了马克思主义的某些空白"①。

一、受动(惰性)与授动(原动)：一种源于异化与计划之双重规定的人学辩证法

萨特赞同马克思恩格斯关于"人们自己创造着自己的历史，但他们是在制约着他们的一定环境中"的观点。但"他坚决反对教条式的马克思主义将历史唯物主义的这一观点说成是一种关于人的存在的'惰性的原理'"②。因为如果那样的话，作为受动者的人类就与机器没什么区别。基于这一点，萨特明确把**个人实践**与传统的马克思主义所确认的**社会实践**区别开来。这是因为，"人在受剥削的阶段，**既**是他自己的产物的产物，**又**是一个在任何情况下都不能被视为一种产物的历史授动者"③。一方面，"人们在以前的现实条件的基础上创造他们的历史"，但另一方面"创造历史的是他们，而不是以前的条件……人类实践的运动在保留了这些条件的同时又超越了它们。"④萨特推断说：在马克思的说法之外，决定论的特征与个人实践这种综合的前进统一的特征不可分离地联系在一起。也许应该把超越外在性和内在性、众多性和统一性、分析和综合、自然和反自然的对立的愿望视为马克思主义最深刻的理论贡献。但是，这是一些需要加以发挥的说明。⑤

萨特的整个《辩证理性批判》可以说都是围绕着这一理论目标而"进行发挥的说明"。萨特所要表达的意思是：在现实社会中，人不仅是一个受动(异化)者，同时也是一个授动(计划)者。教条式的马克思主义的根本错误在于，片面地强调社会历史中的人的受动(惰性)的一面，

---

① 张一兵：《文本的深度耕犁》(第1卷)，中国人民大学出版社2004年版，第252—253页。
② 张一兵：《文本的深度耕犁》(第1卷)，中国人民大学出版社2004年版，第287页。
③⑤ 萨特：《辩证理性批判》，林骧华译，安徽文艺出版社1998年版，第74页。
④ 萨特：《辩证理性批判》，林骧华译，安徽文艺出版社1998年版，第74—75页。

有意或无意地忽视了人的授动(原动)的一面。在萨特看来,虽然个人实践是不可还原(即不能把"人"还原为"物")的,是历史创造的原动力,但在阶级社会中,由于人在历史中对象化和异化,而形成了个人存在与社会存在的双重不透明(遮蔽)。十九世纪诞生的马克思主义,其理论旨趣恰恰在于促使作为历史创造者的无产阶级去发现自己的"秘密",从而自觉地意识到自己的历史主体地位,使个人存在与社会存在的双重不透明,重新变得透明起来(解蔽)。萨特反对把异化的人与外在的物理规律混为一谈,反对从存在论上证明人的"惰性原理"的正确性。虽然"异化能够改变行动的结果,却不能改变**计划**的深刻的实在性"①。

　　个人实践之所以是不可还原的,说到底,是因为个人实践存在于一种**外在制约**与**内在超越**的双重规定中,这不是决定论的消极铁笼所能容纳得下的。"一方面,在特殊行动的中心,存在着作为匮乏的东西和通过这种匮乏来揭示未来的实在。另一方面,它是被集体不断维持和改变的实在,是持久的未来"②。张一兵先生指出,萨特的这种受动与授动的双重规定的人学辩证法,实际上是海德格尔的"**改头换面了的'被抛与筹划'**"③。关于这一点,萨特还特别举了一个关于职位的例子:从授动的角度来说,当社会的共同需要(或者由于某人的退休或死亡)使得必需设立某个新的医疗岗位,这个新的职位对于某些人来说,就是一种具体的、可能的未来;从受动的角度来看,在资产阶级社会中,作为医学院学生必须具备各种相应的条件,比如父母必须是有钱人,或者学校具有一套完善的奖学金制度来保障贫困学生完成学业。而对于未能符合必需条件的人来说,医学就成为他的一种匮乏,他通往医生职位的道路就被堵塞了。但即便如此,他仍然可以通过另外种种哪怕多少被堵塞的未来,来否定地确定自己,"一切社会的可能性都被当作个人未来

---

① 萨特:《辩证理性批判》,林骧华译,安徽文艺出版社 1998 年版,第 77 页。
② 萨特:《辩证理性批判》,林骧华译,安徽文艺出版社 1998 年版,第 79 页。
③ 张一兵:《文本的深度耕犁》(第 1 卷),中国人民大学出版社 2004 年版,第 287 页。

的有计划的规定性来体验"①。

二、辩证法的起源:人的各项计划之间的冲突

萨特认为,"辩证法应该在人类同自然、同'初始条件'的关系中,在人际关系中来寻找。辩证法的起源就在这里,这个起源产生于各项计划之间的冲突。"②从萨特对辩证法的这一定义来看,它应该包含这样三重关系:a.人与自然(第一自然)的关系,b.人与前人创造的"既定物质条件"(第二自然)的关系,c.人与人之间的关系。显然,在这三重关系中,不论哪一种都离不开人,**辩证法产生于人的"各项计划之间的冲突"**。从辩证法在古希腊最初的含义即"对话、论战的艺术"的含义来看,萨特关于辩证法的观点是符合辩证法的原初含义的。正是在此意义上,张一兵先生把萨特的辩证法概括为**"人学辩证法"**③。

萨特批评恩格斯的自然辩证法,"在恩格斯那里,有时辩证法会爆炸,人们会像物理分子一样互相碰撞,所有这些相反的合力就是一个平均值。"④他阐述了他关于(历史)辩证法的三点看法,以期人们将之视为他对存在主义的一个扼要评析。

1. "我们只通过它的事实:在每时每刻超越的已知条件,不会归结为我们存在的物质条件。"⑤他以人的童年经历为例,说明人的童年使人模糊地感觉到家庭和阶级对自己的社会制约,尽管我们试图努力从中摆脱、超越出来,但是最终它都以某种特定的形式铭刻在我们身上。**"个人可以超越一定的现实,可是现实往往正是通过这种超越表现出来"**⑥一个资本家在度假时,固然可以热衷于打猎或捕鱼,以便暂时忘

---

① 萨特:《辩证理性批判》,林骧华译,安徽文艺出版社1998年版,第80页。
②⑤ 萨特:《辩证理性批判》,林骧华译,安徽文艺出版社1998年版,第84页。
③ 张一兵:《文本的深度耕犁》(第1卷),中国人民大学出版社2004年版,第296页。
④ 萨特:《辩证理性批判》,林骧华译,安徽文艺出版社1998年版,第129页。
⑥ 张一兵:《文本的深度耕犁》(第1卷),中国人民大学出版社2004年版,第291页。

记他的职业角色,但是,对猎物和鱼的嗜好在他身上却具有一种精神分析法的意义,他用以打猎或捕鱼的物质条件仍然在其身上铭刻下"资本的表达者"的印记。我们既应在经济运动的基础上研究其具体特征,同时又不能低估它们的特殊性。超越,就是保留。虽然遗骸无一例外地保留于地球(决定论),但是人仍可以选择不同的死亡方式(计划或自由选择)。萨特认为,只有作如是观,才能达到他所说的**整体化**。马克思所谈的物化,并非指出我们已变成物,而是指出我们是一些不得不从人的角度去体验具体事物的条件的人而已。

2."计划必须通过工具的可能性领域。"①工具原本是生产力的一定发展的产物,但随着历史的发展,人的谋划反而愈发必须通过一定的工具才能够实现,乃至成为人的谋划得以实现的前提。"工具的多元性必然导致历史存在和构成的复杂性。"②例如,在文化领域中,语言作为思想交流的工具,总是具有时代所赋予它的意义。因此,当一个思想家说话的时候,"他说出的会比他想说的更多,而且与原先想说的不同,时代窃取了他的思想:他不断迂回前进,最后:被表达的想法竟大相径庭,他受到了词语的愚弄。"③这一思想被后结构主义者表述为"**不是我在说话,而是话在说我**"。

3."人通过他的谋划来确定自己。这种物质的存在不断超越使它成形的条件;它在通过劳动、行动或手势超越自己的状况以便达到对象化时,揭示并超越自己的状况。"④萨特所谓的谋(计划)划并非一种主观预设,而是个人在一定历史条件下的一种不断推向自身之外的生存性超越。这种谋划"通过一个由我们实现一些可能性、排斥另一些可能性的可能性场域而把我们投射出去,所以我们也称它为**选择**或**自由**"。⑤为

---

① 萨特:《辩证理性批判》,林骧华译,安徽文艺出版社 1998 年版,第 93 页。
② 张一兵:《文本的深度耕犁》(第 1 卷),中国人民大学出版社 2004 年版,第 292 页。
③ 萨特:《辩证理性批判》,林骧华译,安徽文艺出版社 1998 年版,第 94 页。
④⑤ 萨特:《辩证理性批判》,林骧华译,安徽文艺出版社 1998 年版,第 121 页。

此,萨特还特别提醒说,不应将之与叔本华、尼采那里作为抽象实体的意志混为一谈,这种指责充其量是一种**机械论**哲学。萨特反对传统马克思主义研究中把实践、创造和发明消极地还原为某种外部物质条件,把复杂化为简单,把发展变化还原为同一性,否认结构的特殊性的做法。由于这种做法只是把对象的意义还原为对象本身的死板的纯粹物质性,因而不可能获得关于对象的真正意义与价值。萨特坚持,他的人学辩证法与此相反:"它拒绝还原,它进行的步骤是相反的:它既超越而又保留;但是那些被超越的矛盾的各个项既不能阐明超越本身,又不能阐明后来的综合:倒是后来的综合才能说明矛盾的各个项,并使人能够理解它们。"①萨特反对把个人存在还原为惰性的纯粹物质性。如果把作为一种能指存在的个人存在,归结为客体本身的惰性物质性,其荒谬程度将不亚于想从事实推断出权利。

三、前进与逆溯式的方法

在个人与群体的关系问题上,萨特强调应"从历史事件中来研究个人的作用"。②存在主义的研究对象就是"在社会领域内、自己的阶级内、集体对象和其他特殊的人们中间的个别的人,就是由分工和剥削而被异化、物化、神秘化而用了歪曲的工具手段同异化进行斗争并慢慢地获得一些进步的个人"。③从这种人学辩证法出发,萨特指出,如果把生产力和生产关系看作人类历史的唯一客体,就会重新陷入我们想要避免的教条式马克思主义所主张的经济决定论,马克思主义就将变成一种**非人道主义**。

萨特把历史唯物主义所主张的历史性的总体分析的方法称为"前进式的方法"(*the progressive method*)。他的基本判断是,马克思主义

---

① 萨特:《辩证理性批判》,林骧华译,安徽文艺出版社1998年版,第121页。
② 萨特:《辩证理性批判》,林骧华译,安徽文艺出版社1998年版,第106页。
③ 萨特:《辩证理性批判》,林骧华译,安徽文艺出版社1998年版,第108页。

的方法是前进式的，它是马克思对历史现象作出大量分析的结果。历史唯物主义是"一种宏观的历史性的总体观察，它正确地将社会历史看成是由人类实践活动**向前推进**的运动过程，可是，这种理论逻辑过于强调社会历史的**一般**矛盾动力和**一般**结构，忽略了历史本身的进步仅仅是由个人生存所直接构成的"。①在"今天，综合的前进法是危险的：偷懒的马克思主义者用这种方法来构成先验的实在和各种方式，以便证明已经发生的事应该这样发生，他们用这种单纯叙述的方法不能发现任何东西"。②萨特提出了自己的解决方案，以填补他所谓的马克思主义的中心那块"具体的人学的空场"："我们的方法是启发式的，它教我们学会新东西，因为它既是逆溯性的又是前进性的。它和马克思主义者一样，首先关心的是把人重新置于他的环境中，我们要求总体历史对我们再现现代社会的结构、它的冲突、它的深刻矛盾，以及由这一切所决定的总体运动。这样，我们一开始就对被考察的运动有一种总体的认识。"③萨特之所以能够提出这样的方法，应该与他集哲学家与文学家的双重身份于一身不无关系。因为这种方法，显然兼具抽象思维和形象思维的双重特点，通常不是某个单纯的哲学家或单纯的文学家所能驾驭的。

萨特指出，他的"前进—逆溯方法"受之于列斐伏尔的影响。列斐伏尔在其《农村社会学透视》（1953 年）一文中，提出了一种"作为辅助技术的方法"以便"从唯物辩证法的角度把社会学和历史学融为一体"。这一方法包含三个环节：（1）描述（$descriptif$），即观察现实，以经验和总体理论为视点；（2）分析—逆溯（$analytico\text{-}régressif$），即分析现实，推定其确切日期（萨特称马克思异化劳动史观中的历史没有"注明日期"）；（3）历史—发生（$historico\text{-}génétique$），即再现现实，澄清、理解和

---

① 张一兵：《文本的深度耕犁》（第 1 卷），中国人民大学出版社 2004 年版，第 297 页。
② 萨特：《辩证理性批判》，林骧华译，安徽文艺出版社 1998 年版，第 108 页。
③ 萨特：《辩证理性批判》，林骧华译，安徽文艺出版社 1998 年版，第 108—109 页。

解释现实。①萨特借鉴了其中的第二、第三个环节,并将之更名为"逆溯—前进法(the regressive-progressive method)"。如果说"前进式的方法"是历史唯物主义对历史总体加以宏观概括,那么"逆溯式的方法"(the regressive method)则是对历史总体中的具体个人、事件和对象进行微观确认。

西方传统思维中的二分法,源于基督教中的神人二分。当萨特将这一思维定式移植于前进式与逆溯式两种方法的区分以求用后者克服前者的片面性时,这一做法本身难免带来一种新的片面性。事实上,在方法问题上,马克思在《政治经济学批判大纲》"导言"中曾明确指出"从具体的东西向抽象的东西行进的研究过程与从抽象的东西向具体的东西的上升的叙述过程的区别"②,认为后一种方法是"科学上正确的方法"。在马克思看来,"社会关系的含义是指许多个人的合作,至于这种合作是在什么条件下、用什么方式和为了什么目的进行的,则是无关紧要的。"③正是在此意义上,马克思才更强调**现实的**社会历史,而不是**抽象的**个人。对《资本论》中的马克思来说,作为无产阶级的人是"现实中的起点",但"在思维中表现为综合的过程,表现为结果"。可是在萨特那里,人却是思维的起点与结果:"'我们都还不是完整的人',所以我们必须努力斗争,以期达到人的关系和符合人性的存在。……'在那里每个人都将成为人,其中的一切集合体都同样富有人性'。"④这样,以"前进—逆溯方法"为根本方法的人学辩证法,实际上又倒退到马克思在《德意志意识形态》中已予以批判与放弃的以"异化劳动"为中心概念⑤的异化论的逻辑,遗憾的是,目前国内有的学者依旧坚持《资本论》还有

---

① 萨特:《辩证理性批判》,林骧华译,安徽文艺出版社 1998 年版,第 47 页。

② 王东、林锋:《〈资本论〉异化观新探——与〈1844 年手稿〉异化观的比较研究》,《江海学刊》2007 年第 3 期。

③ 《马克思恩格斯全集》(第 3 卷),人民出版社 1960 年版,第 33 页。

④ 张一兵:《文本的深度耕犁》(第 1 卷),中国人民大学出版社 2004 年版,第 272 页。

⑤ 孙伯鍨:《探索者道路的探索》,南京大学出版社 2002 年版,第 281—288 页。

"异化观",说它"与早期《手稿》异化观之间,绝不是'断裂'关系,而是继承创新关系"①,不理解"**分工在《德意志意识形态》一书中恰恰占据了原来《1844 年手稿》中异化逻辑所居的重要位置。**"②说到底,萨特人学辩证法的底层仍潜在着一种传统异化论的逻辑。

第五节　《资本论》的广松式解读

广松涉(ひろまつ わたる,Hiromatsu Wataru,1933—1994),日本当代著名哲学家。国内对广松哲学的介绍,始于 1994 年。在把广松哲学译介到中国学术界的过程中,南京大学的张一兵先生和中国社会科学院的卞崇道先生起了极为重要的推动作用。20 世纪 30 年代末,冯友兰先生在其《新理学》一书中谈到,对于宋明理学,自己大体上不是"照着讲",而是"接着讲"。"照着讲"是注疏家的讲法,"接着讲"是哲学家的讲法。作为日本哲学史上继西田几多郎之后的第二大哲学家,与冯先生的《新理学》一样,广松涉对《资本论》的解读也是"接着讲"。

一、广松哲学的基础

广松生前出版过著作 40 余部,其哲学源头主要有马克思主义哲学、现象学(及新康德主义)、马赫哲学(及现代物理学)。读者也许要问:可是,沿着这三大哲学源头,广松哲学要"接着讲"什么? 我想,这大致可以用张一兵教授总结的五个字来概括,即"关系存在论"③。那么,广松"关系存在论"的思想背景又是什么? 在广松涉的众多著作中,未

① 王东、林锋:《〈资本论〉异化观新探——与〈1844 年手稿〉异化观的比较研究》,《江海学刊》2007 年第 3 期。
② 尼寺义弘:《黑格尔推理论与马克思价值形式论》,邓习议、张小金译,中国戏剧出版社 2007 年版,第 26 页。
③ 张一兵:《广松涉:关系存在论与事的世界观》,《哲学动态》2002 年第 8 期。

必提供了关于这一问题的现成答案。不过,我们可以通过他发表于1994年3月16日《朝日新闻》的"《以东北亚为历史的主角——建立以中日为轴心的'东亚'新体制》"这篇文章,来了解广松哲学的基本意趣。

"以欧美为中心的时代已一去不复返。必须寻求新的世界观、新的价值观。……新的世界观和价值观,归根结底将产生于亚洲并席卷世界。……那么,什么样的世界观将成为基调?……除了欧洲的,不,大乘佛教的一部分极少的例外,'关系主义'将取代过去占主流的'实体主义'而成为基调。……对我来说,是把这一情况称作'意识对象—意识内容—意识作用'的三项图式的克服或'事的世界观'。……我想,从物的世界观到事的世界观的转换确实是世纪末的大趋势……。关于价值观可以说也是如此。……若一言以蔽之,是从物质的福利中心主义到以生态学价值为中心的价值观的转换……。当然,世界观和价值观的变革,不能撇开社会体制的变革而独立进行。……必须从根本上重新追问过去五百年间以欧洲为中心的产业主义。……在不久的将来,东北亚将成为主角。"①

广松的上述思想,基本上可以归纳为关于21世纪的两大转换:一是世界观上的从实体主义(物的世界观)到关系主义(事的世界观)的转换,二是价值观上的从福利中心主义到生态中心主义的转换。实体主义的特点在于,容易走向极端的客观性或极端的主观性,现代西方哲学中的科学主义(理性主义)与人本主义(非理性主义)这两大思潮,实际上就是这两种极端性的产物。广松哲学的理论目标,旨在克服与超越西方哲学的主客二分的实体性思维方式,将其推进到以龙树为代表的东方式的主客统一的关系性思维方式,为上述两大转换提供哲学奠基②。

---

① 『廣松涉著作集』(第14卷)、岩波書店、1997年、第479—499頁。

② 如果说《精神现象学》是黑格尔哲学的秘密,我想这篇文章可谓广松哲学的秘密,纵观广松涉的整个哲学,可以说都是围绕上述两大转换而展开哲学运思。

四肢结构论是广松哲学的基础,它鲜明地体现出广松哲学的原创性、建构性。四肢结构论的提出,最早可以追溯到广松的大学期间的毕业论文《浅析认识论的主观》(1959)。在这篇论文中,广松构筑了四肢结构论的雏形,试着阐明认识、真理以及存在的概念的意义。为便于阐明其构成机制,广松援引卡西尔的函数概念,即,与数学中的函数一样,概念 A 虽然可用诸多个别的东西(a 或 $a'\cdots$)充当数值,但两者不能分离。广松强调,认识世界的现象自在地每次都已作为感性的现象之外的某物而呈现,这个感性的现象就是"现象",现象之外的某物即是"意义"。例如,这条狗(a_i)和那条狗(a_j)之所以被称为狗(A),是因为它们都具有狗的性质(a_k),即($a_i \Leftrightarrow A(a_k)$),由人们($M_k$)共同将之称为狗,形成语言理解的模型($(a_i) \Leftrightarrow A(a_k) \subset M_k$)。在对语言理解的模型作了发生学的考察之后,广松进而对语言理解的方式进行哲学反思,分析其存在结构。作为抽象表象的 A,不是现实的现象,而是具有理念内涵的意义(a),由此($a_i \Leftrightarrow A(a_k)$)的模式就变为 $a_i \Leftrightarrow A(a)$。这样,a_i 也就不是单纯的个体,而是作为具有个体之外的普遍性质的东西,即 a_i als $[a]$。而某种东西之所以被看作狗,这绝不是我的任意行为,也不是根据特定的人的看法而形成,而是对于任何人而言都具有的普遍有效性,这样,个别的人(M_k)就作为理念化的一般表现者,而取得 M_k als $[M]$ 的形式。最终,语言理解就取得(a_i als $[a] \Leftrightarrow A(a)) \subset M_i$ als $[M]$)的形式。[①]

在《存在与意义》两卷本中,广松系统地论证了认识世界和实践世界的"四肢结构"。"四肢结构"是广松用于论证其事的世界观的一个比喻性术语,是其函数式地对认识世界和实践世界的四个存在契机的精到把握,旨在揭示"主—客"、"心—物"的不可分性。具体而言,认识世界的四肢结构,就是"作为能识的人类的能知的个人在一定的现象的所与中认知意义的所识"("现象的所与—意义的所识"—"能知的个人—

[①] 『廣松渉著作集』(第 14 卷)、岩波書店、1997 年、第 500—507 頁。

能识的人类"），实践世界的四肢结构，就是"作为职位的人类的能为的个人在一定的实在的所与中生成意义的价值"（"实在的所与—意义的价值"—"能为的个人—职位的人类"）。

广松强调，四肢结构中的每一肢各自只是函数中的一个变数。也就是说，并非首先存在四个分肢要素，然后各要素之间结成关系，而是作为总体的关系从根本上先于要素而存在。在广松看来，欧洲哲学中的诸如"个体"、"自我"、"普遍"、"超越论的主观"的基本概念，都是"物象化的误视"的产物。举例来说，我发现手头的这张 X 光照片的某个部位有癌症影像。此时，在近代的"主观—客观"或以胡塞尔为代表的"对象—内容—作用"的三项图式的认知模式看来，不外是"主观的我"观察"客观的癌症影像"，主客观被直接置入"感觉·知觉—判断"的二项图式中。然而从学理的反思的物象化论的视角来看，真实的事态是"我从 X 光照片"，"读取某种特定的影像"，"我作为掌握 21 世纪医学的医生"，"将某种特定的影像认知为癌症"，由此呈现着"我（能知的个人）作为医生（能识的人类）"和"作为某种特定影像（现象的所与）的癌症影像（意义的所识）"的"四肢结构"。①反之，把主观的"我"和客观的"癌症影像"先在地单独置入"感觉·知觉—判断"的二项认知模式中，把作为关系的"事"简单化，这正是由来已久的"物象化的误视"的形成机制。广松坚持，欧洲哲学中的"个体"、"自我"、"普遍"、"先验的主观"等基本概念，都是"物象化的误视"的产物。胡塞尔的"意识对象—意识内容—意识作用"的三项图式，实际上可以简化为"主观（意识内容—意识作用）—客观（意识对象）"的图式，他所谓的"主观—客观"的一致，实际上是主观内部的一致，即"意识内容—意识作用"的一致。正是这种主观内部的一致，使得近代认识论愈发走向闭塞，最终引发现代认识论的危机。广松的解决之道是，将"意识对象—意识内容"这二项改造为"现象

---

① 日山紀彦『「物象化論の構図」を読む——解題と解説に代えて』、http://www.nju.edu.cn/njuc/chi-jp/zryj/6.htm.

的所与—意义的所识",剩下一项"意识作用",则继续引进胡塞尔的"主体间性"(交互主体性)的概念,亦即将"意识作用—主体间性"这二项改造为"能知的个人—能识的人类"①。

二、资本论的双向解读

(一)以"四肢结构论"正向解析"价值形式"。广松涉《资本论的哲学》一书对《资本论》的"接着讲",最精彩的地方当数其运用"四肢结构论"对《资本论》第一卷第一篇商品章中的价值形式论的独特解读。

在以往的研究中,通常将价值形式的展开理解为历史的发生史。比如,河上肇就明确援引列宁关于"马克思的主要任务是:研究货币价值形式的起源,研究交换发展的历史过程"②的观点,认为价值形式是"现实的历史发展进程在思维上的反映"③。那么,这种观点有问题吗?广松是如何发现其中的问题呢?我想,除了广松关于"两大转换"的问题意识,以及他关于 für es 和 für uns 的两种立场的区分④,马克思关于价值关系的自为—他为关系的内在逻辑的分析,即"在某种意义上,人很像商品。因为人来到世间,既没有带着镜子,也不像费希特派的哲学家那样,说什么我就是我,所以人起初是以别人来反映自己的。名叫彼得的人把自己当作人,只是由于他把名叫保罗的人看作是和自己相同的。因此,对彼得说来,这整个保罗以他保罗的肉体成为人这个物种的表现形式"⑤,同理,彼得和保罗各自的产品则"通过价值关系,商品 B

① 在拒斥或克服主观内部即意识内容之间的一致的含义上,广松涉在其四肢结构论的系统阐发中,确实可以说是试图将现代哲学的"主观"或"客观"的单孔镜,置换为"主观"和"客观"的双孔镜。
② 《列宁全集》(第 26 卷),人民出版社 1988 年版,第 63 页。
③ 河上肇:《资本论入门》(上),仲民译,生活・读书・新知三联书店 1959 年版,第 177—178 页。
④ für es,即"对于他们"的当事者的立场,是未被识破的被物的外壳掩盖着的关系,这是实体主义的拜物教根源。für uns,即"对于我们"的学理的、反思的立场,是被识破的被物的外壳掩盖着的关系,此为关系主义的存在论基础。
⑤ 《马克思恩格斯全集》(第 23 卷),人民出版社 1972 年版,第 67 页。

的自然形式成了商品 A 的价值形式,或者说,商品 B 的物体成了反映商品 A 的价值的镜子"①,也是一个极好的说明。

　　具体而言,广松涉是通过运用四肢结构论对价值形式②的存在结构的条分缕析,而发现其传统理解的错误。这里,我们不妨联系马克思关于"价值的镜子"的讨论,阐明广松所谓价值形式所呈现的自为—他为的"四肢结构"关系。1.能知(能为)的个人,包括处于相对价值形式一侧的麻布生产者和所有者 A(自为的彼得)和上衣生产者和所有者 B(自为的保罗)。2.能识(职位)的人类,包括处于相对价值形式一侧的麻布生产者和所有者[A](他为的彼得)和上衣生产者和所有者[B](他为的保罗)。3.现象(实在)的所与,包括 A(自为的彼得)的产品 a 和 B(自为的保罗)的产品 b。4.意义的所识(价值),包括[A](他为的彼得)的产品[a]和[B](他为的保罗)的产品[b]。③从 für es 的立场来看,A as [A]和 B as [B],双方互以对方的产品 a as [a]和 b as [b]为价值物,最终形

---

① 《马克思恩格斯全集》(第 23 卷),人民出版社 1972 年版,第 67 页。
② 在《资本论》商品章中,马克思分析了四种价值形式,其中
　　第一价值形式(简单价值形式):20 码麻布=1 件上衣。
　　第二价值形式(扩大价值形式):

$$20\text{ 码麻布}\begin{cases}=1\text{ 件上衣}\\=10\text{ 磅茶叶}\\=2\text{ 盎斯金}\\=\text{其他商品}\end{cases}$$

　　第三价值形式(一般价值形式):

$$\left.\begin{array}{l}1\text{ 件上衣}=\\10\text{ 磅茶叶}=\\2\text{ 盎斯金}=\\\text{其他商品}=\end{array}\right\}20\text{ 码麻布}$$

　　第四价值形式(货币形式):

$$\left.\begin{array}{l}20\text{ 码麻布}=\\1\text{ 件上衣}=\\10\text{ 磅茶叶}=\\\text{其他商品}=\end{array}\right\}2\text{ 盎斯金}$$

③ 概而言之,在价值形式的"自为—他为"关系中,A、B 表示个人(自为),[A]、[B]表示人类(他为);a、b 表示 A、B 自给自足的产品(自为),[a]、[b]表示[A]、[B]用于彼此交换的商品(他为)。

成一种共轭的自为—他为＝他为—自为的中介关系。以第一价值形式为例，在"20 码麻布＝1 件上衣"的价值等式中，引入自为—他为的关系概念，得到"a as［a］＝ b as［b］"的价值等式，意为"自为的彼得的产品a—他为的彼得的产品［a］＝自为的保罗的产品 b—他为的保罗的产品［b］"，再将相对价值形式一侧的 a as［a］和等价形式一侧的 b as［b］这两项颠倒过来，形成"b as［b］(B as［B］)＝ a as［a］(A as［A］)"的"四肢结构"，意为"自为的保罗的产品 b(产于自为的保罗 B)—他为的保罗的产品［b］(产于他为的保罗［B］)＝自为的彼得的产品 a(产于自为的彼得 A)—他为的彼得的产品［a］(产于他为的彼得［A］)"。由此，广松得出一个全新的结论："从第一形式到第二形式不是历史的、事实的发展。在事态上，第一形式只是把第二形式的一个构成因素提取出来进行考察⋯⋯"[①]而第三价值形式则是从共轭性自为—他为的维度，将第二形式中处于等价形式一侧的"1 件上衣"等商品颠倒过来，提取到相对价值形式一侧来考察。故，从第一价值形式到第二价值形式，再到第三价值形式，绝不是历史的发生史，而是一种"A as［A］—a as［a］"—"B as［B］—b as［b］"自为—他为＝他为—自为的共轭性中介结构。当然，从彻底的关系第一性来说，广松似乎还应详述第三形式如何过渡到第四形式，以及如何从第四形式回归第一形式。遗憾的是，广松并没有对此做出具体说明。不管怎么说，广松最后得出了一个与传统观点迥异的"四肢结构论"的结论："价值形式论的基本机制，归根结底就是，对 A 而言的自为的(B as［b］的产品)b as［b］将(他为的 A as［a］自己的产品)a as［a］等同的事态，等同于 b as［b］(als ein Produkt des B as［B］) gilt A für sich als etwas Identisches mit a as［a］(als ein Produkt des A as［A］)的四肢结构事态。"[②]在我看来，根据自为—他为＝他为—自为的共轭性思路，与第三形式是第二形式的颠倒类似，第四形式当是第三

① 『廣松渉著作集』(第 12 卷)、岩波書店、1996 年、第 399 頁。
② 『廣松渉著作集』(第 12 卷)、岩波書店、1996 年、第 152 頁。

形式的颠倒,即,第三形式中处于相对价值形式一侧的 2 盎斯金最终被单独提取出来,被放置到第四形式中的等价形式一侧,并由此取代第一形式中 1 件上衣的地位,从而完成从第四形式向第一形式的回归。

从四肢结构论的"关系第一性"的视角,广松不仅颠覆了以往通常把价值形式论看作是"历史的发生史"的传统观点,还间接地印证了价值实体论与价值形式论的相辅性存在结构。

(二)用"物象化论"反向批判"三大拜物教"。《以物象化论为视角读资本论》是《资本论的哲学》的姊妹篇,全书共三讲,其解读对象为《资本论》第一卷第一篇第一章"商品",第六篇"工资"和第七篇"资本的积累过程",以及作为由《资本论》第一卷向第二卷过渡的遗稿"直接生产过程的结果"。如果说《资本论的哲学》是从四肢结构的视角正向凸显《资本论》中价值形式的关系性存在,那么《以物象化论为视角读资本论》则是从物象化论的学理反思的立场反向批判《资本论》的商品、货币和资本这"三大拜物教"。

物象化论是广松哲学的方法,它鲜明地体现出广松哲学的逻辑性、批判性。所谓"物象化",就是对"人与人之间的主体际关系被错误地理解为'物的性质'……以及人与人之间的主体际社会关系被错误地理解为'物与物之间的关系'这类现象……的称呼"。①广松以 Versachlichung(物象化)一词区别于黑格尔、马克思和青年卢卡奇使用的"使……具体化而成为某物"的 Verdinglichung(物化,异化)。在资本主义社会,价值、工资和资本等一切社会关系都被物象化。(1)价值的物象化。在商品世界中,一方面,一切商品都还原为可以由使用价值来度量的某种性质,且只有具有使用价值的东西才具有交换价值;另一方面,人们只有在两商品在交换价值上相等且两商品具有不同的使用价值的情况下,才会对两商品进行交换。"同商品体的可感觉的粗糙的对

---

① 广松涉:《物象化论的构图》,彭曦、庄倩译,南京大学出版社 2009 年版,第 65 页。

象性正好相反,在商品体的价值对象性中连一个自然物质原子也没有。因此,每一个商品不管你怎样颠来倒去,它作为价值物总是不可捉摸的。"①马克思通过商品的二重性,区分了劳动的二重性。具体而言,对象化的具体劳动生产使用价值,对象化的抽象劳动生产价值。广松强调,马克思区分的劳动的二重性,可以与自己提出的主体的二重性衔接起来,即,"具体劳动"对应于"能知的个人","抽象劳动"对应于"能识的人类",作为抽象劳动的具体劳动借助一定的使用价值取得交换价值。(2)工资的物象化。在资本主义生产中,12 小时的物化劳动不可能同12 小时的活劳动等价交换,因为如果这样资本家就不能获得利润。资本家只能通过类似"12 小时工作日(价值 3 先令)= 6 小时的物化劳动(价值 3 先令)+ 6 小时的活劳动(价值 3 先令)"的形式,才能无偿占有工人提供的 6 小时的活劳动而攫取剩余价值。这样,工人出卖给资本家的不是"劳动",而是"劳动力"。但是,在当事者的日常意识中,却表现为"所谓工资就是劳动的等价报酬"②,工人受资本家剥削的事实由此被工资(包括计时工资和计件工资)的假象所掩盖。(3)资本的物象化。由于资本家要使价值增殖,必需用货币购买作为客体条件的生产资料和作为主体条件的活劳动,因此,在当事者的日常意识中,以为"资本"就是生产资料或购买生产资料以及劳动的预付货币,资本好像具有"自我增殖能力"似的,资本家好像是凭着"自我增殖能力"的资本而理所当然地获得剩余价值似的,资本家的无偿占有愈发被"正当化",工人被剥削的事实愈发被隐蔽。而从学理的反思的立场来说,资本决不具有"自我增殖能力","资本是通过剩余价值的生产这种曲折的社会过程而实现"③。"资本家对工人的统治,就是物对人的统治,死劳动对活劳动的

---

① 《马克思恩格斯全集》(第 23 卷),人民出版社 1972 年版,第 61 页。
② 『廣松涉著作集』(第 12 卷)、岩波書店、1996 年、第 432 頁。
③ 『廣松涉著作集』(第 12 卷)、岩波書店、1996 年、第 480 頁。

统治,产品对生产者的统治。"①

总之,面对广松涉的文本,读者若能抓住凸显关系主义和批判实体主义这一广松哲学的正反两面,就相对容易阅读与理解。然而,由于广松涉与马克思有着不同的问题域,无论广松运用"四肢结构论"解"价值形式论",还是以"物象化论"读《资本论》,按照解释学的观点,有一点是可以肯定的,我们应进一步思考《资本论的哲学》与资本论的哲学本身。

三、"四肢结构论"视域中的生态文明

前面谈到,广松哲学旨在通过以龙树为代表的东方哲学的主客统一的关系性思维方式,超越西方哲学的主客二分的实体性思维方式,实现"从实体主义到关系主义"、"从消费主义到生态主义"的两大转换。如何理解生态文明,这是生态文明的"认识"问题;如何建设生态文明,这是生态文明的"实践"问题。

(一)从"四肢结构"认识生态文明。认识世界的"现象的所与—意义的所识"—"能知的个人—能识的人类"的四肢结构,有助于我们深刻体会生态文明"是什么"。(1)根据"现象的所与—意义的所识"的二肢性原理,现象与意义相互交织。这种状态,在《德意志意识形态》中,马克思使用"关系"一词来描述它,他说:"我对我环境的关系即我的意识。……人并非一开始就具有'纯粹的'意识。'精神'一开始就很倒霉,注定要受物质的'纠缠',物质在这里表现为震动着的空气层、声音,简言之,即语言。"②这是马克思关于物质(现象)与意识(意义)的交互关系的经典表述。人是自然界长期发展的产物,意识的产生经历了无生命物质的反应特性、低等生物的刺激感应性、动物的感觉与心理,最终形成人的意识。何谓生态? 生态就是生物体与其周围环境相互关系。

---

① 《马克思恩格斯全集》(第49卷),人民出版社1982年版,第48页。
② 《马克思恩格斯全集》(第3卷),人民出版社1960年版,第34页。

至于文明,按孔颖达在其《尚书》注疏中的解释,"经天纬地曰文,照临四方曰明"。前一句为改造自然,属物质文明,具有"现象的所与"的含义,后一句为驱走愚昧,属精神文明,含有"意义的所识"的意思。可以说,在任何一种现象的背后,它都隐含有对人、对事和对物而言的意义,是否愿意透视它、保护它或扬弃它,着实是衡量人类文明程度的三个重要向度。(2)根据"能知的个人—能识的人类"的二重性原理,个人与人类密不可分。这种关系,17世纪英国诗人约翰·堂恩以其令人震撼的诗句作了形象表达:"谁都不是一座岛屿,自成一体,每个人都是那广袤大陆的一部分。……任何人的死亡使我受到损失,因为我包孕在人类之中。所以别去打听丧钟为谁而鸣,它为你敲响。"①个人的生命、知识和利益,包孕在集体、民族、国家和人类之中,反过来说,集体、民族、国家和人类的存在、文化和功能,映衬着个人的生命、知识和利益,二者着实是唇亡齿寒的关系。在管理学中,有一著名的"水桶定律",即一只水桶要盛满水,每块木板必须一样平齐且无破损,若木板中有一块不齐或某块木板底下有漏洞,水桶就无法盛满水。据西南财经提供的数字,我国基尼系数已经达到了0.61。在"个人"与"人类"的关系中,如果说可以把木桶理解为"人类",那么木板显然可看作"个人"。同理,一个社会的文明程度,也就取决于作为木板的个人的最低尺度。我想,这一点可以很好地解释马克思的名言:"代替那存在着阶级和阶级对立的资产阶级旧社会的,将是这样一个联合体,在那里,每个人的自由发展是一切人的自由发展的条件。"②此处,个人与人类的关系,恰如木板与木桶的关系。共产主义就是要缩小木板与木桶的差距,实现个人与人类的统一。而这种统一,至少包含物质和精神两个层面。这样,我们关于生态文明的理解,就从"能知的个人—能识的人类"的二重性,又回到前述"现象的所与—意义的所识"的二肢性,此二肢二重共同构成广松涉所谓认识

---

① 海明威:《丧钟为谁而鸣》,程中瑞、程彼德译,上海译文出版社版1982年版,扉页。
② 《马克思恩格斯选集》(第1卷),人民出版社1995年版,第294页。

世界的四肢结构。

(二)从"四肢结构"实践生态文明。实践世界的"实在的所与—意义的价值"—"能为的个人—职位的人类"的四肢结构,有益于我们切实体悟生态文明"怎么做"。(1)从"实在的所与—意义的价值"的二肢性原理来看,实在与价值交相辉映。过去,人们对价值的理解很大程度上局限于经济价值或顶多只看到文化价值,而忽视了实践世界的生态价值,即自然的内在价值。在人与自然的关系问题上,《圣经》堪为人类中心主义的历史源头,在"创世纪"中,上帝造出亚当、夏娃并吩咐说,你们"要生养众多,遍满地面,治理这地;也要管理海里的鱼、空中的鸟,和地上各样行动的活物。"自然是人认识、改造和征服的对象,人是世界万物的主宰,由此拉开了人与自然的紧张和冲突关系的帷幕。早在古希腊,普罗泰戈拉曾提出过"人是万物的尺度"的经典命题,这可谓人类早期主体意识的滥觞。从文艺复兴开始,上帝的至高无上的地位终被人所取代,无论是笛卡尔的理性主义还是培根的经验主义,就强调人能认识和控制自然而言,二者具有高度的一致性。在此意义上,人类中心主义亦可称作"生态唯意志主义",其特点是过分夸大人类征服自然的力量,把自然看作客体,人是主体,是一切价值的尺度,是世界万物的出发点和归宿。这从笛卡尔的"我思故我在",培根的"知识就是力量",我国大跃进时期的"人有多大胆,地有多高产",以及文化革命时期的"与天斗,其乐无穷,与地斗,其乐无穷,与人斗,其乐无穷"等口号,可窥一斑。恩格斯曾告诫我们:"不要过分陶醉于我们对自然界的胜利。对于每一次这样的胜利,自然界都报复了我们。"①恩格斯关于人与自然关系的经典论断表明,人类对待自然的态度应由他律走向自律。自然界如此,社会领域亦然,中东地区每一次的自杀式人体炸弹何尝不是一个个注脚。最近几十年,随着生态的持续恶化,环境问题越来越引起人们的广泛关

---

① 《马克思恩格斯全集》(第20卷),人民出版社1971年版,第519页。

注，"非人类中心主义"的观念逐渐成为一股不可忽视的生态思想潜流，其主要流派有以澳大利亚的辛格、美国的雷根为代表的动物解放与权利论，以法国的施怀泽、美国的泰勒为代表的生物中心论，以及以美国利昂波德、挪威的阿恩·纳斯、美国的罗尔斯顿为代表的生态中心论。他们的共同点都是反对"人类中心主义"，强调"人不仅对人负有直接的道德义务，对自然物也负有直接的道德义务，并且后一种义务并不是前一种义务的间接表现"①，为应将道德共同体的范围从人扩展到自然界。从彻底的唯物主义的立场着眼，人类并非一切自然物之价值的来源，相反，自然界作为一切价值的源泉，具有切己的内在价值。根据"实在的所与—意义的价值"，生态对象的存在本身就表达了人类的意义价值取向，人作为对象性存在物是以生态对象为自己的本质的，因此人类作为绝对主体将生态作为自己的"另一个主体"，这就是一个"主体间性关系"，即人把自然看作是与人类平等的对象或主体。要言之，我们应该超越二元对立的价值取向，"我们能够且必须同时坚持人类中心主义与非人类中心主义"②。同时，人与生态的关系事实上建立在人与人的关系之上，因此(2)从"能为的个人—职位的人类"的二重性原理来看，个人与职位互为表里。列宁认为，国家是阶级矛盾不可调和的产物，是阶级社会特有的现象。在柏拉图看来，国家是大写的人，它由领导者、护卫者和生产者三大阶层组成，分工之所以必要，目的是为了满足人们生产与生活的需要，城邦才出现裁缝、鞋匠及建筑工人等职业的分工。既然分工是阶级社会的产物，那么它也必将随着阶级的消亡而不复存在，如恩格斯所预言的，"在共产主义社会里，任何人都没有特定的活动范围，每个人都可以在任何部门内发展，社会调节着整个生产，因而使我有可能随我自己的心愿今天干这事，明天干那事，上午打猎，下午捕鱼，傍晚从事畜牧，晚饭后从事批判，但并不因此就使我成为一个猎人、渔

---

① 卢风、肖巍:《应用伦理学导论》,当代中国出版社 2002 年版,第 107 页。
② 汉斯·约纳斯:《诺斯替宗教》,张新樟译,上海三联书店 2006 年版,中译本导言第 22 页。

夫、牧人或批判者。"①恩格斯的这番话,为人类未来每个人自由而全面的发展道路指明了方向。古希腊的《希波克拉底誓言》,是西方最早的医生职业道德文献。在当代,由于个人无不具有一定的职业角色,因此无论是工人、农民与公务员,还是教师、医生和科技工作者,至关重要的是必须恪守基本的职业道德底线,也是广松涉所谓"职位的人类"的应有内涵。当今与职业道德密切相关的议题,既有转基因技术、克隆技术、安乐死及核泄漏等新问题,也不乏毒奶粉、地沟油之类假冒伪劣产品的遗留问题。总之,个人与职位的关系的协调,是一个涉及人生观和价值观的问题。除了继续在青少年当中树立牢固的理想与信念,当务之急,就是我们每个人要在自己的工作岗位上,把个人命运与国家命运联系起来,把个人利益与集体利益、国家利益统一起来,把实现个人理想与实现中华民族伟大复兴的"中国梦"②结合起来。至此,我们关于生态文明建设的思考,就从"能为的个人—职位的人类"的二重性,又回到前述"实在的所与—意义的价值"的二肢性,此二肢二重共同构成广松涉所谓实践世界的四肢结构。

以上,是四肢结构论在生态文明的认识与实践方面给我们的一些启示。

第六节 文本学、构境论与认识论的问题

一、作为方法的文本学和构境论

在国内或国外马克思主义研究领域,当谈到"文本学"或"构境论"(后文本学)一词,想必首先会想到张一兵先生(以下简称张先生)。"文

---

① 《马克思恩格斯全集》(第3卷),人民出版社1960年版,第37页。
② 《习近平在参观〈复兴之路〉展览时的讲话》,http://news.enorth.com.cn/system/2012/12/24/010441419.shtml。

本学"的概念是张先生于 1980 年代提出的,其针对的是当时马克思主义思想史研究中用本体论、辩证法、认识论、历史观、自然观等马克思主义哲学原理的条条框框去解读《德意志意识形态》《共产党宣言》《资本论》等经典原著这一"用原理反注文本"的错误做法,盖这一解读方法颇似康德先验唯心论中的所谓"人为自然立法",是一种本末倒置。从师承关系而言,如张先生所指出的,"文本学"的方法源于五大解读模式"西方马克思学的模式、西方马克思主义人本学的模式、阿尔都塞的模式、前苏东学者的模式和我国学者孙伯鍨教授的模式(文本学的研究模式)"①的第五种,即张先生的老师孙伯鍨教授在其《探索者道路的探索》一书中提出的"两次转变论和两种理论逻辑"。张先生的《回到马克思》一书,即是运用"文本学"的方法解读马克思哲学的力作之一②。此书出版之后,张先生继而通过《马克思哲学的当代阐释——"回到马克思"的原初理论语境》一文,对"文本学"的解读模式作了集中阐释,提出"文本的解读必须建立在发生学基础上,从历史性中去评估其在理论建构中的真正价值……将体系哲学的前见("原理")悬设起来,将原来的文本阐释结果加上括号,以历史本身的时间与空间的结构,让马克思文本的原初语境呈现出来,从而获得一种全新的理解结果"③。

从逻辑上说,如果说作者的文本存在一个发生学的问题,那么研究者的研究亦然。张先生说,"我的这个文本学的观点在后来的研究和反思中不断发生着改变,先后遭遇了九种文本类型,即公开文本、手稿文本、笔记书信类文本、拟文本、表演性文本、表现性文本、秘密文本、现身性文本和伪书文本。"④这标志着张先生的"文本学"研究进入了一个新的发展阶段,即"后文本学"阶段,他用一个具有原创性的新词"构境论"

---

① 张一兵:《五大解读模式:从青年马克思到马克思主义》,《马克思主义与现实》1996 年第 2 期。
② 《文本的深度耕犁》(第 1—3 卷),也主要使用"文本学"的方法。
③ 张一兵:《马克思哲学的当代阐释——"回到马克思"的原初理论语境》,《中国社会科学》2001 年第 3 期。
④ 张一兵:《九大文本类型:文本学的现代性及其超越》,《探索与争鸣》2017 年第 3 期。

来加以标识。张先生的《回到列宁》一书,则是运用"后文本学"的方法——构境论——解读列宁哲学的力作之一①。根据张先生自己的说法,构境理论是一种基于历史唯物主义的哲学诠释方法,它是历史存在论的顶层构件,而非存在论意义的世界观。具体而言,他希望通过劳动塑形、关系构式、生产创序与结构筑模这四个逻辑阶梯,逐步阐明主体如何面向物质存在和自身,主体与被塑形物在一定功效关系场中的系统化,主体在生产活动中对物性实在和社会存在的组织化,以及在社会实践中功能性地建构和解构的日常生活和社会存在,达至存在高地上的现实生活与思想构境。②正是立足这一思境高度,在《回到列宁》一书出版之前,张先生曾预先借助《思想构境论:一种新文本学方法的哲学思考》一文,对"构境论"的解读模式做了集中说明:"为了反对苏联学者对列宁哲学思想实验的平面化、线性目的论的主观预设,我第一次公开采用了一种新的思考方式,即文本学解读的空间化和立体化拟现和重新建构","我主张……生产性思想构境论。在这里,最重要的实质是:阅读不是为了还原,而是创造性的生产。其实,文本学的真正基础是'关系本体论'……根本不存在脱离了读者的文本,因此在文本学中,文本与读者的二元分立是虚假的,真正存在的是进入读者视域的文本被重新激活的解读过程,这是一种关系性的存在。"③

从语源上说,"构境"一词可以追溯到唯识论关于根境识的学说。在作为中国古代认识论之高峰的唯识学中,依随眼根、耳根、鼻根、舌根、身根、意根这"六根",而对色境、声境、香境、味境、触境、法境这"六境"(对象),起识别作用的是眼识、耳识、鼻识、舌识、身识、意识这"六识"④。在

---

① 此外,《回到海德格尔》(第1卷)、《回到福柯》《神会波兰尼》《烈火吞噬的革命情境建构》《革命的诗性:浪漫主义的话语风暴》等著作,主要运用"构境论"的方法。

② 张一兵:《劳动塑形、关系构式、生产创序与结构筑模——关于构境理论与历史唯物主义的一种逻辑承袭》,《哲学研究》2009年第11期。

③ 张一兵:《思想构境论:一种新文本学方法的哲学思考》,《学术月刊》2007年第5期。

④ 在唯识学的认识论体系中,除了"六识"之外,还有第七识即作为自我意识的"末那识"、第八识即作为前七识之本体的"阿赖耶识"(所谓"万法唯识",即主要指阿赖耶识),统称"八识"。

《阿含经》中,"六根"又称眼界、耳界、鼻界、舌界、身界、意界;"六境"又称色界、声界、香界、味界、触界、法界;"六识"又称眼识界、耳识界、鼻识界、舌识界、身识界、意识界。六根、六境和六识,统称"十八界"。作为汉语文化圈之合成词的"境界"一词,其源头至少可追溯于此。在中外哲学的语境中,不用说对哲学一知半解的读者,甚至连一些哲学工作者也对类似主观和客观、主体和客体的概念,或闪烁其词,或语焉不详。概而言之,主客观、主客体之于根境识,其对应关系如表1所示。

图表 19　根境识与主客观、主客体

	根	境	识
主观			眼识、耳识、鼻识、舌识、身识、意识
客观		色、声、香、味、触、法	
主体	眼、耳、鼻、舌、身、意		
客体		境的载体 VS 识的产物	

在表1中,我们遇到三个子问题。第一,根、境、识的关系问题。根据唯识学的解释,"根、境为缘生识"。即,根和境是产生识的主要条件。例如,"眼、色为缘生眼识"。即,眼根和色境是产生眼识的主要条件。其余诸识,依次类推。那么,作为条件(缘)的根和境,能否作为本体吗?显然不能。因为眼、耳、鼻、舌、身、意和色、声、香、味、触、法都是有死者、有限者。实际上,在唯识学的理论体系中,根境识之本体是阿赖耶识。在此意义上,无论是唯心主义的"心"(识),还是唯物主义的"物"(根、境),都是不彻底的。质言之,心和物,必定要追溯到心物层次之上才够得上彻底。这似乎是一种叠床架屋。可是,这也正是哲学的魅力所在,本体论的问题注定是一个类似衔尾蛇①的问题。第二,何谓"主观""客观"之"观"? 根据《佛学大辞典》的解释,"观"(梵文vipaśyanā,毗

---

① 衔尾蛇(Ouroboros),意指一条吃着自身尾巴的自我吞食者(Self-devourer)——蛇——不断吞噬自己,又不断从自体再生。

婆舍那)是"智之别名,是观察妄惑,达观真理。粗思名觉,细思名观。观以观穿为义,亦是观达为能,观穿者即是观穿见思恒沙无明①之惑,故名观穿也。观达者达三谛②之理"。就此而言,"观"与"识"有关。第三,由于"三分法"与"四分法"的非对称性,我们还遇到一个最有争议性和挑战性的问题,即究竟何谓"客体"? 这就涉及恩格斯提到的哲学基本问题。换句话说,关于这一问题的回答可以分为两派,唯物主义可能倾向于认为"客体"是境的载体;与此相反,唯心主义或许倾向于认为"客体"是识的产物。后面,我们将会看到,广松涉的"四肢结构论",其深层的认识论和实践论之构境源,与表1是密不可分的。

二、广松哲学的旨趣

有了上述有关文本学、构境论与认识论的预备性"前见",接下来让我们进入《物象化图景与事的世界观——广松涉哲学的构境论研究》一书的解读。本书的写作时间,按张先生自己的说法,花费了 15 年(2002—2017 年)。在此期间,张先生牵头举办了七届"广松涉与马克思主义哲学"国际学术研讨会③,在主编的"当代学术棱镜译丛"中设立了"广松涉哲学系列"④,完成了为了完成本书而写下的《回到海德格尔》第一卷,还曾专程前往东京与广松夫人和广松涉先生的学生们进行交流和访谈。较之于仅花一年半载的速成之作,写作时间不可谓不漫长的厚实之作。

---

① 泛指无智、愚昧。为十二因缘之一。
② 三谛,指空谛、假谛、中谛。语见"众缘所生法,我说即是空,亦为是假名,亦是中道义"(龙树:《中论》,韩廷杰释注,东方出版社 1997 年版,第 547 页)。
③ 迄今为止,分别于 2002 年 5 月(南京)、2005 年 4 月(南京)、2007 年 4 月(东京)、2009 年 11 月(南京)、2015 年 11 月(广州)、2017 年 11 月(东京)、2019 年 11 月(贵阳)和 2024 年 3 月(东京)举办了八届"广松涉与马克思主义哲学"国际学术研讨会。
④ 南京大学出版社 2002—2020 年版,包括《物象化论的构图》《事的世界观的前哨》《文献学语境中的〈德意志意识形态〉》《存在与意义》《唯物史观的原像》《哲学家广松涉的自白式回忆录》《资本论的哲学》《马克思主义的哲学》《世界交互主体的存在结构》。

全书分为序、导论、上篇、中篇、下篇和附录。作为具有原创性的日本当代哲学家,广松哲学的理论框架包括西方哲学、马克思主义哲学和关系主义哲学这三大支柱。广松涉对待西方哲学和马克思主义哲学的态度,采用的是"六经注我"的方式,讲出别人所未讲。要言之,广松涉的关系主义旨在为他临终提出的哲学遗嘱"以东北亚为历史的主角—建立以中日(关系)为轴心的'东亚'新体制(東北アジアが歷史の主役に—日中を軸に『東亜』の新体制を)"①提供理论基础。如果说但凡哲学家都有现实观照,那么这就是广松涉毕生的理想追求。大体上,"导论"讨论广松涉的西方哲学研究,"上篇"讨论广松涉的马克思主义哲学研究,"中篇"和"下篇"则探讨广松涉自己独创的关系主义哲学(四肢结构论)。

在扉页二,张先生首先给读者呈现了一幅"广松涉在自己的书房中"的彩色照片。照片中,广松涉戴着眼镜,坐于书桌前,捧书展读;桌上除了茶具和少许资料,还有一支笔和一叠稿纸。照片为我们在头脑中先行构建广松涉的学术景况奠定了一个多彩的构境基础。除此之外,正文还穿插了包括广松涉本人的照片3幅,手稿、笔记和书影共10幅,张先生本人拍摄的照片8幅。这些影像,各自成为读者进入本书构境的一个节结。

一般而言,任何一部真正意义上的学术著作,序言部分都是最值得认真研读。限于篇幅,这里仅列举本书序言的两个亮点,此可谓有助于读者提纲挈领地了解广松哲学的点睛之笔。一是指认了广松哲学是一种"事的世界观,是广松涉在现代自然科学、当代西方哲学和新马克思主义三者学术逻辑交合之上的一个大和哲学思想原创之境"②。二是总结了广松涉的"四个反对和四个确立"③,即,在本体论上,反对物的世界

---

① 『廣松涉著作集』(第14卷)、岩波書店、1997年、第497—500頁。

② 张一兵:《物象化图景与事的世界观——广松涉哲学的构境论研究》,天津人民出版社2020年版,第12页。

③ 张一兵:《物象化图景与事的世界观——广松涉哲学的构境论研究》,天津人民出版社2020年版,第14页。

观,确立关系存在论;在认识论上,反对主客二分,确立交互主体的四肢结构论;在逻辑学上,反对同一性,确立差异性[①];在因果论上,反对线性因果论,确立非线性的相互作用的因果观。

三、广松涉的西方哲学研究

在导论中的"广松涉的一生拟像"一节,张先生花了大量笔墨对广松涉自 3 岁坐火车去看樱花到 60 岁病逝于东京虎门医院的生平,以及从"马赫哲学笔记"到《马克思的根本意想是什么》之著述,作了目前国内学界最为详尽的"拟像"。"拟像"一词,乃对应广松涉喜用的"原像"。而张先生意识到,要真正复构"原像"是不可能的。这里,笔者想提请读者特别注意的是,此为构境论的旨趣和应有之义。导论部分重点讨论的文本,是广松涉关于西方哲学的重要论著《事的世界观的前哨》。根据《现代汉语词典》的解释,"前哨"意指"向敌军所在方向派出的警戒小分队",张先生精准地将之解释为具有象征意义的"思想作战上的尖兵"[②]。根据上面提到的广松涉"六经注我"式的理解,这一"小分队"(尖兵)的成员包括康德、马赫、胡塞尔和海德格尔。依照上述主观—客观和主体—客体的原理,本体论处理的是"客"(客观、客体或客观性、客体性)的问题,认识论讨论的是"主"(主观、主体或主观性、主体性)的问题。康德的《纯粹理性批判》这一巨著千言万语,若概括起来,无非两句话,即"现象可知","物自体(宇宙、灵魂、上帝)不可知"。其实,一直以来,哲学界有一种共识,本体论和认识论是一致的。这让人很容易想起列宁通过学习黑格尔辩证法而归纳并提起的"辩证法、认识论和逻辑学三者一致"的命题。所不同的是,这种"一致",根据张先生的确切指认,

① 熊野纯彦:《差异·他者·外部——广松涉哲学中的"否定的东西"》,(日)《情况》2002 年第 7 期。中译文参阅:https://ptext.nju.edu.cn/b7/fc/c13464a243708/page.htm(2009/07/15)。
② 张一兵:《物象化图景与事的世界观——广松涉哲学的构境论研究》,天津人民出版社 2020 年版,第 27 页。

"在康德和黑格尔二人之间,广松涉内心里是倒向康德的,他的逻辑是**本体论就是认识论**,而不是**认识论就是本体论**。"①这是全书的绝妙分析之一。在笔者看来,康德正是异常敏锐地把握了唯识学中主—客二者的孰重孰轻,曲径通幽式地张扬了后者将包含眼识、耳识、鼻识、舌识、身识、意识在内的"八识"之"主观"看作"心王"(重),而把"主体""客观"和"客体"当作受"心王"统治的"臣仆"(轻),进而提出"人(主观)为自然(主体、客观、客体)立法"这一"哥白尼式的革命"的命题。概言之,"主观"是"主观能动性"之源,其地位匹配"构境"之"构";"主体""客观"和"客体"是"客观规律性"之显,其地位匹配"构境"之"境"。从唯识学极端强调"主观"的重要性来说,笔者有一个基本的判断:如果不懂唯识学的原理,就不懂诸如康德认识论的问题。在这一点上,广松涉的四肢结构论也正是由于受惠于唯识学的影响,才使他得以颠覆整个近代哲学的物的世界观,而提出关系认识论。对此,张先生用了一个独创的词来描述它,那就是"破境"②。此处之"境",正是上述作为"主体""客观"和"客体"之"境",而非其他。就康德而言,在康德那里,"自然物液态为一个主体建构事件"③,张先生精准地指出了"这也是康德哲学之所以被认定为认识论上的'哥白尼式的革命'的主要原因"④。虽然张先生并没有进一步明确此处所讲的"自然物"是否涵盖"宇宙(乃至灵魂、上帝)",以及作为宇宙、灵魂、上帝的"物自体"与"当作物自体的客体被放逐到上帝同在的天庭中"⑤的逻辑关系,但这并不妨碍读者试着厘清如下三重逻辑关系:一是"主观"的重要性,孰主(识)孰次(根、境),唯识学讲得最清楚。二是"人为自然立法"这一命题中的"法"(主观),即康德的时

①⑤ 张一兵:《物象化图景与事的世界观——广松涉哲学的构境论研究》,天津人民出版社2020年版,第31页。

②④ 张一兵:《物象化图景与事的世界观——广松涉哲学的构境论研究》,天津人民出版社2020年版,第27页。

③ 张一兵:《物象化图景与事的世界观——广松涉哲学的构境论研究》,天津人民出版社2020年版,第26页。

空及十二范畴,如广松涉《世界交互主体的存在结构》所要阐明的,这类"先天形式"是在交互主体的交往中形成的社会性、历史性的意义形象。三是如张先生进一步夯实广松涉的这一观点,指认历史性的交互主体的真正现实基础是"规制了交互主体活动的客观实践活动"①。当面对这样三重逻辑的时候,我们实际上已经陷入衔尾蛇的逻辑悖结。在这一悖结中,谁是本,谁是末呢? 这是哲学史的永恒困局。从唯识学的观点来看,此三重逻辑大致上分别对应唯识学中的识、根、境。对所有哲学家而言,如何处理这三重逻辑、特别是前后两重逻辑何者逻辑在先的问题,就涉及前面业已提及的哲学基本问题,而形成哲学史上源源不断的唯心主义和唯物主义的分野。

在两重逻辑中,作为三重逻辑中的第二重"根"(眼、耳……),依据不同的哲学家,或被升格为"识"(眼识、耳识……),或被降格为"境"(色、声……)。比如,作为广松涉进入哲学之门的领路人马赫,其哲学本体论思想是"要素一元论",他主张世界是要素的复合。他借助新物理学观念,把物体的颜色、声音等称作 ABC……,把身体及其神经组织等称作 KLM……,把意志、记忆等称为 $\alpha\beta\gamma$……。人们通常把 $\alpha\beta\gamma$……KLM……置于与 ABC……相对立的地位(此时,"根"被升格为"识");但有时 $\alpha\beta\gamma$……特指自我,KLM……和 ABC……专指物质世界(此处,"根"被降格为"境")。在他看来,各个要素,与其他要素是相互依存的,主张"一元关系建构体"②。广松涉指出,虽然马赫是定位于主客未分的世界构图,以祛除康德的"先天形式"中的实在论残余,并最终得出"感觉"的基始性,物体、自我的第二性;但马赫的缺点在于,美人并非简单的骨肉和皮肤之要素的复合体(现象的所与),而是复合体之外的东西

① 张一兵:《物象化图景与事的世界观——广松涉哲学的构境论研究》,天津人民出版社 2020 年版,第 32 页。
② 张一兵:《物象化图景与事的世界观——广松涉哲学的构境论研究》,天津人民出版社 2020 年版,第 36 页。

（意义的所识）。在笔者看来，所谓"主客未分"的世界，在始基上恰似衔尾蛇诞生之前的世界，或美国实用主义哲学家詹姆斯（以及日本哲学家西田几多郎）眼中的"纯粹经验"，即刚出生时的婴儿面对世界时的体验。显然，这是一种本体论意义上的类比手法，无非表达了人们对世界本原的追根究底。根据詹姆斯的指认，自笛卡尔以来的哲学，都把"我思""世界"和"认识"这三者当作无可置疑的前提。本质是，这是一种"将感性事实与关系分离"的身心二元论。他所说的"纯粹经验"，即是通过将主客体进一步还原的方式，建立一种彻底经验主义。其原理是，经验中的两部分首先通过某一段主客未分的"自然而然"的作为"职能"的关系，然后才区分出主体和客体。

除了有关康德和马赫这两位思想大家的精彩分析，张先生还使用了"Für uns：从胡塞尔到海德格尔"作为导论第四节的标题。"Für uns"是广松涉常用的一个德语词，意为"面向我们"。张先生以该词概括二者，想必与他的另一部《马克思历史辩证法的主体向度》当中主体向度之构境相关。在印度宗教哲学中，乔荼波陀在谈到摩耶如何幻现为世界的时候，列举"绳蛇之喻"的例子。比如在黑暗中，我们经常不加区别地将一根绳误认为一条蛇。这是一种幻相，而当我们如实地感觉是一根绳，即真相（真谛）。这就是广松涉借用"Für uns"一词的本意，以此表示关系主义的"学理的反思"，如"把绳看作绳"；其反义词是"Für es"（面向他们），即幻相（假谛），以此表示实体主义的"日常的意识"，如"把绳当作蛇"。张先生十分明确地指出了"胡塞尔发现任何意识都是有意向（志向）的，而任何进入意识的对象又都是面向我们的（Für uns）"[①]，现象在每一次都已经显示了较之单一的自我更高的某物；而"海德格尔则从更高基础的方面建构了这种特殊的意向关系存在论，即世界存在

---

① 张一兵：《物象化图景与事的世界观——广松涉哲学的构境论研究》，天津人民出版社2020年版，第39页。

本身的'面向我们'性"①,在他那里,对象世界的物在性(Vorhanden,在手存在)已经为用在性(Zuhandenheit,上手存在)所取代。这里,笔者想说明的是,在广松涉的哲学架构中,他是将自己的四肢结构论视为"Für uns"的向度,而把以康德、马赫、胡塞尔和海德格尔为代表的西方哲学看作"Für es"的向度。比如,他批评胡塞尔所谓的"本质直观"(本质还原)实际上是一种"能与性直观",这种"本质"不过是自在性的存在。这意味着,在胡塞尔"意识对象—意识内容—意识作用"的"三项图式"中,"意识内容"(意义)作为"意识作用"抵达"意识对象"的中介,"实际上是被先行给定的东西";他批评海德格尔"没能正确把握上手事物的被中介性的本体结构。视'存在'为在被揭示之前就已经存在的东西,视上手状态的'存在'为在因缘性寻视中以被揭示的方式显示自身,终究使'存在'陷入了拜物教的误视"②。对待马克思主义哲学,广松涉的态度是区分前后两个不同向度,即,正如他"从异化论到物象化论"的评价所表明的,把异化论阶段看作"Für es"的向度,将物象化论阶段视为"Für uns"的向度。兹将唯识学、笛卡尔、康德、马赫、胡塞尔、广松涉和张先生的认识论模型的主客关系见图表 20。

根据张先生的界定,"构境理论是一个基于马克思历史唯物主义当代诠释基础之上的哲学思考方法"③。透过表 2 这七种认识论模型的对比,我们可以清晰地发现马克思主义哲学异质于传统意义上的本体论和认识论之处。包括俞吾金、葛兰西等国内外学者在内所提出的"实践诠释学""实践本体论",其探讨的实践更多的指向流动的、现实的人的生产活动,并不讨论作为这一活动的本原(若要说有,终究还是实践?)

① 张一兵:《物象化图景与事的世界观——广松涉哲学的构境论研究》,天津人民出版社 2020 年版,第 36 页。
② 邓习议:《实体主义批判——广松涉哲学视域中的西方哲学》,《河北学刊》2009 年第 1 期。
③ 张一兵:《劳动塑形、关系构式、生产创序与结构筑模——关于构境理论与历史唯物主义的一种逻辑承袭》,《哲学研究》2009 年第 11 期。

图表 20 七种认识论模型的主客关系

	客		主
唯识学	根	境	识
笛卡尔哲学	我思	世界	认识
康德先验哲学	世界		时空、十二范畴
马赫哲学	生理要素	物理要素	心理要素
胡塞尔现象学	意识对象、意识内容		意识作用
广松涉四肢结构论	现象的所与—意义的所识		能知的个人—能识的人类
	实在的所与—意义的价值		能为的个人—职位的人类
张一兵构境论	生产创序①、结构筑模②		劳动塑形③、关系构式④

是什么。人总是活在过去、现在和未来之流中的当下。如果说,共产主义是马克思对人类未来远景的把握,那么现在之前的过去的什么？在马克思的五种社会形态理论中,固然有原始社会(古代社会)之探讨,但归根结底,他所关注的是如《德意志意识形态》中所明确的,"我们遇到的是一些没有任何前提的德国人,所以我们首先应当确定一切人类生存的第一个前提也就是一切历史的第一个前提,这个前提就是：人们为了能够'创造历史',必须能够生活。但是为了生活,首先就需要衣、食、住以及其他东西。因此第一个历史活动就是生产满足这些需要的资料,即生产物质生活本身。"⑤

四 广松涉的马克思主义哲学研究

本书的上篇,讨论广松涉的马克思主义哲学研究。第一章主要探

---

① 对应历史唯物主义的生产力,指一定的物质生产过程中客观发挥的社会生产水平。
② 对应历史唯物主义的生产方式,指生产实践中的客观创序能力和有序结构。
③ 对应历史唯物主义的生产,指实践主体对象化的劳动活动。
④ 对应历史唯物主义的再生产,指人与自然、人与社会的交互关系及其重构。
⑤ 《马克思恩格斯全集》(第3卷),人民出版社1956年版,第31页。

讨广松涉《〈德意志意识形态〉手稿复原新编版》(1974 年)。该书中文版《文献学语境中的〈德意志意识形态〉》于 2005 年由南京大学出版社出版。关于该书,在回应几位日本当代学者质疑为何出版这本写于 20 世纪 70 年代的"已经过时"的东西时,张先生在本书序言中谈到"广松涉的许多学术观念虽生成于一定的历史情境之中,也不可避免地存在这样或那样的问题,但却因其直接构成着东方新马克思主义甚至整个学术发展史的特定思想环节和逻辑问题结点,而可能永不'过时'"①。具体而言,该书有助于读者了解文献学之于"回到马克思"的关键作用,厘清文献学/文本学研究中的理论迷障,"广松版的价值是一种重要的文献结构的变革,而不仅仅是文本细节的精确性"②,是为哲学与科学、画家与画匠区别之所在;若不谙此义,就难免限于张先生在本书序言中所指出的"仿马克思学和伪文本学"的自娱自乐。

上篇第二章是《唯物史观的原像》之解读。《大辞海》释"唯物史观"为"唯物主义历史观"的简称。广松涉指出,"唯物史观,的确是对这个'真实的世界''单一的、总体的、历史的存在界'的'观'Auffassung,是这种意义上的世界观本身。"③根据张先生的指认,广松涉所说的"唯物史观"并非斯大林教条主义体系中那种"将辩证唯物主义运用和推广到社会历史领域的结果"的部门哲学,故该书中文版出版时未使用《历史唯物主义的原像》之书名。关于马克思从"人"到"社会"的转变这一问题,张先生指出了广松涉未明确区分的两个构式维度,即,马克思在客体向度中,从哲学人本学到社会存在论转变;在主体向度中,从异化论到物象化论的转变。④那么,马克思为何要作

---

① 张一兵:《物象化图景与事的世界观——广松涉哲学的构境论研究》,天津人民出版社 2020 年版,序言。

② 张一兵:《物象化图景与事的世界观——广松涉哲学的构境论研究》,天津人民出版社 2020 年版,第 96 页。

③ 广松涉:《唯物史观的原像》,邓习议译,南京大学出版社 2009 年版,第 44 页。

④ 张一兵:《物象化图景与事的世界观——广松涉哲学的构境论研究》,天津人民出版社 2020 年版,第 103 页。

这种转变？一言以蔽之,随着对鲍威尔、施蒂纳及赫斯等人批判的深入,马克思发现人本学依然带有费尔巴哈式的抽象人性论(悬设超社会、超历史、超阶级的人)、异化论依然带有康德式的先验唯心论(价值悬设:未打破的杯子—打破的杯子—复归未打破的杯子)的缺陷。笔者认为,张先生对这两个维度的洞见,可谓其《马克思历史辩证法的主体向度》之构境力的叠现,尤其值得国内外固执于马克思业已扬弃的人本学、异化论的观点的研究者慎思明辨,以免继续"开历史的倒车"①。

如《唯物史观的原像》之书名所要表达的,张先生不同意广松涉以为"历史唯物主义就是物象化理论及其展开"②的观点,认为这是一种逻辑泛化的判断和做法。理由有三:一、社会场境的实体化直观,不同于马克思的社会活动构序、关系筑模透视;二、现代性关系构序,不等于布尔乔亚物化视域的关系;三、物象化论仅是狭义唯物主义基础之上的一种社会批判理论,而非广义历史唯物主义。广松涉之所以会产生张先生指出的上述错误,从根本上说源于他"六经注我"式的对待马克思主义的态度。

上篇第三章是《物象化论的构图》之解读。

(一)从学理的层面,阐述了在马克思以物象化论为表达形式的唯物史观中,真正超越实体主义的,不是关系本体论,而是生产方式。张先生指出,虽然广松涉指认了马克思关于人的本质是社会关系的总和的观点—否定费尔巴哈(普遍的类本质)和施蒂纳(现实的个人)的实体主义—源于黑格尔的关系本体论,但他并没有看到,马克思唯物史观中的"'关系本体论'是被更深入的生产塑形和功能化筑模——生产方式

---

①② 张一兵:《物象化图景与事的世界观——广松涉哲学的构境论研究》,天津人民出版社2020年版,第120页。

所突破,这是马克思恩格斯专门指认的'怎样生产'"①。此处,张先生是用表2中的劳动塑形(生产)、结构筑模(生产方式)来解释"怎样生产"的问题。他剖析了实体主义的形成机理:"实体主义并非仅仅是一种认识上的主观错误,而是特定历史条件下的产物,因为在农耕文明中,人对外部自然的关系的确是表面的和对象性的。也就是说,主体—客体二元模式在特定的历史中,恰恰是人类生活中真实的现实实体关系,也只是在资本主义工业生产中,自然才真正成为我们生活存在的关涉塑型物。主体—客体二元模式才丧失其历史的合法性"②,其可谓鞭辟入里! 这与鲁迅的一番话极为神似:"天才们无论怎样说大话,归根结蒂,还是不能凭空创造。描神画鬼,毫无对证,本可以专靠神思,所谓'天马行空'似的挥写了,然而他们写出来的,也不过是三只眼、长颈子,就是在常见的人体上,增加了眼睛一只,增长颈子二三尺而已"③,兹录于此,供读者比读。的确,广松涉并未明确他所说的关系本体就是生产方式,但如前所述,他对待马克思主义的态度是"六经注我",因此这并不妨碍他以自己独特的方式提出了一种以四肢结构为内核的、强调关系基始性的新世界观。广松涉认为,关系性的唯物史观,正是从以生产为轴心的人与自然、人与人的关系态(生态系),从历史—之中—存在的人,来规定人的存在,而超越了实体主义的人本学;正是工业的生产实践,实现了人(自然的人化)和自然(人化的自然)、主观性(主体性)和客观性(客体性)的二元对立,实现了二者的统一。

(二)甄别了异化、物化、物象化和事物化的语义分歧。简而言之,在广松涉的马克思主义研究语境中,所谓异化(Entfremdung),是指一

---

① 张一兵:《物象化图景与事的世界观——广松涉哲学的构境论研究》,天津人民出版社2020年版,第133页。
② 张一兵:《物象化图景与事的世界观——广松涉哲学的构境论研究》,天津人民出版社2020年版,第135页。
③ 《鲁迅全集》(第6卷),人民文学出版社2005年版,第227页。

种类似上述杯子之"未打破(乐园)—打破(失乐园)—复归未打破(复归乐园)"的先验论逻辑。根据广松涉的指认,这种异化论的逻辑在马克思的早期著作《1844年经济学哲学手稿》中体现得最为明显。物化(Verdinglichung),包括人本身的物化、人的行动状态的物化和人的心身能力的物化。广义的物化,也叫对象化(Vergegenständlicht),即主体的东西直接成为物的存在,这是一种近代世界观的"主体—客体"二元分立模式。"后期马克思所说的'物象化',不再是主体的东西直接成为物的存在这种构想,而和将人与人的社会关系宛如物与物的关系,乃至宛如物的性质这种颠倒的看法有关。例如,商品的价值关系,'需求'与'供给'的关系决定物价,货币具有购买力,资本具有自我增殖能力,诸如此类的我们身边的现象。"①这里,广松涉所要表达的是,马克思的后期著作超越了这种二元分立模式,实现了"从异化论的逻辑到物象化论的逻辑"的转变。他认为自己和后期马克思(Für uns,面向我们)正是从以四肢结构论和物象化论(三大拜物教批判)为标志的关系基始性的视域,批判和扬弃近代世界观(Für es,面向他们)中以主客分立模式为标志的实体主义的立场,——这是一种类似于"把绳当作蛇"的"物象化的误视"。笔者认为,简单地说,"物象化"(Versachlichung)就是"把关系看作'物'"②。德语"Versachlichung"一词,本义为"具体化为某事"。广松涉特意使用该词,以区别于"具体化为某物"的"物化"(Verdinglichung,或译"异化")。如果说广义的物化是对象化(对应广义历史唯物主义),那么狭义的物化特指物象化(对应狭义历史唯物主义)。这可以解释日文版《历史与阶级意识》的译者平井俊彦为何将"Verdinglichung"译为"物象化"③,而不是"物化"。

---

① 广松涉:《唯物史观的原像》,邓习议译,南京大学出版社2009年版,第36页。
② 邓习议:《四肢结构论——关系主义何以可能》,中国社会科学出版社2015年版,第28页。
③ 张一兵:《物象化图景与事的世界观——广松涉哲学的构境论研究》,天津人民出版社2020年版,第143页。

（三）关于物象化的一种独特辨识。一方面，关于物象化的定义，"物象化不是对象化为一种东西，准确地说，物象化是一种特殊的关系存在的物性误认"①。另一方面，从马克思所说的"Versachlichung"的本义来说，不应该译为"物象化"，而应该"按其原始语义译作事物化，事物化并不是一般生活常识里人的认识中发生的错认"②（日本也有学者主张译为"事情化"或"事化"）。两个方面，看似矛盾，在于张先生与广松涉的见解存在两点歧义。第一，"Versachlichung"是客观发生的社会现象，还是主观认识中的幻象？劳动交换关系颠倒为物与物的事物化关系是客观的历史现象，还是主观错认的幻象？在这一问题上，张先生倾向于前者，广松涉倾向于后者。根据张先生的解释，"这里的真实逻辑构序关系是：客观发生的事物化是主观物化错认的现实前提，而关系物化错认又是整个经济拜物教（Fetischismus）观念（商品、货币和资本三大拜物教）的基础"③。由此可见，分歧的焦点，在于二者的着眼点不同。若站在本体论与认识论一致的高度来看，广松涉的观点可能更侧重服务于他以四肢结构论为内核的认识论，更侧重服务于他以关系主义反对实体主义的哲学理念。

五、作为广松哲学之内核的四肢结构

中编和下编分别讨论《世界交互主体的存在结构》和《存在与意义》（两卷本）。根据广松涉的说法，前书是后书的入门书或精华本。这两部书是广松涉原创性哲学构图之代表作。限于篇幅，以下只能评述可能成为其中关键阅读节点的二、三个问题。

张先生指出，《世界交互主体的存在结构》的"构境意向并非传统马

---

① ② 张一兵：《物象化图景与事的世界观——广松涉哲学的构境论研究》，天津人民出版社2020年版，第148页。

③ 张一兵：《物象化图景与事的世界观——广松涉哲学的构境论研究》，天津人民出版社2020年版，第155页。

克思主义哲学的社会存在论构序线索,而更接近西方语言哲学和社会学"①。这一定位,准确反映了广松的独创哲学与马克思主义哲学和西方哲学的相互关系,即该书更偏向后者。至于前者对广松的独创哲学的影响,透过该书第一章第一节"现象的对象二因素"和第二节"现象的主体的二重性"中的"二因素"和"二重性"的表述,我们很容易想到马克思在《资本论》第一卷第一章关于商品和劳动的精彩分析。当然,如表1所示,作为现象之对象的"所与"和"所识"及作为现象之主体的"能知"和"能识"这一"能—所结构"本身,又是与唯识学相即不离。

如《存在与意义》(两卷本)的副标题"事的世界观之奠基"所揭示的,该书是广松涉自己的原创性哲学之表征。曾经有一段时间,笔者一直踌躇于作为构成该书理论内核的"四肢结构"之术语,尤其是其中的"誰某""或者"该如何翻译?兹将"四肢结构"的日文原文列表如下,中文译名亦可对照表2中的相关条目。

图表 21　四肢構造(二肢的二重性な構造)②

	存在性格	レアールなもの	イデアールなもの
認識世界	客観(二肢)	現相的所与	意味的所識
	主観(二重)	能知的誰某	能識的或某
実践世界	客観(二肢)	実在的所与	意義的価値
	主観(二重)	能為者誰某	役柄者或者

关于四肢结构的相互关系,广松涉反复强调现实的东西(レアールなもの)有两个,理念的东西(イデアールなもの)有两个。这里,笔者对日文的"誰某""或者"采用了意译的方式,即分别使用"个人""人类"的译名,个中原因最主要是为了凸显"或者"(人类)之超场所、普遍、不

---

① 张一兵:《物象化图景与事的世界观——广松涉哲学的构境论研究》,天津人民出版社2020年版,第171页。
② 参阅本书第四章第六节"图表 22"。

变的理念—理想的涵义。概而言之,《存在与意义》第一卷探讨了认识世界的四肢结构。其中,现实的东西包括:现象的所与(客观)、能知的个人(主观);理念的东西包括:意义的所识(客观)、能识的人类(主观)。"现象的所知的二肢二重性(现象的所与—意义的所识)和能知的主体的二肢二重性(能知的个人—能识的人类)不是彼此独立的,而是以一种独特的方式相互关联,共同形成四肢性的连环结构"①。《存在与意义》第二卷探讨了实践世界的四肢结构。其中,现实的东西包括:实在的所与(客观)、能为的个人(主观);理念的东西包括:意义的价值(客观)、职位的人类(主观)。"用在的财物态的二肢二重性(实在的所与—意义的价值)和能为的主体的二肢二重性(能为的个人—职位的人类)不是彼此独立的,而是以一种独特的方式相互关联,共同形成四肢性的连环结构"②。对于《存在与意义》(两卷本),张先生有一个恳切的评价,即第一卷的认识论之建构胜于第二卷的实践论之建构。"广松涉哲学最重要的贡献,就在于哲学认识论中的巨大进展。这是值得我们认真对待的沉思构境"③。

*

以上,是对《物象化图景与事的世界观——广松涉哲学的构境论研究》一书主体部分的解读。此外,本书附录部分还提供了一份"关于广松涉哲学研究的访谈提纲"和"广松涉著述细目"。在笔者看来,这两份附录可谓与主体部分一道,为国内读者全面进入广松涉的西方哲学、马克思主义哲学及其以四肢结构为内核的关系存在论哲学之构境,提供了一个翔实而清晰的路标。

---

① ② 『廣松涉著作集』(第 15 卷)、岩波書店、1997 年、第 181 页。
③ 张一兵:《物象化图景与事的世界观——广松涉哲学的构境论研究》,天津人民出版社2020 年版,第 241 页。

从张先生发表关于广松涉哲学的第一篇论文①算起，二十多年来，张先生持续地向国内学界推介广松涉及其哲学。这源于他"一直认为，中国的马克思主义哲学研究早该有一些必要的深度理性磨难了。因为从流俗中走出，这可能会是科学的真正开始"②。愿与读者勉之。

---

① 张一兵：《马克思哲学初始地平线中的关系本体论——析广松涉的马克思主义原像观》，《马克思主义与现实》1994年第4期。
② 张一兵：《物象化图景与事的世界观——广松涉哲学的构境论研究》，天津人民出版社2020年版，第72页。

第四章　关系论

第一节　日本新马克思主义研究的前沿问题

　　日本文化具有移植性的特点。日语中的汉字就源自中国,日语的平假名、片假名的写法,则取自中国的书法。移植的特点反映在哲学上,即四次较大规模的哲学思想的移植,一是公元 8 世纪至 16 世纪,为确立中央集权制的需要而移植中国佛教;二是公元 17 世纪至 19 世纪上半叶,为巩固中央集权封建制的需要而移植中国儒学;三是公元 19 世纪下半叶至 20 世纪中叶,为确立并巩固资本主义制度而移植欧洲近代哲学;四是 1945 年以后,为复兴战后经济而移植西方现代哲学。日本哲学除了移植的特性,还具有融合与创造的特点。净土真宗和日莲宗,朱子学、古学和阳明学,就各自为日本特有的佛教①和儒教。20 世纪初,西田几多郎广泛吸收东西方佛教、哲学思想,创立了一种集日本现代唯心主义哲学之大成的"西田哲学",更是使他跻身世界哲学家的行列。中国的马克思主义最早是通过日本传入的。在"十月革命"之前,马克思主义已开始了在中国的传播;十月革命爆发后,继西欧和日本之后,俄国逐步成为马克思主义传入中国的最主要渠道。党的主要创始人李大钊、陈独秀、李达等人,都是在日本留学期间接受了马克思主义。他们选读的书籍,也多数是日本早期著名马克思主义学者如河上肇、山川均等人的著作。正如"Philosophy"一词是由西周首次译为"哲学",日本学者在翻译马克思主义著作的过程中使用的"唯物史观"、"生产力"和"生产关系"等概念,后来也成为留日青年译介马克思主义

---

① 　日本的佛教源于中国,而今天我们研究佛经的标准版本是日本人编撰的《大正藏》。

著作过程中约定俗成的通用概念。如果有人要问,当今国内学术界关于日本马克思主义研究有哪些前沿问题? 我想至少可列出这样三个关键词:日本新马克思主义、市民社会和广松哲学。

一、"日本新马克思主义"何以可能?

从 2006 年起,清华大学韩立新教授从日本战后出版的众多马克思主义研究专著中选取了包括望月清司《马克思历史理论的研究》一书在内的五部专著,取名为"日本马克思主义译丛"并交由北京师范大学出版社出版。联系 1980 年代以来国内对日本马克思主义的译介情况,韩教授认为,这套丛书的特点在于,与南京大学出版社出版的"当代学术棱镜译丛"之"广松哲学系列"是侧重于译介以广松涉为代表的"物象化论"相对,"日本马克思主义译丛"则侧重于译介以内田义彦、平田清明和望月清司为代表的"市民社会论"。在韩教授看来,一方面,日本学者在对马克思主义的文献学研究和文本解读方面"毫不逊色于"掌握原始手稿解释权的"苏联马克思主义",另一方面,作为东方学者,他们对马克思理论的吸收又具有不同于"西方马克思主义"的浓郁东方色彩。基于这一理由,韩教授认为可以把"日本马克思主义"作为一个与"西方马克思主义"、"苏联马克思主义"相并列的一个**新的**学术范畴①。

在世界范围内,人们关于马克思的价值取向的研究,主要是围绕早期《1840 年经济学哲学手稿》和后期《资本论》(在广义上,也包括《德意志意识形态》)而展开,由此形成"人道主义的马克思"与"科学主义的马克思"、"青年马克思"与"晚年马克思"这样两种对立的观点。以西方学者为阵营的西方马克思主义,通常着力于从《手稿》捕捉马克思的以"异化劳动"批判为显著特色的人道主义倾向,以斯大林时期苏联学者为阵营的"苏联马克思主义",则往往着眼于从《资本论》挖掘马克思的以"资

---

① 参阅韩立新:《"日本马克思主义":一个新的学术范畴》,《学术月刊》2009 年第 9 期。

本积累"批判为鲜明特色的科学主义倾向。这两种不同的价值取向,在日本学界也同样有不同程度的表现,例如,且不说明治时期的社会主义三大文献,即片山潜的《我的社会主义》、幸德秋水的《社会主义神髓》以及堺利彦的《社会主义纲要》,无论在理论上还是实践上,都深受西方及苏联"十月革命"的影响,在日本早期马克思主义哲学家当中,三木清就是通过在德法留学期间所接受的西方学者那种"异化劳动"批判的视角,由海德格尔的存在主义哲学而展开自己所倡导的人学唯物主义,他认为人学是关于人的学问,解释人的存在及其本质,是哲学的重要任务。与此不同,河上肇不仅自 1919 年起就开始研究马克思的《资本论》并于 1920 年代写下了著名的《资本论入门》,而且通过普列汉诺夫和德波林的著作来学习马克思主义哲学,他在其《唯物史观的立脚点》一文中,将唯物史观看作是通过自然科学的观察方法观察人类社会现象,将物质运动及人的行为看作是机械的、因果的,而他的《论经济的唯物史观》一文,则认为马克思的历史观与其说是唯物史观,毋宁说是经济史观或经济的唯物史观,显然这沿袭的是苏联学者那种"资本积累"批判的视角。我们知道,日本曾经是中国马克思主义最早的传播途径之一,日本学者对于马克思主义的理解,当然也在某种程度上影响到 20 世纪 90 年代初苏联解体之前的中国学界。在韩教授看来,一方面,日本学者在对马克思主义的文献学研究和文本解读方面"毫不逊色于"掌握原始手稿解释权的"苏联马克思主义",另一方面,作为东方学者,他们对马克思理论的吸收又具有不同于"西方马克思主义"的浓郁东方色彩。就三木清、河上肇各自对西方马克思主义及苏联马克思主义的沿袭而言,他们的理论显然缺乏作为与后两者形成三足鼎立这一意义上的**异质性**。实际上,韩教授所指的"日本马克思主义",主要也不是指三木清、河上肇等人关于马克思主义的研究成果,而是指上述以内田义彦、平田清明和望月清司为代表的"市民社会论"及广松涉的"物象化论"的"日本马克思主义"。并且,20 世纪 90 年代卞崇道先生编写的《战后日本哲学思想概论》①中的"上篇"第一、二章,重点阐述的就是以户坂润、船山信一、竹内好、广松涉等为代表的马克思主义哲学研究,但是这本书同样也没有涉及韩教授所指的上述"市民社会论"的"日本马克思主义",却谈到了广松涉的"物象化论"的"日本马克思主义"。这里,韩教授亟须回答的一个理论问题是,如何将上述这些人的马克思主义哲学研究,与自己所指的"日本马克思主义"这一新的学术范畴区别开来?

为了避免韩立新教授所面临的这一过于宽泛的理论界说,张一兵教授提出了"日本**新**马克思主义"这一术语作为明晰的区分,以此提请学界在哲学研究中不应抽象地、笼统地谈论"日本马克思主义"。同时,在课堂教学中,张先生也非常注重哲学史或某个哲学家在其哲学生涯中所呈现出的**具体的**历史生成逻辑的**异质性**,比如,他关于早期、晚期西方马克思主义的划分,早期卢卡奇、萨特与后期卢卡奇、萨特的区分等等,反对含糊地、不加限定地讨论**一般的**西方马克思主义或卢卡奇、萨特等。就"日本新马克思主义"这一术语本身而言,张教授的用意在于,将以内田义彦、平田清明和望月清司等为代表的"市民社会论"及广松涉的"物象化论"的"日本新马克思主义",与受西方马克思主义及苏联传统教科书体系影响的以三木清、河上肇、户坂润、船山信一等为代表的"日本马克思主义"区分开来,并且认为"广松涉是 20 世纪 60 年代日本的新马克思主义思潮的真正奠基者之一","在广松涉那里,反对和拒斥日本马克思主义研究中的教条主义逻辑框架,是他的马克思主义研究的新起点"。就此而言,"'日本新马克思主义'视域中的市民社会与国家"中的"日本新马克思主义"这一限定性的术语,在历史生成逻辑方面更鞭辟入里地揭示出二者之间具体的"新"的异质点。在谈到马克思关于"历史哲学"和"历史科学"的区别时,南开大学王南湜教授认为二者的差异性主要表现在,前者的"思辨"或"哲学"是脱离现实生活的,

---

① 参阅卞崇道:《战后日本哲学思想概论》,中央编译出版社 1996 年版,第 19—97 页。

它试图从某种先验的、普遍的概念出发去演绎历史,与此相反,后者则是从现实的前提出发,"在思辨终止的地方,在现实生活面前,正是描述人们实践活动的和实际发展过程的真正的实证科学开始的地方。"①源于马克思的这一观点,王先生呼吁学术界应该"认真对待马克思的'历史科学'概念"。在我看来,王先生的这一发现同样有助于我们更直观地把握"日本马克思主义"与"日本新马克思主义"的差异性。可以说,张一兵教授也正是在这一意义上,一方面将"日本马克思主义"与唯心主义(教条主义)或历史哲学等同起来,另一方面将"日本新马克思主义"与唯物主义或历史科学等同起来,并最终凸显前后二者的质性区别。

二、"新市民社会"何以不可能?

谈到市民社会,首先有必要弄清两个问题。(1)市民社会与共产主义思想的联系。共产主义思想,其理论渊源可追溯到古希腊柏拉图的"理想国"。柏拉图最早发现了社会中的"阶级斗争",他指出,在城邦中,人们分裂为对立的两部分,一部分一无所有,一部分拥有一切,双方互相把对方看作寇仇。为了扬弃"民主"所导致"暴民政治"以及极端寡头专制各自的片面性,在《法律篇》(739C—739D)中,柏拉图主张限制私有财产,认为最美好、最幸福的社会是没有"私人"利益的社会,理想的政治是以法制作为最高权威的混合政体,而以中产阶级为绝大多数的"纺锤形"(两头小中间大)社会则是最稳定的社会。在《政治学》一书中,亚里士多德最早使用了"市民社会"(civil society)的概念,意即柏拉图所说的"城邦"(Polics),兼具"政治社会"、"公民社会"和"文明社会"的含义。因此,"亚当·福格森在他的《市民社会史论》中指出,'市民社会'概念是作为人类的文明状态应运而生,它不是对应于政治社会而谈的。18世纪下半叶之后的'社会'概念就是一种现代的诠释。马克思的

---

① 《马克思恩格斯选集》(第1卷),人民出版社1995年版,第73页。

表述来得更为清楚,'市民社会'这一用语是在 18 世纪产生的,当时财产关系已经摆脱了古典古代的和中世纪的共同体(Gemeinwesen)。"①公元一世纪,西塞罗将其转译成拉丁文"societascivilis",意为单一国家以及已发达到出现城市的文明政治共同体的生活状况。在我国,"社会"一词是 19 世纪末由日本转译而来,实际上指的是一种组织形态。与此相关,江苏省委党校刘力永博士在其《城塚登论市民社会理论与历史唯物主义之间的关系》一文中谈到,日本学者城塚登曾经指出,战前的日本禁用与"无产者"相对的"资本家"一词,人们为了免遭麻烦就普遍使用"市民"一词。基于同样的理由,葛兰西在其《狱中札记》也是用"市民社会"这一概念来指称资产阶级社会。(2)市民社会与共同体的关系。虽然它们都是通过积极的关系而形成族群,但是不管作为事实还是作为概念,共同体是文化形态的存在,是一种古老的、持久的、真正的、有机体的共同生活,市民社会是经济形态的存在,是一种新的、暂时的、表面的、机械的共同生活。在由共同体到市民社会的"社会化"过程中,"商品交换"与"行为意向"起着至关重要的作用。

关于社会的分析框架,复旦大学孙承叔教授立足西方马克思主义基础理论研究,系统阐发了以黑格尔、葛兰西、阿尔都塞为代表的"家庭—市民社会—国家"分析框架,以霍克海默、马尔库塞、弗罗姆、萨特、列斐伏尔为代表的"人—日常生活—经济系统—政治系统"分析框架,以哈贝马斯为代表的"生活世界—经济系统—政治系统"分析框架。当然,孙先生没有停留于对这三大分析框架所作的出色阐述,他同时还提出了自己独特的"现实的人及其生活世界—物质生产以及其他生产—经济与生活公共领域—政治上层建筑"分析框架。应当说,这些分析框架为我们更加深入地理解何谓市民社会提供了一个很好的方法论

---

① 苏海舟:《直至 1978 年前的中国农村:共同体还是社会——关于共同体论战的另起与自解》,http://intermargins.net/intermargins/TCulturalWorkshop/academia/civil%20society/cs18.htm。

平台。

日本中央大学星野智教授从黑格尔、马克思的市民社会论入手，讨论了哈贝马斯以公共圈为核心的新市民社会论，与广松涉以主体间性为内核的新市民社会论之间的关系。在《耶拿实在哲学》中，黑格尔论证了同一个人，当他为自己（及家人）而操劳的时候他是作为市民而存在，当他为一般大众而劳作的时候他是作为公民而存在。黑格尔的这番话，从法哲学的角度对人的自然和社会的二重性赋予了新的含义。在黑格尔的"肯定—否定—否定之否定"的螺旋式上升中，这里取得肯定地位的作为市民和公民的统一体的市民社会，由于在现实生活中——尤其在作为公民而为一般大众提供劳作的时候——人与人之间极易引发狼对狼似的争斗，因此黑格尔认为这时就需要国家来充当扬弃这一可能两败俱伤的境况的调停者。不过，作为德意志上升时期的一位集大成的古典哲学家，黑格尔并不满足于此，在他的哲学体系中，国家也仅仅是他的"正—反—合"这一架巨大的螺旋机中的一个环节，它最终必将为他所谓的绝对精神所扬弃。这样，黑格尔在其法哲学中对市民社会与国家关系问题的解决，在归根结底的意义上，只是在黑格尔自身的天才头脑内部进行的观念的解决。对于试图尽快从黑格尔哲学的迷宫中走出来的马克思来说，他自然非常不满意黑格尔那种自言自语式的本末倒置的言说，他一针见血地戳穿了黑格尔精心编织的呓语："法的关系正像国家的形式一样，既不能从它们本身来理解，也不能从所谓人类精神的一般发展来理解，相反，它们根源于物质的生活关系，这种物质的生活关系的总和，黑格尔按照十八世纪的英国人和法国人的先例，称之为'**市民社会**'，而对市民社会的解剖应该到政治经济学中去寻求。"①如果说在黑格尔那里市民社会的矛盾是通过国家而得以克服，那么到了马克思这里则试图通过对社会历史的重新考量来重新

---

① 《马克思恩格斯全集》(第13卷)，人民出版社1962年版，第8页。

把握市民社会与国家的关系,将黑格尔颠倒了的国家与市民社会的关系再颠倒过来。星野先生所指出,在马克思那里,市民社会既是分工社会,也是阶级社会,是基于商品、货币、资本(即"三大拜物教")等物象关系而形成的社会。关于阶级与国家或市民社会与国家的关系,我们知道列宁曾提出两个著名的观点,一是"所谓阶级,就是这样一些集团,由于它们在一定社会经济结构中所处的地位不同,其中一个集团能够占有另一个集团的劳动"①,二是"国家是阶级矛盾不可调和的产物和表现"②。这里,马克思、列宁实际上非常清晰地表明了市民社会(阶级社会)与国家的密不可分的思想。正是缘于这一认识,葛兰西才得出了一个著名的公式:"国家=政治社会+市民社会,即强制力量保障的霸权。"③有意思的是,望月清司的《马克思历史理论的研究》一书也许是为了适应或迎合日本资本主义的发展,竟有意忽略了马克思关于市民社会与阶级、国家的密切关系,若这样把肇始于《巴黎手稿》的马克思的历史理论仅仅理解为关于市民社会的产生、发展和演进过程的理论,如王代月先生所言,有倒退到斯密的嫌疑。

随着资本主义的发展,为了淡化马克思及列宁关于市民社会与国家关系问题上的矛盾焦点,在当代西方国家,市民社会理论取得了新的发展形式。星野先生指出,哈贝马斯在其《晚期资本主义中正统化的诸问题》中,提出了生活世界的概念,并将之与组织概念结合起来。到了《交往行为理论》一书,哈贝马斯进一步把政治组织和经济组织对以市民之间的人格关系为基础的生活世界的统合,看作"生活世界的殖民地化"。在此意义上,在《公共领域的结构转型》一书中,他"逻辑地"得出了必须从理论上对仅"把市民社会等同于经济组织"的黑格尔—马克思的市民社会论加以修正。换句话说,黑格尔—马克思的市民社会论只

---

① 《列宁全集》(第37卷),人民出版社1986年版,第13页。
② 《列宁全集》(第31卷),人民出版社1985年版,第6页。
③ 葛兰西:《狱中札记》,曹雷雨译,中国社会科学出版社2000年版,第218页。

有经济组织的维度,而欠缺政治组织的维度。在哈贝马斯看来,正是政治的公共圈,让市民社会获得了顺应自己要求的国家权力和作为中介的机关,使市民社会的私有化得以完成。由此,哈贝马斯提出了自己的**"新市民社会"**概念,这种新市民社会的核心是基于自由意志的非国家、非经济的关系的结合。明眼的读者不难发现,哈贝马斯此处的表述简直语无伦次:他一方面假装抱怨政治组织和经济组织使得"生活世界的殖民地化",另一方面又饶有兴致地指认正是政治的公共圈才使市民社会的私有化得以完成。哈贝马斯究竟想说明什么? 原来,他最终试图表明无非是:由传统的市民社会与国家相分离的二元模型向国家、经济、市民社会的三元模型这一市民社会模型的转换。具体而言,他一方面通过自己所谓的早已将劳动、资本、货币等市场来调控的经济领域排除在外的市民社会概念,来"修正"或"缓解"黑格尔—马克思的市民社会论的国家与市民社会的二元对立,另一方面通过与经济相分离的国家概念以及将市民社会定位于基于交往的生活世界,来"重构"市民社会、经济、国家的三元关系。所谓新市民社会,即是不同于经济组织和政治组织的基于自由意志的非国家、非经济的共同决定及其联合,是诸如非政府组织或非营利组织之类的自发形成的团体、组织或运动,其机制是将私人生活领域中存在的关于社会问题的共同感受加以集中或放大后,再汇入哈贝马斯所谓的"经济的公共圈"或"政治的共同圈"。

总的来说,星野先生虽然非常简要地阐发了哈贝马斯的新市民社会论的轮廓,但并没有发现这一论调背后的实质或关键所在。在我看来,哈贝马斯的新市民社会论是一种非常怪异的空想的理论。他一方面将市民社会看作是以市民相互之间共同的交往行为为基础的非国家、非经济的市民公共圈,另一方面却又能够通过所谓的"经济的公共圈"或"政治的共同圈"来完成市民社会的私有化。这是多么美好的构想! 资本主义社会的阶级对立从此不再存在,资本主义社会的市民从此简直就生活在天堂,一如恩格斯笔下的所描绘的费尔巴哈:"相爱吧!不分性别、不分等级地相互拥抱吧,——大家一团和气地痛饮吧!"①哈贝马斯的这种新市民社会的论调,不过是西方众多为现行资本主义国家辩护的意识形态话语或同谋之一。正如他自己若隐若现所表白的,他是试图从理论内部"修正"或乃至瓦解马克思主义,为资本主义在新的历史条件下的继续维持开辟道路。如前所述,由于新市民社会是非经济的非国家的,因此这种交往的权力,是一种不同于行政的权力的以通过相互交往达成一致为目标的权力。所谓公共圈,就是基于交往而形成的网络。如果公共圈出现了问题,交往主体就会聚在一起形成一种交往的权力,而将某些问题定下来。这种纯氧式的纯天然的社会,大概只能存在于哈贝马斯的纯天才的头脑中吧。星野先生认为,可以将哈贝马斯所谓的公共圈与马克思视为"共同活动"(Zusammenwirken,协动)的人的实践联系起来加以理解,并且这种对自然的相互"共同活动",可以看作是马克思主义文脉中"主体间性"的原型。这里,星野先生由于对哈贝马斯的新市民社会缺乏清醒的认识,因而进一步对马克思所指的"共同活动"或所谓"主体间性"产生了误解。马克思所说的"共同活动",绝不是哈贝马斯所认为的那种非经济的非国家的基于交往而形成的网络,恰恰相反,在马克思看来,人自其出生的那一刻起,便无时不处于一定的经济关系和特定的国家中;只有进入到消灭了私有制与国家的未来共产主义社会,才可能出现哈贝马斯上述所谓的新市民社会吧。而哈贝马斯用未来共产主义才可能出现的社会状态来描绘他现在所处的资本主义社会,这无异于宣称今天的资本主义社会实际上就是共产主义社会,这岂不极其荒唐可笑! 这不是西方资产阶级意识形态的同谋又是什么?

星野先生还将哈贝马斯所谓的公共圈论与广松涉的主体间性论作

---

① 《马克思恩格斯全集》(第 21 卷),人民出版社 1965 年版,第 333 页。

了一个对照,认为广松在很大程度上是从马克思那里既有的作为"对自然的、主体间性"的生产活动的"协作关系"得出"协动"这一概念的。在此意义上,哈贝马斯所谓的公共圈的讨论维度,可能也包含在广松所谓的"协动"的维度中,而前者所谓的交流的权力,与后者所谓的社会的权力也不乏相通之处。但星野先生没有看到,主体间性这一概念源于胡塞尔晚年为了回应海德格尔等学生责怪他的哲学远离现实生活,没能够解释自我与他者的关系,它显示了现象学的主体由"单个"到"复数"、由"唯我论"到"主体间性"扩张的意图;而广松之所以援用主体间性这一概念,只不过是为了给其以关系的第一性为要旨的"四肢结构论"提供现代西方哲学的时髦支撑。而"四肢结构论"作为一种关系本体论,其本身的哲学目标又在于为广松所谓的"建立以中日(关系)为轴心的'东亚'新体制"提供理论基础。如果忽视了这其中错综复杂的哲学与社会语境,而仅满足于孤立地谈论当中的某个概念或概念之间的联系,可以说是毫无意义的。在广松那里,作为哲学的主体间性论还与作为社会学的角色行为论密切相关。在广松看来,所谓主体间性,原本是基于"自为的他为—他为的自为"的角色行为而成立,而社会的权力则是主体的这种角色协动关联态的深刻根源,——在马克思那里,诸如资本的权力、工会的权力等,都是社会的权力的形态之一。关于这一点,吉林大学白刚副教授给我们指出了资本的一条非常有意思的逻辑,即从"物"到"关系"到"权力"。"资本"一词的本义是指资产(家畜)的物质存在和它们创造剩余价值的潜能。斯密也认为,资本就是为了生产而积蓄起来的物质资产。马克思则批评斯密之类的古典经济学家,仅仅把资本理解为"物",而没有理解为"关系",在马克思看来,资本(以及商品、货币),实质上是一种关系。借用广松的话来说,把"关系"理解为"物",其实是对资本的一种"物象化的误视"。在资本主义社会中,以资本增殖为目的的等价交换原则占据着支配和决定的作用。不仅生产和交换是为了资本增殖,甚至工人本身也是仅仅为了资本增殖而生活。

因此马克思尖锐地指出,"资本是对劳动及其产品的支配权"①,"是资产阶级社会的支配一切的经济权力"②,"资本不是一种个人的力量,而是一种社会力量"③,亦即前面广松所说的"社会的权力",——这是"抽象成为统治"、"逻各斯表现为统治的逻辑"这一命题中涌动的底层潜流。我认为,这些论点恰好也可以回过头来反证为什么说哈贝马斯的新市民社会论是错误的。只要这种以商品、货币、资本这三大拜物教为其显著特征的资本主义社会尚未作为历史而消亡,而是仍然作为现实而存在,在理论上,正确的表述就只有是与经济、国家相联系的市民社会,而不是哈贝马斯所谓的与经济、国家相脱离的非经济、非国家的新市民社会,——这种新市民社会,与其说是作为一名西方学者的一厢情愿的主观设想,毋宁说是资产阶级意识形态的铁笼为发展中国家暗设的一个理论陷阱。我想,这也是为什么中共中央强调"只有社会主义才能救中国"的根本原因。在此意义上,我不赞同抽象地、不加限定地谈论"全球化"的问题,因为这里显然存在一个是"资本主义的全球化"还是"社会主义的全球化"的问题,如果是前者,那么我认为它与共产主义理想几近是风马牛的关系;只有在是"社会主义的全球化"的前提下,它才符合马克思关于社会主义是共产主义的第一阶段的论断,才不仅在理论上而且在现实上与共产主义理想休戚相关。实际上,中国人民大学常晋芳副教授在其《全球化与马克思的共产主义理想》一文中,应该说是在后者的意义上谈论二者之间的关系,认为"只要社会还存在着不平等、不自由、不解放……马克思主义就不会过时,马克思所设想的共产主义理想社会就值得我们去追求。"不过,这里还有一个亟待回答的一个问题是,如何看待马克思关于社会主义是共产主义的第一阶段的观点?换句话说,今天的理论界如何能够令人信服地论证共产主义不仅仅是

① 《马克思恩格斯全集》(第42卷),人民出版社1979年版,第62页。
② 《马克思恩格斯全集》(第46卷上册),人民出版社1979年版,第45页。
③ 《马克思恩格斯全集》(第4卷),人民出版社1958年版,第481页。

一种理想,而且是一种现实,即作为共产主义的第一阶段的社会主义这一现实? 在我看来,首先可以肯定的是,对这一问题的解答及其让人信服,归根结底不在于理论,而在于现实,正如马克思恩格斯所言,"共产主义对我们来说不是应当确立的**状况**,不是现实应当与之适应的**理想**。我们所称为共产主义的是那种消灭现存状况的现实的运动。"①按照这一观点,如何阐明"全球化与马克思的共产主义理想"这一命题的逻辑合理性,不能不说是常先生亟需应对的一个逻辑悖论。

三、广松哲学研究

近年来,通过南京大学张一兵教授主持的"广松哲学系列"的译介工作,广松哲学已逐渐为国内学术界所熟知。关于广松哲学的当代意义,张先生指出,广松涉反对的正是诸如大村泉、涩谷正、平子友长等在日本学术界占有强大势力的斯大林式的"教条主义的马克思主义","后来的所有从事马克思主义哲学研究的严肃学者,都必须直面广松等日本新马克思主义思想家们曾经提出过的深层思想追问和已经达及的理论高度"②,当今马克思文献学研究领域中自娱自乐式的伪文本学和伪马克思学,实际上不过是在逻辑上开倒车。

"四肢结构"是广松涉《存在与意义》两卷本中的一个核心概念,是广松哲学的认识论和实践论的理论基石,对于我们深入理解与把握广松涉随处强调的认识世界和实践世界的关系的基始性这一理论旨趣,起着至关重要的作用。因此,围绕四肢结构论这一主题,在《"四肢结构论"探源》这一拙文中,笔者着力从哲学、语言学和逻辑学这三个层面,分别阐明了对胡塞尔"意识对象—意识内容—意识作用"的"三项图式"的克服是广松哲学的理论缘起,索绪尔"能指—所指"的结构主义语言学是广松哲学的思想源泉,比以亚里士多德的为代表的西方传统形而

---

① 《马克思恩格斯全集》(第 3 卷),人民出版社 1960 年版,第 40 页。
② 张一兵:《广松涉:日本新马克思主义的奠基者》,《马克思主义研究》2009 年第 11 期。

上学的"是"更深层的规定即"作为"是广松哲学的逻辑起点。

"物象化"是广松哲学中的另一重要概念。中山大学刘森林教授在其《Versachlichung：物化逻辑的重新审视——兼论广松涉的缺失》一文中，从广松涉对 Versachlichung（物象化，或译事化、切事化）与 Verdinglichung（物化）的区别使用入手，认为广松强调马克思以 Versachlichung 代替 Entfremdung（异化），这是广松的一大理论贡献，同时指出中文版《马克思恩格斯全集》不加区分地把 Versachlichung 译为"物化"（Verdinglichung）是不妥的。虽然 Versachlichung 与 Verdinglichung 在词义上有所交叉或重叠，但是绝不能等同。尤其可贵的是，刘先生还指出了在黑格尔那里，德文 ding 表示与意识相关的客观之物（与自我意识无关），Sache 表示与两个以上的自我意识相关的社会性的"事"。我想可能正因为如此，广松才将自己以"四肢结构论"为内核的"关系主义"称作"事的世界观"，还把自己写的一本主要批评以批评马赫、康德、胡塞尔和海德格尔为代表的现代西方哲学的书命名为《事的世界观的前哨》吧。关于广松哲学的缺憾，刘先生重点指出了以下四个方面。

1. 广松涉忽视了卢卡奇对 Versachlichung 和 Verdinglichung 所作的区分。关于这一点，笔者记得前人说过这样的话，大意是评介历史人物不应该注重于他为今人提供了某种现成的东西，而应该着眼于他比他的前人提供了何种新的东西。

2. 广松之所以强调马克思用 Versachlichung 取代 Entfremdung 的意义，源于广松受到 20 世纪"主体性已被主体间性取代，主体的内在论已被社会论取代"这一流行看法的影响。但在今天看来，Versachlichung 不可能完全摆脱主体内在论。首先，这里的"取代"一词，我认为这种说法本身是不成立的，任何一个严肃、认真的思想家，如果他要使他的思考有意义，那么他就只能是站在前人肩膀上，而不可能出现所谓后来的思想"取代"（充其量只能说是"扬弃"）先前的某种思想的说法；否则他必定因其只顾自言自语而摔得很惨。其次，从广松的"物象化论"来看，广松决没有认为在马克思那里"体的内在论已被社会论取代"。无论是费尔巴哈还是马克思，他们并非全然没有觉察到人的另一面属性，只是由于针对不同的论敌或自身理论体系的需要，往往不得不淡化或忽略人的另一面属性。就费尔巴哈而言，由于他针对的是作为大写的人的基督教，因此他不得不强化人的自然性、个体性的一面，而弱化人的社会性、集体性的一面。而对写作《关于费尔巴哈的提纲》及《德意志意识形态》期间的马克思来说，由于当时的施蒂纳是其主要论敌之一，施蒂纳的极端个人主义及无政府主义是此时马克思的重点批判对象，因此马克思需要淡化的恰恰是人的个人性、个体性的一面，而强调人的集体性、社会性的一面，指出"人的本质并不是单个人所固有的抽象物，实际上，它是社会关系的总和"①。再次，从广松"四肢结构论"来看，广松也丝毫没有"主体性已被主体间性取代，主体的内在论已被社会论取代"的意思。就认识世界的"四肢结构"而言，具有"现象的所与—意义的所识"二肢二重性的现象的所知，与具有"能知的个人—能识的人"二肢二重性的能知的主体之间，形成一种互为联系的功能性"四肢结构"。就实践世界的"四肢结构"而言，具有"实在的所与—意义的价值"二肢二重性的现象的所与，与具有"能为的个人—职位的人"二肢二重性的能为的主体之间，形成一种互为中介的功能性"四肢结构"。非常明显，作为"四肢结构"中的"能知的个人"和"能识的人"以及"能为的主体"和"职位的人"，实际上就分别相当于刘先生上述"主体性"和"内在论"以及"主体间性"和"社会性"，它们之间具有一种功能性的结构关系，决没有谁(后者)"取代"谁(前者)的意思。因此，说在马克思或广松涉那里，"主体性已被主体间性取代，主体的内在论已被社会论取代"，应该说这是一种误解。

3. 与此相关，刘先生由马克思非常强调物与物的关系背后的人与

① 《马克思恩格斯全集》(第3卷)，人民出版社1960年版，第5页。

人的关系这一点,指出马克思仍抱守着"人"身上隐含的价值形而上学的含义,坚持着内在主体论。作为例子,刘先生虽然指出了哥本哈根大学主体性研究中心主任丹·扎哈维等新一代主体论者主张完全放弃主体内在论是错误的,但至少在广松涉的四肢结构论中,如前所述,"主体性"和"主体间性"以及"内在论"和"社会性"之间是互为中介、互为联系的,不存在完全放弃主体内在论的问题。

4. 广松忽视了在马克思、韦伯的思想中,Versachlichung不全是一个批判性的贬义词。具体而言,在马克思看来,它有塑造更高的生产力,提高经济效益的一面;对韦伯来说,它有效率、公平、精确和对事不对人等特点。这里的问题是,在广松的物象化论中,他的理论旨趣在于通过揭示西方传统哲学中的实体主义的隘路,而指出以中日关系为基轴的东方传统哲学中的关系主义的新路。而作为一个揭露西方实体主义哲学的弊端的一个理论武库,广松找到了他所谓的马克思的物象化论。如前面我们所看到的,针对施蒂纳这一极端无政府主义者,马克思往往强调人的集体性、社会性的一面,而弱化人的社会性、集体性的一面,出于批判资本主义的腐朽性、暂时性的需要,马克思同样往往侧重于批判以三大拜物教为特征的物象化的负面,而淡化其塑造更高的生产力、提高经济效益的正面。就广松自身而言,他所关注的,应该说主要不在于马克思通过物象化论批判或褒扬了什么,而在于这种物象化论在多大程度上能为他的以"四肢结构"为核心的关系主义哲学提供坚实的理论支撑! 同理,对广松来说,韦伯的物象化论也同样只是作为广松的一个理论支援背景而已,其意义不在于大而全,而在于少而精! 况且,韦伯的这种所谓对事不对人的价值中立性,我认为与哈贝马斯的新市民社会论并没有本质的区别,二者都是西方资产阶级意识形态的同谋,只要还存在阶级社会,就不可能在真正意义上形成所谓的中立性价值,正如我们虽然可以在头脑中想象圆的三角形,但在现实中却永远不可能出现一样。按照张一兵先生的思想构境论,思者在其思的一般进程中,通常要经历他性镜像支配、自主性思想空间和原创性逻辑构境这样三个基本运思阶段,而广松涉的运思过程似乎与这一常态脱轨。对于前人的物象化论,广松抱持的是作为一个原创性思想家应有的"六经注我"的态度,而不是故纸堆中的经学家或伪文本学那种"我注六经"的做法,所以他不可能也没必要细述马克思或韦伯的物象化论的方方面面。

第二节　广松涉的关系主义的马克思主义

自明治维新以来的 150 年间,日本一直实行的是资本主义制度,因此也就没有类似"中国化马克思主义"和"马克思主义中国化"的概念。但是,没有相应的概念,并不意味着相应的理论或实践就不曾出现或发生。且不谈福本和夫的福本主义、河上肇的唯物史观、三木清的人类学、户坂润的科技哲学、永田广志的唯物论、秋泽修二的无神论、服部之总的历史论、平野义太郎的法哲学、山田盛太郎的经济哲学、冈邦雄的自然辩证法[①]、梅本克己的主体性、岛崎隆的实践唯物论、平田清明的市民社会论[②]和不破哲三的当代意识形态论等——"社会主义"、"共产主义"、"辩证法"、"形而上学"、"唯物主义"、"唯心主义"、"生产力"、"生产关系"和"唯物史观"等术语就是由日本学者首次翻译的——的马克思主义理论,至少,广松涉关系主义的马克思主义可以说是"马克思主义日本化"的经典范式。"马克思主义日本化",就是将马克思主义普遍原理与日本具体实际相结合,从而形成具有日本民族特点的马克思主义理论成果的过程。

中江兆民(1847—1901)曾断言"日本没有哲学"。时至今天,大概

[①]　岩崎允胤:《日本マルクス主義哲学史序说》,东京:未来社 1971 年版。

[②]　岩佐茂、岛崎隆、渡边宪正:《战后マルクス主义の思想——論争史と现代の意义》,东京:社会评论社 2013 年版。

没人会否认此说为后来的西田几多郎(1870—1945)、广松涉(1933—1994)所打破。如果说西田是日本现代哲学的开创者和高峰,那么广松则无疑是日本当代哲学的高峰及西田哲学的超越者。广松哲学的成就是多方面的,其范围涉及除中国哲学之外的所有哲学二级学科。除了其原创性的《存在与意义》两卷本,当中尤以马克思主义哲学和西方哲学的研究为最。就广松涉的马克思主义哲学研究而言,其著作主要包括《马克思主义的形成过程》(1968)、《马克思主义的地平》(1969)、《现代革命论的探索》(1970)、《论青年马克思》(1971)、《唯物史观的原像》(1971)、《资本论的哲学》(1974)、《马克思主义的理路》(1974)、《马克思的思想圈——以本国未介绍资料为中心》(1980)、《唯物史观与国家论》(1982)、《生态史观与唯物史观》(1986)、《论恩格斯及其思想形成过程》(1986)、《辩证法的逻辑——辩证法的体系构成法》(1989)、《今天必须重读马克思》(1990)、《马克思与历史的现实》(1990)、《黑格尔与马克思》(1991)、《东欧剧变与社会主义》(1994)、《马克思的根本意想是什么》(1994)和《广松涉谈马克思与哲学——单行本未收录讲演集》(2010)等18种,以及曾一度引起轰动的译著《〈德意志意识形态〉手稿复原新编版》(1974)。其中,《马克思主义的形成过程》、《马克思主义的地平》和《马克思主义的理路》,被学界称作"马克思主义三部曲"[1],为广松带来广泛的学术声誉。

保罗·利科(1913—2005)在其主编的《哲学主要趋势》一书中设有"现代印度和日本思想中的逻辑和本体论"一节,专门介绍了印度和日本学界对排中律和矛盾律的研究。关于前者,印度哲学家卡利达斯发现,"非排他性的'或者'仅是16个可能的二项逻辑算子中出现的逻辑连词之一,这些逻辑算子可存在于二值真值函项逻辑中……如果选替项之一被断定为真,那么其他选替项既可真亦可假"[2]。日本哲学家大

---

① 参见广松涉:《马克思主义的哲学》,邓习议译,南京大学出版社2019年版。

② 保罗·利科:《哲学主要趋势》,商务印书馆1988年版,第43页。

江精三质疑"把排中律用于不能截然二分化的领域","不仅在亚原子层次上,就是在知觉层次上我们也未能发现这种截然分明的二分现象。但是如果情况是这样,那么运用具有这类二分性的逻辑思想去了解并非二分性的经验,就会导致混乱";关于后者,今道友信指出"如果我们接受矛盾律的话,就不可能思考全体或整体,因为理解整体的企图总要导致悖论……然而如果要研究任何真正的形而上学,就必须思考它——那么,我们就不得不放弃矛盾律,并把悖论看作是不自相矛盾的"①。此外,克里施纳引入类似"一切以条件、地点和时间为转移"②的观点,主张"将矛盾律应用于经验现实……要以对那类被施用矛盾律的对象进行'点—时—刻'分析为前提……因为每一时刻都可以当作是一个新的时刻,这样就使矛盾律与人们打算将矛盾律运用于其上的任何对象没有关系了"③。我们知道,排中律被表述为"A 是 B 或不是 B",矛盾律表述为"A 不能既是 B 又不是 B"。可是,这类古老的逻辑定律却无法解释现代物理学中光的波粒二象性,以及量子力学和广义相对论的不相容现象。凡此种种,如保罗·利科那本书的书名所显示的,当代哲学涌现一股由 19 世纪的克尔凯格尔的作品《非此即彼》所表征的隘路到由 20 世纪物理学的"亦此亦彼"所表征的通路的趋势,广松涉的关系主义哲学④即是这一趋势中最具有代表性的一种。

一、马克思主义哲学研究的"接着讲"与"物象化论"

引言中谈到,广松涉的哲学研究成就以马克思主义哲学和西方哲学的研究为最。从价值取向上说,广松涉对待马克思主义哲学和西方

① 保罗·利科:《哲学主要趋势》,商务印书馆 1988 年版,第 44 页。
② 《斯大林文集》(1934—1952),人民出版社 1985 年版,第 206 页;参见《列宁全集》(第 31 卷),人民出版社 1985 年版,第 54、172 页。
③ 保罗·利科:《哲学主要趋势》,商务印书馆 1988 年版,第 44—45 页。
④ 需要说明的是,说广松涉的马克思主义研究成果为"关系主义的马克思主义",是沿用了类似"存在主义的马克思主义"、"分析主义的马克思主义"等国外马克思主义流派概述的惯用表述。

哲学的态度有着截然不同的态度:对马克思主义哲学持积极继承的态度;对西方哲学持批判扬弃的态度①。这里需注意的是,说广松对马克思主义哲学持积极肯定的态度,正如冯友兰先生于 20 世纪 30 年代末在《新理学》一书中谈到其对于宋明理学大体上不是"照着讲",而是"接着讲"。对于马克思主义哲学,广松并非采取没有自己的主见的注疏家之"照着讲"的讲法,而是哲学家的有自己的真知灼见之"接着讲"的讲法。那么,广松哲学之"讲"与马克思主义哲学之"讲"有何不同呢?

（一）马克思主义哲学之"讲"。在 19 世纪欧洲民族主义的浪潮中,犹太人被作为"异类"而受到很多国家的排挤,为了谋求犹太人解放,当时的犹太知识分子提出了共产主义和犹太复国主义两大方案②。前一方案是"以卡尔·马克思为首的犹太人出身的左翼知识分子,认为犹太人应该和本国工人阶级团结起来,一同反抗资产阶级的政治压迫,在世界范围内建设社会主义,最终实现共产主义"③。在《共产主义者同盟章程》(1847)中,马克思恩格斯提出了"全世界无产者,联合起来",为人类解放的伟大事业而斗争! 明确了同盟的目标是:"推翻资产阶级,建立无产阶级统治,消灭以阶级对立为基础的资产阶级旧社会,建立没有阶级、没有私有制的新社会"④,而在《共产党宣言》(1848)中则预言了"代替那存在着阶级和阶级对立的资产阶级旧社会的,将是这样一个联合体,在那里,每个人的自由发展是一切人的自由发展的条件"⑤这一共产主义的最终目标。在实践上,则由列宁领导的俄国"十月革命"第一次使马克思主义由理论变为现实。后一方案则是匈牙利犹太作家西奥

---

① 邓习议:《实体主义批判——广松涉哲学视域中的西方哲学》,《河北学刊》2009 年第 1 期。

② 作为马克思恩格斯早期思想的先行者和同路人的莫泽斯·赫斯,后来之所以与前者分道扬镳,个中缘由在于其"前半生致力于社会主义,后半生致力于犹太复国主义"(莫泽斯·赫斯:《赫斯精粹》,邓习议编译,南京大学出版社 2010 年版,第 276 页)。

③ 孙力舟:《中东乱局来龙去脉》,《青年参考》2009 年 1 月 6 日。

④ 《共产党宣言》,人民出版社 2014 年版,第 138 页。

⑤ 《共产党宣言》,人民出版社 2014 年版,第 51 页。

多·赫茨尔在其《犹太国》一书首次提出,其宣称"犹太人问题是一个民族问题,应该建立犹太人自治的国家"①。在实践上,则是由巴勒斯坦的犹太人于 1948 年 5 月 14 日宣布成立"以色列国",并于当天获得美国承认。

(二)广松哲学之"接着讲"。受身为共产党员的母亲的影响,广松涉在 11 岁念小学时就阅读了恒藤恭写的《人类的所作所为》,对人类社会史充满好奇;16 岁念高中时并未达到必须"20 岁以上"才有入党资格的年龄而被破格吸收加入日本共产党。1953 年如愿考入东京大学文科,学习期间因多次参与学生运动而被迫中断学业,1956 年以门松晚钟为笔名出版了合著《日本的学生运动》,次年正式考入东京大学文学系哲学专业。入学初期,为了克服研究黑格尔及马赫哲学的语言障碍,他坚持在学习之余,每天到红露外语学校刻苦学习德语。如前所述,从 1968—1994 年去世的 26 年间,广松涉留下了近 20 种关于马克思主义哲学的研究著作,约占其一生全部著述中的一半。在作为临终绝笔而发表于 1994 年 3 月 16 日《朝日新闻·夕刊》的《以东北亚为历史的主角——建立以中日(关系)为轴心的"东亚"新体制》一文——我认为此文是广松哲学的秘密和哲学遗嘱——中,广松指出自东欧剧变和苏联解体以后,自哥伦布以来的五百年间的以欧美为中心的产业主义时代一去不复返了。新的世界格局需要新的世界观、新的价值观;新的世界观和新的价值观将产生于亚洲,并席卷世界。并预言"除了欧洲的,不,大乘佛教的一部分极少的例外,'关系主义'将取代过去占主流的'实体主义'而成为基调",必须扬弃实体主义的主观和客观的割裂与对立,"对我来说,是把这一情况称作对'意识对象—意识内容—意识作用'的三项图式的克服或'事的世界观',我的说法妥当与否另当别论,我想从物的世界像到事的世界观的转换确实是世纪末的大趋势"。而美国作

---

① 孙力舟:《中东乱局来龙去脉》,《青年参考》2009-01-06。

为美元发行者和世界消费者角色的时代已一去不复返，日本经济必须将其轴心立足于亚洲。"东亚共荣圈的思想曾经是右翼的特许专卖。日本依然被强调为帝国主义，仅仅是欧美的对立面。但是，当今历史的舞台正进行着大回转。建立以中日为轴心的'东亚'新体制！以此为前提建立世界的新秩序！"①

由上可见，广松涉的马克思主义哲学研究不是注疏家的"我注六经"式的"照着讲"，而是"六经注我"式的"接着讲"。广松涉之"讲"不同于与马克思之"讲"的地方集中体现在：马克思是号召"全世界无产者联合起来"，预言了未来共产主义社会"代替那存在着阶级和阶级对立的资产阶级旧社会的，将是这样一个联合体，在那里，**每个人的自由发展**是一切人的自由发展的条件"（马克思主义的精髓）；广松涉则是倡导"建立以中日（关系）②为轴心的'东亚'新体制"，预言了亚洲的"**关系主义**'将取代过去占主流的'实体主义'"（广松哲学的精髓）。从国际视野来看，广松涉的马克思主义研究有将马克思主义论域狭窄化之嫌；从哲学本体论来说，广松涉的全部著述都是围绕"关系"③二字来批判西方哲学④、阐发马克思主义哲学⑤和建构自己的广松哲学⑥。作为实例，我想最能体现广松涉之"讲"之特色的著作当《〈德意志意识形态〉手稿复原新编版》，该书分为德文、日文两册，日本学界称之为"广松版"。新编版

---

① 『廣松渉著作集』（第14卷）、岩波書店、1997年、第498—499頁。
全文参见邓习议：《四肢结构论——关系主义何以可能》，中国社会科学出版社2015年版，第21—23页。
② 此处括号中的"关系"二字为笔者所加。
③ 参阅张一兵：《马克思哲学初始地平线中的关系本体论》，《马克思主义与现实》1994年第4期。
④ 参阅广松涉：《事的世界观的前哨》，赵仲明、李斌译，南京大学出版社2009年版；广松涉：《物象化论的构图》，彭曦、庄倩译，南京大学出版社2009年版。
⑤ 参阅广松涉：《唯物史观的原像》，邓习议译，南京大学出版社2009年版；广松涉：《资本论的哲学》，邓习议译，南京大学出版社2013年版；广松涉：《文献学语境中的〈德意志意识形态〉》，彭曦译，南京大学出版社2005年版；广松涉：《马克思主义的哲学》，邓习议译，南京大学出版社2019年版。
⑥ 参阅广松涉：《存在与意义》（第1—2卷），彭曦、何鉴译，南京大学出版社2009年版；广松涉：《世界交互主体的存在结构》，邓习议译，南京大学出版社2020年版。

批判地吸收了阿多拉茨基版、梁赞诺夫版、新巴加图利亚版和东德新编版凡四种版本的研究成果,使用不同的字体和左右对开的排版形式,凸显马克思和恩格斯各自的笔迹及其对该书的删除、增补的过程,从文献学上展示了《德意志意识形态》的本来面貌。随后,广松将这一研究成果理顺为"从异化论到物象化论"①的主题,其包含了对传统的苏联马克思主义(科学主义的马克思主义)和西方马克思主义(人本主义的马克思主义)两大阵营的根本批判与扭转。人本主义和科学主义是近代与资本主义时代相适应的意识形态,在古代和中世纪并不存在。广松认为,《德意志意识形态》中的异化理论,已然不是"异化论",而是"物象化论"。马克思所扬弃的"异化论",乃是黑格尔之流将人类史看作自我异化和自我复归的方法,它的根本缺陷是"总是用后来阶段的普通人来代替过去阶段的人并赋予过去的个人以后来的意识。由于这种本末倒置的做法,即由于公然舍弃实际条件,于是就可以把整个历史变成意识发展的过程了"②。它有着"未被异化的本真态时代—被异化的非本真态时代—扬弃被异化的非本真态而实现不被异化的本真态时代"的三段式逻辑,即"乐园(神)—失乐园(人)—复乐园(神)"的神学图式。但问题是,我们不能说"被打坏的茶碗属于非本真形态,因此被打坏的茶碗具有自我复归到没被打坏的状态的内在必然性"③。马克思所谓的"物象化","是对人与人之间的主体际关系被错误地理解为'物的性质'……以及人与人之间的主体际社会关系被错误地理解为'物与物之间的关系'这类现象……的称呼"④。"物象化"(Versachlichung),德文意为"使……具体化而成为某事",广松特意用这个词区别于黑格尔、马克思和青年卢卡奇使用的"使……具体化而成为某物"的"物化"(Ver-

---

①　参阅邓习议:《四肢结构论——关系主义何以可能》,中国社会科学出版社 2015 年版,第23—38 页。

②　《马克思恩格斯全集》(第 3 卷),人民出版社 1960 年版,第 77 页。

③　广松涉:《物象化论的构图》,彭曦、庄倩译,南京大学出版社 2002 年版,第 55 页。

④　广松涉:《物象化论的构图》,彭曦、庄倩译,南京大学出版社 2002 年版,第 65 页。

dinglichung）。所谓"物象化"，简单地说，就是"把'事'看作'物'"、"把'关系'看作'实体'"。"物"（もの。für es，对于他们，当事者的直接的意识）与"事"（こと。für uns，对于我们，学理的反思的见地）的区分，隐含了广松所揭示的关系主义（事的世界观）和实体主义（物的世界观）的质的差异。据此，广松指认马克思主义哲学世界观之特质就在于关系主义。作为当代哲学史上的一段佳话或公案，"广松版"于 2005 年由南京大学出版社出版之后，也曾引发中日学者之间的一场学术讨论①。平实而论，这场讨论的根本分歧，很大程度上源于鲁克俭及大村泉、涩谷正、平子友长等先生未能关注到张一兵先生及广松涉所聚焦的《德意志意识形态》的"从异化论到物象化论"的主题，仍停留于传统的苏联马克思主义（科学主义的马克思主义）的解释框架②，使得该主题为反倒为其所谓的"新成果"所遮蔽。两年后，与之相关的另一场学术讨论是韩立新先生和张一兵先生围绕以内田义彦、平田清明和望月清司为代表的"市民社会论"及广松涉的"物象化论"属于"日本马克思主义"③还是"日本新马克思主义"④的观点分歧⑤。今天回过头看，我想这两场讨论当与广松涉之于马克思主义属于"照着讲"还是"接着讲"不无关联。

二、哲学基本问题的"唯心主义"和"唯物主义"

当谈到广松涉的关系主义的马克思主义的时候，我们遇到一个不

---

① 参阅张一兵：《文献学语境中的广义历史唯物主义原初理论平台——评广松涉的〈文献学语境中的《德意志意识形态》〉》，《中国人民大学学报》2005 年第 1 期；鲁克俭：《"马克思文本解读"研究不能无视版本研究的新成果》，《马克思主义与现实》2006 年第 1 期；大村泉、涩谷正、平子友长：《新 MEGA〈德意志意识形态〉之编辑与广松涉版的根本问题》，《经济》［日本］2006 年第 20 期；张一兵：《文献学与马克思主义基本理论研究的科学立场——答鲁克俭和日本学者大村泉等人》，《学术月刊》2007 年第 1 期。
② 早在 1980 年代末，张一兵先生就开始系统地重新解读马克思的文本，并于 1999 年正式提出了"文本学"的解读方法。
③ 韩立新：《"日本马克思主义"：一个新的学术范畴》，《学术月刊》2009 年第 9 期。
④ 张一兵：《广松涉：日本新马克思主义的奠基者》，《马克思主义研究》2009 年第 11 期。
⑤ 邓习议：《日本新马克思主义研究的前沿问题》，《湖州师范学院学报》2012 年第 6 期。

容回避的问题,那就是马克思主义本身有没有关系主义呢？对于这个问题,广松首先从哲学基本问题的高度,指认了虽然马克思恩格斯是从"唯心论"的观点出发——分别从 B. 鲍威尔和 D. 施特劳斯来理解和解释黑格尔哲学,但他们最初并没有使用"唯心论和唯物论"(Spiritualismus und Materialismus)这种"歧义的说法",而是使用唯心论和实在论(Idealismus und Realismus)。但当他们发现黑格尔主义的错误——譬如天马的本质无法证明天马的实存——之后,即致力于近代唯心论和实在论的扬弃与统一、近代唯心论和唯物论的扬弃与统一。在这一作业过程中,才由交互使用这两对概念转而使用"唯心论 VS 唯物论"这一说法。就此而言,"'苏联马克思主义'所流传的所谓'辩证唯物论',即使具有辩证法的内核,也与 18 世纪的庸俗唯物论并无二致……科学主义 VS.人本主义的地平,最终无从把握马克思主义世界观"①。

广松指认,马克思恩格斯之所以能够摆脱唯心主义,一是在自然观上,与他们从费尔巴哈的立场,扬弃了黑格尔主义的主观主义和客观主义、唯心论和唯物论的对立(马克思),扬弃了施特劳斯的主观和客观、精神和自然、唯心论和唯物论、观念论和实在论的对立(恩格斯)相关。在这一哲学基本问题上,他们高度称赞费尔巴哈:"唯灵论和唯物主义原先的对立在各个方面都已经决出胜负,并且被费尔巴哈一劳永逸地克服。"②二是在历史观、社会观上,与他们发现作为"斯宾诺莎的实体"和"费希特的自我意识"相统一的黑格尔费尔巴哈式的"人"——"实体即主体"概念——存在一个决定性的理论难点相关。这一发现始于恩格斯读到施蒂纳的《唯一者及其所有物》批判费尔巴哈虽然指出了主语和谓语的颠倒,"人是自己的上帝",但又将个人抬高到"上帝"的位置,人成为全能者,身体的个人仍旧跪拜"人的本质"。故而,"施蒂纳摒弃费尔巴哈的'人'……是正确的……我们必须从'我',从经验的、肉体的

① 『廣松涉著作集』(第 10 卷)、岩波書店、1996 年、第 14 頁。
② 《马克思恩格斯文集》(第 1 卷),人民出版社 2009 年版,第 296 页。

个人出发……我们必须从个别物中引出普遍物,而不要从本身中或者像黑格尔那样从虚无中去引申"①。"简言之……我们必须从经验论和唯物论出发"②。而马克思则受与之密切交往的莫泽斯·赫斯的启发:"费尔巴哈的'现实'的人一词,有时设想为市民社会的个别化的人……有时设想为社会的人、'类的人'或'人的本质',想要把这种本质赋予作为个人的人……但是,作为类的任何人要实现自己,只有在一定的社会……即人通过自我活动而形成的一定社会中才能够成为现实的东西,在本源上'人的本质是社会的本质'"③。由此,马克思才在《关于费尔巴哈的提纲》写道:"人的本质并不是单个人所固有的抽象物",而"是一切社会关系的总和"④。而在《德意志意识形态》则进一步批判费尔巴哈对自然与人、自然观与历史观作割裂的理解,"他没有看到,他周围的感性世界……是工业和社会状况的产物"⑤。即便是大自然,也并非纯粹的自然。田园自不必说,即便森林,也是人工培植的产品。

这里遇到的一个问题是,如何解决个人与类的似是而非的矛盾。"(α)如果定位为作为个人的人,世界是自在存在。可是,(β)如果定位为作为类的人,世界是自我活动的物象化产物"⑥。在康德和黑格尔那里,是分别将类主体求诸于"一般意识"和抬高到"绝对精神"。而在黑格尔左派中,因将类的"大主体"引入到现实的人,而失去"整合性",出现(α)(β)的二极性。费尔巴哈因这种二极性而产生的苦恼,诱发了施蒂纳和赫斯否认这一大前提。通过批判费尔巴哈,马克思恩格斯发现无论是"个人"还是"类",都是知性的抽象概念,而不是现实的人。"费尔巴哈仅仅限于在感情范围内承认'现实的、单个的、肉体的人'","从

---

① 参见《马克思恩格斯全集》(第 47 卷),人民出版社 2004 年版,第 329—330 页。
② 参见《马克思恩格斯全集》(第 47 卷),人民出版社 2004 年版,第 330 页。
③ 『廣松涉著作集』(第 10 卷)、岩波書店、1996 年、第 27 页。
④ 《马克思恩格斯文集》(第 1 卷),人民出版社 2009 年版,第 501 页。
⑤ 参见《马克思恩格斯文集》(第 1 卷),人民出版社 2009 年版,第 528 页。
⑥ 『廣松涉著作集』(第 10 卷)、岩波書店、1996 年、第 33 页。

来没有看到真实存在着的、活动的人,而是停留于抽象的'人'"①。现实的人是存在于一定的自然、社会和历史的关系中进行对象性活动的人,而意识则是"被意识到了的存在",即"我对我的环境的关系是我的意识……人还具有'意识'。但是这种意识并非开始就是'纯粹的'意识。'精神'从一开始就很倒霉,受到物质的'纠缠',物质在这里表现为振动着的空气层、声音,简言之,即语言"②。这意味着,不光存在有重层,而且意识也有重层;存在的重层和意识的重层复以对角线的方式形成新的重层。如此循环往复,周行不怠。在存在与意识的关系问题上,存在并非只是意识的主观映像,相反,现实的存在决定人的意识。盖存在作为意识之平台,具有之于意识的先决性,其始终为意识之底盘,而意识也乐于为其播撒智慧的种子。人的存在,不是海德格尔式的单向的"在世界—之中—存在",而是马克思式的双向的"在历史—之中—存在"③,是在"人创造环境,同样,环境也创造人"④的交互作用所形成的"历史的自然"、"自然的历史"中的存在。

除了上述在哲学基本问题上的正面表述,广松还对恩格斯著名的"全部哲学,特别是近代哲学的重大的基本问题,是思维和存在的关系问题……什么是本原的,是精神,还是自然界?……哲学家依照他们如何回答这个问题而分成了两大阵营。凡是断定精神对自然界说来是本原的,从而归根到底承认某种创世说的人……组成唯心主义阵营。凡是认为自然界是本原的,则属于唯物主义的各种学派……除此之外,唯心主义和唯物主义这两个用语本来没有任何别的意思"⑤这一命题中的"唯心主义—唯物主义"之概念作了学术史的追本溯源。这对概念,最

---

① 参见《马克思恩格斯文集》(第1卷),人民出版社2009年版,第530页。
② 《马克思恩格斯文集》(第1卷),人民出版社2009年版,第533页。
③ 『廣松涉著作集』(第10卷),岩波书店,1996年、第67页。
④ 《马克思恩格斯文集》(第1卷),人民出版社2009年版,第545页。
⑤ 《马克思恩格斯文集》(第4卷),人民出版社2009年版,第277—278页。

初是莱布尼茨在经院哲学的形式主义者的意义上,称柏拉图为唯心主义(理念主义者)、伊壁鸠鲁为唯物主义(质料主义者)。费尔巴哈沿用莱布尼茨的说法,称黑格尔的客观唯心论是唯心主义(观念主义)。1844 年马克思恩格斯放弃了此前的"唯心论—实在论"的说法,而沿用费尔巴哈的"唯心主义—唯物主义"这对概念。因此,恩格斯所说的"唯心主义"是与马克思所说的"唯物论"相对的黑格尔的客观唯心论,而不是与"庸俗唯物论"相对的主观唯心论。那么,恩格斯是否认为存在诸如今天常识中的贝克莱式的主观唯心论? 遗憾的是广松并未就这一问题展开讨论,而仅是断言就算历史上存在过这种主观唯心论,也没有创世说(造物主)立足的空间。盖"创世说"乃中世纪基督教的合理化与柏拉图理念论的变种相结合的产物;而在《圣经》创世神话中,上帝之于被造物是工匠与作品的关系,在柏拉图的理念论中,是原本与摹本的关系。故恩格斯所言"黑格尔是唯心主义者,就是说……在他看来,事物及其发展只是在世界出现以前已经在某个地方存在着的'观念'的现实化的反映"①,当中所谓的唯心主义实则暗指理念主义。总而言之,主观唯心论与"创世说"无关,坚持精神的本原性并不意味着承认"创世说",当中探讨的乃是作为思维与存在的关系的"另一方面"的"精神"与现实世界的关系。至此,可以发现广松的目标是要通过消解"创世说",让哲学基本问题的探讨回到"精神"与现实世界的关系的轨道上来,回到前面的正面表述上来。广松坚持,这样做有一个好处,有助于理解何为客观唯心论所谓的"本原性"。譬如恩格斯就往往在**关系**含义上使用"本原"与"摹写"一词:"黑格尔的出发点:精神、思维、观念是本原的东西,而现实世界只是观念的摹写……"②。作为本原的"理念"("本质"、"类")赋予现象世界以存在性。这是唯心主义强调精神的本原性,从而归根到底承认某种创世说的原因。与此相对,唯物主义则认为"物质"、

---

① 《马克思恩格斯全集》(第 26 卷),人民出版社 2014 年版,第 27 页。
② 《马克思恩格斯全集》(第 26 卷),人民出版社 2014 年版,第 503 页。

"存在"、"个体"才是通过其自身具有存在性的真正的实在,而理念不过是现实存在的反映。

说到底,广松始终是以"接着讲"的问题意识来探寻哲学基本问题中的"唯心主义—唯物主义"之概念的由来和机制,并着力从本体论上嵌入自己所倡导的"关系主义"。当然,作为其最具原创性的理论成果,无疑当属作为广松哲学之内核的"四肢结构论"。具体而言,即认识上的"现象的所知的二肢二重性(现象的所与—意义的所识)和能知的主体的二肢二重性(能知的个人—能识的人类)不是彼此独立的,而是以一种独特的方式相互关联,共同形成四肢性的连环结构"①;实践上的"用在的财物态的二肢二重性(实在的所与—意义的价值)和能为的主体的二肢二重性(能为的个人—职位的人类)不是彼此独立的,而是以一种独特的方式相互关联,共同形成四肢性的连环结构"②。是为广松哲学之精华。

三、历史唯物主义的"决定论"和"非决定论"

拉普拉斯决定论主张,宇宙犹如一只精确的时钟,按照一定的节律运动,宇宙间的一切事物,都完全受先前存在的原因决定。量子力学则认为,虽则宇宙遵循严格的数学形式而演化,但该形式只是决定未来发生的几率,并不决定未来一定会发生什么。因为,假如说"我不在家里,就在咖啡馆。不在咖啡馆,就在去咖啡馆的路上"是一基本粒子,那么该粒子就只有处在 A 点(家里)或 B 点(咖啡馆)中的某个状态。可以说,拉普拉斯和量子力学分别代表了自然科学领域存在的"决定论"和"非决定论"的不同观点。

自普列汉诺夫、布哈林以来,一般认为马克思主义是坚持"决定论",拒斥"非决定论"。这也同时被人指责为陷入宿命论。针对这种责

---

① 『廣松涉著作集』(第 15 卷)、岩波書店、1997 年、第 181 頁。
② 『廣松涉著作集』(第 16 卷)、岩波書店、1997 年、第 181 頁。

难,马克思主义阵营往往提出"是决定论但不是宿命论"、"自由是对必然性的认识"来加以应对。在广松看来,决定论和非决定论的问题设定本身就存在问题。所谓决定论和宿命论,虽然名称不同,但在"没有自由的余地"(宿命)这一点上是共同的。而如果仅是"自由是对必然性的认识",那么自由与不自由的区别就只不过是"对宿命的自觉和对宿命无知"的不同。问题的关键在于马克思主义是否"否定自由"。以"决定论"的前见来看待马克思主义,这本身是值得商榷的。诚然,马克思主义不是"非决定论",但这并不等于"决定论"。这里,广松明确拒斥那种"非此即彼"的形式逻辑、知性的思维方式,只要想起马克思主义所继承的康德、费希特、谢林及黑格尔的德国古典哲学的学统,就不会作那种简单的割裂。

马克思恩格斯是如何扬弃决定论与非决定论的矛盾的? 在探讨这个问题之前,广松追溯了哲学史上"决定论"和"非决定论"的成因。一是基督教神学的内在难题。一方面,基督教神学主张上帝的绝对统治,确立上帝"决定论";当中引发的问题是如何看待坏人作恶? 这就需要承认人的自由意志,确立"非决定论"。二是道德论层面的问题。根据决定论,在上帝决定一切事物、没有个体自由的情况下,就不能对人进行道德的谴责、责任的追究。因为我们无法谴责"石头坠下"、"石头没有向上的精神"①,正如斯宾诺莎所指出的,"自然本身没有预定的目的",它"自高处坠下,恰好打在从下面走过的人的头上,竟把这人打死了。于是有人论证道:这块石头坠下的目的就在打死那人……我们也许回答道:这件事情发生是由于刮大风,而那人恰好在那时从那里走过……天意是无知的避难所"②。由此,作为道德律之根据的自由意志,要求"非决定论"。可是,"非决定论"也同样存在学理上的问题。例如康德谈到有个奴隶从作为正题的神学决定论为自己的过错辩解:"我并

---

① 『廣松涉著作集』(第 10 卷)、岩波書店、1996 年、第 147 頁。

② 参见斯宾诺莎:《伦理学》,贺麟译,商务印书馆 1983 年版,第 39—40 页。

非按照自己的意志而犯罪,因此我不该受到鞭打",而主人则从作为反题的近代人的自律加以回应:"俺决定鞭打你。俺应该鞭打,你应该被鞭打,这就是宿命!"①三是近代科学的公设。近代科学拒斥诉诸上帝的奇迹干预和实体形式的灵魂的意志,主张万物服从力学的规律性。然而,科学的这种看法实则体现对必然规律性的无知,科学的建立恰恰基于作为某种信念的规律性的准则,是以"决定论"为预设。科学的公设是不存在偶然和自由,但它只有高度的或然性,未必足以确保"决定论"一以贯之。例如,瓜苗固然不会长茄子、猫固然不会生狗仔,但瓜的大小、形状、颜色,恰恰是偶然和自由施展的空间。要言之,"决定论"和"非决定论"的真实态犹如时下热议的"量子纠缠",不可将二者的"关系"看作"实体",不能对其作知性的割裂。

　　某些论者之所以认为马克思主义也同样陷入"决定论"和"非决定论"的两难困境,原因在于一方面将马克思主义科学主义化(是),另一方面将马克思主义道德主义化(应该)。但事实上,一方面,马克思主义是通过唯物史观使社会主义从空想变成科学,是"用人们的存在说明他们的意识……社会主义现在已经……被看做两个历史地产生的阶级即无产阶级和资产阶级之间斗争的必然产物。它的任务……是研究必然产生这两个阶级及其相互斗争的那种历史的经济的过程;并在由此造成的经济状况中找出解决冲突的手段"②,其本身已内在地包含了事实和价值的统一,故"从空想到科学"的命题与"苏联马克思主义"所谓的"科学主义"的决定论(因果律)无关。另一方面,为赋予"应该"的革命实践以权利,则易流于空洞的道德说教。最终,马克思恩格斯通过继承黑格尔关于"偶然的东西正因为是偶然的,所以有某种根据,而且正因为是偶然的,所以也就没有根据;偶然的东西是必然的;必然性自我规

① 『廣松涉著作集』(第10卷)、岩波書店、1996年、第147頁。
② 《马克思恩格斯文集》(第3卷),人民出版社2009年版,第545页。

定为偶然性,而另一方面,这种偶然性又宁可说是绝对的必然性"①的辩证法,扬弃了"决定论—非决定论"这种经院哲学的问题。

那么,决定性—规律性与非决定性—自由意志究竟有着怎样的关系?关于这一问题,广松一以贯之地着眼于二者的关系性。康德认为,"人类的行为……如任何别的自然事件一样,总是为普遍的自然律所决定的。历史学是从事于叙述这些表现的……当它考察人类意志自由的作用的整体时,它可以揭示出它们有一种合乎规律的进程"②。例如,婚姻、出生和死亡,一方面看似基于个人的自由意志的行为而没有任何规律可循,但若考察整体的统计则可事先计算出来它们的数字;另一方面却也并不妨碍各国的年度表报证明它们是按照自然律进行。③这里,作为自然事件的现象的所与,与作为普遍的自然律的意义的所识构成一种二肢二重性结构,作为历史学家的能知的个人,与人类意志自由的作用之整体的能识的人类构成一种二肢二重性结构,它们"以一种独特的方式相互关联,共同形成四肢性的连环结构"。在决定论者看来,具有沉重的自然之躯的人奢谈轻灵的非决定论的自由,这本身着实是矛盾的、对立的。在广松哲学的逻辑架构中,必然和自由的统一,不能从二者的"实体性"的理解,应该从二者的"关系性"的理解,从谢林的"理智的本质,能够遵循它自己的内在自然本性而行动。换言之,行动只能从它的内在东西……以绝对的必然性产生。并且,只有这种绝对必然性才是绝对的自由。因为,自由是在于遵循理智自身本质的各种规律而

---

① 《马克思恩格斯全集》(第26卷),人民出版社2014年版,第552页。
② 康德:《历史理性批判文集》,何兆武译,商务印书馆1990年版,第1页。
③ 法国数学家拉普拉斯在其《概率论》导论部分,从决定论的立场提出一种科学假设:"我们可以把宇宙现在的状态视为其过去的果以及未来的因。假若一位智者会知道在某一时刻所有促使自然运动的力和所有组构自然的物体的位置,假若他也能够对这些数据进行分析,则在宇宙里,从最大的物体到最小的粒子,它们的运动都包含在一条简单公式里。对于这位智者来说,没有任何事物会是含糊的,并且未来只会像过去般出现在他眼前"。这个"智能",被后人称为"拉普拉斯妖"。

行动,不为自己内外的任何其他东西所规定"①的理解,证悟"真正的内在必然性是自由"这一命题。

黑格尔则从构成其哲学内核的"绝对理念"出发,强调"当一个人自己知道他是完全为绝对理念所决定时,他便达到了人的最高的独立性"②,即"自由"。反过来说,"自由以必然为前提,包含必然性在自身内,作为被扬弃了的东西"③。这里,黑格尔所谓的"绝对理念"和"自由",大致与康德所说的"普遍的自然律"和"意志自由"相对应:"普遍的自然律"或"绝对理念"处于"决定论"的一极;"意志自由"或"自由"处于"非决定论"的一极。但不论是康德还是黑格尔,从根本上说两极是统一的。这种"统一",在黑格尔那里,是通过"理性的狡计"来实现的。"理性的狡计……让事物按照它们自己的本性,彼此互相影响,互相削弱,而它自己并不直接干预其过程,但同时却正好实现了它自己的目的……上帝放任人们纵其特殊情欲,谋其个别利益,但所达到的结果,不是完成他们的意图,而是完成他的目的,而上帝的目的与他所利用的人们原来想努力追寻的目的,是大不相同的"④。概言之,黑格尔是在客观唯心主义的框架中实现绝对理念与个人自由的"统一"。

关于"理性的狡计",中国哲学也有相关的讨论。譬如,老子关于"天之道,损有余而补不足。人之道,损不足以奉有余"⑤的"天道—人道之辩";王夫之关于"郡县之制,垂二千年而弗能改矣,合古今上下皆安之,势之所趋,岂非理而能然哉?……呜呼! 秦以私天下之心而罢侯置守,而天假其私以行其大公,存乎神者之不测,有如是夫!"⑥的"封建—郡县之辩"。显然,与黑格尔的做法相类似,这都是在人格化的天的思

---

① 参见海德格尔:《谢林论人类自由的本质》,薛华译,辽宁教育出版社1999年版,第302页。

② 黑格尔:《小逻辑》,贺麟译,商务印书馆1980年版,第324页。

③ 黑格尔:《小逻辑》,贺麟译,商务印书馆1980年版,第323页。

④ 参见黑格尔:《小逻辑》,贺麟译,商务印书馆1980年版,第394—395页。

⑤ 《老子》,第77章。

⑥ 王夫之:《船山全书》(第10卷),岳麓书社2011年版,第68页。

辨框架中思考天与人、公与私的关系问题,无法从根本上科学地回答自由与必然的关系问题。以笔者之见,这个问题,是通过恩格斯著名的"历史合力论"才得到合理解决的。即,"历史是这样创造的:最终的结果总是从许多单个的意志的相互冲突中产生出来的,而其中每一个意志,又是由于许多特殊的生活条件,才成为它所成为的那样。这样就有无数互相交错的力量,有无数个力的平行四边形,而由此就产生出一个总的结果,即历史事变,这个结果又可以看作一个作为整体的、不自觉地和不自主地起着作用的力量的产物。因为任何一个人的愿望都会受到任何另一个人的妨碍,而最后出现的结果就是谁都没有希望过的事物……虽然都达不到自己的愿望,而是融合为一个总的平均数,一个总的合力,然而从这一事实中决不应作出结论说,这些意志等于零。相反地,每个意志都对合力有所贡献,因而是包括在这个合力里面的"①。历史唯物主义"摒弃'决定论—非决定论'这种坏的二选一的方法,真正将历史规律的存在结构与个人行为的中介关系性主题化"②。

总之,从哲学的党性之高度把握广松涉之批判实体主义和倡导关系主义,是读者进入其西方哲学研究、马克思主义哲学研究及其独创的哲学体系之堂奥的一条通路。

第三节　从脱亚入欧到脱欧入亚

广松涉(ひろまつわたる,HiromatsuWataru,1933.8.11—1994.5.22),东京大学名誉教授,当代日本著名哲学家。他以马克思、卡西尔和马赫哲学为立足点,以对胡塞尔现象学的批判为突破口,形成了具有独创性的由物的世界观到事的世界观、由实体主义到关系主义的广松哲

---

① 《马克思恩格斯全集》(第37卷),人民出版社1971年版,第461—462页。

② 『廣松涉著作集』(第10卷)、岩波书店、1996年、第155页。

学。从内容上看,广松哲学广泛涉及现代自然科学的理论研究、西方哲学研究、马克思主义哲学研究和广松自己独创的"事的世界观"的哲学体系。日本岩波书店出版了《广松涉选集》第 1—6 卷,《广松涉全集》第 1—16 卷。本文拟从产生于近现代日本社会的"脱亚入欧"和"脱欧入亚"两种不同历史时期的社会思潮着手,以期揭示广松哲学现实基础和社会背景。

一、福泽谕吉的"脱亚入欧"说

1868 年,是日本封建制解体和明治新政府成立的分界线。成立伊始,新政府发表了《五条御誓文》,以天皇向众神宣誓的形式,宣称尊重公议世论、殖产兴业和对外开放。[①]明治初期,新兴的资产阶级思想家大多出身于下级武士阶层。下级武士有其固有的两面性,一方面具有打破门阀世袭体制的主观愿望,另一方面由于武士的基本精神是忠君节义,下级武士本身亦为封建统治阶级的一部分,使得他们客观上必须维护即便危机重重的封建统治。[②]这就决定了他们在资本主义思想启蒙问题上采取了类似 18 世纪德国启蒙运动的迂回形式,在强调国家(天皇)至上的前提下发展资本主义。在这种意义上,"'启蒙'便始终'由上而下',即主要是依靠以绝对主义官僚为中心的旧封建统治阶级出身的知识分子来推行的。"[③]而作为明治启蒙运动的舆论准备,刚开始的时候,他们大规模移植西方哲学,尤其是实证主义。西周(1829—1897)堪为其先锋。"Philosophy"一词就是由西周首次译为"哲学"。西周因其在移译西方哲学方面所取得出色成就而被称为"日本近代哲学之父"。明治时期资产阶级启蒙思想家们热衷于西学的程度,我们从西周的两个

---

① 依田憙家:《简明日本通史》,卞立强、李天工译,北京大学出版社 1989 年版,第 203 页。
② 依田憙家:《简明日本通史》,卞立强、李天工译,北京大学出版社 1989 年版,第 188 页。
③ 《近代日本思想史》(第 1 卷),马采译,商务印书馆 1983 年版,第 28 页。

观点可窥其一斑。一是"西方哲学高出中国及日本之上。"①二是人世有三宝:"第一,健康;第二,知识;第三,富有。"②

"脱亚入欧"说,始于福泽谕吉(1834—1901)发表在 1885 年 3 月 16 日《时事新报》上的一篇名为《脱亚论》的文章。文章以中日之间就朝鲜问题的争端为历史背景,福泽在这篇文章提出:"我国不可犹豫于期待邻国之开明而共同兴盛亚细亚,宁可脱其伍而与西方之文明国家共进退。"③他希望日本能建立一个能与西方对抗的近代国家。显然,福泽此处所谓的"脱亚入欧",当然不可能是地理上的概念,而是一个文化上的概念。他的这一思想,代表了明治时期启蒙思想家希冀引入西方先进文化,摆脱亚洲国家所处的落后状况,赶上欧洲国家的迫切愿望。在《劝学篇》中,福泽把诗词曲赋这类学问称为"虚学",倡导人们学习切实有用的"实学"。因为只有把亚洲封建社会的实学提高到近代水平,日本才有可能赶上欧洲文明。福泽的《文明论概略》集中体现了他的具有启蒙意义的社会观和历史观。他认为,由野蛮到半开化再到文明,是文明发展过程中的三个必经阶段;所谓的文明阶段就是近代的欧洲文明。因此,日本必须在"实学"含义上的文化层面,"脱亚"、"入欧……"

二、西田—京都学派的"脱欧入亚"论

从福泽发表《脱亚论》的时间算起,此后,日本与西方经过半个世纪以来的文化交流与碰撞,与福泽的说法相反,日本社会中复引发出所谓"脱欧入亚"的问题,这一问题的产生,当始于西田哲学及其京都学派。

西田几多郎(1870—1945),他的一生跨越了明治、大正和昭和三个时期。1911 年出版的《善的研究》,奠定他在日本哲学史上的独特地位。1926 年,左右田喜一第一次称这种哲学为"西田哲学",从此它被公认为

---

① 朱谦之:《日本哲学史》,人民出版社 2002 年版,第 175 页。
② 朱谦之:《日本哲学史》,人民出版社 2002 年版,第 182 页。
③ 吴光辉:《传统与超越:日本知识分子的精神轨迹》,中央编译出版社 2003 年版,第 63 页。

最初的日本独创的哲学,在日本哲学界至今仍有很大影响。

西田早年经历过求学的坎坷以及婚姻的风波。之后他寂心静气,进行了长达十年之久的坐禅苦修。由此决定了他的哲学既具有神、儒、佛等东方哲学的传统,又兼具西方近代哲学的性质。

西田哲学可分为三个不同发展阶段。

他的早期思想集中体现在《善的研究》一书中。"纯粹经验"是该书的一个核心概念。什么是"纯粹经验"? 西田是这样界定的:"所谓经验,就是照事实原样而感知的意思。也就是完全去掉自己的加工,按照事实来感知。一般所说的经验,实际上总夹杂着某种思想,因此所谓纯粹的,实指丝毫未加思虑辨别的、真正经验的本来状态而言。……纯粹经验与直接经验是同一的。当人们直接地经验到自己的意识状态时,还没有主客之分,知识和它的对象是完全合一的。这是最纯的经验。"① 前面谈到,明治启蒙家在引进西学过程中,尤为重视实证主义哲学。西田此处关于"纯粹经验"的看法,显然源于实用主义者詹姆斯的观点。詹姆斯在其《心理学原理》中强调:"我把直接的生活之流叫做'纯粹经验',这种直接的生活之流供给我们后来的反思与其概念性的范畴以物质材料。"② 不难看出,西田的"纯粹经验"与詹姆斯的"纯粹经验"的解释并无本质上差异。不过,我们将看到西田的这一"主客未分"的"纯粹经验",后来成了"脱欧入亚"论的理论基础。

为了淡化《善的研究》所夹杂的心理主义倾向,六年之后,西田又写出了《自觉中的直观和反省》一书,西田哲学也由此进入中期。他开始着手把的"纯粹经验"表达为先验的"自觉"和"绝对自由意志"。西田认为,这种自觉不再是自我的自觉,而是场所的自觉。因为我们若想观察事物,必须先有反映它的场所。这个场所即西田所谓的"场所逻辑"。他把"场所"分为"有的场所"、"相对无的场所"和"绝对无的场所"三个

---

① 西田几多郎:《善的研究》,何倩译,商务印书馆1965年版,第7页。
② 刘放桐:《新编现代西方哲学》,人民出版社2000年版,第200页。

不同的逻辑层次。他解释说："在被限定了的有的场所上可以看见动者，在相对无的场所上可以看见意识作用，在绝对无的场所上可以看见真正自由意志。"①在西田看来，"绝对无的场所"才是真无，"真无必须是包含着有和无在内的无，必须是该有、无成立的场所。"②以"场所逻辑"为出发点，西田还阐述了他对东西方文化的看法。他认为，西方文化以有形为本，是以知识为本的文化；东方文化以无形为本，是以情或意为本的文化。西田关于"无"的思想，或许主要源于《老子》。不过，在黑格尔的逻辑学③以及海德格尔的《形而上学是什么》④的文章中其实也有此类表述。应该说，西田对东西方文化的差异比较有其相对性的一面，若由此把有无绝对地对立起来是不可取的。

西田在其哲学的后期即 1933—1934 年，出版了《哲学的根本问题》及其续编。他在这本书中展开了由"场所逻辑"向"绝对矛盾的自己同一"的转变，用以强化其哲学中的客观成分。简要说来，这种转变分为三个步骤：（"场所"的立场转化为）个体相互限定的"辩证法一般者"的立场——"行为的直观"的立场——个体的多和全体的一的"绝对矛盾的自己同一"的世界历史的立场。所谓"行为的直观"，意思是主客体相互限定，相互推动。不过这里所指的主体，并不是个人，而只是一个不断发展变化的"创造要素"。西田认为，"行为的直观"是人把握现实世界的根本方法或唯一逻辑；而现实世界在逻辑上的多和一的统一，也就是"绝对矛盾的自己同一"。在西田看来，这个"绝对矛盾的自己同一"，就是日本历史上的皇室。"二战"期间，西田哲学因此"为日本法西斯主义者所利用，成为所谓'总力战哲学'的思想根源。"⑤

西田自 1910 年起任京都帝国大学文学部伦理学副教授。以西田

---

① 王守华、卞崇道：《日本哲学史教程》，山东大学出版社 1989 年版，第 322 页。

② 王守华、卞崇道：《日本哲学史教程》，山东大学出版社 1989 年版，第 323 页。

③ 黑格尔：《小逻辑》，贺麟译，商务印书馆 1980 年版，第 189—200 页。

④ 《海德格尔选集》，上海三联书店 1996 年版，第 152—153 页。

⑤ 王守华、卞崇道：《日本哲学史教程》，山东大学出版社 1989 年版，第 341 页。

为中心,形成了一个学派,名为京都学派,其左翼以三木清、船山信一为代表,右翼以高山岩男为代表。①梅原猛,高中时期接受过京都学派哲学。对于西田哲学的倾向,梅原将之浓缩为:"西田哲学的原理是以东方的'无'与西方的'有'相对,以主体与客体的'绝对的自己同一'与主客体对立的西方哲学相对。"亦即"以无抗有"、"以心抗物"。

1942 年,京都学派参与了一场题为"现代的超越"的座谈会,《文学界》当年刊登了该次座谈会的讨论内容。据记载,"现代的超越派"的目标为,"在政治上超越民主主义,在经济上超越资本主义,在思想上超越自由主义。"②日本社会活动家荒岱介对此解释说,日本在明治维新之后采取富国强兵的政策,认为欧美列强的一切都好,把 19 世纪的欧美文明源源不断地输入进来。战前的知识分子面对这些,产生了这样一个问题意识:这些东西果真是那样好的吗? 京都学派的个别人由是抛出所谓"亚洲主义"③、"东亚共荣圈"、"东亚协同体"的谬论。例如,高山岩男的《世界史的哲学》就鼓吹,只有通过把东洋从欧美帝国主义的支配下解脱出来,以欧美为中心的世界史才能终结,真正的人类的世界史才得以开始。④"二战"期间的历史事实证明,这类"美妙"的言辞终究掩盖不了其所犯罪行的事实。

三、广松涉的"脱欧入亚"论

以上,我们考察了西田—京都学派有关"脱欧入亚"问题的大致脉络。1990 年代前后,随着东欧的剧变和苏联的解体,当年西田—京都学派的这一"现代的超越"的问题意识性再度为广松所注目。1994 年 3 月

---

①④　やすいゆたか『廣松渉とは何か』、http://www.geocities.co.jp/CollegeLife-afe/2663/hiromatsu/hiromatsutoha.htm.

②　荒岱介『近代の超克は今こそ必要な問題意識だ』、http://www.bund.org/editorial/20040515-2.htm.

③　『20 代の我々が廣松近代の超克論をどう読むか』、http://www.bund.org/opinion/20040525-1.htm.

16日,《朝日新闻》晚刊发表了广松的《以东北亚为历史的主角——建立以日中为轴心的"东亚"新体制》的文章。它是广松的绝笔。正如《精神现象学》成为黑格尔哲学的秘密,这篇文章也为我们了解广松哲学提供了一条重要途径。

在《以东北亚为历史的主角》一文中,广松谈到,自东欧剧变和苏联解体以后,自哥伦布以来的五百年间的以欧美为中心的产业主义时代一去不复返了。新的世界格局需要新的世界观、新的价值观。新的世界观和新的价值观将产生于亚洲,并席卷世界。

那么,这种新的世界观的底基是什么呢? 广松认为:"除了欧洲的,不,大乘佛教的少数例外,'关系主义'取代过去占主流的'实体主义',这将是其基调。"①

欧洲实体主义有多种表现。大致说来,最早有留基波和德谟克利特的原子论实体主义;亚里士多德以降,则有质料实体主义和形式实体主义之分;中世纪,有唯名论和唯实论的论争;近代以来,复有社会唯名论和社会有机体论分歧。它们的共同点在于,认为只有实体是真正的存在,关系不过是第二性的存在。广松素有相对论等自然科学理论的深厚素养,他确信,通过现代数学和物理学的理论准备,基于结构论构想的关系主义的观点恰恰与实体主义的观点相反:关系才是第一性的存在。只不过当主观的东西和客观的东西割裂之后,站在客观立场主张关系的第一性的视域曾几何时并未出现。因此,必须进一步扬弃主观和客观的割裂本身。广松为此明确阐述了自己扬弃主客二分的独特方式:

"对此,作为我来说,我把对'意识对象—意识内容—意识作用'的三项图式的克服称为'事的世界观'。我的说法恰当与否自当别论,我确信从物的世界观到事的世界观的转换是世纪末的大趋势。(这里姑

① やすいゆたか『廣松渉とは何か』、http://www.geocities.co.jp/CollegeLife-afe/2663/hiromatsu/hiromatsutoha.htm.

且不谈马克思的物象化论和我所扩充的东西之间是怎样的关系。)"①广松此处所说的对"三项图式"的克服,系指对胡塞尔的现象学的克服。他认为,没有不附着意义的现象,也没有不附着现象的意义。用新康德主义者卡西尔的函数概念来说,"即与数学中的函数一样,概念 A 可以以各种各样的个别东西作为数值,但两者无法分离"②现象与意义决不能用胡塞尔"意识作用—意识内容—意识对象"的三项图式的方式将二者割裂开来。

在阐述了自己的"事的世界观"的观点之后,广松紧接着对人类未来的价值观作了展望,即总体趋势是从物质福利中心主义到以生态学价值为中心的价值观的转换。但他同时指出,世界观和价值观的转变,离不开社会体制的变革。就此而言,必须从根本上重新审视五百多年来以欧洲为中心的产业主义。在世界一体化的今天,虽然不能简单地说是亚洲的时代,但广松错误地认为,在历史中既有主角也有配角。在不远的将来,东北亚将成为主角。

我们认为,广松的历史角色论实际上不外是日本谋求在国际关系中由经济大国向政治大国转变的哲学表现。这使得广松在新的历史背景下,再次涉及西田—京都学派有过的"脱欧入亚"的问题。他争辩说,美国作为美元发行者和世界消费者的角色的时代已一去不复返,日本经济必须将其轴心立足于亚洲。他说:"'东亚共荣圈'的思想曾经是右翼的专卖特许。日本仅仅是作为帝国主义、欧美的对立面被强调。但是,当今历史的舞台正进行着大的回转。建立以日中为轴心的'东亚'新体制!以此为前提建立世界的新秩序!"③我们认为,如果广松对历史事实缺乏最起码的尊重,那么,他所谓的"建立以日中关系为轴心的'东亚'新体制"就值得人们反思。

---

①③　やすいゆたか『廣松渉とは何か』、http://www.geocities.co.jp/CollegeLife-afe/2663/hiromatsu/hiromatsutoha.htm.

②　野家啓一『「広松哲学」の成立過程』、http://www.nju.edu.cn/njuc/chi-jp/zryj/4.htm.

可以说,广松的关系主义本体论主要是围绕我们此处所阐述的他的这篇文章展开的,——更准确地说,这篇文章是他对自己一生的哲学著述的概括。因此,正如山本耕一教授所指出的,"作为《以东北亚为历史的主角》的背景的是广松的哲学、社会认识论和历史理论。不理解这些,就难以读懂这篇文章。"①如果说西田—京都学派的"脱欧入亚"论是对福泽谕吉的"脱亚入欧"说的逆转,广松哲学更多的是西田—京都学派的"脱欧入亚"论在新的历史背景下的继续。像所有出色的哲学家一样,广松哲学也交织着谬误与灼见。他的关系主义本体论中有关构建一个"人—自然"的生态系统②,实现从以物质福利为中心到以生态学价值为中心的价值观的转变的思想,在某种程度上也的确给我们以启发。人与自然的关系,是人类必须认真面对的一个问题。人与自然之间需要和谐、持续地发展;决不能如某些发达国家那样,只是一味地对自然进行攫取。关于这一思想,17世纪玄学派诗人约翰·堂恩在其《祈祷文集》第17节中作了形象表述,——1940年,美国作家海明威将其中的部分章句摘录于他的小说《丧钟为谁而鸣》的扉页:

"谁都不是一座岛屿,自成一体/每个人都是那广袤大陆的一部分/如果海浪冲刷掉一个土块,欧洲就少了一点/如果一个海角,如果你朋友或你自己的庄园被冲掉,也是如此/任何人的死亡使我受到损失/因为我包孕在人类之中/所以别去打听丧钟为谁而鸣/它为你敲响。"③

从"脱亚入欧"说到"脱欧入亚"论,是我们考察近现代日本社会历史的一条重要线索,也是解读广松哲学的一条重要路径。广松哲学就是在"脱欧入亚"论的社会历史背景中展开的。他的关系主义本体论,主要目的在于为他所谓的"建立以日中(关系)为轴心的'东亚'新体制"提供哲学基础。为此,广松逻辑性地提出了"物象化"、"四肢结构论"及

---

① ②　山本耕一『東北アジアを〈人間—自然〉生態系としてとらえる』、http://www.bund.org/opinion/20040505-1.htm.

③　海明威:《丧钟为谁而鸣》,程中瑞、程彼德译,上海译文出版社1982年版。

其"事的世界观"等理论,系统地为他的关系主义作论证。

第四节 四肢结构理论探源

20 世纪初,从海德格尔后期哲学到维特根斯坦等逻辑实证主义哲学家,开辟了由古代本体论、近代认识论到现代语言哲学的语言学转向,试图通过语言(逻辑)分析来消解传统形而上学。至 1980 年代,语言哲学则被认为不过"是心灵哲学的一个分支",而"'从语言哲学那里取得了优势地位'。与心灵哲学的出现相联系,身体问题和他者问题也越来越重要。"①就日本哲学而言,从西田几多郎到广松涉,在哲学理路上,我想大致也是与西方哲学这条主线相契合。广松涉是继西田几多郎之后的日本第二个具有原创性的哲学家。他在西田由"纯粹经验"到"场所逻辑"的哲学转换的基础上,通过深入研究与探讨马克思主义哲学、东方哲学和西方哲学(尤其是法国哲学家梅洛—庞蒂的身体现象学),构建出具有原创性的广松哲学。

一、理论缘起:对胡塞尔"三项图式"的克服

"四肢结构"是广松涉《存在与意义》两卷本中的一个核心概念,是广松哲学的认识论和实践论的理论基石,对于我们深入理解与把握广松涉随处强调的认识世界和实践世界的关系辩证法这一理论旨趣,起着至关重要的作用。"四肢结构论"的提出,源于广松在社会历史观方面主张"脱欧入亚",主张由西方以物质福利为中心的物的世界观(实体主义)转换为东方以生态学价值为中心的事的世界观(关系主义),反对以欧洲为中心的产业主义,倡导以生态学价值为中心的价值观。作为

---

① 杨大春:《语言 身体 他者》,生活·读书·新知三联书店 2007 年版,第 7 页。

这种社会历史观在哲学上的表现,就是广松明确拒斥以胡塞尔现象学的"意识对象—意识内容—意识作用"的三项图式,而提出以超越近代哲学的"主客二分"为理论目标的"四肢结构论"。

"四肢结构"是广松用于论证其事的世界观的一个比喻性术语,是广松对认识世界和实践世界的四个存在契机的函数式的精到把握,旨在论证"主—客"、"心—物"的不可分性,从而为其关系主义提供认识论的基础。《存在与意义》第一卷(1982 年)讨论的是认识世界的存在结构,即"现象的所与—意义的所识"和"意义的所识—能识的人"的"四肢结构"。在广松看来,胡塞尔的"意识对象—意识内容—意识作用"的三项图式,实际上可以简化为"主观(意识内容—意识作用)—客观(意识对象)"的图式,胡塞尔所谓的"主观—客观"的一致,实际上是主观内部的一致,即"意识内容—意识作用"的一致。正是这种主观内部的一致,使得近代认识论愈发走向闭塞,最终引发近代认识论的危机。在《世界的主体间性的存在结构》一书中,广松从胡塞尔的"主体间性"概念入手,对近代哲学的"主客二分"的认知图式进行条分缕析的批判与扬弃。广松指出,作为近代认识论的根本前提的"主观—客观"图式的特点是,(1)主观的"各自性",(2)认识的"三项性",(3)条件的"内在性"。其基本理路是,认识归根结底是"同型"的各种个人的意识,个人在"意识作用—意识内容—意识对象"的三项图式中把捉对象,而直接出现于主观面前的条件,不是客体本身,而是内在于意识的内容即表象或观念。由这一根本前提,引发了近代哲学中"外界存在"或"他我认识"的难题,进而使得意识内容与客体本身的对应即认识的客观有效性,在原理上成为不可能。为了走出这一认识论的隘路,打破这种认识论的闭塞状况,20 世纪前半期发生的所谓"语言学的转向",就是试图消解这一问题本身(1979 年,罗蒂在其《哲学与自然之镜》一书中,宣告了"近代认识论的终结")。在广松看来,分析哲学试图在语言的层面阐明与消解认识的问题,这无异于是在回避问题。在这一哲学背景下,广松的解决之道是:第一步,以"主体间性"的概念,拒斥或取代主观的"各自性"。"主体间性",也译"共同主观性",这是现象学为克服他我问题的难题而使用的一个概念装置,胡塞尔试图以此重新确立复数的超验论的自我。胡塞尔的错误在于,与笛卡尔一样,首先确信有一个确切无疑的主体,然后各个主体之间才形成主体间性的关系。广松坚持,把这种单元性的超验论的主观性"实体化",恰恰是一种物象化的误视。换句话说,所谓"主体间性",并非如胡塞尔所设想的那样,首先存在各种"主观",尔后通过对"主观"之间的感情移置等操作,而事后形成相互关系。实际上,"主体间性"指的是历史地、社会地形成的共同性或共同关系本身。"马克思恩格斯早就主张,意识的主体间性,是感觉或感情的历史的、社会的共同主观化,并基于这一观点而构筑了唯物史观。"①在此意义上,主体间性的源头,在于马克思主义哲学,而不在于胡塞尔现象学。这样,"主体间性",就不是一个"实体概念",而是一个"过程性"、"功能性"的形容词或副词的概念,是基于社会交往而形成的"我"及其"我们"的"同型化"。这一观点,显然是广松对格式塔心理学中"似动现象"关于物理现象与心理现象的同型性,在哲学上的挪用。第二步,用"四肢结构联系"拒斥或取代"三项图式"及其"内在性"。具体而言,是把"意识对象—意识内容"这二项改造为"现象的所与—意义的所识"(现象的对象的二肢性),剩下一项"意识作用",则继续引进胡塞尔的"主体间性"的概念,亦即将"意识作用—主体间性"这二项改造为"能知的个人—能识的人"(能为的主体的二重性)。这样,"意识对象—意识内容—意识作用"的三项图式,最终被置换为一种"四肢结构关系"。这种双关性对应或四肢结构关系,即广松所谓的"反照的关系规定性"或**"事的世界观"**,广松试图由此克服并超越传统哲学以实体性的"主客二分"为特点的**"物的世界观"**。在胡塞尔的"意识对象—意识内容—意识作用"的三项

———————
① 『廣松涉著作集』(第1卷)、岩波書店、1997年、第21頁。

图式中,作为意向作用抵达意向对象的中介的意向内容是先行给定的,意识对象与意识内容之间,不是一致而是对立;如果说确实存在一致的地方,那也仅仅是意识内容之间的一致(内在性)。这样,意识对象与意识内容之间,就被存在性地截断开来,二者之间始终横亘着一条鸿沟,近代认识论也因此而日益陷入狭隘与闭塞。在广松看来,现象世界中人们所感知的音、色、形、味等,绝不是感性的集合体,即绝不是现象学中实质上的意识内容之间的一致,而是具有深度与厚度的有形事物,是负载着"图书"、"钢笔"等读写的意义的具体事物。这种某物作为某物的意识的"作为"结构,正是世界的初始的存在方式。这是因为,"意识不是原封不动地接受现象赋予的东西,而是作为现象赋予的东西之外的某物、现象赋予的东西之上的某物而被意识。"①比如,我们用粉笔在黑板上画了一个圆。此时我们不仅仅感觉到黑板上粉笔的痕迹这一真实的"现象的所与",而且将该所与以"圆"这一非现实的"意义的所识"来把握。广松将这一事态称之为"自为的'对象的二因素'的非现实—现实的二肢性的统一结构"②。"现象的所与"与"意义的所识"不是空间性地分离的存在,非现实的"意义的所识"的黑板上的"圆"在现实的"现象的所与"粉笔的痕迹当中被赋予生命。广松强调,一切现象都是这两个契机的浑然一体的统一态。与此相应,主体方面也具有"现实—理念"的二重性。例如,在语言交往中,无论我要理解他人的语言,还是要使他人理解我的语言,我都不能是独自言说"私人语言"的唯我论者,而只有作为"某国语言的主体一般"才能够彼此交流。诸如笛卡尔所谓的"自我"或费尔巴哈所谓的"自然的人"这种处于与他人的交往之外的"人",实际上是不存在的。所谓主体的"现实—理念"的二重性,通俗地说,就是人的"自然性—社会性"、"肉体性—精神性"或"具体性—普遍性"的二重性。其中,自然性、肉体性和具体性具有场所的、现实的存在

---

① 『廣松涉著作集』(第 1 卷)、岩波書店、1997 年、第 34 頁。

② 野家啓一『「広松哲学」の成立過程』、http://www.nju.edu.cn/njuc/chi-jp/zryj/4.htm.

性格(作为"我"的我),社会性、精神性和普遍性具有超场所的、理念的存在性格(作为"我们"的我)。广松强调,这种主体的"现实—理念"的二重性,并不是类似费希特眼中那种先验的结构,而是与主体的主体间性的自我形成是表里一致的。所谓"现象世界,即是作为'我'的'我们'去认识'现象'之外的'意义'"①。我们知道,任何结构都具有类似"整体大于部分之和"的功能性、关系性的特点,而广松更是将这种"四肢结构"看作一种"关系态"或"事态",称自己的这种认识论为"事的世界观"。回过头看,在仅仅是意识内容之间的一致性(主观内部的一致,而不是主客的一致)的意义上,我认为,广松的"四肢结构"确实实现了对胡塞尔"三项图式"的超越。就此而言,胡塞尔现象学的"三项图式"显然是触发广松之所以提出"四肢结构"的一个至关重要的**理论机缘**。

《存在与意义》第二卷(1993年)讨论的是实践世界的存在结构,即"实在的所与—意义的价值"和"能为的个人—职位的人"的"四肢结构"。其中,"现象的所与—意义的所识"和"实在的所与—意义的价值"的各项称作"肢",因此其关联项又称作"二肢性";"意义的所识—能识的人"和"能为的个人—职位的人"的各项称为"重",因此其关联项又称作"二重性"。"四肢结构"的实质,是一种关系存在论。但在表达上,广松却不得不随处借用传统哲学的"主客二分"的表述方式,指出自己之所以把四个契机区分为客观与主观,主要是为了叙述的方便,或者说为了照顾近代范畴背景下的思维定势,并反复强调现实的东西有两个(二肢),理念—理想的东西有两个(二重),这四个契机中的任何一个都不能独立自存。关于现实与理性的关系问题,读者或许很容易想起黑格尔著名的"凡是合理的东西都是现实的,凡是现实的东西都是合理的"、"主体即客体"之类的论断,不同之处在于,黑格尔那里实体性的**一肢一重**的"现实"、"理性"或"主体"、"客体",到了广松这里已转换为一种关

①　『廣松渉著作集』(第1卷)、岩波書店、1997年、第54頁。

系性的**二肢二重**结构。"现象的所与—意义的所识"、"实在的所与—意义的价值"属于世界存在结构的客观层面,是现实的东西,具有场所的、个别的、易变的存在性格;"能知的个人—能识的人"、"能为的个人—职位的人"属于世界存在结构的主观层面,是理念—理想的东西,具有超场所的、普遍的、不变的存在性格。因此,作为认识世界和实践的存在结构的"四肢结构",也可确切地称作"二肢二重结构"。这种对四肢结构的"横向分割"和"纵向分割"而形成的四个"项"的契机,不是各自封闭的独立存在,而是一个"开放系统",每个"项"都是关系性的"反照的结节"。关于"四肢结构"理论的意义,如广松自己后来所谈到的,"对我来说,是把这一情况称作对'意识对象—意识内容—意识作用'的三项图式的克服或'事的世界观',我的说法妥当与否另当别论,我想从物的世界像到事的世界观的转换确实是世纪末的大趋势"①。

二、思想源头:索绪尔结构主义语言学

在《存在与意义》第一卷"前言"中,广松谈及对其哲学的形成产生过重要影响的哲学家,其中不仅有马克思与黑格尔,另有文德尔班、李凯尔特、柯亨、卡西尔、哈特曼、弗雷格、迈农、罗素、维特根斯坦、胡塞尔、海德格尔、萨特、梅洛—庞蒂,甚至还有古代柏拉图和龙树的影子。此外,作为日本人,他还受到西田几多郎和三木清哲学的影响②。就"四肢结构"而言,这里我想集中有限的笔墨,从思想源头上重点探讨其与索绪尔的关系。与我们开头谈到的发端于 20 世纪初的语言学转向以及与心灵哲学相联系的身体问题、他者问题有关,我发现,无论从"能—所"的词形还是词义上看,"四肢结构论"主要应该源自索绪尔结构主义语言学的影响。"能指"和"所指",是索绪尔在其《普通语言学》中提出

---

① 『廣松渉著作集』(第 14 卷)、岩波書店、1997 年、第 498—499 頁。
② 高橋順一『アジアへの見果てぬ夢見続けた実践家廣松』、http://www.bund.org/opinion/1072-5.htm.

的一对核心概念,"能指"意为语言文字的声音、形象,是表示者;"所指"意为语言的意义,是被表示者。符号是"能指"和"所指"的结合,是用一个东西来指另一个东西。以玫瑰花为例,玫瑰的形象是"能指",爱是其"所指",两者加起来,就构成了表达爱情的玫瑰符号。在广松哲学中,"现象的所与"与"意义的所识"分别相当于索绪尔符号学中作为表示者的"能指"与作为被表示者的"所指"。从表述上的简捷性与通俗性着眼,我们可以把"现象的所与"与"意义的所识"简称为"现象"与"意义"。在我看来,广松之所以不使用简便的"现象"与"意义"的表述,而要使用繁杂的"现象的所与"与"意义的所识",主要目的是为了使现象世界的这种对象的"二肢性",与现象世界的能知的主体的"二重性"即"能知的个人"与"能识的人",在词形上相对应。换句话说,是为了突出索绪尔所谓的"能指"与"所指"关系。同理,我们也可以把《存在与意义》第二卷中繁杂的"实在的所与"与"意义的价值"简称为"实在"与"价值"。广松之所以要使用拗口的"现象的所与"与"意义的所识",同样是为了使实践世界的这种财态的"二肢性",与实践世界的能为的主体的"二重性"即"能为的个人"与"职位的人"在词形上相对应,换句话说,仍然是为了凸显索绪尔所谓的"能指"与"所指"关系。

　　广松所谓的"所与—所识"、"能知—能识"与索绪尔的"能指—所指"之间,不仅在词形上具有一种对应关系,——两者各自的概念中都具有一种"能—所"结构。而且,两者在词义上也兼有一种对应关系,——在索绪尔那里,"能指"主要是指与人有关的语音,"所指"主要是指与物有关的语义;在广松那里,"能知—能识"只是与人(能知、能为的主体)有关(相对于索绪尔的与人的语音有关的能指),而"所与—所识"只是与物(现象、实在的所与)有关(相对于索绪尔的与物的语义有关的所指)。总之,无论在词形上还是在词义上,广松的"四肢结构"的术语,可以说至少有一半是源自索绪尔的结构主义语言学。

　　在索绪尔那里,"能指"和"所指"之间是一种结构性、功能性的关系。我们知道,广松的关系主义旨在超越近代哲学的"主客二分",而索绪尔的"能指"和"所指"的"作为"关系,恰好从客观和主观两个方面,为广松的四肢结构论提供了最直接的理论资源。关于这一点,我们从"主客二分"与"四肢结构"的差异比较中,可以很容易看出。在广松看来,如果说近代哲学确实也存在"主客一致"的地方,那也充其量是主观内部即意识内容之间的一致。那么,广松又是通过何种方式克服与超越这种"主客二分"的呢?广松的做法就是我们前面涉及的,在客观方面,区分出认识世界的"现象的所与"和"意义的所识"以及实践世界的"实在的所与"和"意义的价值";在主观方面,区分出认识世界的"能知的个人"和"能识的人"以及实践世界"能为的个人"和"职位的人"。不难看出,这种的"四肢结构"的主观方面的显著标志是索绪尔的"能指",客观方面的显著标志是索绪尔的"所指"。显然,广松的用意是,援用索绪尔关于"能指和所指的结合而形成符号"的观点,通过将主观方面的二重性(二"能")与客观方面的二肢性(二"所")结合而形成功能性、关系性的"四肢结构",以实现对近代哲学的"主客二分"的克服与超越。这里所谓的功能性、关系性,如果我们联系亚里士多德关于一只被肢解下来的手不成其为手的观点,就很容易理解。与索绪尔的"能指"和"所指"相映成趣的是,在此之前,赫斯也提出过关于"能思"的主体与"所思"的对象的观点。通常,我们说当一种思想形成之后,即便思想家自身也说不清其某个观点的形成,究竟源自别人的哪种观点的影响,更何况作为某一思想家的研究者。从现有的材料来看,可以肯定的是,作为马克思主义哲学研究者的广松,对赫斯的观点有着比较深入的了解与研究;而作为"四肢结构论"的提出者的广松,可以推断是熟知并深受作为结构主义语言学家的索绪尔的影响。

此外,广松"四肢结构论"中关于现象和实在、意义和价值的存在性格的观点,与迈农的对象理论和文德尔班的价值理论也有相通之处。粗略一看,相对于传统的思维模式,广松的上述客观与主观的区分,似乎并无新意。但是,如果稍作细致的比较,我们就会发现,与传统的思维模式不同,广松的"四肢结构"新就新在其盘根错节式的在客观中有主观,在主观中有客观,在客观和主观中既有现实的、场所的存在,也有理念的、超场所的存在。即,把现象、实在、意义及其价值看作客观的东西,把能知能为的个人、能识的人及其职位的人看作主观的东西。其中,现象、实在以及能知能为的个人是现实的、场所的存在,意义及其价值、能识的人及其职位的人是理念的、超场所的存在。我认为,广松的这种交叉性、融合性、关系性的观点,主要源自文德尔班和迈农。新康德主义者(西南学派)文德尔班在其价值哲学中,把世界区分为"事实世界"和"价值世界",进而将知识区分为事实知识和价值知识。文德尔班强调,价值不是作为对象本身的特性,而是相当于一个估价的心灵而存在,价值作为主体尺度,总是与作为客体尺度的真理相联系。在广松的实践世界的四肢结构中,"现象的所与—意义的所识"、"实在的所与—意义的价值"大体上与文德尔班的"事实世界—价值世界"相对应。与文德尔班不同,在价值推理论的层面,迈农基于其对象论关于"可能的对象"和"不可能的对象"的区分,提出了关于中立性价值的假设。在迈农看来,假设的对象是客观的,假设本身无所谓错误,它只涉及对象的真假。"金山"、"圆的正方形"之类非现实的存在,仍然是可以思考的对象。也因为如此,在《存在与意义》第二卷中,广松不仅明确提出了七种价值对象性,即,兴发的价值感受、较认的价值评价、欲动的价值希求、当为的价值应对、期成的价值企图、照会的价值判定和叙述的价值判断[1],而且分别对它们进行了详细的阐述。从广松对文德尔班的价值理论、迈农的对象论及下面我们将了解的哈特曼的实在论的挪用与推进来看,"四肢结构"具有浓厚的折中主义的色彩。这样,归根究底,我们又应该回到前述龙树所谓"一切实非实,亦实亦非实,非实非非实,是名

---

① 『廣松渉著作集』(第 16 卷)、岩波書店、1997 年、第 46—48 頁。

诸佛法"的中观哲学中去寻找解释。我发现,龙树那里所谓的"实"和
"非实",实际上可以替换为广松所谓的"客观"和"主观"。从学理上看,
这种亦实亦虚、亦真亦幻的"主客一致",在多大程度上实现了对近代哲
学的"主客二分"的克服与超越,还真是难以称量。但无论如何,有一点
是肯定的,在拒斥或克服主观内部即意识内容之间的一致的含义上,广
松在其"四肢结构论"的系统阐发中,确实可以说是试图将近代哲学的
"主观"或"客观"的单孔镜,置换为"主观"和"客观"的双孔镜。

在"四"重形式方面,"四肢结构"则明显与哈特曼的实在论及海德
格尔的"四元存在结构论"有形似之处。与迈农的观点类似,德国批判
实在论者哈特曼也指出,存在有两种基本形式,其一,存在于时空中的
实体,它们由特殊的事物组成;其二,存在于时空之外的部分,它们包括
本质、价值和数等。哈特曼认为,这两种存在都是客观的存在。正是源
自迈农和哈特曼这类观点的启发,广松才把现象、实在以及能知能为的
个人看作现实的、场所的存在,将意义及其价值、能识的人及其职位的
人视为理念的、超场所的存在。哈特曼还认为,在逻辑上,精神的存在
先于实在的存在,正是"精神的存在"创造了历史。"精神存在"有三种
形态,即客观精神(超个人的历史精神)、客观化了的精神(客观精神和
个人精神共同作用的产物)和个人精神。存在的原始的特殊化,实现于
"现存在(Dasein)—属性存在(Sosein)"和"实在的存在(reales Sein)—
观念的存在(ideales Sein)"这两组对立的存在之中。在我看来,两组对
立分别相当于"四肢结构"的客观方面即"现象的所与—意义的所识"和
"实在的所与—意义的价值"的存在结构。按照广松"物象化论"的逻
辑,哈特曼眼中的这种存在结构,实际上相当于广松上述"四肢结构"的
客观方面。在此意义上,广松的"四肢结构"的主观方面即"能知的个
人—能识的人"和"能为的个人—职位的人",可以算作是对哈特曼实在
论中光有客观维度而缺乏主观维度的填补或纠偏。

如果说索绪尔的"能指"和"所指"以及赫斯"能思"和"所思"从词形

上为广松的"四肢结构论"的提出提供了契机,那么,海德格尔关于天地人神的四元存在结构的观点则在"四"重性上成为广松的"四肢结构"的构型的机缘。海德格尔在其《诗·语言·思》一书中,系统阐述了世界是"天空、大地、短暂者和神圣者的统一的四元",通过对"此在"的现象学分析,重新提出并回答了存在的意义问题。即使撇开这一点不说,我们仍然可以从广松《存在与意义》与海德格尔《存在与时间》在书名上的类似,以及广松的"用在性"与海德格尔的"上手性"的类同,体会到后者对于前者的"四肢结构论"之提出的重要影响。并且,在某种意义上,海德格尔的"天地人神"的"四元存在结构论"及广松的"四肢结构论"或"事的世界观",或许还可以从现实世界在空间上的长、宽、高的"三维性"和时间上的"一维性"即"四维时空"或"四量向宇宙说"中找到理论支点,"物理现象之世界,应视为四度连续体……构成此连续体之元素则为无数事端(event-point),或时空点。"①透过"四肢结构"的上述内在逻辑,我们可以看出,广松哲学的形成恰恰是与众多东西方哲学家之间的"主体间性"的产物,从一个侧面正是反映出日本哲学的移植性与融合创造性的特点。

三、逻辑起点:作为(是比"是"更深层的规定)

逻辑起点是范畴体系的起始范畴。在黑格尔逻辑学中,作为逻辑起点的"纯有"是一个最简单、最抽象的规定,它"不以任何东西为前提"、"不以任何东西为中介",它揭示了对象最本质的规定,其逻辑学的整个理论体系的"全部发展都包含在这个萌芽中","那在科学上最初的东西,必定会表明在历史上也是最初的东西"。恩格斯也认为,所谓逻辑起点,就是"科学应该从何开始?"科学应该从最简单最基本的东西出发,从中推演出整个科学的体系。哲学作为一门古老的科学,其存在论

---

① 张东荪:《张东荪讲西洋哲学》,东方出版社 2007 年版,第 216 页。

的逻辑机制是,"通过'是'规定作为'是者'的'存在'(Being)。"①根据哲学家们对 Ontology 的核心概念 to on(to be)的理解的不同,主要形成了**"是"**(巴门尼德、柏拉图、亚里士多德)、**"有"**(黑格尔)和**"存在"**(海德格尔、萨特)这样三种不同的界定。Ontology 的核心概念是希腊语 on(拉丁文 ens,英文 being,德文 sein)。on 是希腊语 eimi 的中性分词形式,而 eimi 系希腊语中单数第一人称的系词,相当于英语"I am",意思是"依靠自己的力量能运动、生活和存在"②。在汉语语境中,随着对陈康先生相关思想的重视以及对古希腊语系词词义的深入把握,很多学者倾向于将 to be(to on)直接翻译为"是",而将 Ontology 直接翻译为"存在论"、"是论",理由是这更符合西方哲学追求判断与逻辑可靠性的理论本性。

广松不同意上述关于"是"的实体性规定,因为这意味着"是者"必须满足两个相应的条件。第一,能够思想或表达,由此划清"是"与"不是"的界限,把"不是"("非存在")排除于意义之外。第二,是"善"的,由此反映了一种内在的价值论设定。我发现,表面上看,广松此处关于"是者"的两个条件不无道理,但问题是,广松的批评只是着眼于"是者",而恰好把"是"忽略掉了。其一,"是"作为判断词,当然应该存在运用这一判断词的主体,当主体判断某物"是"存在,同时然也就意味着某物"不是"非存在。其二,主体的某物的判断,自然每次都是一种附着了社会的、文化的内涵的价值判断,而不可能抱一种毫无价值取向的中立态度。这样一来,如我们即将看到的,广松原本意在说明"**'作为'**是比**'是'**更深层的规定",然而此处恰好犯了一个偷换概念的错误,即,把"是"偷换为截然不同的"是者",而成为"**'作为'**是比**'是者'**更深层的规定"。

---

① 邹诗鹏:《"Ontology"格义》,《南京社会科学》2004 年第 12 期。
② 汪子嵩:《希腊哲学史》(第 1 卷)人民出版社 1997 年版,第 610 页。

明眼的读者也许马上注意到,广松这里所提到的两个条件,言外之意无非是我们前面已经了解过的"现象的所与—意义的所识"或"实在的所与—意义的价值"的另一种说法。广松坚持,"现象的所与"和"意义的所识"作为现象的所知的二肢性契机,二者不是独立自存,而是作为关系态中的一个"项",所与"作为"所识,相对于能知的主体而对等有效。如前所述,"所与—所识"的概念,是广松受自索绪尔的"能指—所指"概念的启发而形成的概念。"所与"类似能指的声音与形象,如"玫瑰"的字形与声音;"所识"类似所指的意义,如玫瑰代表的意义"爱"。所谓等值化的统一,就是通过"作为",把"所与"与"所识","能指"与"所指"无缝隙地链接起来。直观地说,"玫瑰"(所与、能指)与"爱"(所识、所指)之间,具有等值性:"玫瑰""作为""爱"。"玫瑰""作为""爱",是比古希腊先哲所谓"玫瑰是红的"、"爱就是互相眷恋"之类的知性判断更深层的规定,这种关系规定性即"等值化的统一"。关于这一点,我觉得古希腊的艾修斯倒有更为形象的描述,据他说,"留基波和德谟克里特说感觉和思想都是身体的变形。"①詹姆士也曾指出,我们日常生活必定看到的时间、空间、差异、相同、变化、比例、原因等等关系,正如词项一样,都是感觉之流不可分割的组成成分,必定看到连接关系和分离关系,都是感觉之流的真正组成成分。就"四肢结构"而言,广松就是"把'现象的所与'作为它之外的'意义的所识'而被感知的这个'**作为**'关系,称为'**等值化的统一**'。"②他强调,现象的所与和意义的所识的"作为"结合或"等值化的统一",并非现实的现象之间的实际结合,而是现实的契机与理念—理想的契机的"结合"。

广松曾与港道隆合著《梅洛＝庞蒂》一书,其关于"作为"的观点,深受梅洛—庞蒂的影响。"……'等值化的统一'、'作为',是意义的所识的现象的所与的'异—化'的显出、'区—别'的'彼—此'的分裂,是以建

---

① 《西方哲学原著选读》(上),商务印书馆 1981 年版,第 50 页。
② 『廣松渉著作集』(第 15 卷)、岩波书店、1997 年、第 30 页。

立在这种'异'上的两项反而'同立',随着所与相对于两项异—同的关系性的'无背景—化',以宛如所谓事情的同一性这种'图形—化'的'异与同的统一态'的形相对能知的主体对等有效的'理念—理想的统一性'。此外,'作为'的'als',可以说既是在示差性区别中的 anders als 的'als',又是 als etwas gelten 的'als'。"①"等值化的统一"的标志性用语是"**作为**"(として)。这是"一种独特的'异和同的统一',用黑格尔式的话来说,是'区别性和同一性的同一性',是'现实与理想的区别化的统一。"②在广松看来,所谓等值化的统一,就是"'异(差异性)'和'同(同一性)的原基的统一态"③,是一种比"系词的存在性(是)"更为深层的根源性规定。如果我们用广松所谓比"是"更深层的规定——"作为"——把《存在与意义》两卷本所阐述的世界的存在结构串联起来,那么,认识世界的"四肢结构"就是"作为能识的人的能知的个人在一定的现象的所与中认知意义的所识",实践世界的"四肢结构"就是"作为职位的人的能为的个人在一定的实在的所与中认同意义的价值"。举例来说,此刻我发现手头的这张 X 光照片的某个部位有癌的影像。在近代的"主观—客观"或以胡塞尔为代表的"意识对象—意识内容—意识作用"的"三项图式"的认知模式看来,这不过是"主观的我"观察"客观的癌的影像",主客观被直接置入"感知—判断"的二项图式中。可是,从物象化论的视角来看,真实的事态是:"我从 X 光照片""读取某种特定的影像","21 世纪的医学掌握者即作为医生我","把某种特定的影像作为癌症来认知",由此呈现着"作为医生(能识的人)的我(能知的个人)"和"作为癌的影像(意义的所识)的某种特定的影像(现象的所与)"的"四肢结构"④。"四肢结构"中的每一肢各自仅仅是函数中的一个变数,总

① 『廣松渉著作集』(第 16 卷)、岩波書店、1997 年、第 145—146 頁。
② 『廣松渉著作集』(第 15 卷)、岩波書店、1997 年、第 31 頁。
③ 『廣松渉著作集』(第 15 卷)、岩波書店、1997 年、第 149 頁。
④ 日山紀彦『「物象化論の構図」を読む』、http://www.nju.edu.cn/njuc/chi-jp/zryj/6.htm.

体的关系从根本上先于要素而存在。并非首先存在四个分肢要素，然后各要素之间结成关系。反之，在先在地、单独地把主观的"我"和客观的"癌的影像"直接置入"感知—判断"的二元认知模式中，不过是把上述作为关系的"事"简单化，——欧洲哲学中的"个体"、"自我"、"普遍"、"先验的主观"等基本概念，都是"物象化的误视"的产物——，广松将这种意在克服胡塞尔"三项图式"的四肢结构关系态，称之为"事的世界观"。

詹姆士曾对同一性作有三种区分。(1)根据心理学原理，它使我们感觉到后来的经验与先前的经验相同。(2)根据存在论原理，任何东西都如其所是地 a 是 a，b 是 b。(3)根据逻辑学原理，凡是关于某个主词的论断曾经为真则该主词永远为真。广松这里所说的"作为"是比"是"更深层的规定，显然是存在论意义上探讨。所不同的是，已不再停留于**"a 是 a，b 是 b"**这种线性的、实体性的探讨方式，而是转移到**"a 作为 a 之外的 b，b 作为 b 之外 a"**这种的函数的、关系性的探究方式，思维质点发生了根本的变化。詹姆士倾向于把"a 是 a，b 是 b"之类的语句视为一种"同语反复"。维特根斯坦也认为，说"一个事物与自身相同"，这是"一个再好不过的无用的命题的例子"①这里，"作为"的功能与康德所谓的"统觉"相类似。在康德看来，统觉的先验统一，是我们对经验中纷至沓来的现象进行建构的必要条件。

在格式塔心理学中，"图形"在"背景"中的显现，有"类似""同一"和"差异"这样三个不同的层次，在这三个层次中，"异—化"处于最基底的位置。例如，在街头与老朋友相遇时，会产生一种"重认的同一感"，看到两只麻雀时，则会产生一种"辨认的同一感"。广松认为这种情形，就是"异"、"同"的现象的显现。这种建立在异或同的关系基础上的认知，更具有基底性，因而是最基础的范畴。在最原基的层面，对人们的能知

①　《西方大观念》(第2卷)，陈嘉映等译，华夏出版社2008年版，第1363—1366页。

而言，通常感知忽略背景，而只是感知图形。例如，在所谓的"烘云托月"或"万绿丛中一点红"，人们一般专注于"月亮"或"红色"，往往忽视"烘云"或"万绿"。广松把这种某物的分辨的出现称作"异—化"（verschieden），把在这种事态中出现的东西称为"直接的某物"（etwas schlechthin）。所谓"异—化"，并非首先存在两个项，然后形成区别，而是通过"异—化"，"某物"直接地由"背景（无）"分辨为"图形"。这种"异—化"正是最原基的体验。在反思的层面，虽然有可能把同一性适用于目前问题的"某物"，即把"某物"看作具有某种"自我同一性"，但是在图形与背景的自为的分化的层面，把"直接的某物"的显现看作"同一性"的感知，却是层次上的错位。在逻辑性上，"异—化"的事态在前，"同一性"的感知在后，只有在原初性的"异—化"事态中，才能够形成"同一性"的感知。这里，广松的意思或许是因为"异—化"是最基底的状态，因此"图形"与"异—化"不是一个层次，而只能与"背景"处于同一个层次。反过来说，如果"图形"直接与"异—化"处于同一层次，那么图形必定还要另一个背景来衬托，这样势必陷入无限循环中而不可自拔。在此意义上，我们可以把"异—化"看作是绝对的东西，这一绝对的东西，通过比"是"更为根本的"作为"，在"背景"与"图形"中"所与—所识"出万物。在我看来，"作为"犹如一座桥梁，一个台阶，或一架梯子。"作为"的作用，在于过渡，在于趋同，在于契合。"作为"的机制与隐喻有关。利科认为，隐喻的功能是"看起来好像……""……是像……"①，正在隐喻中，发生了所与与所识之间微妙的"作为"关系及其相互转换，一如后期维特根斯坦在其《哲学研究》一书中引用贾斯特罗《心理学中的事实与虚构》这本书中那张既像兔子又像鸭子的"兔鸭图"。"四肢结构"的旨趣，是以中介性的"作为"取代直接性的"是"，以关系性的**"作为鸭的兔"**或**"作为兔的鸭"**代替实体性的**"是兔"**或**"是鸭"**。实际上，如果

---

① 高宣扬：《当代法国哲学导论》（上卷），同济大学出版社 2004 年版，第 254 页。

说实体主义容易犯绝对主义的错误,那么关系主义显然更容易陷入相对主义的泥潭。这也正是我为什么说"作为"的机制与隐喻有关的原因。除此之外,"作为"还与语言的歧义有关。以"红色"为例,究竟应该把有着 630 nm 波长的"红色"界定为物理的属性,还是界定为生理的属性,源于"红色"一词本身的歧义性,在《辞海》中,"红"的解释达六种之多,涵盖了主客观的任何一个方面。在这种情况下,广松的回答方式,从其前面的理论旨趣来看,显然不是"红色"究竟是作为主观,还是作为客观,而是"作为""主观"的"客观",或是"作为""客观"的"主观"。为了说明某个所谓的事实,心理学家总是不得不举一些极端的例子。虽然图形的表现是与它所处的背景相关的,随着背景的不同图形的表现会有所不同,但是"作为鸭的兔"或"作为兔的鸭"之类的情况,严格说来在现实中并不存在。无论如何,多数情况下,人们更需要在"这是兔"或"这是鸭"这种明晰的规定性中作出选择或判断。这样,说**"作为"是比"是"更深层的规定**,似乎无异于说"作为鸭的兔"或"作为兔的鸭"是比"这是兔"或"这是鸭"更深层的规定。正如贾斯特罗的书名所预示的,似乎这亦可能是"四肢结构"的"事实与虚构"? 相信读者应有自己的判断。

第五节　广松哲学与唯识思想

在《以东北亚为历史的主角》一文中,广松涉明确预言未来哲学"除了欧洲的,不,大乘佛教的一部分极少的例外,'关系主义'将取代过去占主流的'实体主义'而成为基调"[①]。他将这种未来哲学命名为作为对"意识对象—意识内容—意识作用"的三项图式之克服的"事的世界

---

① 『廣松涉著作集』(第 14 卷)、岩波书店、1997 年、第 498 頁。

观",强调从"物的世界像"到"事的世界观"的转换是世纪末的大趋势。以笔者之见,正如《精神现象学》成为黑格尔哲学的秘密,这篇文章也为我们了解广松哲学提供了一条重要途径,堪称广松涉的哲学遗嘱和哲学秘密。那么,广松哲学本身是否与佛学存在某种内在关联?以下,笔者拟从"物象化"、"对于他们—对于我们"及"四肢结构"这三个广松哲学的基本概念入手,分别考察其与婆罗门教—佛教体系中的"摩耶"、"真谛—俗谛"和佛教唯识学体系中的"能—所结构"的逻辑接点。

一、"物象化"与"摩耶"

在广松哲学的语境中,"实体主义"意指西方哲学,"关系主义"意指东方哲学,前者是"物的世界像",后者是"事的世界观",后者取代前者是未来哲学的发展趋势。批判和建构是反映一位哲学家之哲学旨趣的两个重要指标,在广松涉这里,它们分别是物象化论和四肢结构论。

广松批评以亚里士多德为代表的西方哲学家认为世界先有固定不变的主体、基质,它是独立自存的"实体",后有实体之间结成的"关系",即"实体第一性","关系第二性",乃是一种"物象化的误视"。譬如,把"虫蛹化蝶"、"水结成冰"看作物质实体;以及韦伯、卢卡奇分别把"卡理斯玛"、"阶级意识"看作精神实体。所谓"物象化的误视",直白地说,就是"把'关系'看作'物'"。

德文"Versachlichung"(物象化)一词,意为"使……具体化而成为某事",广松特意用这个词区别于黑格尔、马克思和青年卢卡奇使用的"使……具体化而成为某物"的"Verdinglichung"(物化、异化)。简而言之,前者指"事"(こと),后者指"物"(もの),当中蕴含了广松所揭示的关系主义和实体主义的明显差异。

据广松考证,在德国古典哲学、马克思主义哲学语境中,最接近"物象化"一词含义的是"外化""对象化"、"物化"和"异化"。在黑格尔哲学中,"外化"具有客观唯心主义的神秘性质,指的是内在的绝对精神外化为物质的东西,物质的东西是绝对精神否定自身的结果。作为其哲学内核的绝对精神的展开,是一个从逻辑到自然的外化过程,其辩证法是既革命又保守的,其"宗教神学—哲学—宗教神学"的三段式,明显留有费希特关于自我的"自我设定自身—自我设定非我—自我设定自我和非我"的三部曲痕迹。早期马克思在《1844 年经济学哲学手稿》中提到了"异化"其实很大程度上也是借用了黑格尔"外化"的含义,并结合"物化""对象化"、"异化"等概念,批判资本主义对工人的奴役:"劳动所生产的对象,即劳动的产品,作为一种异己的存在物,作为不依赖于生产者的力量,同劳动相对立。劳动的产品就是固定在某个对象中的、物化的劳动,这就是劳动的对象化。劳动的现实化就是劳动的对象化。在国民经济的实际状况中,劳动的这种现实化表现为工人的非现实化,对象化表现为对象的丧失和被对象奴役,占有表现为异化、外化"①。当然,由于早期马克思尚未完成从唯心主义到唯物主义、从民主主义到共产主义的两个转变,以广松之见,这一时期的马克思的物象化论尚处于萌芽阶段,其真正的成熟是在《德意志意识形态》及《资本论》当中,盖马克思的"唯物史观"和"剩余价值"这两大发现即集中体现于这两部著作。从诸如"人还具有'意识'。但是这种意识并非一开始就是'纯粹的'意识。'精神'从一开始就很倒霉,受到物质的'纠缠',物质在这里表现为振动着的空气层、声音,简言之,即语言……语言也和意识一样,只是由于需要,由于和他人交往的迫切需要才产生的……我对我的环境的关系是我的意识"②,以及"以私人交换为基础的劳动的特征是:劳动的社会性质以歪曲的形式'表现'为物的'属性';社会关系表现为物(产品,使用价值,商品)互相之间的关系。我们这位拜物教徒把这个假象看成是真实的东西,并且事实上相信物的交换价值是由它们作为物

① 《马克思恩格斯文集》(第 1 卷),人民出版社 2009 年版,第 156—157 页。
② 《马克思恩格斯文集》(第 1 卷),人民出版社 2009 年版,第 533 页。

的属性决定的,完全是物的自然属性"①的阐述中,广松发现马克思所谓的"物象化",即"是对人与人之间的主体际关系被错误地理解为'物的性质'……以及人与人之间的主体际社会关系被错误地理解为'物与物之间的关系'这类现象……的称呼"②。据此,广松得出一个"六经注我"式的结论:"马克思主义哲学世界观的特质存在于关系主义之中"③,而将"物象化"规定为"我们把作为概念规定以前的暂定的表象,以及人与人之间的关系以物的关系、性质、形态而表现出来的事态,暂且称之为物象化现象"④。例如,把货币所具有的"购买力"视为"物的性质",把"需要和供给的关系"视为"物与物之间的关系",等等。"物象化论",即是"在关系中把握事物的方法"。但最终作为结果而体现出来的,绝不是所谓的"物",而是"事"。由此,将学界一般认为的作为马克思恩格斯"两个转变"之一的"从唯心主义到唯物主义"的转变,理顺为"从异化论到物象化论"的逻辑转换。

那么,物象化论的问题本身,即为什么"人与人的关系"表现为"物与物的关系"? 其背后的机制是什么? 解铃还须系铃人,我们或许可以从广松在《以东北亚为历史的主角》一文中所强调的作为具有关系主义之基调的婆罗门教—佛教⑤经典中找到答案。

在吠陀(véda,音译"吠陀",意译"我已知")经中,"原人"是"超验实

---

① 《马克思恩格斯全集》(第26卷第3册),人民出版社1974年版,第139页。

② 广松涉:《物象化论的构图》,彭曦、庄倩译,南京大学出版社2002年版,第65页。

③ 卞崇道:《现代日本哲学与文化》,吉林人民出版社1996年版,第78页。

④ 野家啓一『「広松哲学」の成立過程』,http://www.nju.edu.cn/njuc/chi-jp/zryj/4.htm.

⑤ 佛教起源于印度婆罗门教。婆罗门教的核心教义是吠陀天启、祭祀万能和婆罗门至上。婆罗门教主张种姓制度,最高种姓即是婆罗门,其根据是按照婆罗门教最古老的经典《梨俱吠陀》的描述,"婆罗门"(Brāhmaṇa)一词,意指"祈祷",作为至上之神的原人是从口中生出婆罗门,双臂生出刹帝利,双腿生出吠舍,双足生出首陀罗。佛教则倡导众生平等,其创世神话是先叙述刹帝利(田主、第一位国王)的诞生,再讲述其他种姓的出现。以佛教的产生为界限,后人将佛教之前印度教称作婆罗门教,把佛教之后的婆罗门教称作印度教。婆罗门教内部分为正理论、弥曼差和吠檀多、胜论、数论、瑜伽这六派,后三者属于"有"宗;与这六个正统派相对立的佛教、耆那教和顺世论这三派属于异端派,皆属"无"宗。

在"的外现形式,是创造物质世界和精神世界的"宇宙尊神"。根据高楠
顺次郎和木村泰贤先生的研究,原人的宇宙生成图式是:本体界(本地
之原人[最初原人]→遍照者[毗罗阇,即最初原人的妻子,第二位原
人]→垂迹之原人[第三位原人]①)→现象界。②根据巫白慧先生的研
究,垂迹之原人又分为形象(具足→千头·千眼·千足)和神躯(包摄→
器世间:日月雷火风;过去·现在·未来;空地天方。情世间:天上神
仙·地下凡夫③;四种姓)。在这一宇宙生成体系中,原人④运用"摩耶"
(Māyā,意译为"幻"、"幻象")幻现万物,"包摄在时间和空间中的一切
具体的和抽象的现象,只不过是设想中的神在宇宙游戏中变现出来的
非实有的幻象"⑤,它透过"幻现—幻归"(分开—和合)的原理,而自如地
将宇宙变出、收回。"事物的出现,是由于因缘的聚合,事物的消失,是
由于因缘的分散,这就叫作缘生缘灭"⑥。就像蜘蛛"以丝腺产出的蛛丝
编织它的蛛网。一段时间后,它把它的蛛网又回收进它的体内。至上
者从其自身抛出了所有的创造物,一段时间后,在(宇宙)消解时分,再
回收到他的体内"⑦。而空界雷电大神因陀罗则兼具"从自身变出众多

---

① 笔者认为,与"本体界"的"原人"相对应的,乃是作为"现象界"的"原质"。原人(Puruṣa)
　属阳性和精神性,是"体",它是超验的、绝对的、常住的、不可描述的;原质(Prakriti)属阴
　性和物质性,是"相",它是经验的、相对的、易变的、可以描述的。
② 参见杨惠南:《印度哲学史》,台北:东大图书公司1995年版,第44页。
③ 原人身体的四分之一是地界凡夫住处,四分之三是天上神仙住处。
④ 吠陀经中有七位创世大神,即原人、因陀罗、婆楼那、宇宙创业神、宇宙万神、生主神和有
　转神。
⑤ 巫白慧:《吠陀经和奥义书》,中国社会科学出版社2015年版,第367页。
⑥ 圣严法师:《正信的佛教》,弘化社2017年版,第16页。
⑦ 马赫什·帕布:《吠陀智慧》,王志成、曹政译,四川人民出版社2018年版,第113—114页。
　由此,我们不难理解海子的那首诗:"目击众神死亡的草原上野花一片/远在远方的风比
　远方更远/我的琴声呜咽　泪水全无/我把这远方的远归还草原/一个叫木头　一个叫马
　尾/我的琴声呜咽　泪水全无/远方只有在死亡中凝聚野花一片/明月如镜高悬草原映照
　千年岁月/我的琴声呜咽　泪水全无/只身打马过草原"(《九月》,载《海子诗全集》,作家
　出版社2009年版,第205页);以及在藏传佛教的坛城沙画中,当僧侣们消耗漫长的时间
　用沙粒描绘出奇异的佛国世界(藏语"DUL—TSON—KYIL—KHOR",意为"彩粉之曼陀
　罗"),获得极为短暂的成功之喜悦,旋即毫不犹豫将其毁灭,藉此体悟"世间繁华,不过一
　掬沙,一沙一世界"的佛法奥义。

相同的身形,用以应接和教化众多不同根机的信徒"①的用意。或许正是取"摩耶"创生万物之意,方有"释迦牟尼寄胎摩耶夫人,开右胁而出"②之传说,而释迦牟尼不也正是具有与因陀罗类似的教化作用? 奥义书哲学家则将"原人"(Puruṣa)设定为最高的超验实在,提出了具有类同原人哲学内涵的"梵"(Brahman)和"我"(Ātman,音译"阿特曼",意译"我"),构成一种"原人—梵—我"三位一体的哲学范式。按照他们的设想,经验世界的十二种现象(范畴)③,即"物质世界"的日、月、闪电、虚空,风、火、水、镜子,人行步声、四维、影子;以及"精神世界"的我,它们乃是原人外现的十二种形式,原人就在它们之内。原人生成一切,维持一切,毁灭一切。要言之,原人与宇宙是"一"与"多"的关系,二者"内在地不二,外在地不一"。吠檀多(Vedānta)不二一元论派之祖师乔荼波陀指出摩耶的作用有三,一是"说明我与世界之间的无法说明的关系",二是"体现出大自在天的本性和力量",三是"表现出世界在外观现象上虚幻的特性"④。他通过"瓶子之喻",将个我比作瓶中的小虚空,将最高我比作大虚空,但二者在本性上毫无区别;而一旦瓶子被打破,小虚空与大虚空也就融合在一起而不再有区分,而达至梵我合一。商羯罗继承了奥义书的"梵—我—幻"的理论构架,提出"幻"(摩耶)有"幻体"、"幻象"和"幻翳"三种哲学内涵,其中的"幻翳"更是有如障眼法,障翳人们的视线,使人陷入"无明"。他将摩耶的功能简化为遮盖力和投射力这两种功能,前者掩盖对象(例如绳)的真正本质,后者则将非真实的某种幻相(例如蛇)投射在对象上。⑤

---

① 巫白慧:《吠陀经和奥义书》,中国社会科学出版社 2015 年版,第 181 页。

② 释法琳:《辨正论》,陈子良注,第六卷。

③ 不是有意还是巧合,康德则从反向确立了作为"人为自然立法"的"十二范畴",即,量的范畴:单一性,多数性,全体性;质的范畴:实在性,否定性,限定性;关系的范畴:依存性与自存性,因果性与从属性,协同性;模态的范畴:可能性与不可能性,存有与非有,必然性与偶然性(康德:《纯粹理性批判》,邓晓芒译,人民出版社 2004 年版,第 71—72 页)。

④ 徐远和、李甦平、周贵华、孙晶:《东方哲学史》(第 2 卷),人民出版社 2010 年版,第 235 页。

⑤ 就此而言,旧时所谓的"八字",乃是将人"物象化",对人的吉凶祸福作抽象性预测。

吠陀经和奥义书中的自然神和作为实体的神、形而上的超验本体的神,后来分别为小乘、大乘佛教所破除,佛教宣扬"空"遍遮"诸有",拒斥一切形式的偶像、假神。众所周知,龙树从"众因缘生法,我说即是无,亦为是假名,亦是中道义"的"中道"①立场,提出了"不生亦不灭,不常亦不断,不一亦不异,不来亦不去"的"八不偈",用以解空,形成了"诸行无常,诸法无我,涅槃寂静"的佛教哲学三原则。此类"缘起性空"、"性空幻有"之说,在《金刚经》中亦通过著名的"一切有为法,如梦幻泡影;如露亦如电,应作如是观"的偈句得以表现。这里,"中道"、"八不"、"无常"及"泡影"的玄思,可谓将"摩耶"之幻推向了极致。

关于摩耶,传说当年佛陀的弟子阿难对佛陀说:"主啊,您总是谈起摩耶,可它究竟是什么呢? 请让我看看摩耶。"几天之后,他们路过印度一炎热干旱地区。于是佛陀让阿难去帮忙找些水来。阿难走了很长一段路,来到一小农舍,看见一美丽女子,被其迷住而将讨水的念头忘得无影无踪,而女子也为阿难的求爱所打动。于是两人结婚,不久有了三个孩子。两人十二年的幸福家庭生活,被一场洪水打断,洪水无情地淹没了他的三个孩子和妻子。阿难用尽最后气力回到岸上,他悲痛地哭泣。这时身后传来一个亲切的声音:"我的孩子,你把水带来了吗?"阿难一看,佛陀此刻坐在一块石头上慈悲地看着他。阿难无法将这一切与"水"联系起来。佛陀说你半个小时前出去找水,现在找回来了没有。阿难羞愧地低下头,完全不知道与妻子结婚生子的过去十二年是怎么回事。佛陀答:"这就是摩耶"。

要言之,如果说"摩耶"最初表达的是宇宙万物之"神创",继而被佛教改造为以"缘起"为旨趣的"自性空",那么作为反映广松哲学特色的"物象化"所表达的是世间万事之"人造",与之近义的概念无外乎"外化"、"对象化"、"物化"或"异化"。

---

① 中道,意为"正显非有非空,简遮偏有偏空"。

二、"对于我们—对于他们"与"真谛—俗谛"

关于摩耶是如何幻现为世界的,乔荼波陀有过著名的"绳蛇之喻"。比如一条绳子,我们在黑暗中时常不加区别地误认为它是一条蛇。而实际上蛇并不存在,它只是一种幻现。一旦摒弃了蛇的幻相,就能如实地感觉到绳的真相。同样,众生因无明而误认幻相为真我;一旦无明消除,洞见真我,幻相也就随之而消失。明明是一条绳子,却为何被感觉为蛇? 根据商羯罗的解释,此乃摩耶幻现的缘故。他用"水泡之喻"来说明纯精神性的梵与半神半物性的非变异名色(未开展的名称和形态)之间的关系:梵犹如"至清之水",而作为物质性的非变异名色则是由水生起的"污泡"。①概而言之,我们可以将"绳"、"水"与梵对接起来,而将"蛇"、"泡"与非变异名色对接起来,前者是"上梵"、彼岸、"真相"、"真谛",是"绝对有",后者则是"下梵"、此岸、"假相"、"俗谛",是"世俗有"。正像"泡如离开水便无法存在;但水又是至清的,与本性为污泡是不同的。因此,最高的阿特曼与类似于泡的名色是不同的,其本性是清净的。名色本身是未开展的,[由最高阿特曼]将其展开,成为类似于泡的虚空"②。作为污泡的开展的名称和形态的开展,是由无明幻现的结果。个我若弃绝了"无明",个我就能由后者上升到前者,而臻于与"梵"(=阿特曼、神我)合一。盖根据商羯罗对《梵经》所作的解释,"在所有的奥义书中,意识都被一致认为是因,……全知的梵是宇宙之因"③。梵作为宇宙的动力因和质料因,"当梵作为质料因来看时,世界是它开展的结果;当梵作为动力因来看时,它就是造作者"④。由是观之,梵是吠檀多

---

① 距梨俱吠陀一千多年之后的柏拉图所谓"理念世界"和"现象世界"的区分及"洞穴之喻",与此如出一辙。
② 参见商羯罗:《示教千则》,孙晶译,商务印书馆 2012 年版,第 392 页。
③ 参见《古印度六派哲学经典》,姚卫群编译,商务印书馆 2003 年版,第 251 页。
④ 参见徐远和、李甦平、周贵华、孙晶:《东方哲学史》(第 2 卷),人民出版社 2010 年版,第262 页。

派哲学家眼中使有限个我无限地向其趋近的动力和根源。而向其趋近的首要前提是消除"无明"。根据商羯罗的考察，梵名"Upaniṣad"（奥义书）一词的命名"来自动词根 sad（毁灭），意为毁无明得解脱"①，应该说，这与该词的本义"学生恭敬地坐于师近处听其讲道"并不矛盾。与此相关，印度教中人的心灵教师"古鲁（Guru）由两个词组成，分别是古（Gu，无知）和鲁（Ru，毁灭者）。因此，古鲁是任何可以摧毁我们内在或外在的无知的人"②。实际上，作为婆罗门教之异教的佛教，虽然从真谛上讲诸法无我，从俗谛上讲六道轮回，反对有一不变的灵魂实体，由于将"梵"（"神我"、"个我"）置换为"空"③，而遭到商羯罗的拒斥；但是在佛教所谓的"十二因缘"④中，也同样是将"无明"列为个人陷入生死轮回的首要原因。根据佛教教义，要摆脱"无明"的束缚，唯有通过"八正道"⑤，才能出离生死而证得涅槃。

对上述作为"上梵"的"真谛"和作为"下梵"的"俗谛"有一大致了解之后，我们再来理解广松在《物象化论的构图》的"跋文"所讲的"马克思、恩格斯所说的物象化以及笔者所说的物象化不是这种'纯粹的客体变化'。那是对于学识的反思的见地（对于我们 für uns）来说，作为一定的关系规定态在当事者的直接意识中（对于他们 für es）以物象的形式映现出来的情形。……因此，在称呼这一事态时，笔者采用了对于我们学识省察者来说的关系（Verhältnis für uns）'化为'对于直接当事者来说的物象（Sache für es）这一说法"⑥就容易多了。要言之，与继承了奥

---

① 吴学国：《奥义书思想研究》（第 1 卷），人民出版社 2017 年版，第 2 页。
② 马赫什·帕布：《吠陀智慧》，王志成、曹政译，四川人民出版社 2018 年版，第 115—116 页。
③ 参见"在真谛一面说，遍计所执是空无的，应观其空。在俗谛一面说，依他起性是缘生法，应观其假有。在真假不二的立场上说，是诸法实相的圆成实性，应观其中道。能看通此理，即能圆融无碍"（法舫法师：《唯识史观及其哲学》，东方出版社 2018 年版，第 55 页）。
④ "十二因缘"，即，无明、行、识、名色、六入、触、受、爱、取、有、生、老死。其中，眼、耳、鼻、舌、身、意"六根"为"内六入"，色、声、香、味、触、法"六尘"为"外六入"；六根、六尘互相涉入，即眼入色，耳入声，鼻入香，舌入味，身入触，意入法，而生"六识"。
⑤ "八正道"，即，正见、正思维、正语、正业、正命、正精进、正念、正定。
⑥ 广松涉：《物象化论的构图》，彭曦、庄倩译，南京大学出版社 2009 年版，第 185—186 页。

义书传统的佛教一样,广松也把人们的认识分为两种,一是对于我们
(für uns)的学识的反思的认识,二是对于他们(für es)的当事者的直接
认识。不难看出,这里所说的"我们"、"关系"与上述"上梵"、"真谛"相
对应;"他们"、"物象"与"下梵"、"俗谛"相对应。根据罗摩奴阇的"制限
不二论"(Viśiṣṭaad-vaita)的解释,"'幻'即是'物'(经验世界)"①。在开
头提到的《以东北亚为历史的主角》这篇文章中,广松指认说自哥伦布
以来五百年间是以欧洲为中心的产业主义时代,这是一个沉溺于"物"
的、被严重物化的消费主义时代。随着经济全球化的布展,人们赖以生
存的生态环境日趋恶化,资源日益枯竭,要持续维持资本主义现有的消
费模式和生活方式已显得不可能。现在,已到了转变思维方式的时候!
该文写于广松去世前两个月,他在文中表达了三个迫切的愿望:政治上
寻求从"脱亚入欧"到"脱欧入亚"的转换;经济伦理上倡导从"消费主
义"到"生态主义"的转换;哲学上推进从"实体主义"到"关系主义"的
转换。

　　由此可见,广松哲学的主旨是反对实体主义,主张关系主义。为了
建构自己的哲学,广松对待西方哲学、马克思主义哲学和东方哲学的态
度,从根本上说是分别采取批判、吸收和同构的态度。第一,对于西方
哲学,广松通过《事的世界观的前哨》②一书集中批判了以康德、马赫、胡
塞尔和海德格尔为代表的西方实体主义的哲学传统,锐利地指出康德
的"物自体"理论错误地把物与交互主体的关系、物与物的关系归之于
物,马赫的"要素一元论"缺漏了要素"以外的某种东西",胡塞尔的"意
向内容(意义)"作为"意向行为"抵达"意向对象"的中介,是被先行给定
的东西,海德格尔的存在哲学的出发点是存在与在者的二元分立。③第
二,对待马克思主义哲学,广松则着力继承当中的关系主义的特质,写

---

① 巫白慧:《吠陀经和奥义书》,中国社会科学出版社 2015 年版,第 380 页。
② 广松涉:《事的世界观的前哨》,赵仲民、李斌译,南京大学出版社 2009 年版。
③ 邓习议:《实体主义批判——广松涉哲学视域中的西方哲学》,《河北学刊》2009 年第 1 期。

下了《唯物史观的原像》①、《资本论的哲学》②和《马克思主义的哲学》③等系列著作。根据野家启一先生的指认，"'物象化'（Verdinglichung）这一概念源自马克思"④。不过他用来表示"物象化"一词的是"Verdinglichung"（异化），而非"Versachlichung"（物象化）。这亦即"异化"概念源自马克思。在他看来，马克思恩格斯通常把人与人之间社会关系作为物与物的关系表现出来的事态称作"物象化"（历史的自然性物象化），广松则不仅试着将这一概念适用于社会关系，而且适用于"自然—事物"的关系（自然的历史性物象化），由此开辟了一个全新视角：批判把自然科学看作当然前提的"物质观—存在论"，实际上是物象化的产物。由此可见，狭义的"物象化论"，指马克思恩格斯以批判"把人与人的社会关系以及事物之间的关系理解为物的性质或独立物象"为基本理论构架；广义的"物象化论"，指广松通过其方法论视角和逻辑机制所揭示的"自然和社会这一相互联系和依存的动态总体为何表现为物"的物象化论的拓展。"物象化论"把物的性质还原为在自然和社会的动态关联中的事态，归根结底是对近代实体主义的存在论、认识论和实践论的批判性规定。要言之，从学识的反思（für uns，对于我们）的关系主义立场来说，作为当事者的直接意识（für es，对于他们）的实体主义乃是一种"物象化的误视"。第三，对于东方哲学，如前所述，广松在其临终绝笔《以东北亚为历史的主角》一文中，预言在未来哲学中以东方大乘佛教为代表的关系主义将取代以往作为主流的西方实体主义。

　　按照广松的关系存在论的理解，四肢结构中的函数性关联态乃是世界的基始性的存在。以气象云图为例，对关系主义的存在理解来说，并非先有"高气压"以及"低气压"之类的独立不变的自存的终极实体，

①　广松涉：《唯物史观的原像》，邓习议译，南京大学出版社 2009 年版。
②　广松涉：《资本论的哲学》，邓习议译，南京大学出版社 2009 年版。
③　广松涉：《马克思主义的哲学》，邓习议译，南京大学出版社 2019 年版。
④　野家启一「「広松哲学」の成立過程」、http://www.nju.edu.cn/njuc/chi-jp/zryj/4.htm.

然后依据它们相互之间复杂关系配置成气象云图。"高气压""低气压"是有关整个地球气象的某种状态,是作为它的特殊状态的一个项的节点,是作为总体的构图所规定的底层媒介物。用吠陀经的话来说,是"地""水""火""风""空"的动态过程的总体,独立于作为运动的各种关系之总体的"高气压"和"低气压"并不存在。另外,就近代科学中的终极性物质粒子而言,它实际上也是在整个宇宙场的特定状态中生成、存在和变化的,并非先有与宇宙场的特定状态毫无关系的独立不变的粒子(实体),然后才有囿于粒子的聚散离合而形成的宇宙场。地球上万物的存在,如生命体和人,其生成、存在和发展也不外是在地球场的某种特定状态中才有存在的可能。"总之,以'关系第一性'取代'实体第一性'这是广松基于关系主义的立场对世界所作的总体理解"①。

从广松对物象化的定义来看,物象化机制的成立,首先有赖于对于我们的反思意识(für uns)和对于他们的直接意识(für es)两种不同立场的把握。"要言之,当从 für uns 的视角对 für es 进行区分时,又可细分为(1)自在(an sich)、(2)自为(für sich)、(3)自在自为(an und für sich)。"②对于日常生活中的人们来说,最熟悉的无疑是他们无时无刻不置身其中的现实生活。但对于现实生活的真相,人们却可能"日用而不自知"。但是,正所谓"熟知并非真知"。对于他们(für es),犹如把"绳"看作"蛇",把"水"看作"泡",把"关系"看作"物",此乃"假相"、"世俗有";对于我们(für uns),是将"蛇"还原为"绳",将"泡"还原为"水",将"物"还原为"关系",是为"真相"、"绝对有"。

总之,广松关于"对于我们(für uns)—对于他们(für es)"的区分,从逻辑学或方法论来说,当源自吠陀经、奥义书和佛教哲学中的"原人—原质"、"上梵—下梵"和"真谛—俗谛"的二分法。"物象化论",堪称"在关系中把握事物的方法"。但最终作为结果而体现出来的,绝不

---

① 日山紀彦『「物象化論の構図」を読む』、http://www.nju.edu.cn/njuc/chi-jp/zryj/6.htm.
② 『廣松渉著作集』(第 14 卷)、岩波書店、1997 年、第 287 頁。

是所谓的"物",而是"事"。故关系主义又可称为"事的世界观"。

三、"四肢结构"与"能—所结构"

除了批判西方哲学、继承马克思主义哲学和展望以大乘佛教为代表的东方哲学之外,广松还撰写了自己独创的哲学体系。1972 年,广松涉在《情况》第 4 期刊登的《人类交互主体的存在结构》的论文中首次公开写作《存在与意义》全三卷的计划。同年 10 月 15 日,以探讨交互主体性和四肢结构论等认识论问题为中心的哲学论文集,即本书《世界交互主体的存在结构》由劲草书房出版,标志着具有独创性的"广松哲学"已初露端倪。1982—1993 年,《存在与意义》第 1—2 卷由岩波书店出版。在这两卷本著作中,广松系统地阐发了认识世界和实践世界的"四肢结构",论证了"主—客"、"心—物"的不可分性。所谓"认识世界的四肢结构",即"现象的所知的二肢二重性(现象的所与—意义的所识)和能知的主体的二肢二重性(能知的个人—能识的人类)不是彼此独立的,而是以一种独特的方式相互关联,共同形成四肢性的连环结构"①。所谓"实践世界的四肢结构",即"用在的财物态的二肢二重性(实在的所与—意义的价值)和能为的主体的二肢二重性(能为的个人—职位的人类)不是他此独立的,而是以一种独特的方式相互关联,共同形成四肢性的连环结构"②。其中,现象的所与、能知的个人、实在的所与和能为的个人是场所的、个别的、易变的现实的东西,意义的所识、能识的人类、意义的价值和职位的人类是超场所、普遍、不变的理念—理想的东西。

正如龙树、乔荼波陀采用语言文字、概念范畴来描述、论证其超验的"空"、"梵"乃是出于不得已的"方便的说法",是用"俗谛"表达"真

---

① 参见广松涉:《存在与意义》(第 1 卷),彭曦、何鉴译,南京大学出版社 2009 年版,第 160 页。
② 参见广松涉:《存在与意义》(第 2 卷),彭曦、何鉴译,南京大学出版社 2009 年版,第 167—168 页。

谛";广松强调其采用"所与—所识"、"能知—能识"和"主观—客观"的概念,也是不得已而为之的"权宜之计",是用"物的世界像"表达"事的世界观"。

当恩格斯说在《费尔巴哈论》中指出"全部哲学,特别是近代哲学的重大的基本问题,是思维和存在的关系问题"[1],哲学家们依照如何回答这个问题而分成了唯物主义和唯心主义两大阵营,其实全部宗教早已选择了站在后一阵营,这是因为从时间上说哲学源自宗教。

那么,宗教是如何站在唯心主义阵营来作出理论论证? 就大乘佛教而言,其基本主张是"人无我"和"法无我"。狭义的"法无我"指除有情识生命之外的在在物(外部自然物),在此意义上才有"人"与"法"的分别,"人无我"与"法无我"的问题。广义的"法无我"指包括物质和精神在内的一切存在的事物和现象,在此意义上"人"也是"法"的一分子,而不再有"人"与"法"的分别。因此,佛教唯识宗主张"万法唯识","识"是唯一的实在,一切事物和现象都由识所派生。正是在广义的"法无我"这一大前提,唯识宗提出了自己的"五位百法"[2]。

第六节　广松哲学的意趣、结构与评价

一、广松哲学在中国的传播

广松哲学及其在中国的传播中国学术界对广松哲学的介绍,始于1994 年。在把广松哲学译介到中国的过程中,南京大学的张一兵先生和中国社会科学院哲学研究所的卞崇道先生起了极为重要的推动作

---

[1]　《马克思恩格斯全集》(第 21 卷),人民出版社 1965 年版,第 315 页。

[2]　参见中国佛学院唯识学教研组编:《〈大乘百法明门论〉基础教程》,宗教文化出版社 2013年版,第 1—3 页;太虚:《法相唯识学》,商务印书馆 2017 年版,第 29 页。《大乘百法明门论》是世亲在弥勒《瑜伽师地论》的基础上,删繁就简,将其六百六十法浓缩为五位百法,来概括令人炫目的人生和世界。

用。卞崇道先生于 1994 年和 1996 年先后就"广松涉的哲学与马克思主义"的关系作了初步及较为完整的介绍；张一兵先生于 1994 年和 2002 年先后发表了《马克思哲学初始地平线中的关系本体论》及《广松涉：关系存在论与事的世界观》这两篇文章，对广松涉（ひろまつ わたる，Hiromatsu Wataru，1933—1994）的哲学研究成果作了全面的介绍，使广松哲学在很大程度上为国内学术界所熟知。2002 年，由张一兵先生主编、南京大学出版社出版的"当代学术棱镜译丛"推出了"广松哲学系列"，出版了广松哲学的第一个中译本《物象化论的构图》，标志着国内广松哲学的译介的正式启动。此后，《事的世界观的前哨》(2003)、《文献学语境中的〈德意志意识形态〉》(2005)、《存在与意义》第 1—2 卷(2009)、《唯物史观的原像》(2009)、《资本论的哲学》(2013)、《马克思主义的哲学》(2019) 和《世界交互主体的存在结构》(2020) 也相继出版。至今，已分别于 2002 年 5 月（南京）、2005 年 4 月（南京）、2007 年 4 月（东京）、2009 年 11 月（南京）、2015 年 11 月（广州）、2017 年 11 月（东京）、2019 年 11 月（贵阳）、2024 年 3 月（东京）举办了八届"广松涉与马克思主义哲学"国际学术研讨会。

2006 年 12 月，张一兵先生主编的《社会批判理论纪事》（第 1 辑）① 出版，其中刊登了中日学者关于广松哲学的十多篇文章。2008 年 2 月，出版了张一兵先生的博士生杨思基的博士论文《拨开"物象化"的迷雾》②，这是国内出版的第一部关于广松哲学的博士论文。该书以史、论、逻辑相结合的方法，论证了广松涉物象化理论的思想渊源及其与他的马克思主义哲学研究的关系，阐述了历史唯物主义的"物"也就是广松涉所讲的社会实践关联关系的"场"。

就个人来说，我是从 2004 年在湘潭大学读硕士研究生期间开始接触到广松涉的著作，两年之后提交的毕业论文是《广松哲学研究》。

---

① 《社会批判理论纪事》（第 1 辑），中央编译出版社 2006 年版。
② 杨思基：《拨开"物象化"的迷雾》，人民出版社 2008 年版。

2006 年,再考入南京大学哲学系师从张一兵先生攻读博士学位,毕业论文为《四肢结构论:从实体主义到关系主义的新推进——广松涉〈存在与意义〉的文本学解读》①。在此之后,还翻译了上述广松涉的《唯物史观的原像》《资本论的哲学》《马克思主义的哲学》和《世界交互主体的存在结构》这四本书。

二、广松哲学的意趣和方法

20 世纪 30 年代末,冯友兰先生在其《新理学》一书中谈到,对于宋明理学,自己大体上不是"照着讲",而是"接着讲"。"照着讲"是注疏家的讲法,"接着讲"是哲学家的讲法。注疏家是"我注六经",没有自己的主见,而专门转述别人的观点的人。哲学家是"六经注我",有自己的真知灼见,能够讲出别人所未讲。冯先生提出的这两种不同的哲学境界,我想大致分别对应于张一兵先生在 1999 年和 2007 年提出的"文本学"和"后文本学"(思想构境论)这两种不同层次的马克思主义经典著作的解读方法。那么,在马克思主义哲学研究领域,对照冯先生的区分标准,广松哲学是"照着讲"还是"接着讲"?根据这十一年来对广松哲学的研究与体会,我倾向于将广松涉,定位为日本哲学史上继西田几多郎之后的第二大哲学家。而用大森庄藏先生的话来说,"除去一部分狂热的广松崇拜者以外,广松涉的名字一般鲜为人知。但是,有许多人都同意这一点,广松是西田几多郎之后,恐怕还要超越西田的哲学家"。②与冯先生的《新理学》一样,广松涉也是"接着讲"。

广松生前出版过著作 40 余部,其哲学源头主要有马克思主义哲学、现象学(及新康德主义)、马赫哲学(及现代物理学)。读者也许要问:可是,沿着这三大哲学源头,广松哲学要"接着讲"什么?我想,这大

---

① 邓习议:《四肢结构论——关系主义何以可能》,中国社会科学出版社 2015 年版。

② 何鉴:《广松涉小传》,《博览群书》2002 年第 10 期。

致可以用张一兵先生总结的五个字来概括,即"关系存在论"①。那么,广松"关系存在论"的思想背景又是什么? 在广松的众多著作中,未必提供了关于这一问题的现成答案。不过,我们可以通过广松涉发表于1994 年 3 月 16 日《朝日新闻》的"《以东北亚为历史的主角——建立以中日为轴心的'东亚'新体制》"这篇文章,来了解广松哲学的基本意趣。如果说《精神现象学》是黑格尔哲学的秘密,那么这篇文章亦是广松哲学的秘密。纵观广松的整个哲学,可谓都是围绕上述意趣而展开其哲学运思。

要言之,广松哲学的根本意趣可归结为致力于"三大转换"的实现。(1)政治上,寻求从"脱亚入欧"到"脱欧入亚"的转换,以中日关系新体制超越西方中心主义。引发广松涉思考关系主义这一理论问题的现实契机,是他在 20 世纪末东欧剧变和苏联解体之后的新的世界格局下,关于新的世界观、新的价值观的思考。作为广松的思考结果和哲学秘密,他倡导"建立以中日(关系)为轴心的'东亚'新体制",这当是古往今来哲学与社会的密切联系在当代日本的最直接表现。(2)经济伦理上,倡导从"消费主义"到"生态主义"的转换,以东方天、地、人三者和谐统一的生态观超越西方消费至上的资本逻辑。在生态伦理问题上,广松痛感"必须从根本上重新追问过去五百年间以欧洲为中心的产业主义",指出"从消费主义到生态主义的转换,是未来发展的趋势"②。从今天日渐兴起的绿色消费与生态伦理来看,广松大约十年前就有着如此的目光穿透力,这在当时亦可谓空谷足音。(3)哲学上,推进从"实体主义"到"关系主义"的转换,以东方式的"事的世界观"超越西方传统的"物的世界观"。对广松来说,这一转换,以通过直接阅读马克思从早期具有人本主义色彩的《1844 年经济学哲学手稿》,到后期秉持"三大拜物

---

① 张一兵:《广松涉:关系存在论与事的世界观》,载《哲学动态》2002 年第 8 期。

② 『廣松涉著作集』(第 14 卷)、岩波书店、1997 年、第 499 页。

教"批判立场的《德意志意识形态》及《资本论》等经典著作,发现其中蕴涵的从"异化论"到"物象化论"的逻辑转换为理论支援背景。

广松哲学的理论目标,旨在克服与超越西方哲学的主客二分的实体性思维方式,将其推进到以龙树为代表的东方式的主客统一的关系性思维方式,为上述三大转换提供哲学奠基。

"物象化论"的方法,是在广松的《物象化的构图》、《事的世界观的前哨》、《唯物史观的原像》、《资本论的哲学》及《以物象化论为视角读资本论》等著作中逐步形成的。以广松之见,所谓物象化,"是对人与人之间的主体际关系被错误地理解为'物的性质'……以及人与人之间的主体际社会关系被错误地理解为'物与物之间的关系'这类现象……的称呼。"①简单地说,"物象化"就是"把关系看作'物'。"物象化论机制的成立,首先有赖于广松关于"对于我们"的学理反思意识(für uns)和"对于他们"的当事者直接意识(für es)这两种不同立场的把握。

三、"四肢结构"的基本结构

在《存在与意义》两卷本中,广松系统地论证了认识世界和实践世界的"四肢结构"。"四肢结构"是广松用于论证其事的世界观的一个比喻性术语,是广松函数式地对认识世界和实践世界的四个存在契机的精到把握,旨在论证"主—客"、"心—物"的不可分性。具体而言,所谓认识世界的四肢结构,即"现象的所知的二肢二重性(现象的所与—意义的所识)和能知的主体的二肢二重性(能知的某个—能识的某人)不是彼此独立的,而是以一种独特的方式相互关联,共同形成四肢性的连环结构。"②实践世界的四肢结构,即"用在的财物态的二肢二重性(实在的所与—意义的价值)和能为的主体的二肢二重性(能为的某个—职务的某人)不是彼此独立的,而是以一种独特的方式相互关联,共同形成

---

① 广松涉:《物象化论的构图》,彭曦、庄倩译,南京大学出版社 2002 年版,第 65 页。
② 『廣松涉著作集』(第 15 卷)、岩波书店、1997 年、第 181 頁。

四肢性的连环结构。"[1]其中,现象的所与、能知的某个、实在的所与和能为的某个是场所的、个别的、易变的现实的东西,意义的所识、能识的某人、意义的价值和职务的某人是超场所、普遍、不变的理念—理想的东西。

图表 22　四肢结构(二肢二重结构)[2]

	存在性格	现实的东西	理念—理想的东西
认识世界	客观(二肢)	现象的所与	意义的所识
	主观(二重)	能知的个人	能识的人类
实践世界	客观(二肢)	实在的所与	意义的价值
	主观(二重)	能为的个人	职位的人类

　　广松强调,四肢结构中的每一肢各自仅仅是函数中的一个变数。也就是说,并非首先存在四个分肢要素,然后各要素之间结成关系,而是作为总体的关系从根本上先于要素而存在。在广松看来,欧洲哲学中的诸如"个体"、"自我"、"普遍"、"超越论的主观"的基本概念,都是"物象化的误视"的产物。举例来说,我发现手头的这张 X 光照片的某个部位有癌症影像。此时,在近代的"主观—客观"或以胡塞尔为代表的"对象—内容—作用"的三项图式的认知模式看来,不外是"主观的我"观察"客观的癌症影像",主客观被直接置入"感觉·知觉—判断"的二项图式中。然而从学理的反思的物象化论的视角来看,真实的事态是"我从 X 光照片","读取某种特定的影像","我作为掌握 21 世纪医学的医生","将某种特定的影像认知为癌症",由此呈现着"我(能知的某个)作为医生(能识的某人)"和"作为某种特定影像(现象的所与)的癌症影像(意义的所识)"的"四肢结构"[3]。反之,把主观的"我"和客观的"癌症影像"先在地、单独地直接置入"感觉·知觉—判断"的二项认知

①　『廣松渉著作集』(第 16 卷)、岩波書店、1997 年,第 181 頁。
②　参阅本书第三章第六节"图表 21"。
③　日山紀彦『「物象化論の構図」を読む』、http://www.nju.edu.cn/njuc/chi-jp/zryj/6.htm。

模式中,把作为关系的"事"简单化,这正是由来已久的"物象化的误视"的形成机制。

在中外哲学史上,类似四肢结构论的系统论思想,其实并不鲜见。譬如,亚里士多德的"整体大于它的各部分总和",卢卡奇的"总体优先于部分"总体性范畴,以及中国古代公孙龙的"右不谓二"、"左不谓二"、"左与右谓二"的观点。广松坚持,欧洲哲学中的"个体"、"自我"、"普遍"、"先验的主观"等基本概念,都是"物象化的误视"的产物。胡塞尔的"意识对象—意识内容—意识作用"的三项图式,实际上可以简化为"主观(意识内容—意识作用)—客观(意识对象)"的图式,他所谓的"主观—客观"的一致,实际上是主观内部的一致,即"意识内容—意识作用"的一致。正是这种主观内部的一致,使得近代认识论愈发走向闭塞,最终引发现代认识论的危机。广松的解决之道是,将"意识对象—意识内容"这二项改造为"现象的所与—意义的所识",剩下一项"意识作用",则继续引进胡塞尔的"主体间性"(交互主体性)的概念,亦即将"意识作用—主体间性"这二项改造为"能知的某个—能识的某人"。在拒斥或克服主观内部即意识内容之间的一致的含义上,广松在其四肢结构论的系统阐发中,确实可以说是试图将现代哲学的"主观"或"客观"的单孔镜,置换为"主观"和"客观"的双孔镜。

四、"四肢结构"的扬弃对象

"四肢结构"是广松涉《存在与意义》两卷本中的一个核心概念,是广松哲学的认识论和实践论的理论基石,对于我们深入理解与把握广松涉随处强调的认识世界和实践世界的关系辩证法这一理论旨趣,起着至关重要的作用。"四肢结构论"的提出,源于广松在社会历史观方面主张"脱欧入亚",主张由西方以物质福利为中心的物的世界观(实体主义)转换为东方以生态学价值为中心的事的世界观(关系主义),反对以欧洲为中心的产业主义,倡导以生态学价值为中心的价值观。作为这种社会历史观在哲学上的表现,就是广松明确拒斥以胡塞尔现象学的"意识对象—意识内容—意识作用"的三项图式,而提出以超越近代哲学的"主客二分"为理论目标的"四肢结构论"。

在《世界交互主体的存在结构》一书中,广松从胡塞尔的"主体间性"概念入手,对近代哲学的"主客二分"的认知图式进行条分缕析的批判与扬弃。广松指出,作为近代认识论的根本前提的"主观—客观"图式的特点是,(1)主观的"各自性",(2)认识的"三项性",(3)条件的"内在性"。其基本理路是,认识归根结底是"同型"的各种个人的意识,个人在"意识作用—意识内容—意识对象"的三项图式中把捉对象,而直接出现于主观面前的条件,不是客体本身,而是内在于意识的内容即表象或观念。由这一根本前提,引发了近代哲学中"外界存在"或"他我认识"的难题,进而使得意识内容与客体本身的对应即认识的客观有效性,在原理上成为不可能。为了走出这一认识论的隘路,打破这种认识论的闭塞状况,20世纪前半期发生的所谓"语言学的转向",就是试图消解这一问题本身(1979年,罗蒂在其《哲学与自然之镜》一书中,宣告了"近代认识论的终结")。在广松看来,分析哲学试图在语言的层面阐明与消解认识的问题,这无异于是在回避问题。在这一哲学背景下,广松的解决之道是:第一步,以"主体间性"的概念,拒斥或取代主观的"各自性"。"主体间性",也译"共同主观性",这是现象学为克服他我问题的难题而使用的一个概念装置,胡塞尔试图以此重新确立复数的超验论的自我。胡塞尔的错误在于,与笛卡儿一样,首先确信有一个确切无疑的主体,然后各个主体之间才形成主体间性的关系。广松坚持,把这种单元性的超验论的主观性"实体化",恰恰是一种物象化的误视。换句话说,所谓"主体间性",并非如胡塞尔所设想的那样,首先存在各种"主观",尔后通过对"主观"之间的感情移置等操作,而事后形成相互关系。实际上,"主体间性"指的是历史地、社会地形成的共同性或共同关系本身。"马克思恩格斯早就主张,意识的主体间性,是感觉或感情的历史的、社会的共同主观化,并基于这一观点而构筑了唯物史观。"①在此意义上,主体间性的源头,在于马克思主义哲学,而不在于胡塞尔现象学。这样,"主体间性",就不是一个"实体概念",而是一个"过程性"、"功能性"的形容词或副词的概念,是基于社会交往而形成的"我"及其"我们"的"同型化"。这一观点,显然是广松对格式塔心理学中"似动现象"关于物理现象与心理现象的同型性,在哲学上的挪用。第二步,用"四肢结构联系"拒斥或取代"三项图式"及其"内在性"。具体而言,是把"意识对象—意识内容"这二项改造为"现象的所与—意义的所识"(现象的对象的二肢性),剩下一项"意识作用",则继续引进胡塞尔的"主体间性"的概念,亦即将"意识作用—主体间性"这二项改造为"能知的某个—能识的某人"(能为的主体的二重性)。这样,"意识对象—意识内容—意识作用"的三项图式,最终被置换为一种"四肢结构关系"。这种双关性对应或四肢结构关系,即广松所谓的"反照的关系规定性"或**"事的世界观"**,广松试图由此克服并超越传统哲学以实体性的"主客二分"为特点的**"物的世界观"**。在胡塞尔的"意识对象—意识内容—意识作用"的三项图式中,作为意向作用抵达意向对象的中介的意向内容是先行给定的,意识对象与意识内容之间,不是一致而是对立;如果说确实存在一致的地方,那也仅仅是意识内容之间的一致(内在性)。这样,意识对象与意识内容之间,就被存在性地截断开来,二者之间始终横亘着一条鸿沟,近代认识论也因此而日益陷入狭隘与闭塞。在广松看来,现象世界中人们所感知的音、色、形、味等,绝不是感性的集合体,即绝不是现象学中实质上的意识内容之间的一致,而是具有深度与厚度的有形事物,是负载着"图书"、"钢笔"等读写的意义的具体事物。这种某物作为某物的意识的"作为"结构,正是世界的初始的存在方式。这是因为,"意识不是原封不动地接受现象赋予的东西,而是作为现象赋予的

---

① 『廣松渉著作集』(第 1 卷)、岩波書店、1997 年、第 21 頁。

东西之外的某物、现象赋予的东西之上的某物而被意识。"①比如,我们用粉笔在黑板上画了一个圆。此时我们不仅仅感觉到黑板上粉笔的痕迹这一真实的"现象的所与",而且将该所与以"圆"这一非现实的"意义的所识"来把握。广松将这一事态称之为"自为的'对象的二因素'的非现实—现实的二肢性的统一结构。"②"现象的所与"与"意义的所识"不是空间性地分离的存在,非现实的"意义的所识"的黑板上的"圆"在现实的"现象的所与"粉笔的痕迹当中被赋予生命。广松强调,一切现象都是这两个契机的浑然一体的统一态。与此相应,主体方面也具有"现实—理念"的二重性。例如,在语言交往中,无论我要理解他人的语言,还是要使他人理解我的语言,我都不能是独自言说"私人语言"的唯我论者,而只有作为"某国语言的主体一般"才能够彼此交流。诸如笛卡儿所谓的"自我"或费尔巴哈所谓的"自然的人"这种处于与他人的交往之外的"人",实际上是不存在的。所谓主体的"现实—理念"的二重性,通俗地说,就是人的"自然性—社会性"、"肉体性—精神性"或"具体性—普遍性"的二重性。其中,自然性、肉体性和具体性具有场所的、现实的存在性格(作为"我"的我),社会性、精神性和普遍性具有超场所的、理念的存在性格(作为"我们"的我)。广松强调,这种主体的"现实—理念"的二重性,并不是类似费希特眼中那种先验的结构,而是与主体的主体间性的自我形成是表里一致的。所谓"现象世界,即是作为'我'的'我们'去认识'现象'之外的'意义'"③。我们知道,任何结构都具有类似"整体大于部分之和"的功能性、关系性的特点,而广松更是将这种"四肢结构"看作一种"关系态"或"事态",称自己的这种认识论为"事的世界观"。回过头看,在仅仅是意识内容之间的一致性(主观内部的一致,而不是主客的一致)的意义上,我认为,广松的"四肢结构"确实

①　『廣松渉著作集』(第 1 卷)、岩波書店、1997 年、第 34 頁。
②　『廣松渉著作集』(第 1 卷)、岩波書店、1997 年、第 37 頁。
③　『廣松渉著作集』(第 1 卷)、岩波書店、1997 年、第 54 頁。

实现了对胡塞尔"三项图式"的超越。就此而言,胡塞尔现象学的"三项图式"显然是触发广松之所以提出"四肢结构"的一个至关重要的**理论机缘**。

"四肢结构"的实质,是一种关系存在论。但在表达上,广松却不得不随处借用传统哲学的"主客二分"的表述方式,指出自己之所以把四个契机区分为客观与主观,主要是为了叙述的方便,或者说为了照顾近代范畴背景下的思维定势,并反复强调现实的东西有两个(二肢),理念—理想的东西有两个(二重),这四个契机中的任何一个都不能独立自存。关于现实与理性的关系问题,读者或许很容易想起黑格尔著名的"凡是合理的东西都是现实的,凡是现实的东西都是合理的"、"主体即实体"之类的论断,不同之处在于,黑格尔那里实体性的**一肢一重**的"现实"、"理性"或"主体"、"客体",到了广松这里已转换为一种关系性的**二肢二重**结构。"现象的所与—意义的所识"、"实在的所与—意义的价值"属于世界存在结构的客观层面,是现实的东西,具有场所的、个别的、易变的存在性格;"能知的某个—能识的某人"、"能为的某个—职务的某人"属于世界存在结构的主观层面,是理念—理想的东西,具有超场所的、普遍的、不变的存在性格。因此,作为认识世界和实践世界的存在结构的"四肢结构",也可确切地称作"二肢二重结构"。这种对四肢结构的"横向分割"和"纵向分割"而形成的四个"项"的契机,不是各自封闭的独立存在,而是一个"开放系统",每个"项"都是关系性的"反照的结节"。

五、对广松哲学的评价

按照"费力最小"的原则,若有人要求以最少的文字概括广松哲学的中心内容,那么,"关系"[①]二字应是再恰当不过的。"关系的基始性"

---

① 张一兵:《广松涉:关系存在论与事的世界观》,《哲学动态》2002 年第 8 期。

这种本体论,对日常观念(für es)而言,也许近似悖理。为此,广松希望读者千万不要误认为他所说的"关系的基始性",首先是确立关系项之后,"物"才得以自存。假如"关系的基始性"是以"关系"在先还是"实体"在先这种方法论意义上的"实体的基始性"的对立面的面貌出现,那显然毫无意义。要言之,关系的基始性旨在阐明,作为"事"的关系性是普适性的存在机制,是基始性的本体规定,从异质于实体本体论(物的世界观)的角度而言,可谓之为关系本体论(事的世界观)。以物象化论为方法,通过对从亚里士多德到海德格尔的西方实体论哲学的深入批判,广松以有力的论据和严密的逻辑,揭示了以异化论逻辑为特色的实体论哲学的悖理性、荒谬性,阐明关系主义何以可能(以及实体主义何以不可能)。

广松生前曾为东京大学科学史、科学哲学教授。毋庸置疑,作为一种认识论,四肢结构论有着浓厚的相对论、量子力学、系统论等现代科学的背景。相对论和量子力学已证明,世界并非机械力学所主张的僵死客体的简单堆积,认识客体不能离开认识主体而独立自存。因此,为了摆脱实体主义在认识论上所陷入的闭塞境地,"以不同的方式抛弃绝对实体观,已成为当代世界哲学的一个带普遍性的特征。"[1]作为从哲学上对新物理学作出的回应,20世纪初英国数学家、哲学家怀特海从"事件"是世界有机体的基本要素的视角,提出了其著名的新实在论思想,即"有机体哲学"。"在新物理学看来,世界不是物体的堆积,而是一定时空关系中事件的统一体。所谓事件是指多种关系的综合。"[2]20世纪末,美国实用主义哲学家罗蒂亦从其反本质主义的立场,将物体看作

---

[1] 罗嘉昌:《从物质实体到关系实在》,中国社会科学出版社1996年版,第6页。

[2] 杜娟:《怀特海:时代的异数》,《中国社会科学报》2013年5月20日。16、17世纪的哲学实在论者似乎承认有实体和事件两种事物。以笔者之见,在实体、属性与事件的关系中,实体是永恒不变的,属性是实体的特征,事件则是属性的持续运动或变化。从马克思主义的哲学视角看,怀特海《过程与实在》所讨论的主题可简要归结为物质与运动的关系。若以"事件"一词比照广松关于"事的世界观"或"关系主义"的阐发,我们很难断言西方观念是与之截然绝缘的一以贯之的实体主义。

"关系网络",强调"反本质主义者并不怀疑,在存在关于'树'和'星星'的陈述很久以前就已经存在着树和星星。但是这个先在存在的事实对于回答如下问题是无用的:'脱离了它们与其他事物的关系的树和星星是什么?即脱离了与我们关于它们的陈述的树和星星是什么?'"①很明显,罗蒂是要提醒人们应从客体与主体的关系中去把握诸如"树"和"星星"的事物。

自古希腊以来,从泰勒斯到亚里士多德,他们遵循"实体与属性"的分类,试图找寻那永恒不变的实体,事件被看作实体的附庸。到了近代,从笛卡儿、霍布斯、洛克到拉美特利,也都是试图通过实体把握世界。以笛卡儿为例,关于其"心与物"或"精神与肉体"的二元论"哲学病",如恩格斯所分析的,"在形而上学者看来,事物及其在思想上的反映,即概念,是孤立的、应当逐个地和分别地加以考察的、固定的、僵硬的、一成不变的研究对象。他们在绝对不相容的对立中思维;他们的说法是:'是就是,不是就不是;除此以外,都是鬼话。'在他们看来,一个事物要么存在,要么就不存在;同样,一个事物不能同时是自己又是别的东西。正和负是绝对互相排斥的;原因和结果也同样是处于固定的相互对立中。乍看起来,这种思维方式对我们来说似乎极为可取,因为它是合乎所谓常识的。然而,常识在它自己的日常活动范围内虽然是极可尊敬的东西,但它一跨入广阔的研究领域,就会遇到最惊人的变故。"②这种非此即彼的思维定势,正是典型的实体主义的思维方式。以广松之见,在实体主义的"主观—客观"认知图式中,主观是"自我性"意识,主观("意识作用")根据"意识作用—意识内容—客体本身"的三项图式而认识对象,它直接反映表象和观念等"意识内容",间接认识"客体本身"。结果,"外界存在"和"他我认识"成为近代哲学框架中的一大难题,难以走出"唯我论"的死胡同,近代世界观因陷入闭塞状况而面临

---

① 理查德·罗蒂:《后形而上学希望》,上海译文出版社 2003 年版,第 41 页。
② 《马克思恩格斯全集》(第 19 卷),人民出版社 1963 年版,第 220—221 页。

解体的危机。要打破这种思想的闭塞状况,就必须超越"主观—客观"的图式,建构新的认识论。广松哲学的理论目标就是要试图克服或超越西方哲学中这种主客二分的实体性思维方式,而将其推进到以龙树为代表的东方式的主客统一的关系性思维方式。广松的《存在与意义》两卷本,意在为这一理论目标奠定哲学基础。从《存在与意义》的核心即"四肢结构论"来看,广松解决了在"实体"与"关系"谁更具有基始性的问题,并将"关系的基始性"的观点,通过对以胡塞尔为代表的西方哲学的主客二分性的深入剖析而体现于"四肢结构"的每一具体论证中。通过四肢结构论,广松推开了一扇由实体主义转向关系主义的视窗。

卞崇道先生认为,"就日本而言,尽管它是一个岛国,但在漫长的历史演化中也形成了自己的文化语境和话语方式,打造了独特的文化特色。从纵向的文化史的考察中,日本文化的发展走的是'共存→融合→共生'的道路;从横向的文化内容的考察中,日本文化的最显著的特征可以概括为'生活文化',即在日常生活的层面来理解事物,并且在个体的层面上加以展开。"①四肢结构论中的"肢",正是这种日常化、生活化的文化语境和话语方式的体现。与传统"实践—认识"的认知模式不同,四肢结构论可以说正好与黑格尔的上述正反合的观点相契合。在广松那里,现象与意义—能知与能识及实在与价值—能为与职务,不是实体性的项的无穷的连接,而是关系性的项的无穷的包容或融合,是一种功能性的四肢结构。这一新的视角,对于我们今天建构有中国特色的面向 21 世纪的马克思主义哲学新形态,对于贯彻落实十八大提出经济建设、政治建设、文化建设、社会建设和生态文明建设的"五位一体"的战略布局,具有重要的启发与借鉴意义。

毋庸讳言,广松的这扇关系主义的视窗,也有一些模糊之处。这突出表现在,广松并没有就"关系本身与实体的关系"作进一步的反思。

---

① 卞崇道:《融合与共生》,人民出版社 2008 年版,"前言"第 3 页。

按照关系主义的应有理路,当说到从实体主义到关系主义的新推进时,我们无法回避的一个问题是"关系本身与实体的关系"。如果说实体主义更注重于二分法,看问题的角度是从局部到整体,喜欢把复杂的事物分解为相对简单的部分,关系主义则更侧重于合一法,看问题往往从宏观的角度出发,在总体上去把握事物发展的规律,但不管怎样,二者都是人们科学地把握世界的不可或缺的方式。实体主义的特点在于,容易走向极端的客观性或极端的主观性,现代西方哲学中的科学主义与人本主义以及理性主义与非理性主义的思潮,便是这两种极端性的产物。

如果存在一条对西方哲学的终极超越之路,那么这条道路或许应将"实体"本身作为"关系"的一个"结节"。

第七节 广松涉与关系主义的潜流

保罗·利科在其主编的《哲学主要趋势》一书中设有"现代印度和日本思想中的逻辑和本体论"一节,专门介绍了印度和日本学界对排中律和矛盾律的研究。关于前者,印度哲学家卡利达斯发现,"非排他性的'或者'仅是 16 个可能的二项逻辑算子中出现的逻辑连词之一,这些逻辑算子可存在于二值真值函项逻辑中……如果选替项之一被断定为真,那么其他选替项既可真亦可假"[①]。日本哲学家大江精三质疑"把排中律用于不能截然二分化的领域","不仅在亚原子层次上,就是在知觉层次上我们也未能发现这种截然分明的二分现象。但是如果情况是这样,那么运用具有这类二分性的逻辑思想去了解并非二分性的经验,就会导致混乱"[②]。关于后者,今道友信指出"如果我们接受矛盾律的话,

---

① 保罗·利科:《哲学主要趋势》,商务印书馆 1988 年版,第 43 页。
② 保罗·利科:《哲学主要趋势》,商务印书馆 1988 年版,第 44 页。

就不可能思考全体或整体,因为理解整体的企图总要导致悖论……然而如果要研究任何真正的形而上学,就必须思考它——那么,我们就不得不放弃矛盾律,并把悖论看作是不自相矛盾的"①。此外,克里施纳引入类似"一切以条件、地点和时间为转移"②的观点,主张"将矛盾律应用于经验现实……要以对那类被施用矛盾律的对象进行'点—时—刻'分析为前提……因为每一时刻都可以当作是一个新的时刻,这样就使矛盾律与人们打算将矛盾律运用于其上的任何对象没有关系了"③。我们知道,排中律被表述为"A 是 B 或不是 B",矛盾律表述为"A 不能既是 B 又不是 B"。可是,这类古老的逻辑定律却无法解释现代物理学中光的波粒二象性,以及量子力学和广义相对论的不相容现象。凡此种种,如保罗·利科那本书的书名所显示的,当代哲学涌现一股由 19 世纪的克尔凯格尔的作品《非此即彼》所表征的隘路到由 20 世纪物理学的"亦此亦彼"所表征的通路的趋势,日本广松哲学即是这一趋势中具有代表性的一种。

在《黑格尔与"关系主义"的潜流》一文中,广松涉(1933—1994)从"哲学的闭塞状况与反思"、"超越二元对立性的基本态势"和"从生态主义存在观到关系主义"等方面④,阐发了黑格尔哲学中关系主义的萌芽。广松哲学的根本意趣之一是哲学上推进从"实体主义"到"关系主义"的转换。他在展望未来何种世界观将成为基调时,更是明确提出"除了欧洲的,不,大乘佛教的一部分极少的例外,'关系主义'将取代过去占主流的'实体主义'而成为基调"⑤。作为最终的理论尝试,已反映于其代表作《存在与意义》两卷本中。但由于本身艰涩难懂,一般读者难以登

---

① 保罗·利科:《哲学主要趋势》,商务印书馆 1988 年版,第 44 页。
② 《斯大林文集》(1934—1952),人民出版社 1985 年版,第 206 页;参见《列宁全集》(第 31 卷),人民出版社 1985 年版,第 54、172 页。
③ 保罗·利科:《哲学主要趋势》,商务印书馆 1988 年版,第 44—45 页。
④ 广松涉:《唯物史观的原像》,邓习议译,南京大学出版社 2009 年版,第 242—279 页。
⑤ 『广松涉著作集』第 14 卷,岩波书店、1997 年、第 498 页。

堂入奥。笔者以为,哲学是追本溯源的学问,研究哲学思想当如是,研究哲学家的思想亦当如是。本着"取法乎上(得乎中)"的古训,本文拟从作为宗教、哲学之源头的印度教的"梵我一如"论和佛教的"缘起性空"论,以及作为广松所处的日本现当代哲学语境中的西田几多郎的"场所逻辑"和大森庄藏的"当下显现的一元论",阐发广松涉与"关系主义"的宏阔潜流,以期更多的读者"窥一斑而知全豹",深入领略广松哲学的魅力。

一、"梵我一如"论

当恩格斯在《路德维希费尔巴哈和德国古典哲学的终结》提出,"全部哲学,特别是近代哲学的重大的基本问题,是思维和存在的关系问题"①,他确实抓住了哲学思维中一个谁都永远无法绕开的问题,即"心与物"的关系。前面,广松提到"新的世界观和价值观……将产生于亚洲"。那么,相对于西方哲学,处于亚洲的东方哲学具有什么特点呢?它是否具有广松所主张的关系主义的基调呢? 为了说明这一点,我们不妨从作为"哲学与宗教最相一致"②的印度宗教哲学谈起。

在哲学教科书中,人们常说西方哲学的源头在古希腊,第一个哲学家泰勒斯称"万物的本原是水"。可是实际上,在比泰勒斯早 1000 多年前,在东方印度的婆罗门教经典《梨俱吠陀》中,就已提出"地、水、火、风、空"③为构成世界万物的五大元素,并试着以"自我"为世界太初(开端)的创造者。④此后,从印度教经典《薄伽梵歌》的梵书时代以降,"自我"被视为与"梵天"是同一的,此即所谓"梵我一如"说,作为创造主的人格神色彩逐渐被淡化,"梵天"始得作为世界之原理而存在。在今天

① 《马克思恩格斯选集》(第 21 卷),人民出版社 1965 年版,第 315 页。
② 西田几多郎:《善的研究》,何倩译,商务印书馆 1965 年版,第 35 页。
③ 《五十奥义书》,徐澄梵译,中国社会科学出版社 1995 年版,第 29 页。
④ 参见《五十奥义书》,徐澄梵译,中国社会科学出版社 1995 年版,第 20 页。

的印度教信仰中,梵天、毗湿奴和湿婆被看作分别主管"创造"、"维护"和"毁灭"的神灵。

　　关于"梵天"一说,我想眼下有三点值得我们引以重视。第一,梵文中的"音"与"义"所体现的基始性关系。婆罗门教以"吠陀天启"、"祭祀万能"、"婆罗门至上"为根本信仰。据史料记载,"梵文"系"梵天"所创,"详其文字,梵天所制,原始垂则,四十七言(字母)"①。在今天的印度,人们相信梵文的每个字母都代表了一种力量源泉,因此人们在修炼"瑜珈"的时候总会冥想着梵文字母。由此亦不难理解后世佛教在诵读佛教"真言"的时候,之所以要求发音正确,是因为梵文单词拼写与读音之间有着绝对的规则,用梵文字母拼写的真言,既能保持真言的纯正梵音,又能做到所说即所写。作为例证,诸位随便翻开一部今天的佛教经典,可以发现里面的音译词比比皆是。比如著名的《心经》,其全称为《摩诃般若波罗蜜多心经》,其中"般若"(prajñā)意译是智慧,"波罗蜜"(pāramitā)意译是"到彼岸"。玄奘为何不意译为"智慧到彼岸"呢? 根据前述"所说"即"所写"的原理,显然若是间接意译的话,或许担心智慧无法直接到达彼岸吧。譬如梵文的三个根本咒音,"唵(ōng)"意为"永恒常住,不生不灭,不垢不净,不增不减,遍满法界","阿(ā)"意为"无量无边,无际无尽,生生不息,开发光明","吽(hòng)"②意为"无边威德,无漏果圆,无上成就,迅速成就","说与写"、"音与义"都是直接对应的,所谓"歪嘴和尚——没正经",其本义就在于此。③而此处的"所说"和"所写",读者当中或许有人会想到结构主义语言学家索绪尔的"所指"和"能指"的概念吧。第二,梵天造人过程中所体现的质能转换关系。据

---

① 唐玄奘:《大唐西域记》卷二。
② 镇守寺院大门两侧的石狮子,其中一只狮子是口发"阿"音,另一只狮子则口发"吽"音。狮子的脚下有一圈符咒,原本是针对盗贼的符咒,后来人们为了寻找失物,也使用这一符咒。
③ 这三个咒音,后被扩展为佛家六字真言"唵(ōng)嘛(mā)呢(nī)叭(bēi)咪(mēi)吽(hōng)"。道教可能受其影响,亦有"临兵斗者,皆阵列前行"的"九字咒"(《抱朴子·内篇卷十七·登涉》)。

说,"梵天"从他的精神而非肉体创造了被称为"心灵之子"的七位圣哲,以协助自己创造宇宙。在古代,究竟能否从意识创造物质,或许并非是一个容易证明的问题。进入现代之后,随着爱因斯坦质能方程的提出,至少已从科学原理上对这一问题作了肯定的回答。第三,在"梵天"思想的基础上,后人如何具象地呈现"心与物"的统一? 在较《梨俱吠陀》晚500多年的印度教经典《薄伽梵歌》中,阿周那称赞克里希那"您是最初的创造者,甚至比梵天更伟大。"①而克里希那也不吝对其承认"阿周那啊,要知道,我是一切创造物的创造主。"②可是,何以见得呢? 在第11章《宇宙形象的显现》中,"阿周那看见了主的宇宙形象,它有无数的嘴巴和眼睛,无数奇异的相貌,佩有无数神圣的饰物,持有无数神圣的武器,穿着神圣的衣服,戴着神圣的花环,抹有天上香料和油膏,充满了一切奇观——无数的神面向各方。"③依笔者浅见,这段文字为我所见过的古代经典中最为形象地描绘了"物质与意识"、"思维与存在"相统一的语句。

上述第三点,其泛神论的通感式描述,则对后世佛教的影响尤为突出。佛教将眼睛分成肉眼、天眼、慧眼、法眼和佛眼五种境界。在前四种眼界中,总有一个主体和一个客体。譬如,就肉眼而言,人是主体,世间现象是客体;就慧眼而言,阿罗汉是主体,"空"是客体;就法眼而言,菩萨是主体,宇宙万象是客体。然而,当谈到佛眼时,若说佛是主体,宇宙是客体,那就大错特错了。因为在佛眼看来,佛与宇宙之间已了无区别,佛即一切,一切即佛。总之,对于佛眼而言,那是绝对待(没有相对概念),绝空间(没有空间概念),绝时间(没有时间概念)。用龙树《中论》中的"八不"思想来说,就是"不生亦不灭,不常亦不断,不一亦不异,不来亦不出"。作为例子,我们还可以举出大家耳熟能详的"千手观音"

---

① 毗耶娑:《薄伽梵歌》,王志成、灵海译,四川人民出版社2015年版,第227页。
② 毗耶娑:《薄伽梵歌》,王志成、灵海译,四川人民出版社2015年版,第251页。
③ 毗耶娑:《薄伽梵歌》,王志成、灵海译,四川人民出版社2015年版,第217页。

及《西游记》中关于"孙悟空逃不出如来佛的手掌心"的描述,这都有助于说明什么是佛,限于篇幅,这里就不作展开了。

以上三点,大体上是从就事物的空间性而言。在今天,我们知道空间与时间密不可分。关于时间,古印度也有非常深入的思考。在印度北部的一座名为贝拿勒斯的神庙里,在一块黄铜板上插着三根宝石针,传说梵天在创造世界的时候,在其中一根针上自下而上穿有由大到小的 64 块金片①,此即所谓的汉诺塔。该庙总是派有一名僧侣不分昼夜地按照"一次只移动一片,不管在哪根针上,小片必须在大片上面由大到小"的规则,移动这些金片。僧侣们预言,当将梵天穿好的那根针上的所有金片移到另一根针上时,世界、梵塔、庙宇和众生都将在一声霹雳中毁灭。乍一看,这也许有点夸张,其实一点也不。根据计算,按规则移完这 64 块金片,需要移动 18446744073709551615 次,按每秒移动一次计算,一年为 31536926 秒,等到移完这些金片,共需 5800 多亿年。不得不说,古印度关于"时间与空间"的关系的理解,确实让人叹为观止。

二、"缘起性空"论

龙树(150—250)是印度的一位著名宗教哲学家,大乘中观②学派的奠基者,素有"第二释尊"、"千部论主"和"八宗共祖"等美誉。他的著作汉译本,现有《大智度论》、《中观》等二十多种。龙树在继承印度传统佛

---

① 据《易传·系辞上传》记载,伏羲发明了八卦,提出"易有太极,是生两仪,两仪生四象,四象生八卦",并将八卦推演为六十四卦。

② 就思想源头而言,类似"中观"理论的最早表述,可以追溯到孔子关于中庸的理解。"中庸"的"中",具有"中正平和"的含意,"庸"即"用"的通假字。"中庸"是儒家伦理思想及方法论的原则,它强调为人处世上的无过无不及(过犹不及)、变不失常、执常应变、不偏不倚、执两用中。在孔子看来,所谓"极高明而道中庸",意为中庸乃最高的美德,"中庸之为德也,其至矣乎"(孔子:《论语·雍也》)与孔子将"中庸"作为一个伦理学用语类似,亚里士多德也认为"美德乃是一种中庸之道"(北京大学哲学系外国哲学史教研室编译:《古希腊罗马哲学》,商务印书馆 1961 年版,第 321 页)只有中庸的行为才是道德的,过度和不及乃是恶行的特征。在亚里士多德那里,"中庸"意味着不偏不倚,处于"过度"、"不及"这两个极端的中间。例如,勇敢是鲁莽和怯懦的中庸,节制是放纵与冷漠的中庸。

学(如《般若经》)及其他学派(如《奥义书》)的观点的基础上,创建了自己的宗教哲学体系,其哲学思想集中体现在《中观》一书中。在这部重要著作中,龙树阐述了自己对空的直接观照、不信任任何世俗的名言概念及透过否定和辩证的论证形式以显示真理的思想。印度学者拉灸认为,龙树是一名辩证法专家,其中观学可以与布拉德雷的关系论相媲美。穆谛则由龙树的中观学进而明确提出"中观辩证法"的概念。

"空"(sunyata),是龙树哲学的核心概念。所谓"空",是一种无自性、相对、暂时的存在状态,就是对自性(svabhava)的否定。在龙树看来,法无自性,当体即空,这个世界没有固定不变的独立实体,婆罗门教中的所谓"梵"(灵魂)其实是不实在的,流于因"空"而执"空",把"空"实体化,是一种臆造的假名(即"邪见")或言说意义上的"戏论",实际上没有任何东西与"梵"或"灵魂"相应。

龙树试图通过"空"的意蕴,克服并超越"生灭、断常、一异、来去"这类相对性概念。在《中观》开头,龙树以"不生亦不灭,不常亦不断,不一亦不异,不来亦不去"①为引偈,破邪显正、开宗明义地阐明了大乘佛教"依因待缘"、"缘起性空"的中道义理。具体而言,《中观》是通过"不"字而远离、否定与超越上述相对性的两端,由此凸显两端的中道实相即空性,这就是所谓的中观。在"空性即中道"②这种对空的离言绝虑的直觉的观照中,相对性的两端是相即不离的,任何相对性或绝对性(的实体)都不符合中道。因此,不能将超越于一切相对性或绝对性的"空"实体化。

在龙树看来,诸法"性空幻有"。"诸法从缘生,诸法从缘灭",③"未曾有一法,不从因缘生,是故一切法,无不是空者",④世界万物处于一种

---

①　龙树:《龙树六论》,民族出版社 2000 年版,第 5 页。
②　龙树:《龙树六论》,民族出版社 2000 年版,第 36 页。
③　龙树:《大智度论》(卷十八)。
④　龙树:《龙树六论》,民族出版社 2000 年版,第 36 页。

相互关联、相互依存、互为因果的关系中，一切物质现象和精神现象的生、住、异、灭，都是因缘和合的产物，并不存在独立、恒常的实体。凡是基于各种条件聚合而成的事物，都不具有固定不变的"自性"。这种缘生缘灭的"无自性"的非实体状态，即是"空"。但是，"空"不等于虚无。虽说"空"是"自性空"，是事物或现象本身无自性（实体），但是在构成现象的因缘尚未完全破坏之前，这种现象却仍不失为仿佛存在的"幻象"或"幻有"。龙树之所以呵斥小乘佛教中的方广部①所谓的"一切法不生不灭，空无所有，譬如兔角龟毛常无"②的"空观"是一种"恶趣空"，是因为方广部恰恰把"空"等同于无或虚无。就此而言，黑格尔及一些欧洲哲学家认为"空"等于无或虚无，显然是错误的。与此不同，日本学者一般既视空为否定，又视空为妙有，而不是把空看作消极的虚无主义。

印度自古有注重辩证思维的传统，可是印度当时并没有西方的"逻辑"一词，与此对应的是所谓的"正理"，后来在佛教的推衍发展下又被称为"因明"。在印度传统的否定性思维模式中，否定的即意味着肯定，否定是为了肯定。对事物的真实本质的把握，是通过对事物的实在性的否定而实现。在《奥义书》中的一些婆罗门教思想家看来，作为最高实在的"梵"，只能通过否定的思维方式（不是什么）来体悟，而不能用世俗的认知方式（是什么）来把握。这种思维方式，对由龙树所创立的大乘佛教产生过很大影响，上述引偈中的"八不"，同样意在"以破为立"、"破邪显正"，即通过否定而达到肯定。在方法论上，龙树的"正理"虽有破有立，但重点在破，以破为立。"由否定达到肯定的论证手法，是印度自奥义书以来的传统论证方法。"③《中观》通常运用"双遣双非"式的四句论证模式。例如，在"一切实非实，亦实亦非实，非实非非实，是名诸

---

① 方广部，佛教史上著名的虚无主义者。在他看来，空即虚无，一切事物皆空无所有。
② 龙树：《大智度论》（卷一）。
③ 成建华：《龙树与中国佛教哲学》，2003 年博士学位论文，中国社会科学院研究生院。

佛法"①这一偈颂中,第一句"实(有)"和第二句"非实(无)"在逻辑上是矛盾的,而第三句"亦实(亦有)亦非实(亦无)"是对第一、第二句的相对统一,第四句"非实(非有)非非实(非无)"则是对第三句的绝对统一。就黑格尔辩证法的"正、反、合"论证模式而言,如果说第一句"实(有)"相当于黑格尔辩证法的"正"命题,那么第二句"非实"就相当于黑格尔辩证法的"反"命题,第三句"亦实亦非实"则相当于黑格尔辩证法的"合"命题。亮点在于第四句,龙树为实现对常识与真理的超越而设立了"非实非非实"的命题,这种"相即相入,浑然一体"的绝对不二的实相,即是"空"。

三、"场所逻辑"论

说起日本哲学,正如在前些年在中国也有过"中国哲学的合法性"的讨论,众所周知中江兆民说过一句很有名的话,那就是"日本没有哲学"。②我想这除了与"哲学"一词的语源及理解有关,主要原因还在于中江未曾接触过亲鸾、道元等人的本土思想,同时也是与他的所处年代略早于京都学派的创始人西田几多郎(1870—1945)有关。要深入理解西田哲学,读者必须具备解释学中特别强调的一种"前见",那就是德国古典哲学的基本了解,尤其是费希特关于"自我"的"三部曲",即"自我设定自身"、"自我设定非我"、"自我设定自我和非我"。

西田哲学的哲学归宿在后期著作《从动者到见者》中的"场所逻辑",而哲学开端则是早期著作《善的研究》中的"纯粹经验"。正是围绕如下"纯粹经验"、"实在"和"场所"这三大问题,西田展开了他持续二十多年的哲学运思,分别阐明应如何理解"自然"、"精神"和"神",及其三者之间的关系。

---

① 龙树:《龙树六论》,民族出版社 2000 年版,第 27 页。
② 参见中江兆民:《一年有半续一年有半》,吴藻溪译,商务印书馆 1979 年版,第 15 页。

1. 纯粹经验

西田认为："所谓经验,就是照事实原样而感知的意思。也就是完全去掉自己的加工,按照事实来感知。一般所说的经验,实际上总夹杂着某种思想,因此所谓纯粹的,实指丝毫未加思虑辨别的、真正经验的本来状态而言。……纯粹经验与直接经验是同一的。当人们直接地经验到自己的意识状态时,还没有主客之分,知识和它的对象是完全合一的。这是最纯的经验。"①我们知道,明治启蒙家在引进西学过程中,尤为重视实证主义哲学。西田此处关于"纯粹经验"的看法,系源自实用主义者詹姆士。后者在其《心理学原理》中强调:"我把直接的生活之流叫做'纯粹经验',这种直接的生活之流供给我们后来的反思与其概念性的范畴以物质材料。"②主客关系,其实一直也是西方哲学思考的一大问题,这里我们只需列举黑格尔关于"实体即主体",胡塞尔所谓"面向事情本身"(其学生海德格尔则提出"面向思的事情"),亦可见一斑。事实上,主客两者的关系,我通常喜欢将其比喻为蛇的"头尾相缠"。因为在黑格尔那里,"实体即主体"只有借助"面向事情本身"才能获得实现;而在胡塞尔这里,"面向事情本身"也只有从"实体即主体"出发才能自圆其说。我想,这不管西方还是东方,都存在这一问题,在西田哲学中亦莫能例外。西田说:"所谓主客合一,既是在主词方面所见之自己同一,更应是在宾词方面所见之自己同一。前者是单纯的同一,真正的同一反而在于后者。所谓直观,是一个场所方面同其所处之另一场所方面的合一,这两个方面的合一,不单纯是主词方面的合一,而且是主词方面深深地落入宾词方面底层的过程。"③从这段说明来看,西田独特的地方,在于他引入了"主词"和"宾词"的概念。若不妨预先说出谜底,这个"宾词"就是西田后期哲学中提出的"绝对的无"。

---

① 西田几多郎:《善的研究》,何倩译,商务印书馆1965年版,第7页。
② 刘放桐:《新编现代西方哲学》,人民出版社2000年版,第200页。
③ 中村雄二郎:《西田几多郎》,卞崇道、刘文柱译,北京三联书店1993年版,第66—67页。

2. 实在

说起来,"实在"一词可谓源远流长。在古希腊,亚里士多德起初强调只有"个体事物"才是真实的实体,而类似柏拉图的所谓"理念"是虚假的,充其量为实体的属性。后来,亚氏又把个体事物之所以存在的根据称为"是其所是",即个体事物的本质或形式。在中世纪,邓斯·司各脱认为"实在"与"存在"(being)同义,它们与"实存"(existence)并无明确的区别。在德国古典哲学中,康德将"实在"视为"(先天)形式"与"经验材料"相符合;费希特认为"实在"即是由"自我"所确立的"非我";黑格尔则坚持"实在"是"本质"与"实存"的统一。后面我们将会看到,西田关于"实在"的理解,其实与上述论点既有联系,更有区别。不管怎样,眼下就"实在"的定义而言,西田强调"不分主客的、知情意合一的意识状态就是真正的实在。"①这一观点,似乎又回到了前面关于"纯粹经验"的定义,好像仍是一个"头尾相缠"的逻辑循环或死结。但是,一旦要在恩格斯关于哲学基本问题的高度对"纯粹经验"与"实在"做出抉择时,西田则坚持"对于我们最直接的原始事实乃是意识现象,而不是物体现象。我们的身体也只是自己的意识的一部分。不是意识存在于身体之中,反而是身体存在于自己的意识之中。"②在《逻辑的理解和数理的理解》一文中,西田勾勒了这一"真正的实在"的"逻辑结构":"动的一般者的发展过程,首先是整体含蓄地(implicit)出现,接着其内容由此分化发展,然后在这个分化发展终结时,实在的整体便实现和完成了。一句话,就是一个东西它独自自己进行发展和完成。就像黑格尔所说的,从自在(an sich)过渡到自为(für sich),接着化成自在自为(an und für sich)"③。由此,西田将"自在—自为—自在自为"的逻辑结构,衍化为"直观—反省—自觉";正如自在自为是自在和自为的统一,自觉乃是直观和

---

① 西田几多郎:《善的研究》,何倩译,商务印书馆 1965 年版,第 47 页。
② 西田几多郎:《善的研究》,何倩译,商务印书馆 1965 年版,第 40 页。
③ 『日本の名著 47 西田幾多郎』、中央公論社、1965 年、第 260 頁。

反省的统一。①在"实在"的环节中,事物实现了"一般者的自我限定"。

3. 场所

西田场所逻辑的核心思想是:"有必须内存于某处,否则有将无法与无区别。"按照这一思路,西田区分了将场所区分为三个层次:"有的场所"、"相对无的场所"和"绝对无的场所"。在形式逻辑中,特殊主词(S)与一般谓词(P)有着被包涵与包涵的关系。比如,在"这匹马(S)是动物(P)"涵摄关系中,若对照中国哲学中"至大无外,至小无内"②的说法,这匹马(S)必由个体事物如细胞(S′)所构成,而动物(P)也必为更大的结构如理念(P′)所涵盖。这种思维,显然已是不同于形式逻辑的辩证逻辑,二者有着科学之于哲学、知识之于智慧的明显差异,体现了辩证思维对线性思维的克服、辩证逻辑对形式逻辑的超越。这样,西田就由主词(S)推出"个体事物(S′)",即"主词的基体";由谓词(P)推出"无的场所(P′)",即"超验的谓词"。③

图表 23 场所逻辑的基本结构

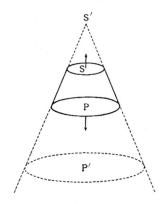

换句话说,西田很可能读过《庄子》,而把庄子话语中的"内"和"外"

---

① 『日本の名著 47 西田幾多郎』、中央公論社、1965 年、第 60 頁。
② 参见《庄子》杂篇,天下第三十三。
③ 『日本の名著 47 西田幾多郎』、中央公論社、1965 年、第 75 頁。

统称为"无",并将之与柏拉图《蒂迈欧》篇中的"场所"一词联结起来,衍变为"无的场所"。通俗地讲,这种"无的场所",有似格式塔心理学中的"背景",若推而广之,实则万事万物都有其"背景"。西田认为,他提出的"场所逻辑",既克服了前述在亚里士多德与柏拉图之间关于"个体事物"(通过"直观")和"理念"(通过"反省")孰是孰非的争论,也避免了费希特的极端"唯我论",还为黑格尔那封闭的"绝对精神"提供了一道真切而寥廓的"神"的"背景"。在"场所"的环节中,事物实现了"绝对矛盾的自我同一"。

4. 广松哲学与西田哲学的联系性

可以从两个方面来看。第一,就二者各自的哲学体系而言,具有某种对应关系。如前所述,西田的整个哲学体系都是围绕"纯粹经验"、"实在"和"无的场所"而展开。广松独创的哲学体系则集中表现在他后期的《存在与意义》两卷本。从探讨的内容来看,《存在与意义》第 1 卷"认识世界的存在结构",大致对应于"纯粹经验"(自然)的讨论。《存在与意义》第 2 卷"实践世界的存在结构",大致对应于"实在"(精神)的讨论。广松原本打算创作《存在与意义》第 3 卷"文化世界的存在结构",但非常遗憾的是,他生前没来得及实现这一愿望,因此也就无从知道他所要讨论的内容,我想第 3 卷也不会与"无的场所"(神)毫不相关吧。①第二,就二者各自的某些核心概念来说,具有一定的相似性。比如,"事的世界观"与"纯粹经验"的相似性②,"事(こと)"与"无"的相似性,等等。

四、"当下显现的一元论"

大森庄藏(1921—1997)年长广松涉 12 岁,二者同为东京大学的同

---

① 从话语体系来看,西田关于自然(纯粹经验)、精神(实在)和神(场所)的划分,其遵循的是德国古典哲学(尤其是费希特、黑格尔)的传统;广松关于认识世界、文化世界和文化世界的区分,所遵循的是马克思主义哲学的传统。考察二者的联系性,主要应该注重内在内容,而不是外在形式。

② 桧垣立哉『日本哲学原論序説——拡散する京都学派』、人文書院、2015 年、第 152 頁。

事及名誉教授。大森哲学可分为三个时期:前期"非还原主义的现象主义"、中期"当下显现的一元论"和后期"时间非实在论"。据说,大森先生说过"哲学就是额头流汗深入思考",若用汉语来说,即"哲学就是体力活"。我想,这句话本身就表现了大森思维"直接性"的特点,同时我们还可以从他的"重叠描述说"、"当下显现的一元论"看出这一点。

1. 当下显现的一元论

要理解大森先生的"当下显现的一元论(立ち現れ一元論)",必须先了解他的"重叠描述(重ね描き)说"。通常,当桌子上有一只杯子的时候,若问"杯子在哪里?"通常会指着桌上说在"那里。"但是,在二元论者看来,杯子是一种知觉,而并非产生这种知觉的物质,即"物自体"。大森反驳说,就像当电视播放着山野的时候,有人问"山在哪里?"我指着电视说在"那里"。大森解释说,追问自己的内在和外在的位置关系是毫无意义的,他理解的空间位置,是内在的位置。至于产生内在的原因源于外在的何处,这种外在与我的内在具有怎样的位置关系,虽说并非是不可知的,但却毫无意义。针对哲学史上的"唯实论"和"唯名论"之争,大森指出,现实中固然只存在"个别的猫",不存在"一般(普遍)的猫"。但是"个别的猫"是如何与其他动物相区别,这种区别是基于什么,是通过什么纳入"猫"的概念结构? 大森认为,为了这类问题的解决,可以运用经验主义的"无限集合"的概念。例如,所谓"猫",就是猫的"样子"的"无限集合"。换句话说,在这个世界在逻辑上可能存在所有猫之集合"猫"的意义。回到前面杯子的例子,当我们说"桌子上有一只杯子",实际上这是一种"物理语言",当我看到桌上的杯子而产生一种映像的知觉时则是一种"知觉语言"。我们可以把"物理语言"看作无数"知觉语言"的集合而形成的语言。但是,这种无限集合不是我们所能完成的,我们所能做的充其量只是某个特定的视点。

"当下显现"与"无限集合"的关系,就像我房间里说"富士山"一词时,我头脑中立马浮现富士山的印象。富士山一词,就是通过基于"知觉的当下显现"而生成的"思维的当下显现"的无限集合。这样,"知觉描写"加上"物理描写",构成大森所主张的"重叠描述说",其与广松"四肢结构论"中的"二肢二重结构"颇为契合。就其在本体论意义上超越了"唯实论"和"唯名论"的争论而言,"重叠描述说"亦即大森哲学的"当下显现①的一元论"。总之,作为东京大学教养学部的同事,大森与广松的思想有着相互影响的关系。如果说"四肢结构论"(关系本体论)乃是广松哲学的理论基石,那么"重叠描述说"(当下显现的一元论)则为大森哲学的理论基石。

在我看来,"重叠描述说"并非无源之木,而是有其自然科学的基础。量子力学表明,物质具有粒子和波的二象性。通常,物质以波的叠加态的形式而存在,可是一旦人的意识参与到观测行为中,它们立刻呈现为粒子。因此,微观物理真正的实在性是量子态,其真实状态分解为隐态和显态(经典物理学所谓的实在)。量子力学不允许把世界看作由彼此独立的部分组成,而是把研究对象及其所处的环境看作一个整体。两个处于纠缠态的粒子无论分开多远,如果对其中一个粒子施加作用,那么另一个粒子就会瞬间发生变化。正如"薛定谔的猫"所揭示的,处于纠缠态的两个粒子所构成的整个系统犹如处于毒药瓶是否破了和猫的生死的叠加态,即"毒药瓶破了⊗猫死了+毒药瓶没破⊗猫活着"。这正应了哈姆雷特那句话:"生存还是死亡,这是一个问题。"

2. 时间观

大森先生曾说,"过去通过回忆的方式被经验"。读者也许可以看出,其将"当下显现的一元论"运用于时间观。在二元论者眼里,当想起去年的山的时候,那已是山的"表象",并非去年的山本身,而现在已是

---

① 熊野纯彦《日本哲学小史——近代 100 年の20 篇》、中央公論新社、2009 年、第 155 頁。与"当下显现"(立ち現れ)的类似表述,汉语有"妍蚩立现"(陆机《文赋》:"混妍蚩而成体,累良质而为瑕。")一词,意为"美的和丑的立刻就分辨出来了";以及佛门关于"放下屠刀,立地成佛"(宋·释普济:《五灯会元》卷五十三)的成语。

过去的存在。而在大森所主张的"当下显现的一元论"的构图中,去年的山本身现在直接在思维中当下显现,而未来是预期的事情在现在的思维中当下显现。无论过去还是未来都存在于"现在"。因为从根本上说,触闻、回忆、期待、思考、想象等等,凡此种种,都不过是事物当下显现的形式之一。我们将以某种方式存在的事物称作"在",将以别的某种方式存在的事物称作"不在",仅此而已。在大森看来,"过去是语言的产物",所谓"过去",就是在"现在"中通过过去形而言说的语言命题;"未来"亦然。总之,"时间"是人为的产物,是自然科学的工具,其形式是以"过去"、"现在"和"未来"这一直线表现的线性时间。

由此,大森区分了两种时间观:一种是以古希腊芝诺为代表的有着"过去"和"未来"之边界的"境界现在"(图 A),另一种是与过去和未来没有任何异质性差别的"现在经验"(图 B)[1]。

图表 24　境界现在和现在经验

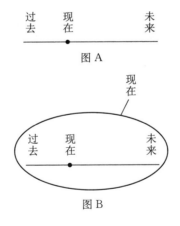

图 A

图 B

这与奥古斯丁所说"说时间分过去、现在和将来三类是不确当的。或许说,时间分过去的现在、现在的现在和将来的现在三类,比较确当……过去事物的现在便是记忆,现在事物的现在便是直接感觉,将来

---

① 　大森庄藏『時は流れず』、青土社、1996 年、第 100—101 頁。

事物的现在便是期望"①,在思考路径上是一致的,是对死亡与"无"的终极超越。"现在经验",体现着"日本人倾向于将未来和过去归摄入主观之当下"②的时间观,也解释了日语中的"今(いま)"何以能够涵盖汉语中的"方才、现在、马上"三重含义。

最后,值得说明的是,关于广松涉形成关系主义的观点之经过,广松希望读者不要一旦将关系主义与实体主义相对置,就联想起所谓西方"有的哲学"与东方"无的哲学"之间的对比,无的哲学确实是反实体主义的,无的哲学的某种东西,如大乘佛教哲学那样是建立在一种关系主义的本体论之上。他解释说,自己至少不是从"东方哲学"的视角来构想关系主义,虽然自己身处东方文化圈(并且也许隐藏着东方文化的倾向),对佛教哲学稍有关心,但这已是内心确立关系主义世界观之后的事,自己却始终不曾致力于东方哲学的研究。自己之所以确立关系主义的观点,是因为早期曾受过科学唯物论的洗礼,而顺应现代各门科学的发展,在每每为实体主义所修改阐释的现代物理学中觉察了关系主义的趋向,"一是基于现代物理学的趋势的触发,二是基于黑格尔、马克思哲学,尤其是马克思哲学的导向。显然,在黑格尔特有的实体主义中发现了一种关系主义的机制"③。不过话说回来,广松表示自己并不抱调和东方哲理与西方学理的奢望。对于这一"奢望",笔者曾试着预言"如果存在一条对西方哲学的终极超越之路,那么这条道路或许应将'实体'本身作为'关系'的一个'结节'"④。如若其然,何尝不是哲学界的幸事!

---

① 奥古斯丁:《忏悔录》,周士良译,商务印书馆1963年版,第247页。
② 参见加藤周一:《日本文化中的时间与空间》,彭曦译,南京大学出版社2010年版,第22—23页。
③ 参见广松涉:《唯物史观的原像》,邓习议译,南京大学出版社2009年版,第277页。
④ 鄧習議『「廣松渉と日本哲学」の研究』、東京大学哲学研究室『论集』34号、2015年度、第93页。

主要参考文献

中文著作

《马克思恩格斯全集》(第1—4卷),人民出版社1956—1957年版。

《马克思恩格斯全集》(第6卷),人民出版社1961年版。

《马克思恩格斯全集》(第12—13卷),人民出版社1962年版。

《马克思恩格斯全集》(第19—21卷),人民出版社1963—1965年版。

《马克思恩格斯全集》(第23卷),人民出版社1972年版。

《马克思恩格斯全集》(第26—27卷),人民出版社1972—2014年版。

《马克思恩格斯全集》(第31卷),人民出版社1972年版。

《马克思恩格斯全集》(第37卷),人民出版社1971年版。

《马克思恩格斯全集》(第42卷),人民出版社1960年版。

《马克思恩格斯全集》(第46卷上册),人民出版社1979年版。

《马克思恩格斯全集》(第47卷),人民出版社2004年版。

《马克思恩格斯全集》(第49卷),人民出版社1982年版。

《马克思恩格斯文集》(第1—2卷),人民出版社2009年版。

《马克思恩格斯文集》(第5卷),人民出版社2009年版。

《马克思恩格斯选集》(第1卷),人民出版社1995年版。

《列宁全集》(第26卷),人民出版社1988年版。

《列宁全集》(第 31 卷),人民出版社 1985 年版。

《列宁全集》(第 37 卷),人民出版社 1986 年版。

《列宁全集》(第 55 卷),人民出版社 1990 年版。

《斯大林文集》,人民出版社 1985 年版。

《毛泽东选集》(第 2—3 卷),人民出版社 1991 年版。

《邓小平文选》(第 3 卷),人民出版社 2002 年版。

《李大钊文集》(上),人民出版社 1987 年版。

《傅斯年全集》(第 4 册),联经出版公司 1980 年版。

《马一浮全集》(第 1 卷),上海古籍出版社 2013 年版。

《梁漱溟全集》(第 2—3 卷),山东人民出版社 1990 年版。

《〈梨俱吠陀〉神曲选》,巫白慧译解,商务印书馆 2010 年版。

《古印度六派哲学经典》,姚卫群编译,商务印书馆 2003 年版。

《海德格尔选集》,孙周兴选编,上海三联书店 1996 年版。

《胡适的北大哲学课》(全四册),新世界出版社 2014 年版。

《近代日本思想史》(第 1 卷),马采译,商务印书馆 1983 年版。

《拉康选集》,褚孝泉译,上海三联书店 2001 年版。

《老子道德经注校释》,魏王弼注,楼宇烈校释,中华书局 2008 年版。

《列子》,中州古籍出版社 2010 年版。

《王国维文学美学论著集》,周锡山编校,北岳文艺出版社 1987 年版。

《五十奥义书》,徐澄梵译,中国社会科学出版社 1995 年版。

《西方大观念》(第 2 卷),陈嘉映等译,华夏出版社 2008 年版。

《西方哲学原著选读》(上),商务印书馆 1981 年版。

《谢无量文集》(第 2 卷),中国人民大学出版社 2011 年版。

《亚里士多德全集》(第 9 卷),颜一、秦典华译,中国人民大学出版社 1994 年版。

《庄子集解内篇补正》,王先谦、刘武撰,中华书局1987年版。

《左传》,郭丹、程小青、李彬源译注,中华书局2012年版。

爱新觉罗·毓鋆:《毓老师说》,上海三联书店2015年版。

爱新觉罗·毓鋆:《毓老师说中庸》,上海三联书店2015年版。

奥古斯丁:《忏悔录》,周士良译,商务印书馆1963年版。

柏拉图:《柏拉图全集》(第1卷),王晓朝译,人民出版社2002年版。

保罗·利科:《哲学主要趋势》,商务印书馆1988年版。

贝奈戴托·克罗齐:《历史的理论和实际》,傅任敢译,商务印书馆1982年版。

卞崇道:《融合与共生》,人民出版社2008年版。

卞崇道:《现代日本哲学与文化》,吉林人民出版社1996年版。

卞崇道:《战后日本哲学思想概论》,中央编译出版社1996年版。

蔡仁厚:《中国哲学史》(上),台湾学生书局2009年版。

常磐大定:《印度文明史》,陈景升译,华文出版社2019年版。

陈来:《古代宗教与伦理:儒家思想的根源》,生活·读书·新知三联书店2009年版。

大卫·福莱:《劳特利奇哲学史(第2卷)》,冯俊等译,中国人民大学出版社2017年版。

道安:《空的哲理》,东方出版社2015年版。

德里达:《书写与差异》,张宁译,生活·读书·新知三联书店2001年版。

邓习议:《四肢结构论——关系主义何以可能》,中国社会科学出版社2015年版。

邓晓芒:《黑格尔辩证法讲演录》,商务印书馆2020年版。

渡边秀方:《中国哲学史概论》(上),刘侃元译,山西人民出版社2015年版。

方东美:《人生哲学讲义》,中华书局 2013 年版。

方东美:《生生之德》,中华书局 2013 年版。

方东美:《原始儒家道家哲学》,中华书局 2012 年版。

冯友兰:《中国哲学史》(下),华东师范大学出版社 2015 年版。

福泽谕吉:《劝学篇》,群力译,吉林出版集团有限责任公司 2011 年版。

伽达默尔:《真理与方法》,洪汉鼎译,上海译文出版社 1999 年版。

高觉敷:《西方近代心理学史》,人民教育出版社 1982 年版。

高宣扬:《当代法国哲学导论》(上卷),同济大学出版社 2004 年版。

葛兰西:《狱中札记》,曹雷雨译,中国社会科学出版社 2000 年版。

广松涉:《存在与意义》(第 1—2 卷),彭曦、何鉴译,南京大学出版社 2009 年版。

广松涉:《马克思主义的哲学》,邓习议译,南京大学出版社 2019 年版。

广松涉:《世界交互主体的存在结构》,邓习议译,南京大学出版社 2020 年版。

广松涉:《事的世界观的前哨》,赵仲民、李斌译,南京大学出版社 2009 年版。

广松涉:《唯物史观的原像》,邓习议译,南京大学出版社 2009 年版。

广松涉:《文献学语境中的〈德意志意识形态〉》,彭曦译,南京大学出版社 2005 年版。

广松涉:《物象化论的构图》,彭曦、庄倩译,南京大学出版社 2009 年版。

广松涉:《资本论的哲学》,邓习议译,南京大学出版社 2009 年版。

海德格尔:《存在与时间》,陈嘉映译,生活·读书·新知三联书店 1999 年版。

海德格尔:《谢林论人类自由的本质》,薛华译,辽宁教育出版社 1999 年版。

汉斯·约纳斯:《诺斯替宗教》,张新樟译,上海三联书店 2006 年版。

河上肇:《资本论入门》(上),仲民译,生活·读书·新知三联书店 1959 年版。

黑格尔:《小逻辑》,贺麟译,商务印书馆 1980 年版。

黑格尔:《哲学史讲演录》(第 1—4 卷),贺麟、王太庆译,商务印书馆 1959—1978 年版。

黑格尔:《宗教哲学》(上),魏庆征译,中国社会科学出版社 1999 年版。

黑格尔:《宗教哲学讲演录》,魏庆征译,社会科学文献出版社 1999 年版。

胡塞尔:《纯粹现象学通论》,李幼蒸译,中国人民大学出版社 2004 年版。

怀特海:《过程与实在》,李步楼译,商务印书馆 2012 年版。

怀特海:《科学与近代世界》,何钦译,商务印书馆 1959 年版。

加藤周一:《日本文化中的时间与空间》,彭曦译,南京大学出版社 2010 年版。

康德:《纯粹理性批判》,邓晓芒译,人民出版社 2004 年版。

康德:《历史理性批判文集》,何兆武译,商务印书馆 1990 年版。

康德:《实践理性批判》,韩水法译,商务印书馆 2000 年版。

柯林武德:《历史的观念》,何兆武、张文杰译,商务印书馆 1997 年版。

劳思光:《中国哲学史》(第一卷),广西师范大学出版社 2005 年版。

李宪堂:《先秦儒家的专制主义——对话新儒家》,中国人民大学出版社 2003 年版。

李秀林:《辩证唯物主义和历史唯物主义》,中国人民大学出版社2004年版。

李学勤:《李学勤集——追溯·考据·古文明》,黑龙江教育出版社1989年版。

理查德·罗蒂:《后形而上学希望》,上海译文出版社2003年版。

梁启超:《儒学六讲》,天津人民出版社2018年版。

梁漱溟:《东西文化及其哲学》,上海人民出版社2014年版。

梁漱溟:《乡村建设理论》,上海书店1992年版。

铃木大拙、弗洛姆:《禅与心理分析》,孟祥森译,海南出版社2012年版。

刘放桐:《新编现代西方哲学》,人民出版社2000年版。

刘永芳:《归因理论及其应用》,上海教育出版社2010年版。

龙树:《龙树六论》,民族出版社2000年版。

龙树:《中论》,韩廷杰释译,东方出版社2019年版。

卢风、肖巍:《应用伦理学导论》,当代中国出版社2002年版。

卢梭:《论人类不平等的起源和基础》,黄小彦译,译林出版社2013年版。

罗尔斯:《正义论》,何怀宏等译,中国社会科学出版社1988年版。

罗嘉昌:《从物质实体到关系实在》,中国社会科学出版社1996年版。

罗素:《西方哲学史》(上),何兆武、李约瑟译,商务印书馆1963年版。

马赫:《感觉的分析》,洪谦、唐钺、梁志学译,商务印书馆1986年版。

马赫什·帕布:《吠陀智慧》,王志成、曹政译,四川人民出版社2018年版。

马克斯·韦伯:《中国的宗教:儒教与道教》,康乐、简惠美译,广西师范大学出版社 2010 年版。

马克斯·韦伯:《新教伦理与资本主义精神》,于晓、陈维刚等译,生活·读书·新知三联书店 1987 年版。

苗力田:《古希腊哲学》,中国人民大学出版社 1989 年版。

莫泽斯·赫斯:《赫斯精粹》,邓习议编译,南京大学出版社 2010 年版。

牟宗三:《中国哲学的特质》,上海古籍出版社 1997 年版。

牟宗三:《中国哲学十九讲》,吉林出版集团有限责任公司 2010 年版。

牟宗三:《中西哲学之会通十四讲》,吉林出版集团有限责任公司 2010 年版。

尼采:《希腊悲剧时代的哲学》,周国平译,译林出版社 2011 年版。

尼寺义弘:《黑格尔推理论与马克思价值形式论》,邓习议、张小金译,中国戏剧出版社 2007 年版。

倪梁康:《现象学及其效应——胡塞尔与当代德国哲学》,生活·读书·新知三联书店 1994 年版。

毗耶娑:《薄伽梵歌》,黄宝生译,商务印书馆 2010 年版。

毗耶娑:《薄伽梵歌》,王志成、灵海译,四川人民出版社 2015 年版。

乔治·萨拜因:《政治学说史》(上卷),邓正来译,上海人民出版社 2008 年版。

全知麦彭仁波切:《中论释》,索达吉译,西藏藏文古籍出版社 2019 年版。

萨缪尔·诺亚·克拉莫尔:《苏美尔神话》,叶舒宪、金立江译,陕西师范大学出版总社有限公司 2013 年版。

萨特:《辩证理性批判》,林骧华等译,安徽文艺出版社 1998 年版。

萨特:《存在与虚无》,陈宣良等译,生活·读书·新知三联书店 1987 年版。

山本常朝:《叶隐闻书》,赵秀娟译,吉林出版集团有限责任公司2014年版。

商羯罗:《示教千则》,孙晶译,商务印书馆2012年版。

舍尔巴茨基:《佛教逻辑》,宋立道、舒晓祎译,商务印书馆1997年版。

沈剑英:《因明学研究》,东方出版中心1985年版。

史怀哲:《中国思想史》,常暄译,社会科学文献出版社2009年版。

释传印:《印度学讲义》,宗教文化出版社2011年版。

斯宾诺莎:《伦理学》,贺麟译,商务印书馆1983年版。

斯蒂芬·B.史密什:《耶鲁大学公开课:政治哲学》,贺晴川译,北京联合出版公司2015年版。

孙伯鍨:《探索者道路的探索》,南京大学出版社2002年版。

太虚:《法相唯识学》,商务印书馆2017年版。

藤田正胜:《日本文化关键词》,李濯凡译,新星出版社2019年版。

托克维尔:《旧制度与大革命》,冯棠译,商务印书馆1992年版。

汪子嵩:《希腊哲学史》(第1卷),人民出版社1997年版。

王夫之:《船山全书》(第10卷),岳麓书社2011年版。

王守华、卞崇道:《日本哲学史教程》,山东大学出版社1989年版。

王元化:《思辨录》,华东师范大学出版社2017年版。

唯圆房:《叹异抄》,毛丹青译注,文津出版社1994年版。

巫白慧:《吠陀经和奥义书》,中国社会科学出版社2015年版。

吴光辉:《传统与超越:日本知识分子的精神轨迹》,中央编译出版社2003年版。

吴学国:《奥义书思想研究》(第1—2卷),人民出版社2017年版。

西田几多郎:《善的研究》,何倩译,商务印书馆1965年版。

肖前、李秀林、汪永祥:《辩证唯物主义原理》,人民出版社1981年版。

谢林：《论人类自由的本质及相关对象》，先刚译，北京大学出版社2019年版。

熊十力：《十力语要初续》，上海书店出版社2007年版。

熊十力：《体用论》，上海古籍出版社2009年版。

徐达斯：《文明的基因》（上下），东方出版社2015年版。

徐远和、李甦平、周贵华、孙晶：《东方哲学史》（第2卷），人民出版社2010年版。

雅各布·布鲁诺夫斯基：《知识与想象之起源》，上海文化出版社2020年版。

亚里士多德：《灵魂论及其他》，吴寿彭译，商务印书馆1999年版。

亚里士多德：《形而上学》，吴寿彭译，商务印书馆2017年版。

杨白衣：《俱舍要义》，东方出版社2020年版。

杨大春：《语言身体他者》，生活·读书·新知三联书店2007年版。

杨惠南：《印度哲学史》，台北：东大图书公司1995年版。

杨思基：《拨开"物象化"的迷雾》，人民出版社2008年版。

依田熹家：《简明日本通史》，卞立强、李天工译，北京大学出版社1989年版。

尤瓦尔，赫拉利：《人类简史：从动物到上帝》，林俊宏译，中信出版集团2018年版。

袁珂：《中国神话传说》，北京联合出版公司2016年版。

张东荪：《张东荪讲西洋哲学》，东方出版社2007年版。

张立文：《中国哲学史新编》，中国人民大学出版社2012年版。

张一兵：《不可能的存在之真——拉康哲学映像》，商务印书馆2006年版。

张一兵：《回到列宁》，江苏人民出版社2008年版。

张一兵：《马克思历史辩证法的主体向度》，南京大学出版社2002年版。

张一兵:《文本的深度耕犁》(第 1 卷),中国人民大学出版社 2004 年版。

张一兵:《物象化图景与事的世界观——广松涉哲学的构境论研究》,天津人民出版社 2020 年版。

赵敦华:《西方哲学简史》,北京大学出版社 2001 年版。

中村雄二郎:《西田几多郎》,卞崇道、刘文柱译,北京三联书店 1993 年版。

中江兆民:《一年有半·续一年有半》,吴藻溪译,商务印书馆 1979 年版。

朱谦之:《日本哲学史》,人民出版社 2002 年版。

朱熹:《四书章句集注》,中华书局 1983 年版。

中文期刊

高积顺:《孟子义利思想新诠》,《管子学刊》1997 年第 1 期。

韩立新:《"日本马克思主义":一个新的学术范畴》,《学术月刊》2009 年第 9 期。

何鉴:《广松涉小传》,《博览群书》2002 年第 10 期。

何俊:《权力世界中的思想盛衰悖论——以湖学为例》,《哲学与文化》2021 年第 1 期。

黄裕生:《什么是哲学与为什么要研究哲学史?》,《中国哲学史》2004 年第 3 期。

刘笑敢:《"反向格义"与中国哲学研究的困境》,《南京大学学报(哲学·人文科学·社会科学)》2006 年第 2 期。

刘永富:《胡塞尔现象学的"意向性"的三层可能的解释》,《世界哲学》2004 年第 2 期。

邱紫华:《〈薄伽梵歌〉和〈摩奴法论〉中的哲学思想》,《求是学刊》1997 年第 6 期。

王东、林锋:《〈资本论〉异化观新探——与〈1844 年手稿〉异化观的比较研究》,《江海学刊》2007 年第 3 期。

严海蓉:《大豆产业危局与保卫食物主权》,《经济导刊》2014 年第 12 期。

严泽胜:《拉康与分裂的主体》,《国外文学》2002 年第 3 期。

一之濑正树:《规范性、或然性与元模糊性》,沈佩翔译,《苏州科技大学学报(社会科学版)》2018 年第 5 期。

俞吾金:《哲学是"关于世界观的学问"吗?》,《哲学研究》2013 年第 8 期。

张一兵:《广松涉:关系存在论与事的世界观》,《哲学动态》2002 年第 8 期。

张一兵:《广松涉:日本新马克思主义的奠基者》,《马克思主义研究》2009 年第 11 期。

张一兵:《九大文本类型:文本学的现代性及其超越》,《探索与争鸣》2017 年第 3 期。

张一兵:《劳动塑形、关系构式、生产创序与结构筑模——关于构境理论与历史唯物主义的一种逻辑承袭》,《哲学研究》2009 年第 11 期。

张一兵:《马克思哲学初始地平线中的关系本体论——析广松涉的马克思主义原像观》,《马克思主义与现实》1994 年第 4 期。

张一兵:《马克思哲学的当代阐释——"回到马克思"的原初理论语境》,《中国社会科学》2001 年第 3 期。

张一兵:《思想构境论:一种新文本学方法的哲学思考》,《学术月刊》2007 年第 5 期。

张一兵:《五大解读模式:从青年马克思到马克思主义》,《马克思主义与现实》1996 年第 2 期。

邹诗鹏:《"Ontology"格义》,《南京社会科学》2004 年第 12 期。

日文著作

『村岡典嗣著作集 4 日本思想史概説』、創文社、1961 年。

『福澤諭吉著作集 第 3 巻 学問のすゝめ』、慶應義塾大学出版会、2002 年。

『福澤諭吉著作集 第 4 巻 文明論之概略』、慶應義塾大学出版会、2002 年。

『廣松渉著作集』(第 1 巻)、岩波書店、1997 年。

『廣松渉著作集』(第 7 巻)、岩波書店、1997 年。

『廣松渉著作集』(第 10 巻)、岩波書店、1996 年。

『廣松渉著作集』(第 12 巻)、岩波書店、1996 年。

『廣松渉著作集』(第 14 巻)、岩波書店、1997 年。

『廣松渉著作集』(第 15 巻)、岩波書店、1997 年。

『廣松渉著作集』(第 16 巻)、岩波書店、1997 年。

『日本の名著 16 荻生徂徠』、中央公論社、1974 年。

『日本の名著 21 本居宣長』、中央公論社、1970 年

『日本の名著 33 福沢諭吉』、中央公論社、1969 年

『日本の名著 47 西田幾多郎』、中央公論社、1965 年。

『上田閑照集 第一巻 西田幾多郎』、岩波書店、2001 年。

『西田幾多郎全集 1 善の研究』、岩波書店、1965 年。

『西田哲学選集 1 西田幾多郎による西田哲学入門』、燈影舎、1998 年。

長谷川宏『日本精神史』(上下)、講談社、2015 年。

大森庄藏『時は流れず』、青土社、1996 年。

古川哲史、石田一良『日本思想史講座 8 近世の思想 3』、雄山閣、1977 年。

桧垣立哉『日本哲学原論序説——拡散する京都学派』、人文書院、2015 年。

鷲田小彌太『日本人の哲学1　哲学者列伝』、言視舎、2012年。

三枝博音『近代日本哲学史』、書肆心水、2014年。

藤田正勝『日本哲学史』、昭和堂、2018年。

熊野純彦『日本哲学小史──近代100年の20篇』、中央公論新社、2009年。

岩崎允胤『日本マルクス主義哲学史序説』、未来社、1971年。

岩佐茂、島崎隆、渡辺憲正『戦後マルクス主義の思想──論争史と現代的意義』、社会評論社、2013年。

一ノ瀬正樹『原因と理由の迷宮──「なぜならば」の哲学』、勁草書房、2006年。

苅部直、黒住真、佐藤弘夫、末木文美士、田尻祐一郎『日本思想史議座4──近代』、ぺりかん社、2013年。

佐藤正英『日本倫理思想史』、東京大学出版会、2003年。

后　记

不同于古希腊哲学中泰勒斯的水、赫拉克利特的火之类的实体思维，在儒释道三家中，儒家哲学的本体是五行，道家哲学的本体是道，佛家哲学的本体是空，体现的是一种关系思维，其体用关系分别是，五行有八用，天道损有余而补不足，地水火风空这"五大"元素相互含摄而毕竟空，即缘起性空。总体上，体用关系之"二分法"，对应亚里士多德"四因说"中的质料因和动力应；而质料因复又内在地与形式因结合在一起。

广义上，哲学社会科学乃至自然科学，皆以教导善良、劝勉善行为主旨，此即为价值观，对应"四因说"中的目的因。康德指出，人是目的，不是手段。一方面，在柏拉图的《理想国》中，"理念"是善的；在康德的《实践理性批判》中，"道德律"也是善的；更不用说孔子《论语》中的"仁"本身就是善。《礼记》有云："大学之道，在明明德，在新民，在止于至善。"而马克思恩格斯所追求的至善，就是世界范围内"每个人自由而全面的发展"。另一方面，克隆、转基因及人工智能等新兴技术，之所以涉及安全和伦理问题，从根本上说，就在于它们是否合于善。善的遮诠为非善，即恶。海德格尔反对"座架"的根本原因在于，他深刻地洞察到现代技术可能正在对作为"本有"的存在造成一种无可挽回的缺损。塑料袋的发明者马克斯·舒施尼后来因找不到降解的方法而自杀，症结就在于未能促使塑料袋的生产朝着符合良知良能的方向前行。值得注意的是，诸如爱因斯坦、奥本海默等顶尖科学家，他们同样为后人提供了这方面的深刻反思和警示。在王阳明的四句教"无善无恶心之体,有善有恶意之动,知善知恶是良知,为善去恶是格物"中,因知善知恶的"知"与为善去恶的"行",二者是同步的,故称"知行合一"。孟子言:性本善。傅佩荣说:人性向善。离开人,世界无意义可言。是人为世界赋予意义。意义,亦即价值。意义,是就认识论而言;价值,是就实践论而言。生命的意义和价值在于利他。马克思主义认为,人的本质具有社会性和历史性。利他性,堪为人的"第三本质"。洛采提出,哲学的首要问题是处理价值观。他区分了有价值的与无关紧要的,应当乃所是之物的基础,价值就在于有效性而不是事实的实存性。此区分分别为休谟的应然和实然,文德尔班的价值问题和事实问题,广松涉的意义的所识和现象的所与、意义的价值和实在的所与的二肢结构,以及一之濑正树的规范性和描述性的问题所深化。作为洛采的后继者及新康德主义的代表,文德尔班亦明确提出哲学的任务不在于对事实问题的探究,而在于为价值问题立法。所谓"哲学为价值立法",显然是康德关于"人为自然立法"的延伸,与哲学社会科学乃至自然科学皆有善之导向相契合。

本书的部分章节,曾在《船山学刊》《世界哲学》《河北学刊》《江西社会科学》《学习与探索》等刊物发表。要特别感谢我的湘潭大学硕士生导师高捍东教授、南京大学博士生导师张一兵教授的悉心指导,厦门大学的张小金教授,南开大学的刘岳兵教授,中山大学的廖钦彬教授,以及日本东京大学的一之濑正树教授、东北大学的直江清隆教授的释疑解惑。非常感谢上海交通大学高宣扬教授于百忙之中为拙著作序,除却称誉之词远非敢当,其余批评与鞭策之语,容当留作今后学习和改进的动力。十分感谢上海三联书店责任编辑徐柯老师,我院孙和平教授、吴凡明教授在编辑和出版方面给予的诸多关心和帮助。

邓习议

二○二四年元月于湖州师范学院

图书在版编目(CIP)数据

哲园探元 / 邓习议著. -- 上海 ：上海三联书店，
2024. 11. -- ISBN 978-7-5426-8727-2

Ⅰ. B

中国国家版本馆 CIP 数据核字第 2024336DG2 号

哲园探元

著　　者 / 邓习议

责任编辑 / 徐建新
装帧设计 / 一本好书
监　　制 / 姚　军
责任校对 / 王凌霄　张　瑞

出版发行 / 上海三联书店

　　　　　(200041)中国上海市静安区威海路 755 号 30 楼
邮　　箱 / sdxsanlian@sina.com
联系电话 / 编辑部：021 - 22895517
　　　　　发行部：021 - 22895559
印　　刷 / 上海惠敦印务科技有限公司

版　　次 / 2024 年 11 月第 1 版
印　　次 / 2024 年 11 月第 1 次印刷
开　　本 / 655 mm×960 mm　1/16
字　　数 / 300 千字
印　　张 / 24.25
书　　号 / ISBN 978 - 7 - 5426 - 8727 - 2/B・935
定　　价 / 98.00 元

敬启读者,如发现本书有印装质量问题,请与印刷厂联系 13917066329